编著 ○ 姚瑜洁
顾问 ○ 孙 红　陈镇虎

扣好人生第一粒扣子
传统文化主题教育49课

上海社会科学院出版社
SHANGHAI ACADEMY OF SOCIAL SCIENCES PRESS

编委会

主　编　◎姚瑜洁

编　委　◎祝永华　黄　燕
　　　　　　凌洁敏　曹丹红
　　　　　　韩　英　马佩华
　　　　　　罗丽惠　谈　冰
　　　　　　徐巍炜　杨燕青
　　　　　　王　剑　秦蓉子
　　　　　　王　磊　杨　路
　　　　　　王晓静　王英姿
　　　　　　张晓怡　管　杰
　　　　　　张旭红　陆燕华
　　　　　　董　英　金辰艳
　　　　　　龚　华　富士英
　　　　　　邵如洁　龚志萍

目录 Contents

序 I
绪论　三心，打造中华传统文化主题教育课 .... 姚瑜洁　 I

非遗篇——节日节气 1

第1课　月圆饼香　心团圆 .... 朱佳珺　 3
第2课　九九重阳　"微孝"每一天 .... 乔　静　 11
第3课　冬至饺　暖人心 .... 陆　莉　 18
第4课　纸鸢寄情款款飞 .... 贺　迪　 23
第5课　青团的冷与热 .... 郭向英　 28
第6课　巧手度乞巧 .... 沈诗慧　 36
第7课　青青河边柳 .... 夏　云　 43
第8课　龙舟精神传千年 .... 李思洁　 49
第9课　冰镇"腊八" .... 王佳丽　 56
第10课　冬至数九画消寒 .... 陆燕华　 62
第11课　大冬至的"小九九" .... 胡晓寅　 71
第12课　五彩手链传吉祥 .... 董　英　 79
第13课　清明时节话家谱 .... 朱巧静　 89
第14课　南汤圆 vs 北元宵 .... 沈忆念　 99
第15课　年夜饭的变迁 .... 董郭姣　 105
第16课　年味飘香年年"糕" .... 张旭红　 111
第17课　过新年　贴春联 .... 金　青　 119
第18课　暖心压岁包起来 .... 吴雪丹　 130
第19课　小蒜头　有讲头 .... 柴雯洁　 138

非遗篇——工艺技术　　**145**

第20课　指尖上的智慧——算盘　　王晓静　　147
第21课　一招一式探咏春　　唐高俊　　156
第22课　方块字里探春秋　　周　洁　　165
第23课　闻香识医，"包"览古今　　潘王平　　175
第24课　舞动祥龙　　任之菡　　183
第25课　中国相声，百年欢笑　　陈　瑞　　192
第26课　千年胡韵，万里琴缘　　尹轶青　　202
第27课　笋芽儿三探面塑　　陈淑婷　　211
第28课　镂空的美　　张玲巍　　220

非遗篇——衣食住行　　**227**

第29课　舌尖上的小笼　　陆双娟　　229
第30课　高桥松饼的前世今生　　李　红　　235
第31课　举"箸"轻重，"筷"意人生　　杨丽丽　　244
第32课　走近浦东老宅　　朱翠萍　　256
第33课　针尖上的"芭蕾"　　潘志燕　　265
第34课　竹笋鲜肉满口汤　下沙烧卖名远扬　　刘晏燕　　273

非遗篇——文房四宝　　**283**

第35课　一笔一毫书千年　　叶蕙瑄　　285
第36课　落纸如漆，万载存真　　杨燕青　　295
第37课　小宣纸　寿千年　　王遥珏　　305
第38课　砚伯伯的朋友圈　　杨　艳　　313

韵味篇——海派雅致　　　　　　　　　　　**321**

第39课　三毛和我学沪语　　　　　　　　杨燕青　　323
第40课　弄堂里的叫卖声　　　　　　　　王　剑　　329
第41课　食老八样　传祖辈情　　　　　　肖华英　　337
第42课　诗画八景，"志"锦绣　　　　　　周　燕　　344

韵味篇——国粹雅韵　　　　　　　　　　**359**

第43课　百变金箍棒　传世美猴王　　　　金辰艳　　360
第44课　悠悠茶香　浓浓茶情　　　　　　丁佳慧　　368
第45课　品读粉墨春秋　传承国粹韵味　　孙其芬　　376
第46课　国兰雅韵颂"君子"　　　　　　管　杰　　385

韵味篇——旧物新韵　　　　　　　　　　**395**

第47课　诗意扇子　与善同行　　　　　　叶静燕　　397
第48课　祖辈们的"百宝箱"　　　　　　朱佳丽　　404
第49课　冰糖葫芦的那点事儿　　　　　　秦蓉子　　412

后记　　　　　　　　　　　　　　　　　**421**

序 Preface

泱泱中华，历史悠久，上下五千年的华夏文明凝聚成深沉厚重的中华传统文化，炫丽璀璨，博大精深。学习中华传统文化，得以回眸历史，感怀故人，拓宽我们的知识视野；传承中华传统文化，是以树立信心，启迪志向，增强我们的民族荣誉感和自豪感；发扬中华传统文化，可以锐意开拓，推陈出新，提高思维深度和广度。于是，上海市浦东新区姚瑜洁德行千里团队经过不断的实践与探索，于2020年初夏时节，《扣好人生第一粒扣子——传统文化主题教育49课》终于磨砺成集，付之梨枣。

本书以主题教育课为主阵地，将中华传统文化与学生的现实生活相联系，设计契合学生身心特征的传统文化活动。整册书共有"非遗"和"韵味"两个篇章，通过"节日节气、工艺技术、衣食住行、文房四宝、海派雅致、国粹雅韵、旧物新韵"七个角度进行细节深挖、情景演绎、活动体验等，引导学生将自己掌握和体验的中华传统文化及其精神内化于心、外化于行，于无声润物中体会到传统文化的真正价值所在。

一、价值引领与情感体验相统一，由小见大

目前，不少中小学生对中华传统文化缺乏认知，传承意识淡薄，对传统美德、传统节日、文学名著、诗歌词赋、成语典故、毛笔书法等意兴阑珊，而对洋节日、洋快餐、日韩明星、流行音乐、网络游戏等倍加推崇。浦东德育团队通过主题教育课这个主阵地，意在让中华传统文化走进教室，让学生在熏陶感染中养成习惯、陶冶情操、培养人格和培育民族情怀、增强民族自信。

首先，必须认同民族文化。学生通过鲜活的课堂实践感知，认识到中华优秀传统文化的无限魅力，从而逐渐了解和认同社会主义核心价值观体系。学生从现代社会特别是改革开放以来的多元文化冲突中，寻找到了"多元中的主体"，学会了"多样中的统一"，他们内心的价值体系也因此逐渐形成。

其次，文化稳定产生力量。深入学习从而深刻理解，学生在中华传统文化的学习中真正理解了文化自信，从而促进他们对理论自信、道路自信和制度自信的认识。"四个自信"同向而行、相互影响、相互印证，让学生从小对中国特色社会主义道路充满自豪感，对祖国未来发展充满信心。

再次，"非遗"文化有所传承。从社会层面来看，全社会对"非遗"的挖掘、保护、利用，具有前所未有的热情。这是"非遗"保护和发展的社会源动力。而我们的学生对此也充满热情和期待，相信他们定会成为最好的传承人。

另外，对外交流更有自信。所谓"民族的才是世界的"，向世界讲述中国故事，传达中国精神。中华优秀传统文化从小浸润在学生的血脉之中，用自己的理解进行诠释和宣传，到处用"小话筒"传递着"中国声音"。

二、经典学习与生活实践相统一，由浅入深

文化的力量是无形的，也是无穷的，是中国人民强大的精神支柱。中华优秀传统文化中蕴含的丰富哲学思想、人文素养、道德理念等，为青少年的世界观、人生观、价值观形成提供方向指引、智慧启示、经验借鉴。

在主题教育课的阵地上，中华传统文化以一个个故事、一幕幕场景、一帧帧回忆的形式走向学生，让他们直观感受那些历史回眸中的经典事例，同时结合生活实践进行体会理解。知道了中华传统文化在其形成和发展过程中，不可避免地受到当时人们的认知水平、时代条件、社会制度局限性的制约和影响，存在着一些陈旧过时的东西，成为束缚中国社会发展的负面因素。也了解了须尊重传统、继承和弘扬优秀传统文化的精髓，对其进行创造性转化和发展。新时代赋予了中华传统文化新的内涵，对于中华传统文化，学生知道了如何鉴别对待、有舍弃地继承，取其精华、弃其糟粕，去粗取精、去伪存真。

三、文化传承与创新发展相统一，由近及远

传统文化通过人们心理上的认同、感情上的拥戴、行为上的恪守，如同一只无形之手将人们联系起来，形成"同心同德"的社会力量，将整个民族的感情、意志凝聚成为一个牢固的整体。

在中华传统文化的主题教育课的实践中，我们看到了浦东德育工作者们还对中华传统文化相应的内涵进行了扩充，注重以优秀传统文化来培养学生的文化自信，使中华传统文化真正走进学生的脑海中，并不断汲取中华传统文化中的精神养料，建构与社会主义市场经济相配套的社会主义道德体系，建设与现代经济、物质相适应的精神生活，指引我们开创更加美好的未来。

希望上海浦东新区姚瑜洁德行千里团队一如既往，继续立足中华优秀传统文化，从小处着手，挖掘其蕴含的不朽精神、睿智哲理、永恒情感和育人价值，充分发挥主题教育课这个主阵地的作用，用足用好这些弥足珍贵的精神遗产和永不枯竭的教育资源。希望广大德育工作者在教育教学过程中，深入浅出，寓教于乐，循序渐进，在自主创新中不断深化对青少年的思想教育。

中华传统文化对每一个中国人而言，如根茎和种子，需播撒培植；如心与命脉，需浇灌养护；如阳光雨露，需珍惜利用；亦如爱与希望，需收获珍藏。相信在如此环境下成长的青少年，一定会既有源于内心的自信，亦有溢于脸庞的热情；既有随处可栖的泰然，亦有追风逐梦的骁勇。

此为序。

上海市浦东新区教育总督学
上海市浦东教育发展研究院院长　　张少波

绪论 Introduction

三心，打造中华传统文化主题教育课

上海市浦东教育发展研究院　姚瑜洁

国民之魂，文以化之，国家之神，文以铸之。传统文化是民族的血脉和灵魂，源自上古，流向未来。党的十八大报告提出"建设优秀传统文化传承体系，弘扬中华优秀传统文化"的决策部署，习近平说：讲清楚中华优秀传统文化是中华民族的突出优势，是我们最深厚的文化软实力。由此，上海市浦东新区班主任团队开展了"传统文化我传承"系列主题教育课的实践和探索。

一、巧心雕琢活动选题

主题是一个富有思想的灵魂，统领整个活动，起着纲举目张的作用；主题是一条贯彻活动始终的主线，链接所有内容，凸显核心思想；主题是众矢之的，聚焦目标，直击心灵深处的痛点；主题是一曲定音的基调，奏响思想教育工作的主旋律。

传统文化历史悠久，是中华民族几千年文化发展中创造的宝贵财富；传统文化博大精深，是中华民族语言习惯、思想观念、情感认同、文化传承的集中体现；传统文化包罗万象，衣食住行、琴棋书画、诗词歌赋、历史人文、运动健身、工艺技法、节庆节气等，和生活息息相关。浦东班主任们结合自身的知识体系，认真梳理浦东地域特色，对主题进行了个性化的解读和选择。沪语、香包、重阳、舞龙、茶文化、老八样、方块字、针线盒……离队员或近或远的传统文化内容在教师们的妙笔下化作了一个个充满诗意又不失趣味的名字。

主题	设计者	主题	设计者
《举"箸"轻重 "筷"意人生》	杨丽丽	《小宣纸 寿千年》	王遥珏
《诗意扇子 与善同行》	叶静燕	《镂空的美》	张玲巍
《针尖上的"芭蕾"——苏绣》	潘志燕	《小灯笼 大学问》	沈玲洁
《祖辈们的"百宝箱"——奶奶的针线盒》	朱佳丽	《三毛和我学沪语》	杨燕青
《九九重阳 "微孝"每一天》	乔静	《方块字里探春秋》	周洁
《食老八样 传祖辈情》	肖华英	《舞动祥龙》	任之涵
《粉墨春秋 国粹韵味》	孙其芬	《千年胡韵 万里琴缘》	尹轶青
《一招一式探咏春》	唐高俊	《悠悠茶香 浓浓茶情》	丁佳慧
《中国相声 欢笑百年》	陈瑞	《闻香识医 包揽古今》	潘王平

二、精心创新活动形式

宗白华在《美学散步》中说：形象不是形式，而是形式和内容的统一，形式中每一个点、线、色、形、音、蕴，都表现着内容的意义、情感、价值。形式，是指事物外部所展现出来的状态。无论是高雅的艺术创作，还是通俗的商业促销，都需要借助一定的形式来突出主题，渲染气氛或情绪，以达到预期的效果。主题教育课的活动形式影响着教育效果的达成。

《中国相声 百年欢笑》以地点的变换为主线，从天桥到剧场，再回到课堂，运用视频《天桥往事》、相声表演《套路趣谈》等资源，传播耳熟能详的民间说唱曲艺"相声"，使队员们了解相声的起源和发展，懂得相声的基本功"说学逗唱"，知道相声的表演形式和价值。

《诗意扇子 与善同行》用"摸一摸 猜一猜"的暖场游戏带队员进入扇子的世界，第一环节"奶奶的扇子"中，吴侬软语说尽亲人温情，师生互动表演"奶奶给孩子扇扇子"的情境，让队员体会到家人之爱；第二环节"文化的扇子"中，大气恢宏的G20开幕式中，多媒体扇子表演吸引了队员的眼光，不禁赞叹国人的智慧；第三环节"朋友的扇子"中，通过动手画"扇面画"并送出扇子及祝福语，引导队员体会"扇者，善也"的含义，号召大家做一个与善同行的人。

《针尖上的"芭蕾"》以中国传统文化"苏绣"为切入点，通过"心灵手巧之美""勤学苦练之美""坚持不懈之美""传承创新之美"四大板块，引导队员了解苏绣的基本技法，知道"巧手取线劈个丝，一线生出数根丝，苏绣细线并不细，千丝万缕织锦绣"；感受苏绣需要经过长期训练才能做到极致的特点，并通过辩论的形式，让队员懂得"传统文化既要传承，也要具有创新精神"。

《小宣纸 寿千年》设计了小宣宣这一卡通人物贯穿活动，小宣宣用三把文化之钥穿越千年,"摸一摸、比一比",观宣纸之成,悟造纸之魂,在不知不觉中了解到宣纸的特点,道出了小宣纸寿千年的真谛。

《镂空的美——剪纸》创设了师生齐动手布置迎新教室的情景,回归队员已有的生活经验。通过视频、竞答、阅读小报等多种形式让队员感受到剪纸艺术的淳朴生动、寓意广泛,掌握剪纸的相关知识;通过游戏和活动,了解传统剪纸具有的民俗性、吉祥性、意象性;设计创作一份剪纸作品,在体验剪纸工艺的制作过程中,剪出富有寓意的作品来装点教室,可谓是环环相扣,水到渠成。

18节课就是18个火把,精彩纷呈的课题点燃了队员对于传统文化的热情,各种形式的活动让队员在体验的过程中学到知识、感悟精神。各具内涵的传统文化在老师们妙趣横生的活动设计下,显现十足魅力。

三、慧心提升文化品位

文化的传承必然经历一个"输入浸润"和"内化输出"的过程,传统文化的积淀,为队员滋养身心打下无形的基础,培养队员良好的道德情操和健全的人格。设计主题教育课时,在对主题的内涵进行深刻理解和精细分析的基础上,更要注重文化品位的提升。

《一招一式探咏春》武味十足,不仅挖掘习武之人的精神内涵,树立习武之人尚德、健体、扬正气的正能量形象,而且根据小队员年龄特点及习得规律设计了三个学武"秘籍"——学扎步悟"坚持"、巧辩论懂"友善"、观视频学"勇敢",队员们在练习三个武功"秘籍"的同时,也收获了"我坚持""我友善""我勇敢"的品质,更领悟了"咏春魂"的隽永绵长。

《千年胡韵 万里琴缘》以来自美国的艾丽拜师学艺为主线,她连闯演奏家设置的历史关、构造关和人物关,最终成功拜师。课中,两个人物的设计有深意,师父的形象凸显出代代琴师对传统文化坚持不懈的守护和传承,艾丽的成功拜师,意味着中国民乐成功走向世界舞台,号召国人增强文化自信。

《小灯笼,大学问》按照时间的演变介绍灯笼的知识,古韵浓浓。队员感受到灯笼离我们并不遥远,了解灯笼在国外的身影,并渗透了"持之以恒""精益求精"的匠人精神,将有形的灯笼这一传统文化载体上升到无形的精神层面。

《举"箸"轻重 筷意人生》烹制了一道精心、精美、精妙的"筷子文化大餐",带领队员依次走入"知筷""用筷""送筷"的神秘世界,在实践体验中感悟中华文化之智慧——天方地圆的筷子,圆的象征天,方的象征地,是中国人对世界基本原则的理解,七寸六分的筷子是人七情六欲的暗语,是古人对情绪控制的时刻警醒。

《粉墨春秋 国粹韵味》让队员们在曲韵中感受丹青朱墨的色彩和生旦净丑的唱腔,在动手体验画脸谱中懂得粉墨勾勒出的人性善恶,感受到中华民族生生不息的文化和流淌在中国人心中不变的国粹韵味。

中华优秀传统文化是祖先们知识和智慧的结晶,是中华民族卓越创造力和思想情感的体现,是取之不尽、用之不竭的精神宝库。中华文化以其独一无二的理念、智慧、气度和

神韵，给予每一位中国人自信和自豪。浦东新区"传统文化我传承"主题教育课从优秀的传统文化中撷取精华，在思想上激励人、在价值上引领人、在精神上滋养人。在对传统文化的守护、继承和发展中，我们将继续开发一系列主题教育课，释放更多的文化能量，在孩子们的心田悄悄埋下一颗颗传统文化的种子。

注：本文发表于2020年2月《少先队活动》杂志，题为《例谈中华传统文化主题教育课的设计》。

非遗篇——节日节气

第❶课　月圆饼香　心团圆

设计教师：上海市浦东新区张江高科实验小学　　朱佳珺
指导教师：上海市浦东教育发展研究院　　　　　姚瑜洁

【活动对象】
　　小学一年级学生

【活动时长】
　　2+35分钟（2分钟预备时间）

【活动背景】
　　中秋节，又称月夕、秋节、仲秋节等，与春节、清明节、端午节并称为中国四大传统节日。2006年5月20日，中秋节被列入首批国家级非物质文化遗产名录。自2008年起，中秋节被列为国家法定节假日。中秋节具有丰富的民族特色和文化底蕴，全国各地通过不同的风俗习惯来庆祝这个重要节日。《嫦娥奔月》《月兔捣药》《吴刚伐桂》等神话故事也给中秋节添上了一层神秘色彩。
　　一年级学生对于传统节日中秋节十分熟悉，知道中秋节是团圆节，要赏月、吃月饼，但对节日内涵不甚了解，不清楚中秋节为什么从最初祭拜月亮变成了现在阖家团圆的节日。同时，学生对传统节日中的饮食文化非常感兴趣，这值得我们从中一探究竟。

【活动目标】
　　1. 知识与技能
　　知道中秋节的由来，学习月饼的制作步骤和分类。
　　2. 过程与方法
　　（1）通过聆听绘本故事，借助于和绘本人物"月儿"的对话，深入了解中秋节。
　　（2）观看视频，知道中秋节如何演变为团圆节。
　　（3）观看数字故事，学习月饼的制作步骤和分类。
　　（4）运用小组讨论法，了解中秋节情感团圆的重要性。
　　3. 情感态度价值观
　　体会分月饼吃的方法有分享团圆的含义，感受中秋节"心团圆"的美好情感寄托以及中华民族传统节日中的人文情怀。

【活动准备】
    1. 制作月饼的相关视频及多媒体课件。
    2. 设计学习单。
    3. 收集与中秋节相关的图文资料。

【活动过程】
一、中秋月儿圆
    1. 师：小朋友们，看，朱老师今天带来了这么多绘本故事，你们想不想看一看？我们挑一本来读读吧！
    出示PPT绘本封面图片：

    播放音频《月儿的自我介绍》：小伙伴们，大家好，我是月儿。我爸爸是西昌卫星发射中心的科学家，他和妈妈平时工作忙，没空照顾我。我跟外公、外婆住在一起。还有两天就要过中秋节啦！爸爸妈妈就要回来陪我们过节了，真开心！
    2. 师：你了解中秋节吗？
      生1：中秋节是全家团圆的日子。
      生2：中秋节这天全家要吃月饼。
      生3：我知道中秋节在八月十五。
    3. 师：对，中秋节在每年的农历八月十五，这是个团圆的日子，要与家人一起吃月饼。就在2006年，中秋节被列入我国首批国家级非物质文化遗产名录。
    出示PPT绘本图片1：

非遗篇——节日节气

播放音频《月儿介绍中秋节》：中秋节，我就能见到在外工作了好久好久的爸爸，能和亲爱的外公、外婆、妈妈一起过中秋，一起赏月、吃月饼啦！外公还给我讲了中秋的由来。让我给你们说一说吧！传说古时候，月亮上有个月娘娘。因为农历八月十五的月亮最大最圆，大家就在这天夜里祭拜月娘娘。慢慢地，八月十五就成了一个节日。因为这一天在一年秋季的中间，所以人们又称它为中秋节。中秋节晚上，人们都要赏月、吃月饼。可是为什么中秋节又叫团圆节呢？

生：我觉得可能是因为月亮是圆的，所以大家想到了团圆。

4. 师：同学们都不是很清楚为何中秋节要叫"团圆节"，没关系，让我们先看视频，再来解答月儿的困惑。

播放视频《中秋节》：农历八月十五是中国的传统节日——中秋节。传说古代有一位英雄后羿，偶然得到一包仙药，服用后就能升天成仙。但后羿舍不得离开妻子独自成仙，于是把不死药交给妻子嫦娥保管。后羿得到仙药的消息不胫而走，引来了很多人的嫉妒。一天趁着后羿不在家，后羿的徒弟蓬蒙闯入内宅后院，威逼嫦娥交出仙药。危急之时，嫦娥拿出不死药一口吞了下去。嫦娥吞下药后，身子飘离地面，冲出窗口，向天上飞去。因为嫦娥牵挂着丈夫，便飞落到离人间最近的月亮上成了仙。后羿得知消息后，派人到后花园里摆上香案，放上她平时最爱吃的蜜食鲜果，希望在月宫里眷恋着自己的嫦娥，能够感受到他的思念，祈盼再次团圆。这件事在百姓中流传开来，从此中秋节祈盼团圆的风俗在民间传开了。中秋之夜，皓月当空，人们把月圆当作团圆的象征，把八月十五作为亲人团聚的日子，因此中秋节又被称为团圆节。

5. 师：看完视频，谁来告诉月儿为什么中秋节又叫"团圆节"？

生1：我觉得中秋节是祈求团圆的节日，所以叫"团圆节"。

生2：因为嫦娥与后羿不能团圆，百姓知道了，希望他们能早日团圆，就把中秋节叫作"团圆节"。

生3：中秋节的月亮圆圆的，就像人要团圆一样，所以叫"团圆节"。

6. 师：是的。在很久以前，大概是春秋时代，君主就已经在农历秋分这一天开始祭月、拜月了。后来流传到民间，就成了中秋节。中秋节这一天月亮又大又圆，全家人一定要坐在一起，吃月饼、赏月亮，过一个"团圆节"。

板书：月圆

板贴：中秋月儿圆

设计意图： 大部分学生只知道中秋节又叫"团圆节"，不知道其中原因。以绘本人物月儿的疑问，引发学生的思考，带着问题观看视频，再让学生通过与绘本人物的对话，了解"团圆节"名字的由来。学生在形象的视觉和听觉的辅助下，既掌握了中秋节的相关知识，又感受到了中秋节的团圆氛围。

二、月饼香又甜

（一）月饼制作我来学

1. 师：知道了中秋节的来历，让我们去看看月儿在忙什么？

播放音频《月儿学做月饼》：中秋节，我们一定要吃月饼，外婆做的月饼可好吃了！今年我要自己动手，做月饼给爸爸妈妈吃！让我赶紧去厨房看看外婆怎么做月饼的。

2. 师：那就让我们跟随月儿的脚步，一起去厨房看看。

播放数字故事《月饼制作》：（1）外婆先把水、盐、糖、苏打和花生油加入面粉中并搅拌均匀。（2）把面团揉成长条，切成小块，擀成圆皮，就成了月饼皮。（3）将豆沙和果仁包入面皮中，双手反方向旋转，使外皮均匀包住馅儿。（4）把包好馅儿的面团放入模具中，压成月饼生胚。（5）用软毛刷在月饼生胚上刷一层蛋黄液，就可以放入烤箱啦！

3. 师：要学会做月饼，先要记住制作步骤。六人小组一起来试试吧，给月饼制作过程标上顺序。

出示PPT学习单：

压型　　擀皮　　和面

烤制　　刷蛋液　　包馅

参考答案：（1）和面　（2）擀皮　（3）包馅　（4）压型　（5）刷蛋液　（6）烤制

4. 师：月饼做好了吗？说说你们的月饼是怎么做的？

生：我们先和面，接着擀皮、包馅、压型、刷蛋液，最后放进烤箱。

5. 师：你们的月饼肯定能做成功。与他们小组做法一样的小组，做的月饼肯定也很香。做月饼的时候，外婆还教月儿唱歌了，一起去听一听。

播放视频《爷爷为我打月饼》：八月十五月儿明呀，爷爷为我打月饼呀，月饼圆圆甜又香啊，一块月饼一片情啊。爷爷是个老红军哪，爷爷待我亲又亲哪，我为爷爷唱歌谣啊，献给爷爷一片心哪。八月十五月儿明呀，爷爷为我打月饼呀，月饼圆圆甜又香啊，一块月饼一片情啊。爷爷是个老红军哪，爷爷待我亲又亲哪，我为爷爷唱歌谣啊，献给爷爷一片心哪。

（二）月饼种类我来分

1. 师：歌曲听完了，外婆的月饼也烤好啦！你们最喜欢哪种口味啊？

出示PPT绘本图片2：

非遗篇——节日节气

播放音频《交流月饼口味》：月饼烤好啦！我给爸爸做了他最爱吃的鲜肉月饼。你们喜欢吃什么口味的月饼呀？

生：我喜欢鲜肉月饼和豆沙月饼。

2. 师：朱老师也喜欢鲜肉月饼，咱俩喜欢的口味一样。

生：我喜欢吃莲蓉口味的。

3. 师：甜甜的，很可口。

生：什么口味的月饼我都喜欢。

4. 师：你真是个大胃王，看来大家都非常喜欢吃月饼。这些月饼按照地域划分，可以分为五大类。一起来看看，你最喜欢吃的月饼是哪一类？

板书：饼香

板贴：月饼香又甜

播放配乐演示文稿《跟着地图识月饼》：我国月饼分为五大类，包括广式月饼、苏式月饼、京式月饼、滇式月饼和新式月饼。广式月饼起源于广东一带，特点是皮薄松软、造型美观、图案精致、花纹清晰。口味有咸、甜两大类。按照月饼馅可分为莲蓉月饼、豆沙月饼、五仁月饼、水果月饼、叉烧月饼等。苏式月饼起源于苏浙沪一带，其中鲜肉月饼最受欢迎。京式月饼起源于北京、天津一带，有自来红月饼、自来白月饼和提浆月饼。滇式月饼起源于云南一带，云南四季如春，被称为"花都"，所以那儿有一种月饼是由鲜花制成的，被称为鲜花月饼。云南产火腿，人们把火腿肉做进了月饼中，也成了一大特色。新式月饼有冰激凌月饼、茶叶月饼、椰香月饼和海味月饼等，小朋友们最喜欢。

5. 师：请小朋友们小组合作，给盘子里的月饼分类。每组派一位成员上来贴一贴、说一说。

生1：我们拿到的是提浆月饼，它是京式月饼。

生2：这个是火腿月饼，它是滇式月饼，因为云南产火腿。

生3：我拿到了最爱吃的鲜肉月饼，它是苏式月饼。

生4：这是新式月饼，是我最喜欢吃的冰激凌月饼。

生5：这是五仁月饼，它是广式月饼。

（三）月饼团圆齐分享

1. 师：小朋友们真厉害，记住了月饼的五大种类。

播放音频《月儿学分月饼》：听了大家的介绍，月儿也知道了我国有这么多种类的月饼。月饼圆圆的，就像天上的月亮，吃了月饼，表示一家人团圆。可是，为什么要分着吃中秋节月饼呢？

  2. 师：中秋节，你们家都是如何分享月饼的？

    生1：我们家是自己挑选自己喜欢的口味，一人一个月饼。

    生2：我们家里是全家分享一个月饼。

  3. 师：对的，这就是月儿家要分着吃月饼的原因。我国传统文化源远流长，特别重视团圆的习俗，家里有多少人，就可以把一个月饼切成多少块，大家分来吃，寓意分享团圆。看看学习单上有一枚月饼，你会怎么分来吃？

    生1：我们家有爷爷、奶奶、爸爸、妈妈和我，我会分成五份。

    生2：我们家有八口人，我准备分成八份，大家一起来尝尝味道。

  4. 师：这么多人，月饼不大，分得过来吗？

    生2：没事儿，我可以少吃点儿，但是一定要每个人都吃到，因为这是在分享团圆。

  5. 师：现在我们的物质生活富足了，我们想吃月饼就能买到，而且市场上月饼的种类越来越多，能够满足大家各种挑剔的口味。但是，我们还是保留"分享月饼"的习俗，因为全家分月饼，全家享团圆。

板贴：赏月分月饼

> **设计意图：** 学生对节日活动中的饮食文化非常感兴趣，因此观看视频，了解月饼的制作方法和种类后，再通过小组活动排顺序、分种类，可以让学生对月饼有更丰富的认知。同时，把分月饼是分享团圆的含义告诉学生，大家一起感受中秋节的美好情感寄托。

三、团圆乐开怀

  1. 师：中秋节吃月饼的习俗大家都知道了。

  播放音频《月儿和爸爸的对话》：谢谢小伙伴们的帮助，月儿知道怎么分月饼啦！我们家有5个人，就应该把一块月饼切成5小块，大家分着来吃！这样月饼才更香，也才更有团圆味道。让我去听听是爸爸要回来了吗？

  月儿爸爸：月儿宝贝，我是爸爸。今年中秋节，我们中心有任务，爸爸是主要负责人，走不开，不能回来过中秋节了，你别难过！

  月儿：太糟糕了！爸爸不能回来过团圆节。这可怎么办？

  2. 师：小朋友们，你们有没有遇到过像月儿这样的情况，中秋节家人无法团圆？这一天，你们是怎么过节的？

    生1：有一年，我爸爸因为工作原因而没有回来过中秋，我当时特别难过。后来我在中秋节晚上跟爸爸视频，全家一起过中秋。

    生2：我们家人一直一起过中秋节的。家人就算在外地，也要赶回来。我想月儿一定特别伤心。

  3. 师：家人们没办法赶回来过团圆节，是挺难受的。但是，他们为什么不能回来？那

非遗篇——节日节气

么辛苦、繁忙是为了谁?

  生1：爸爸因为工作原因，要出差。他是为了我们，为了家人。

  生2：妈妈因为有紧急的事情要处理，赶不回来了。工作那么忙碌也是为了家庭。

 4. 师：没错，你们理解了家人的苦心，现在你们能劝劝伤心的月儿吗？

  生1：月儿，别难过了。爸爸是为了工作没办法回来，你要体谅他。

  生2：是呀，月儿快别哭了。爸爸没办法回来团圆，你可以跟他视频对话，一起过中秋节。

 5. 师：听了大家的劝说，月儿心情好多了。

 播放音频《月儿理解了爸爸》：谢谢大家的安慰，月儿不难过了！虽然没办法跟爸爸一起过今年的中秋节，但我要把这块月饼留给爸爸，等他回来吃。

 6. 师：想一想，生活中有哪些人因为工作等原因，经常在中秋节没办法与家人团圆？

  生1：小区保安。

  生2：飞机、火车上的乘务员。

 7. 师：对，他们都坚持工作，无法回家与家人团圆。

 播放音频《为身边人送温暖》：原来，中秋节这一天，有这么多工作人员像爸爸一样，坚守在自己的岗位上。他们是为大家舍小家啊！中秋节这一天，我们也不能忘记这些无法与家人团圆的亲人们，可以为他们做些什么呢？

  生1：我想给门卫师傅送一块月饼，祝他中秋节快乐。

  生2：我在路上碰到环卫阿姨，想给她个拥抱，对她说："谢谢您的付出，您辛苦了。祝您节日快乐！"

> **设计意图**：现实生活中，有些家庭因为各种原因，无法全家团圆，容易让学生产生负面情绪。引导学生关注在这样的情况下，我们该怎么过好中秋节，感受"心团圆"更重要。同时，关注那些奉献自我的工作人员，明白他们坚守岗位是为了千万个小家的团圆，所以要尊重、理解、关心他们。

 8. 师：这样的中秋节团圆味才更浓，这是月圆、饼香、心团圆的节日啊！

板书：心团圆
板贴：团圆乐开怀

 9. 师：今天我们与绘本中的月儿对话，了解到这么多与中秋节有关的知识。最后，让我们一起回味中秋节。大家读一读黑板上的儿歌。

 儿歌：中秋月儿圆，月饼香又甜。赏月分月饼，团圆乐开怀。

【板书设计】

月圆饼香　心团圆

新式月饼　　　　　　　　　　　　　　苏式月饼

京式月饼　　　　　　　　　　　　　　广式月饼

滇式月饼

【点评】

绘本为针　文化为线　思团圆

中华优秀传统文化凝聚着我国上下五千年的思想精华，小学低年级学生不仅要知道中华民族的重要传统节日，还要理解这些节日的内涵。朱老师紧扣"月"的主题，巧用绘本故事做针，中秋文化为线，编织整堂课，引领学生探究学习。

1. 塑造主题角色——月儿

该堂课的情景化设计都围绕绘本故事展开，塑造了一个天真可爱的绘本人物月儿。学生们与月儿有问有答，一起动手制作月饼，学唱歌曲，在轻松愉悦的课堂氛围中了解中秋节，感受团圆的美好寄寓。通过最后与月儿的对话，同学们更深入理解了"心团圆"这个词的含义。

2. 紧扣主题内容——月饼

朱老师基于学情，围绕学生们熟悉的月饼展开，虽说大家对月饼这一中秋特定食品习以为常，但他们对月饼的相关知识还不甚了解。于是，朱老师精挑细选绘本故事中的相关情节，并多角度收集月饼资料，呈现了丰富的相关内容，如月饼的种类、制作技法和分享方式等。活动紧扣月饼主题，引发学生回忆思考，既充满文化内涵，又贴近学生生活。

3. 提升主题内涵——团圆

朱老师巧用绘本故事内容，制作精彩数字故事。通过观看视频、小组合作等方式，学生们了解了中秋节团圆的意义。同时，朱老师关注到生活实际：中秋节有些家庭无法团圆，该怎么办？她把绘本故事做了现实延伸，从更深的立意让学生思考交流，领悟到中秋节阖家"心团圆"的重要性，并以此探究中秋节"心团圆"的多种形式，体现了传统文化更深层次的情感内涵。

上海市浦东教育发展研究院德研员　姚瑜洁

第❷课　九九重阳　"微孝"每一天

设计教师：上海市浦东新区东港小学　　　　　乔　静
指导教师：上海市浦东新区小学教育指导中心　孙丽萍

【活动对象】

小学二年级学生

【活动时长】

2+35分钟（2分钟预备时间）

【活动背景】

每年的农历九月初九是中华传统节日——重阳节，与除夕、清明节、中元节统称为中国传统四大祭祖日。除夕和清明节是固定的节假日，因此学生们比较了解，但学生们对重阳节的了解就比较少了。目前，人口老龄化已经成为我国一个极为严峻的社会问题，如何让老年人老有所乐、老有所依，如何让孩子们学会敬老、爱老，是德育工作者的责任和义务。

据了解，学生中普遍存在不关心身边老人的日常生活、很少主动与家中长辈聊天的现象，一些学生尊重孝敬老人的观念淡薄，缺少关爱长辈的传统美德。

【活动目标】

1. 了解重阳节的由来以及重阳节的习俗：吃重阳糕、登高望远、饮菊花酒、游玩赏菊、遍插茱萸。
2. 知晓重阳节就是老人的节日，树立"尊敬老人"的观念。
3. 尝试从小事着眼，做力所能及的事，日日践孝，尊重长辈，弘扬中华民族传统美德。

【活动准备】

课件、自创"孝行棋"、板贴。

【活动过程】

一、节日名称大讨论

1. 师：今天，阳阳和妈妈也来到了我们的课堂上。看，他们在玩猜节日的游戏呢！
播放视频《妈妈引入诗画》。

妈妈：阳阳，今天是一个节日，妈妈考考你，你能通过这幅诗画猜出这个节日吗？独在异乡为异客，每逢佳节倍思亲。遥知兄弟登高处，遍插茱萸少一人。

阳阳：嗯……不知道。

2. 师：谁来帮帮阳阳？

生：我知道，它是重阳节。

3. 师：那你知道重阳节的具体时间吗？

生：农历的九月初九。

4. 师：解决了阳阳的难题，听，阳阳妈妈正在表扬你们呢！

播放音频：小朋友们可真了不起，那你们知道重阳节的由来吗？

生：不知道。

5. 师：今天，我们就要跟随阳阳和妈妈走进九九重阳节，去探寻重阳节背后的意义。

板贴：九九重阳

设计意图： 学生们对于古诗《九月九日忆山东兄弟》并不陌生，这里由古诗引入，学生们能感受到重阳节的历史源远流长。课堂上由教师设计的人物阳阳和他妈妈的到来，拉近了与学生的距离，有助于激发学生的学习兴趣。

二、由来习俗大揭秘

播放视频《桓景避灾》。

重阳节

每年的农历九月初九是我们的重阳节。你们知道吗？重阳节还有一个很神奇的传说呢！

从前，有一个叫桓景的人，他每天都会领着村民辛勤劳作，百姓的生活幸福快乐。村庄附近有个瘟魔，每年的农历九月初九，他总是出来祸害村庄的百姓，人们痛恨他，却拿他没办法。这天，又是九月初九，晴朗的天空突然出现大块大块的阴云，可怕的瘟魔又来了。瘟魔恶狠狠地向村庄呼呼地大口吐着黑气，黑气很快笼罩了整个村庄，可怜的村民闻到气味，便瘫倒在地。

过了不久，桓景醒来，发现躺在自己身边的父母已经没了呼吸。为了除去瘟魔，勇敢的桓景决定去仙山拜师学仙术。一路上，他的鞋子被磨破了，衣服也变得破烂，他一直鼓励着自己，我不会放弃的。

终于，桓景艰难地爬完三千多级台阶，他跪倒在仙山顶上大口地喘着粗气。道长非常感动，收他为徒，并送给他降妖宝剑。桓景每天都特别刻苦地练习仙术，早上天不亮，他就起床了。他握紧双拳，左右挥打，月光下，桓景"唰唰"地舞着剑。经过苦练，桓景终于练就了非凡的本领。道长拍着桓景的肩膀说："桓景啊，明天就是九月初九了，瘟魔又要出来害人，你可要为民除害啊！"道长送给他茱萸叶和菊花酒，桓景跪拜道长，感激地说道："道长，真的谢谢您。"

农历九月初九，桓景回到了村庄，他把村民召集到村中央，给村民每人分茱萸叶和菊花酒,说道:"乡亲们,瘟魔来时,大家就拿出这些,我们来一起降服瘟魔。"就在这时,只听"嗡嗡嗡"几声怪叫,瘟魔从黑云里冒了出来,瘟魔冲向村庄,突然闻到菊花酒和茱萸叶的味道,便"啊啊啊"地狂叫起来,歪歪倒倒地往后退。桓景"嗖"地挥出降妖宝剑,冲着瘟魔大喊:"瘟魔,你年年出来害人,今天我可要好好教训你!"说着,桓景跳起来,挥出宝剑,一下子刺中了瘟魔的胸膛。瘟魔"嗷嗷嗷"地叫了几声,重重地摔倒在地上。乡亲们冲上来,欢呼着:"桓景,你真勇敢,谢谢你救了我们。"

1. 师:看了视频,谁能来说说重阳节的由来呢?

　　生:桓景为了替父母和乡亲们报仇,刺死了瘟魔,那一天正好是农历九月初九。

2. 师:为了纪念桓景打败瘟魔,救了村民,也为父母报了仇,从此就有了重阳节。因此,重阳节的习俗都和辟邪、求平安有关,谁来找一找图片中哪些是重阳节的习俗呢?

　　生:吃重阳糕。

板贴:吃重阳糕

播放音频:答对了,你可真棒!

4. 师:为什么要在重阳节吃糕呢?让我们听听阳阳妈妈的介绍吧!

播放音频《吃重阳糕缘由》:重阳节吃糕,就是为了祝愿老人高寿。人们会在糕上放上红枣、红绿萝卜丝、核桃等。

5. 师:还有谁也找到了?

　　生:我找到了赏菊游玩、佩戴茱萸、登高望远、饮菊花酒。

板贴:赏菊游玩、佩戴茱萸、登高望远、饮菊花酒

播放音频:答对了,你可真棒!

6. 师:那你们知道为什么会有这些习俗吗?

　　生:不知道。

7. 师:博学多才的阳阳妈妈正等着给大家介绍呢!请大家仔细听!

播放音频《介绍重阳习俗来历》:登山就是强身健体的过程,就是为了驱邪避凶,健康长寿。菊花酒被视为吉祥酒,人们在重阳节这天喝下,就能去灾祸、得福气。茱萸味香浓,是一味驱虫祛湿的中药,人们插满茱萸是为了寻求身体健康。菊花是我国的名花,有吉祥长寿的寓意,被人们看作有蓬勃生命力的象征。

设计意图:通过观看视频,同学们可以了解重阳节的由来。大家以游戏的形式找到了重阳节的习俗,气氛轻松活跃,在你我互助中找到答案,配上趣味十足的表扬语、轻松的音乐,学生的学习热情高涨。

三、重阳意义大探索

播放音频《现代重阳节》：原来重阳节有这么多的风俗习惯啊！可是现在过重阳节的时候，人们都不这样做了呀！是呀，随着生活节奏的加快，许多重阳节的习俗都被遗忘了，但在重阳节这一天，为老人们送上一块重阳糕的习俗至今未变。

1. 师：你们知道为什么要在重阳节为老人送上一块重阳糕吗？

　　生：因为重阳节就是敬老节啊！

2. 师：重阳节为什么会成为敬老节呢？让我们一起听听阳阳妈妈的介绍吧！

播放音频《重阳与敬老》：九九重阳，因为与"九"同音，"九"在数字中是最大数，"九"又有长久、长寿的含义。所以，人们把重阳节看作吉祥、长寿的节日。因此，我国把每年的九月初九定为老人节，让传统民族节日重阳节成为尊老、敬老、爱老、助老的节日。

3. 师：谁来做小小讲解员：说说重阳节为什么是敬老节。

　　生：因为"九"是数字中的最大数，"九"还有长久、长寿的意思，人们都把重阳节看作吉祥、长寿的节日，我们要尊老、敬老、爱老、助老。

4. 师：那是不是只有重阳节才尊重老人呢？

　　生：不是，每一天我们都要尊重老人。

5. 师：你们说得真好！尊敬老人，我们要日日践行，从小事做起，"微孝"每一天。

　　　　　　　　　　　　　　　　　　　　　　　板贴："微孝"每一天

四、"微孝"行动大践行

播放音频：从生活上关心自己的爷爷奶奶，这就是"微孝"之心。小朋友们，你们是否在生活上关心自己的爷爷奶奶呢？

（一）孝心微调查

1. 师：看，阳阳妈妈给我们提供了一份"孝心调查表"！

问题	今日得♥情况 知道的获得一颗♥	一周后得♥情况 知道的获得一颗♥
爷爷的生日是__月__日？		
奶奶最近看的电视剧是《____》？		
外公的体重是__斤？		
外婆的手机号码是____？		

孝心微调查

2. 师：谁能回答第一个问题？

　　生：我知道爷爷的生日是10月24日。

3. 师：你可真棒，让老师为你点亮一颗爱心。

4. 师：从今天的得♥情况，你感受到了些什么？

生：点亮的爱心很少，说明我们不了解他们。

5. 师：说得真好，既然我们知道了自己的不足，今天回去之后准备怎么做呢？

生1：我要去问问奶奶最喜欢看的电视剧是什么。

生2：我要去叫外公称体重。

6. 师：如果大家都能关注这些小事，说到做到，一周后的得♡情况一定会有很大的改变。

> **设计意图：** 孝心微调查，老师起初设计的问题比较笼统，对学生的回答无法判定真假。于是，我们就转变思路，聚焦学生生活中比较容易忽视的4个问题。通过PPT制作，点亮"微孝"心。通过一颗颗红心被点亮，学生们的触动是很大的。这一环节很好地引导学生明确关心老人的行为要践行在每一天。

（二）孝行显真情

播放音频《日常敬老怎么做》：我们不仅要在生活上关心自己的爷爷、奶奶，更要在行动上体贴他们。你们有没有做过孝敬长辈的事呢？

阳阳：我做过！我做过！爷爷奶奶做家务累了，我会给他们揉揉肩膀、敲敲背。

1. 师：小朋友们，你们做过哪些孝敬长辈的事？

生1：我帮奶奶洗过脚。

生2：我帮爷爷剪过指甲。

生3：我为奶奶染过头发。

2. 师：小朋友们说得真好！大家看，这些小朋友做得对不对？

情境一：丁丁想吃糖醋小排，可是奶奶腰疼，没去菜场买菜，丁丁放学回家没吃到糖醋小排，便大哭起来。

生1：丁丁做得不对，看到没有小排，那就不吃呗，不能大哭大闹。

生2：丁丁回家不该就看有没有糖醋小排，应该先看看奶奶。

生3：看见奶奶不舒服，还大哭大闹，真是没有孝心。

3. 师：丁丁做得不对，那我们再来看看美美是怎么做的？

情境二：由于昨晚看电视太晚才去睡觉，今天早上起不来，上学迟到了。美美在上学路上就和奶奶闹别扭，一直责怪奶奶没有及时叫她起床。

生1：迟到应该怪自己，不能把问题怪在奶奶身上。

生2：对奶奶发脾气是不对的。

生3：奶奶完全可以不管她的，她还反过来怪奶奶，真是不应该。

4. 师：小朋友们说得真好，阳阳妈妈为大家竖起了大拇指。这说明大家都知道哪些行为是不对的，哪些行为是该做的。希望大家都能成为"孝心天使"，给爷爷奶奶更多的爱。

（三）游戏悟孝行

1. 师：看，阳阳妈妈给我们带来了"孝行棋"，让我们在玩中学"孝"，争得"孝星章"吧！先来看看玩孝行棋的游戏规则吧！

出示PPT游戏规则：（1）以小组为单位按照棋盘内容完成游戏。（2）小组成员轮流掷骰子使棋子前进至终点。（3）到达终点后由组长颁发"孝星章"。

2. 师：这么多同学都得了"孝星章"，那么你能谈谈玩过"孝行棋"之后的感受吗？

生：我们小组一直掷骰子到前进格，所以我们很快就到终点了。

3. 师："孝行棋"告诉你做到哪些可以向前进呢？

生1：不给长辈添麻烦。

生2：记得长辈的生日。

4. 师：原来是这样，那你们结合"孝行棋"说说自己以后会怎么孝敬老人？

生1：我在以后的生活中要多多关心自己的爷爷奶奶，不要不理睬他们。

生2：我要多给爷爷、奶奶打电话，告诉他们我在学校里发生的有趣的事情。

生3：我们去旅行的时候，叫爸爸妈妈把爷爷奶奶和外公外婆都带上，让他们也去看看祖国的大好河山。

生4：我要每天抱一抱爷爷奶奶，让他们感受到我的爱。

5. 师：你们说得真好，奖励你一颗大红枣，赠送你一颗大花生，快去装饰黑板上的重阳糕吧！

五、总结

播放音频《喜得"孝星章"》。

阳阳：妈妈，你看，我也争得了"孝星章"。

妈妈：妈妈希望你能"微孝"每一天，做一个孝敬长辈的好孩子！

1. 师：今天这堂课，我们和阳阳一起度过了一个特殊的重阳节。看，这就是装满你们心意和祝福的重阳糕，希望你们把孝心和孝行带回家，陪伴爷爷奶奶度过温馨快乐、幸福安详的晚年。

非遗篇——节日节气

设计意图： "孝行棋""孝星章"更增添了课堂的趣味，让学生们在玩的过程中学习"孝"。学生在下棋的过程中，仔细阅读棋盘内容，前进后退间，明白如何尽孝，如何修正自己不正确的行为。在佩戴"孝星章"时，再请学生们谈感受，水到渠成。"孝行棋"打开了学生们尽孝的思路，也指出了日常的不足，用学生所能接受的方式达到了教育的目的。

【板书设计】

【点评】

"棋"乐无穷

乔静老师执教的《九九重阳 "微孝"每一天》着眼于学生日常生活，满足学生兴趣，独具匠心的"孝行棋"把社会道德规范具体细化为生活中的每一件不起眼的小事，更触动学生们的心灵，让学生们真正意识到了自身的不足，明确日后要多做力所能及的小事，尊重和关心长辈，传承中华民族的传统美德。

1. 棋盘内容新

陶行知先生倡导"生活就是教育"。乔静老师结合小学二年级学生的特点，设计"孝行棋"，巧妙地把"微孝行动"和学生的日常生活联系起来。把"对爷爷奶奶大吼大叫""经常向爷爷讨要零花钱"等日常的行为重现在棋盘上，通过后退的惩罚形式让学生们意识到自己的问题；也把"陪老人过重阳节""教老人拍抖音"等表达孝心的方法，以奖励的方式呈现在棋盘上，学生们在前进、后退中思考自身存在的不足之处，收获了践行孝心的好方法。

2. 游戏规则巧

"孝行棋"的规则设计是以小组为单位，一颗棋子，小组成员轮流掷骰子前进。学生们相互合作，你掷骰子，我读棋盘内容，队员之间合作默契，才能尽快到达终点。棋子到达终点后，全组成员即可获得"孝星章"。

3. 游戏过程趣

乔静老师很好地利用游戏激发了学生们的思维，随着棋子的前进、后退，他们在游戏里畅抒己见。游戏结束后，学生们充分自主地思考，回忆自己以前的行为，想想确有差距，你一言我一语，在实践中悟出了真谛。这正是主题教育课知行合一、切实落地的典范。

上海市浦东新区东港小学德育主任 顾志英

第❸课　冬至饺　暖人心

设计教师：上海市浦东新区南汇外国语小学　陆　莉
指导教师：上海市浦东新区南汇外国语小学　盛建芳

【活动对象】
小学二年级学生

【活动时长】
2+15分钟（2分钟预备时间）

【活动背景】
中共中央办公厅、国务院办公厅印发了《关于实施中华优秀文化传承发展工程的意见》，要求"实施中国传统节日振兴工程，丰富春节、元宵、端午、七夕、中秋、重阳等传统节日文化内涵。"传统节日蕴含着丰富的文化内容和教育意义，对小学生的成长有着重要的引导作用。因此，充分挖掘传统文化的教育资源，不仅能让小学生了解我国的传统节日文化，更能激发小学生的家国情感。

相比于其他传统节日，冬至则是学生较为陌生的节气。关于冬至节的由来、饮食，很多孩子还不知道。

【活动目标】
1. 知晓冬至是中华传统节日之一。
2. 了解冬至吃饺子的由来。
3. 理解不同馅料的饺子的美好寓意，并为他人送去祝福，感受冬至吃饺子这一习俗给人们带来的温暖。

【活动准备】
多媒体课件、板贴、教具。

【活动过程】
一、知冬至
出示PPT光头强图片：
1. 师：小朋友，今天老师给你们带来了一个朋友。看，谁来了？

生：光头强。

2. 师：听，光头强的妈妈给他打电话了，他们在聊些什么呢？我们一起来听一听。

播放视频《光头强和妈妈打电话》。

光头强：（不会是李老板吧？）李老板！

光头强妈妈：强子，我是妈。

光头强：妈，是您啊，我还以为是我老板呢！

光头强妈妈：强子，天气越来越冷啦，你可要多穿点衣服！

光头强：放心吧！我这大棉袄皮帽子都是名牌，暖和着呢！

光头强妈妈：那就好，那就好。对了，强子，今儿啊，是冬至呢！

光头强：冬至？

光头强妈妈：对呀！冬至啊，要吃饺子，不然呐，会冻掉耳朵的。

光头强妈妈：饺子来喽！来！快吃吧！

光头强：饺子又好吃又暖和！

光头强妈妈：强子，强子，你记住了没有啊？

光头强：知道了，妈！我现在就去做饺子，挂了啊！

3. 师：哪个小朋友来说一说，光头强和妈妈在电话里提到了哪个日子？

生：12月22日。

4. 师：每年的12月21日—23日中的某一天就是冬至，而光头强提到的日子正是12月22日。冬至，俗称"冬节""长至节"或"亚岁"等。冬至既是二十四节气中的一个重要节气，也是中华民族共同的传统节日。冬至被视为冬季的大节日，在古代民间有"冬至大如年"的讲法，冬至又被称为"小年"，冬至一到，新年就在眼前。所以，古人认为冬至的重要程度并不亚于新年。在冬至这一天，光头强的妈妈要光头强吃什么呢？谁听到了？

生：饺子。

板贴：冬至饺

> **设计意图**：用孩子们所喜欢的动画人物——光头强创设情境，通过观看光头强的视频，引出冬至这一孩子们陌生的节日，然后通过老师的介绍，让孩子们初步了解冬至这个节日。

二、话由来

1. 师：每年的冬至，光头强都会吃上一碗热气腾腾的饺子，那是一件多么幸福的事情啊！可是有一件事，他一直都不清楚呢，让我们一起听听他的疑惑吧！

播放音频《光头强的话1》：冬至为什么要吃饺子呢？

2. 师：大家能为光头强解惑吗？

生：不能。

3. 师：老师这里有个动画片或许对光头强有所帮助。下面，请小朋友们仔细看看动画片，边看边想，冬至为什么要吃饺子呢？

播放视频《娇耳的由来》。

冬至的故事

东汉时期，有一位名医张仲景。他和徒弟回到家乡，看见贫穷的乡亲们在冬天穿着单薄的衣服，辛苦地劳作。张仲景心里很难受。

张仲景：唉！乡亲们受了这么多苦，我能为他们做些什么呢？

徒弟：我看到好多人的耳朵都被冻得红肿溃烂，您医术高明，一定能帮他们治好！

张仲景：你说得对。

张仲景和徒弟把祛寒的药材和羊肉、辣椒一起放进大锅里煮。

徒弟：师傅！煮好啦！

张仲景：我们把这些药物和羊肉切碎，用面皮包成耳朵的形状。

冬至那天，张仲景带着徒弟把这种耳朵形状的药煮熟，送给冻伤了耳朵的乡亲们。

乡亲1：这是什么汤呀？喝了之后，全身都暖洋洋的！

徒弟：这是我师父发明的祛寒娇耳汤，里面这些耳朵形状的，就叫娇耳。

张仲景：喝下这汤，你们的耳朵很快就会好啦！

乡亲2：谢谢您！您真是仁心仁术的好大夫呀！

以后，每年的冬至，乡亲们也学着做各种馅的娇耳，并把他们叫做饺子。渐渐地，就有了冬至吃饺子的习俗。

4. 师：故事听完了，谁来说说为什么医圣张仲景要给受冻的老百姓吃饺子呢！

  生1：因为饺子可以驱寒。

  生2：因为饺子可以治疗冻烂的耳朵。

5. 师：小朋友听得可真仔细。你们听，光头强还有一个问题要问问你们呢！

播放音频《光头强的话2》：冬至饺的馅料里分别有什么呢？

  生1：羊肉。

  生2：辣椒。

  生3：祛寒药材。

出示PPT：羊肉图片、辣椒图片、祛寒药材图片。

6. 师：羊肉既能抵御风寒，又可补身体，对一般风寒咳嗽、体虚怕冷等都有治疗和补益效果，最适宜于冬季食用，故被称为冬令补品，深受人们欢迎。辣椒，小朋友们都知道，吃上去火辣辣的，在寒冷的冬季吃上一点儿，全身都暖和了呢！祛寒药材，顾名思义，就是能祛除寒冷的药材。将这三种食材做成馅料包在一起，就可以治疗人们冻烂的耳朵，祛除寒冷。怪不得我们后人流传着这样一句话。谁来读读这句有意思的话？

出示PPT：冬至不端饺子碗，冻掉耳朵没人管。

  生：冬至不端饺子碗，冻掉耳朵没人管。

7. 师：医者父母心，别看医圣张仲景的娇耳外表其貌不扬，但是里面的馅料却非常用心，百姓们吃在嘴里，暖在心里。小小冬至饺，非常暖人心。

板贴：暖人心

设计意图： 播放视频《张仲景的娇耳汤》，让孩子们知道冬至吃饺子的由来。通过对娇耳所需食材的介绍，孩子们可以体会张仲景当时的用心以及当时给予百姓的温暖，从而让孩子们明白暖人心的含义。

三、知内涵

1. 师：当然，现如今我们已经用不着吃饺子来治疗冻烂的耳朵，但饺子已经成为人们最常见、最爱吃的食品了。饺子的口味也是五花八门，有猪肉馅的、青菜馅的，谁来说说你吃过的饺子是什么馅的？

　　生1：牛肉馅。

　　生2：青菜肉馅。

　　生3：白菜肉馅。

2. 师：小朋友吃过的饺子种类啊，可真不少！可是，你们知道吗？不同馅料的饺子里面，其实还包含着各种不同的美好寓意呢！

　　出示PPT：不同馅料的饺子图片以及它们所代表的不同的吉祥寓意。

3. 师：谁来做一做饺子宝宝，读读不同馅料的饺子宝宝所代表的不同寓意呢？

　　生1：我是芹菜馅的饺子，人们用我来祝福勤劳的人财富越来越多。

　　生2：我是大枣馅的饺子，人们用我来祝福他人新年红红火火、好运连连。

　　生3：我是油菜馅的饺子，人们用我来祝福亲人朋友有才能，又有福气。

　　生4：我是牛肉馅的饺子，人们用我来祝福亲朋好友身体健康、牛气十足。

设计意图： 通过了解饺子馅所包含的不同吉祥寓意，孩子们了解到现今的冬至饺同样也温暖人心，为下一环节送祝福埋下伏笔。

四、送祝福

1. 师：小朋友，一只小饺子包含着很多的祝福，你想给自己的家人或朋友什么馅的饺子呢？请你们再次看看饺子的吉祥寓意，然后为你们的亲人朋友们送上祝福吧！老师先来送个祝福：我想送给妈妈牛肉馅的饺子，我希望我的妈妈身体健康、牛气十足。下面请大家说说你们各自对家人朋友的祝福吧！

　　出示PPT：我想送给＿＿＿＿＿＿＿＿，我希望＿＿＿＿＿＿＿＿。

　　　　　　　　　　　　　　　　　　　　　　　　　　　　板贴：送祝福

（学生边站在黑板前送祝福，边贴饺子模型）

　　生1：我想送给奶奶牛肉馅的饺子，我希望奶奶身体健康。

　　生2：我想送给妈妈大枣馅的饺子，我希望妈妈在新的一年里红红火火、好运连连。

　　生3：我想送给姐姐油菜馅的饺子，我希望姐姐有才能，又有福气。

　　生4：我想送给爸爸芹菜馅的饺子，我希望勤劳的他，财富越来越多。

2. 师：听了你们的冬至祝福，真是温暖人心啊！老师都被你们感动了！

　　出示PPT：冬至饺　暖人心

3. 师：小小的一只冬至饺，在古时候，温暖了饥寒的百姓的心，而如今的人们又赋予饺子不同的吉祥寓意。老师建议你们回家后，也包一包不同馅料的饺子，并将你亲手做的饺子送给你的亲人朋友吃，继续表达你们的祝福，温暖一下亲人朋友的心。下课！

> **设计意图：** 通过让孩子们小组交流，情景模拟，为自己的亲朋好友送饺子这个活动，孩子们可以更加深刻地体会冬至饺带给人的温暖并产生共鸣。

【板书设计】

【点评】

巧用板书　育生导行

《冬至饺　暖人心》是一堂以传统节日"冬至"的主要饮食——饺子为抓手的"传统文化"主题教育课。在本节课上，陆老师抓住了一个"暖"字，让学生通过观看视频、板贴"饺子"送祝福等方式，向学生诠释了从古至今人们食饺子的原因以及饺子所包含的美好寓意。

1. 板书有创意

优秀的板书设计可以提高学生的审美能力，激发学生的学习兴趣，从而提高主题教育教学效果。在本节课上，陆老师在"送祝福"这一环节特意制作了几个栩栩如生的黏土饺子，这些饺子跟孩子们平日生活中吃的饺子看上去没多大区别，所以，当陆老师将饺子拿出的瞬间，孩子们的目光一下子就被吸引住了，纷纷举手，想要为家人朋友送祝福。课堂气氛在学生共同参与完成板书中显得异常活跃。

2. 板书巧导行

作为一节主题教育课，设计课堂的初始及最终目的并不仅仅是让学生简单地了解传统节日，而且要让学生了解传统节日沿袭至今，其背后所隐藏的情感寄托和精神价值。陆老师的这节课，通过让学生先了解现今不同馅料的饺子所包含的不同寓意，再将自己的情感寄托在饺子上，通过板贴饺子，说一说对亲朋好友的祝福，抒发自己的情感，从而使学生明白收到饺子的人也会因此"暖"意十足。此时，板书的导向作用十分明确，学生在参与的过程中，知道了给予他人温暖，也会给自己带来快乐。因此，本堂课上板书的创意和巧用，使此课的教育主题得到了进一步的升华。

上海市浦东新区南汇外国语小学党支部书记　盛建芳

第 ❹ 课　纸鸢寄情款款飞

设计教师：上海市福山外国语小学　　　贺　迪
指导教师：上海市浦东教育发展研究院　姚瑜洁

【活动对象】
小学三年级学生

【活动时长】
2+15分钟（2分钟预备时间）

【活动背景】
　　清明有放风筝的习俗。古人认为清明放风筝就是"放晦气"。《潍县岁时记》把春天放风筝称为"放郁"，是图个"吉利"。民间延续着一个风俗，清明节这天有人把风筝放得高而远，然后有意将风筝线割断，让风筝随风飘去，意思是把一年来积下的"郁闷之气"彻底放出去，可在一年中不生病，称之为"放晦气"。而随着时间的推移，人们在风筝上不再只写"晦气"了，风筝逐渐成为寄情寄语的美好载体。
　　清明节是我国的传统节日，我班的学生大部分只知道清明是祭祖扫墓的日子，可以放假一天，却不知道清明节还兼具自然与人文两大内涵，既是节气又是节日。清明节不仅有祭扫先祖的习俗，也是踏青郊游的时节，而在清明节放风筝还是一项有益健康、享受春天的活动，放风筝也成为寄情寄语的一种方式。

【活动目标】
　　知识目标：
　　1. 通过情景学习，我们知道古人认为清明节就是"放晦气"，而现在放风筝成了寄情寄语的一种方式。
　　能力目标：
　　2. 尝试运用观看视频、探究、交流等方法，同学们可以领悟清明放风筝习俗的由来与含义。
　　情感价值目标：
　　3. 通过在小风筝卡片上寄情寄语这一情感体验，同学们学会传递、表达自己的情感，继承和发扬清明节放风筝的传统文化。

【活动准备】

相关媒体视频资料、课件、教具等。

【活动过程】

一、纸鸢迷路，寻原因

1. 师：看，谁来了？

播放音频《"小纸鸢"迷路》：大家好，我是一只迷路的小风筝，小主人的爷爷叫我"小纸鸢"，我与我的小主人失散了，大家能帮我找到回家的路吗？

2. 师：纸鸢就是风筝的别称，古时候人们把风筝称为"纸鸢"。

板贴：纸鸢

3. 师：小朋友们，你们愿意帮帮小纸鸢吗？
   生：愿意。

4. 师：小纸鸢怎么会迷路呢？让我们一起听一听。

播放音频《"小纸鸢"求助》：今年的4月5日，小主人和他的爷爷把我带去公园放飞，我升上蓝天后，爷爷却拿出了剪刀把风筝线给剪断了，他为什么要这么做呀？

> **设计意图：** 课堂的开始引入主人公"小纸鸢"，设疑激趣，设置情境——小纸鸢为什么会迷路？

二、纸鸢释怀，解心结

1. 师：谁能帮小纸鸢解开这个心结？

生1：可能是小纸鸢变旧了，小主人的爷爷要给他再买一个新的，就剪断了。

生2：可能是小主人太贪玩了，爷爷不想让他继续玩了，就剪断了风筝线，不要小纸鸢了。

2. 师：小纸鸢刚刚说的和主人失散是在几月几号呀？
   生：今年的4月5日。

3. 师：是呀，还记得这是什么日子呀？
   生：清明节。

板贴：清明节

4. 师：同学们知道吗？清明节自古以来就有放风筝的习俗，来看一看吧。

板贴：放风筝

播放视频《清明节放风筝的由来与含义》。

清明节放风筝的诗中就写到：只凭风力健，不假羽毛丰。红线凌空去，青云有路通。描写的就是放风筝的场景。刚才大家看到我在这个风筝上好像写了些什么，其实这也是古人的习惯。他们喜欢把疾病、灾祸写到这个风筝上，在清明节的时候放飞。等风筝飞高的时候把它剪断，就代表把疾病和灾祸都带走了。那好吧，让我一起放飞风筝，期盼安康。

非遗篇——节日节气

5. 师：现在你们了解清明节放风筝这个习俗的由来与含义了吗？

生：疾病、灾祸，古人把它们称作晦气，风筝升上天后，有些人会把风筝线剪断，让风筝带着郁闷之气随风飘去，古人认为清明节放风筝就是"放晦气"。

板贴：放晦气

6. 师：知道了清明放风筝这个习俗的由来，谁能来安慰安慰小纸鸢？

生：小纸鸢，你别难过了，其实是因为小主人的爷爷想要效仿古人"放晦气"，并不是小主人不要你了。

7. 师：是呀，小纸鸢，你的心结解开了吗？

播放音频《解开心结，说明缘由》：我的心结解开了，谢谢你们！不过，我要告诉大家，古人那样做是因为古代的医疗和科技水平低下，人们没有能力抵御疾病以及各种自然灾害的侵袭，因此产生了崇拜神灵、祈求好运的心理。其实不用剪断风筝线，我们一样会在蓝天中款款高飞的！

8. 师：是呀，我们能不能剪断风筝线让更多的小风筝们找不到家？

生：不能。

播放音频《纸鸢寄情》：听你们这么说，我可放心多啦！其实现在，清明节放风筝还成了寄情寄语的一种方式，寄托了人们思念、期盼、祝福等美好的情感。

9. 师：小小的纸鸢寄托了深深的情！

板贴：寄情

10. 师：现在清明节放风筝的意义不再是放晦气了，而是——寄情寄语。

板贴：寄情寄语

设计意图：通过文献资料与多媒体视频资料，使学生知晓原来古人因为古代的医疗和科技水平低下，人们没有能力抵御疾病以及各种自然灾害侵袭，因此产生了崇拜神灵、祈求好运的心理，故认为放风筝就是"放晦气"。随着科技水平的提高，清明节放风筝这一习俗的现实意义已经转变为人们借风筝为载体寄情寄语。

三、纸鸢寄情，款款飞

播放音频：小朋友们，想不想在小风筝上写一写小寄语？

生：想。

1. 师：那我们可以写哪些方面的内容呢？

生1：我们可以写自己的梦想。

生2：我们可以写对朋友、同学和老师的祝福。

生3：我们可以写对已经转学的同学的思念。

2. 师：那就动笔将你们的梦想、祝福、思念这些美好的情感，书写在你们桌上的小风筝卡片上吧！

播放音频背景音乐《杜鹃圆舞曲》。

3. 师：谁愿意上来和我们分享寄语，放飞小风筝？

生1：我想对已经转学的李若萌说，我们都非常想念你，希望你在新的学校里能继续加油努力，认识很多新的朋友！

生2：我想对我的爷爷奶奶说，希望你们都能长命百岁！

生3：我想对未来的自己说，我现在会加油努力学习的，希望20年后的你是一个棒棒的人！

4.师：刚刚老师也写了一个小寄语，是对我们班的小朋友们的祝福——愿你插上一对有力的翅膀，坚韧地飞吧，不要为风雨所折服；诚挚地飞吧，不要为香甜的蜜汁所陶醉。希望你们如同这些小纸鸢，款款高飞，飞向美好的未来！

板贴：款款飞

播放音频：大家一起放飞希望、放飞风筝吧！

5.师：现在就请你们一组组上台来放飞你们手中的小风筝！

设计意图： 通过让全体同学上台来放飞手中的风筝卡片，让每一个学生都参与其中，放飞风筝，放飞希望，拥抱春天，感受春天的美好。

【板贴设计】

【点评】

情境设置串联全课

教学情境是指在课堂教学环境中，作用于学生的学习。贺老师这堂主题教育课，切入点小而新，开始便设置一个吸引学生的情境——请大家都助迷路的"小纸鸢"找回主人，由此引出清明节放风筝这一习俗的由来。贺老师利用多种教学手段，通过外显的形式，使课堂教学更接近于现实生活，使学生如临其境、如闻其声，营造了一种良好的课堂氛围。情境设置具有连贯性，实现了教与学的互动。

1. 创设悬念情境

针对三年级学生的年龄特征与心理特点，贺老师在新课引入时，依据教学内容并制造悬念来激发学生的兴趣。学生通过"小纸鸢"的口述，了解到了4月5日那天爷爷拿出剪刀将风筝线剪断，使其迷路，学生们纷纷猜测小主人爷爷剪断风筝线的原因：有的学生猜测可能是"小纸鸢"变旧了，小主人的爷爷要给他再买一个新的；有的学生猜测可能是小主人太贪玩了，爷爷不想让他继续玩了，不要小纸鸢了。悬念迭起，为后面的情节做了铺垫。

2. 创设信息情境

贺老师为学生提供了一些生活性、现实性的信息，为学生创设了信息情境，引导学生关注"小纸鸢"迷路的日期——4月5日，即清明节这一线索，学生很快便推测出爷爷此举是和清明节的习俗有关。学生了解到，因为医疗水平低下，古人没有能力抵御疾病以及各种自然灾害侵袭，因此产生了崇拜神灵、祈求好运的心理，故认为放飞风筝就是"放晦气"，爷爷是希望"小纸鸢"能带着"郁闷之气"远飞，故出现了爷爷将放得高高的风筝线剪断的举动。

3. 创设生活情境

生活是大家赖以生存的源泉，故必须将教学从抽象、枯燥的活动中解放出来，使之贴近生活。

随着时代的推移，人们的思想观念在不断地变化，现代人放风筝的理念已从古时的放晦气、放郁闷中转化过来了。人们借用风筝这一载体，在上面写上希望和祝福、寄情寄语，伴随着音乐将风筝放入高空，以表示天、地、人三合一的愿望。贺老师创设的情境让学生知道了清明节放风筝新旧习俗的由来及意义，整个过程水到渠成。

为了让学生了解清明节放风筝这一习俗的现实意义——人们借风筝为载体寄情寄语，贺老师让学生动笔在风筝卡片上写寄语，并伴随着欢快的音乐上台放飞风筝、放飞希望。

上海市浦东教育发展研究院德育教研员　姚瑜洁

第❺课　青团的冷与热

设计教师：上海市浦东新区崂山小学　郭向英
指导老师：上海市浦东新区唐镇小学　陆燕华

【活动对象】
　　小学三年级学生

【活动时间】
　　2+35分钟（2分钟预备时间）

【活动背景】
　　清明节是中华民族的四大传统节日之一，是祭祖和扫墓的日子。2006年，清明节被列入第一批国家级非物质文化遗产保护名录，设为法定国假日，这体现了国家对传统民俗节日的重视。
　　然而，青少年学生对这个节日的民俗意义和相关传统文化知识却知之甚少，缺乏对传统文化感恩思源的精神实践。每到清明，通常孩子们跟着大人们去扫墓，排队买青团吃，但是清明节为什么要吃青团，孩子们却是一知半解的。

【活动目标】
　　1. 了解青团与清明节的历史渊源。
　　2. 感知青团过去的"冷"，珍惜今日的幸福生活。
　　3. 认知青团当今的"热"，青团制作人的工匠精神。

【活动准备】
　　1. 收集有关青团的资料、图片和视频。
　　2. 制作多媒体课件。
　　3. 设计任务单。

【活动过程】
一、逛美食，创情境
　　1. 师：我们一起来逛逛这些美食老字号吧！你最喜欢吃哪一款青团呢？
出示PPT上海老字号之网红青团大集合。

（1）杏花楼青团风味独特，咸香蛋黄使肉松变得柔润；经典的玫瑰豆沙，豆沙透着淡淡的玫瑰味；甜而不腻的紫薯，淡紫色外皮，相当的少女心，带着紫薯的香气。

　　（2）新雅粤菜馆出品的青团是传统香甜绵滑的红豆沙馅青团、"黄金团"之称的肉松咸蛋黄青团和春意风情浓郁的"网红"腌笃鲜青团，它们选用泰国进口糯米粉，吃到嘴里挺筋道。

　　（3）乔家栅青团全手工制作，软糯清香且分量足，可说是最正宗的上海味道。

　　（4）沈大成出品的颜值超级高的樱花青团，少女们都无法拒绝！粉粉的糯米外皮，团子里是豆沙馅料，甜度适中，有一点儿樱花淡淡的咸味，吃两三个都不会腻！

　　（5）真老大房的青团和沈大成有点儿相似，但由于其内馅的蛋黄没有打得很散，给青团口感增色不少。

　　（6）大壶春青团延续了生煎的"大块头"，分量十足！所有的网红青团都只能吃到咸蛋黄的味道，看不到咸蛋黄的影子，大壶春的内馅却可以看到一个完整的咸蛋黄。

　　（7）光明邨蟹粉鲜肉青团特别受欢迎。皮子厚度适中，又筋道又软糯，关键是不粘牙且蟹味适中。

　　2.师：小朋友们，我看你们都馋极了，谁来说说你最喜欢哪一款呢？
　　生1：我最喜欢吃杏花楼的咸蛋黄青团，味道好极了！
　　生2：我没吃过樱花青团，听了介绍后，我口水都流出来了。
　　生3：蟹粉鲜肉青团，我也没有吃过，听听名字就觉得很好吃。

二、猜谜语，识青团

　　1.师：今天，明明和妈妈一起去杏花楼买青团，可是买青团的队伍排得很长很长。
　　播放音频《谜语识青团》。
　　明明：妈妈，我跑到最前面去看一看，行吗？
　　妈妈：好的，你就到最前面的橱窗旁边等我哦！千万别跑开哦！
　　明明：好的！好的！妈妈放心。哇！橱窗里有这么多青团啊！上面是"传统青团"，下面是"网红青团"……
　　出示PPT：橱窗里出现了两个卡通人物——青青和团团。
　　青青：明明！
　　团团：明明！
　　明明：哎？谁在叫我？
　　青青：是我！
　　团团：是我！
　　明明：你们这两个小家伙是谁呀？
　　青青：我是青青，传统青团的代言人。
　　团团：我是团团，网红青团的代言人。
　　青青：明明，你来猜个谜语吧！身穿翠绿色，样子圆滚滚，祭祀老祖宗，清香又耐饥，打一样当季食物。
　　2.师：小朋友，你们猜出来了吗？

生：青团！

板贴：青团图片

3.师：明明也猜出来了！

> **设计意图：**引入卡通人物，创设教学情境。通过猜谜语的方式引出主角，这可以激发学生学习的兴趣。

三、听故事，识来源

1.师：可是你们知道为什么它叫青团吗？

生1：因为它的颜色是青色的，所以叫青团。

生2：因为它的形状是小小的、圆圆的，像个团子，所以叫青团。

2.师：小朋友们说得真好！青团是青青的、圆圆的，吃起来香香糯糯的，真好吃。

播放音频《青青的提问》。

青青：对呀对呀，青团美味极了！可是说起青团，它还有一段可歌可泣的故事呢！

明明：真的吗？青青，快跟我讲讲吧！

播放视频《介子推与寒食节的故事》。

清明节

清明节一到，大人们都会去扫墓。其实呢，扫墓是清明节前一天寒食节的内容，今天这两个节日已经合到一起了。两千多年前，有一个叫晋国的国家，晋国的公子重耳常常帮助百姓，但后母总是想害死他。可怜的重耳公子只好带着几个忠心的大臣逃出了晋国。他们逃啊逃，逃到了一个荒凉的地方。重耳公子又累又饿，倒在了地上："我就要饿死了，晋国的老百姓可怎么办呐？"这时介子推突然拿来了一碗热乎乎的肉汤，"快呀快呀，快让重耳公子把它喝了。"喝了肉汤，重耳公子终于慢慢睁开了眼睛："这肉汤真是太美味了，你们真有办法！""这都是介子推做的。"突然重耳公子看见介子推的大腿正在流血，聪明的他立刻明白了，那肉汤就是用介子推的大腿肉做的："您对我这么好，以后我一定会好好报答您的。"

后来，重耳公子在大家的帮助下终于当上了晋国的国君，大家都叫他晋文公。于是啊，有人就说晋文公了："介子推那么忠心，您怎么可以不赏赐他呢？"晋文公听了，封了一个大大的官请介子推来当。可是介子推不想当官。"我们躲到绵山去吧，这样他们就找不到我们啦！"可晋文公还傻乎乎地等着介子推呢！但左等右等，就是见不到他。

原来啊，介子推已经和母亲去了绵山。晋文公犯了愁："绵山那么大，我到哪里去找他呢？"有人对晋文公说："你别担心了，只要放火烧山，留一个方向不点火，介子推就一定会从那里跑出来的。"

农历二月二十三日，晋文公来到了绵山，命人放起了大火。小动物们都吓得纷纷跑了出来，但就是没有介子推。晋文公使劲地找，终于在一棵烧焦的大柳树下找到了介子推和他的母亲。可他们娘俩已经永远地闭上了眼睛。晋文公既悔恨又悲痛，哇哇地放声大哭。人们从大柳树的树洞里找到了一封信。信上说："如果晋文公想报答他，就为老百姓当一个清明的好国君吧！"大家看晋文公那么伤心，都劝他："您不要哭了，只要您对百姓好！介子推也就没有遗憾了。"

第二年二月二十四日这天，晋文公扫墓时，发现那棵大柳树竟然活了过来，他轻轻折下一根柳条缠在了自己的头上。后来，晋文公就把寒食节后的那天叫做清明节了。天下的老百姓也都学着晋文公的样子开始扫墓折柳。这个风俗一直延续到了今天。

晋文公十分后悔自己烧死了介子推，就把农历二月二十三日这一天叫做寒食节，不准人们生火做饭，只能吃冰冷的食物，这个节日现在已经没有了。

3. 师：听了这个可歌可泣的故事，你们知道青团背后的历史了吧？青团也叫清明果子，清明节也是唯一一个以食物命名的节日。

播放音频《明明的疑惑》。

明明：青青，怎么一会儿"寒食节"，一会儿"清明节"，到底是清明节还是寒食节啊？

青青：其实这两个节日是有关联的。

播放视频《寒食节与清明节的区别》：哈喽，大家好，今天来跟大家分享一下清明与寒食的区别。相信很多人小时候都听说过寒食节，那么寒食节和清明节到底有什么样的区别呢？有些人可能会把寒食节与清明节混为一谈，但实际上这是不对的。因为两者，一个是农耕节气，一个是民俗节日，本来就不是一码事。清明是中国农历的二十四节气之一，是农历的四月初五。自古以来，人们都在这一天祭祀先祖，而寒食节是一个民俗节日，它一般在清明节的前一天。另外寒食节是不能生火做饭的，只能吃凉的东西，而清明节则可以开火做饭。但是在宋朝以后，"禁火冷食"的习俗就日趋淡化消衰了。明清以后，寒食节期间已经不再禁火，所以已经没有真正的"寒食"了。而现在因为这两个节日离得很近，所以也逐渐将这两个节日合二为一，都看作是祭祖的节日了。好啦，今天的分享就到这里啦，希望可以帮助到大家。拜拜！

4. 师：在介子推的故事中，青团作为一种冷食流传了下来，它在清明节中蕴含着祭祀亡灵和保佑新生命的含义。

播放音频《青青带来的题目》。

青青：我带来了一些选择题，请同学们来挑战一下吧！

明明：好呀！好呀！

出示PPT：选择题。

（1）青团还可以叫什么名字呢？（　　）（答案：b）
　　a. 元宝　　　　　b. 清明果子　　　　c. 年糕　　　　　d. 圆子

（2）清明节吃青团源于（　　）。（答案：a）
　　a. 寒食节吃冷食　　b. 合家团圆吃团子　　c. 儿童节吃儿童餐　　d. 重阳节吃糕团

（3）下面哪个选项是正确的？（　　）（答案：d）
　　a. 青团作为扫墓祭祀的功能渐渐被人们淡忘，所以不提倡吃青团了，它已经过时了。
　　b. 清明节有两个象征意义：一是"感恩纪念"；二是"合家团圆"。
　　c. 清明节家家禁烟吃冷食，吃青团不代表着一种辞旧迎新，不象征着新希望。
　　d. 寒食节吃寒食源于周代的禁火制度，寒食节期间不能生火，要提前准备好冷食。

板书：冷　寒食　祭拜祖宗

播放音频《明明的感叹》。

明明：这下我明白了！

青青：是不是感觉这个节日是最最特别的啦！

5. 师：原来青团被赋予了这么崇高的责任和荣誉啊！人们吃着青团，一家人共同怀念老祖宗，愿逝者安息。但是今天的青团已不仅仅停留在传统意义上了，更代表了一种怀旧与风尚的美食文化了。

> **设计意图：**以青团为切入口，引导学生了解到吃青团是清明节的重要习俗，了解吃青团的风俗由来，晋国的百姓得以安居乐业，对有功不居、不图富贵的介子推非常怀念，从而由衷升起一种崇敬之情。

四、品网红，悟匠心

播放音频《明明的好奇》。

团团：明明，明明，别光顾着听青青说呀！也来看看我呀！

明明：哦，团团呀！

团团：明明，你看，我有芝麻青团、芒果青团、榴莲青团、笋干肉馅青团、流沙爆珠青团、咸蛋肉松青团……我的品种多丰富啊！人们都冲着我来的呀！

明明：真的吗？

1. 师：如今的青团开始与时俱进，心系百姓，竟然有了多种甜咸馅料的青团出现，玫瑰馅青团、芝麻馅青团、鲜肉青团等。小小的青团越做越精致，人们为了吃到这种网红青团，很早很早来排队购买。

播放音频《明明想知道》。

明明：这小小的青团竟然能翻出那么多的花样，它到底是怎么一跃而成为网红的呢？

团团：明明，曾经杏花楼黄河路店卖传统青团亏损了600万元呢！后来因研究出了网红青团才起死回生的呢！

明明：真的吗？请讲讲吧！

播放视频《青团网红的背后故事》。

其实，腌笃鲜口味从上市之初便天天排队，超级好的口碑建立是源于店家坚持传承，用几十年的古法技艺手工包捏青团，也是因为有一位善于创新的大厨，他就是新雅的行政总厨黄任康。"研发过程当中啊，我想了用什么菜，包到青团里面。后来想到一个腌笃鲜，腌笃鲜也是一个名菜，当时在研制的过程中也碰到了很多问题，一个是鲜肉和咸肉的配比，还有一个笋的配比，还有这个口感的配比，咸肉要是放得多了，这个口感就不行了，要是咸肉放得少了，吃不到这个咸肉的味道，不可能在人们的印象中你是腌笃鲜了。笋放得多少大的，能够一口咬下去，能够第一口吃到笋。"

三年前，以黄师傅为首的新雅研发团队，创新地将腌笃鲜的主料包进青团，不仅保持了腌笃鲜原本的鲜味，更搭配糯米获得了绝佳口感。

非遗篇——节日节气

"今年的青团总共出台了6个品种，4个品种是原来的，我们以前供应过，这也是销量很好的，有两个新的品种。"4款以往销量好的老味道：豆沙、腌笃鲜、咸蛋黄肉松、蟹粉鲜肉，两款是先研发的口味：Q心奶香紫薯肉松、爆浆流沙奶黄，6种口味合起来就是新雅今年的全家福6拼组合装。"除了我自己试以外，天天吃以外，我们还要把做好的新产品啊，我们还拿给经常来就餐的新老客户，听听他们客户对我们研发的这个新产品的（意见），口感怎么样，感觉怎么样。我们有一个优秀的团队，15人组成的一个大师工作者优秀团队，对目前市场上所有的原料也好，新的调味品也好，我们都不断地去摸索去考察，对所有的产品不断地去创新。"

2. 师：看了这段视频后，你们知道青团这一传统食品一跃成为网红的原因了吧？

生1：传统青团本来不受大众欢迎，但是青团的制作者根据不同顾客的爱好而改变了青团的口味，才让青团这一传统美食变成了网红。

生2：青团以一种新的面貌出现在我们面前。

生3：是青团的制作者们不断创新，才使青团热销的。

生4：是青团手工师傅们一代一代人的坚持，是他们的创新精神，才使青团供不应求。

3. 师：从网红青团看到了青团制作工序中制作者的一丝不苟、配料调制、手工擀面、包馅、蒸熟，别出心裁的设计，甜咸交织形成的独特口感，怪不得每次出炉都能获得一大批"粉丝"，给顾客带来了健康、天然、营养的享受。看得见的是青团的口味创新，看不见的是青团制作人的创新精神啊！

板书：热 网红 工匠精神

播放音频《明明的困惑》。

明明：今天我享受了知识的盛宴，谢谢青青、团团。

青青、团团：也要谢谢我们的小朋友帮了你哦！

明明：对对对，谢谢同学们！可是我现在又犯难了，等一会儿我和妈妈一起买青团，我到底选青青的传统青团还是团团的网红青团呢？

青青：选我，选我！

团团：选我，选我！

> **设计意图：** 通过青团的变身记看到青团制作人追求精益求精，把每一道程序都做到了极致的精神，从而对青团制作人的工匠精神产生佩服之情。

五、辨古今，明事理

1. 师：这下明明可左右为难了。

播放音频。

明明：小朋友们，你们能不能帮我选选呢？

生1：我喜欢网红青团，因为它太丰富了，腌笃鲜青团、蛋黄肉松青团、马兰头青团等，听听这些名字就觉得好吃，味道就更不用说了。

生2：我喜欢传统青团，因为传统青团让我想到了我的外婆。我小的时候，外婆的篮子里装的都是传统青团。

生3：我也喜欢传统青团，因为它代表我们国家的传统文化，让我们不忘老祖先，珍惜今天的幸福生活。

生4：我喜欢网红青团，传统青团代表着继承，而网红青团代表着开拓和创新，代表着一种敬业执着的精神。

2. 师：其实不在乎胜负，选择传统青团和网红青团都有各自的道理，因为传统青团继承传统文化，而网红青团正是弘扬传统文化而开拓出来的新的事物。

播放音频《明明有答案了》。

明明：哦，我明白了！

青青、团团：哦！我们也明白了。

设计意图：通过传统青团vs网红青团的争辩，孩子们对感恩思源有了更深的体悟。

六、唱歌谣，谈感悟

1. 师：课上到这里，你有什么收获呢？

生1：这节课让我了解了青团背后的介子推的故事，我们要记住它。

生2：清明节不仅是祭拜祖先，更是象征着春天，让我们在悲伤的同时别忘了踏青哦！

生3：网红青团让我们感受到了青团制作者的匠心，我们也要学习他们不断改变、不断进取的精神。

2. 师：一只小小的青团，包裹着的不仅仅是美味的馅儿，还有浓浓的中国传统文化，还有制作者的匠心，更有食客们品味春天的诚意真心，让我们好好品尝一口清香的青团，遥寄一缕悠长的思念之情吧！

3. 师：让我们拉着明明，跟着青青、团团一起跳起来吧！

播放音频《买买买》。

青青：我是青青！

团团：我是团团！

青青、团团：和我们一起来跳买买青团吧！买买青团，买买青团！

青青：想买传统，艾草香味，豆沙甜味，又香又糯；

团团：想买新型，蛋黄肉松，荠菜肉馅，榴莲青团……

青青、团团：买买青团，

青青：买买传统！

团团：买买新型！

青青：传统，买买买！

团团：新型，买买买！

青青：学会了吗？跟着再来一遍吧，扩胸抬腿！

团团：扩胸抬腿，扩胸抬腿！

青青：想买传统，

团团：想买新型，

青青、团团：买买买！

设计意图： 谈谈对这节课的感受，夸夸传承人的敬业精神。不管传统青团还是网红青团，好吃的青团都离不开新鲜的食材和传统的工艺，让我们拉起手来跳一跳，让孩子们在愉快的气氛中结束这一课。

【板书设计】

青团 的 冷 与 热

寒食　　　　网红
祭拜祖宗　　工匠精神

【点评】

"为青团立传"的设计与操作

一堂关于"青团的昨天与今天"的活动课，将中国的节气文化、民俗文化、孝道文化融于一课。

1. 以趣激情，巧探究

郭老师从谜语切入，围绕着"青团"展开，进而引领学生自主探寻：寒食节为什么改为清明节；青团的网红之道；清明节与节气的关系；寒食节与清明节的区别；青团网红热度不减的秘密。

2. 以情明理，悟内涵

借助于一只小小的青团，郭老师带着孩子们一起踏上了追忆青团的旅程，看着小小的青团与时俱进，经过了一代又一代人的努力开拓，成了人们喜爱的食品。进而郭老师把民族精神与此紧紧联系在一起，让深刻的意义蕴含在浅显的童话情景中，孩子们易于接受，从而感悟到传承人艰苦创业、精益求精和开拓创新的敬业精神。

3. 以理促德，获体验

今天的这堂课也充分发挥了老师的三主——主持、主讲、主导的功能，将弘扬中华民族的优秀传统文化融入生动有趣的活动之中，让学生在课堂活动中了解历史，引导学生在思想对话中激发道德反应，获得道德体验，促进道德发展，通过一个青团来讲历史，小课堂大容量，小青团大内涵，以小见大，致敬历史，不忘初心。

上海市浦东新区崂山小学副校长　肖瑢

第❻课　巧手度乞巧

设计教师：上海市浦东新区进才实验小学　沈诗慧
指导教师：上海市浦东教育发展研究院　　姚瑜洁

【活动对象】
　　小学三年级学生

【活动时长】
　　2+15分钟（2分钟预备时间）

【活动背景】
　　七夕节是我国的传统节日之一，源于牛郎织女的天文星象，经历史演变被赋予了人格化的美丽传说，以及民间女性向织女星乞巧智慧、祈祷姻缘等丰富的人文内涵，被视为中国最具浪漫色彩的传统节日。从另一个角度来看，七夕也被称为乞巧节，有切磋女红、乞文乞巧的习俗。
　　三年级学生对这类传统节日的了解比较少，而且由于七夕被视为中国情人节，似乎与小学生距离甚远，学生对七夕节的由来、传说都不熟悉。从"乞巧"方面来看，随着科学技术的发展，机械化程度越来越高，孩子们参与手工劳动的机会也越来越少，手工意识比较淡薄，也就无法深刻理解"乞巧"的意义。

【活动目标】
　　1. 知道七夕节的来历、别称、习俗。
　　2. 了解七夕节乞巧的习俗活动，体验乞巧的过程。
　　3. 体会传统手工艺之美，感受巧手和巧心的重要性。

【活动准备】
　　制作板贴，准备穿针活动材料

【活动过程】
一、看天象，听故事
（一）七夕观星乞巧
　　1. 师：同学们，夏天马上就要到了，夏季的夜晚晴朗无云，是观星的好季节，浩瀚的银河真是神秘又美丽。今天，虽然我们不能眺望星空，但我们可以跟着三（7）班的贝贝小朋友一起上网冲浪，去中国天文科普网学习天文知识、探索星空的奥秘！

播放音频《贝贝探七夕》。

贝贝：你们好！看，天文科普网里有许多有趣的内容，比如科普大舞台、天之文论坛等，我可是这里的常客呢！咦？网站又有新上线的活动了——"七夕观星乞巧"，让我点进去一探究竟！

2. 师：同学们，你们听说过"七夕"吗？你们对它有什么了解呢？

生1：我听说过七夕节，它是一个节日。

生2：七夕节好像与牛郎织女有关系。

3. 师：你们说得对，"七夕"是一个中国传统节日，但大家对于七夕节了解得并不深入。没关系，让我们跟着贝贝在网上继续冲浪，一定会有许多惊喜和发现！

播放音频《贝贝探七夕》。

贝贝：哇，好漂亮的银河！咦？你们是谁呀？

板贴：牵牛星、织女星形象图片

4. 师：同学们，你们认识它们吗？

生1：这是银河系中的星星。

生2：我不清楚这究竟是什么星星。

生3：我知道北斗七星，但这两颗星星叫什么呢？

播放音频《牵牛织女星的自述》。

织女星：小朋友们好！我是织女星，位于银河的西岸，夏天的夜晚，我全身闪烁着蓝白色的光芒。因为我身边的四颗小星就好像一个织衣服的梭子，所以人们把我称为"织女星"。

牵牛星：你们好！我是牵牛星，在银河的东岸，与织女星遥遥相对，因为我所处的牛宿星系形状像一头牛，所以被称为"牵牛星"，人们把我和织女星合称为"牛郎织女"。

5. 师：真有意思，我们好像乘上了宇宙飞船，在和星星对话呢！同学们，来跟它们打个招呼吧！

生：牵牛星，织女星，你们好！

设计意图： 七夕节最早起源于古人观星象，"牛郎织女"的传说也源自古人对天象的崇拜。因此，从学生比较喜欢的天文知识入手，用网上冲浪的形式，再通过牵牛星、织女星两个卡通人物来引出主题，能够引发学生的学习兴趣，也为后面的教学环节做好铺垫。

（二）天文诗中游

1. 师：你们知道吗？中国古人从很早开始就探索宇宙的奥秘了，并产生了源远流长的观星文化。

播放音频《古诗引传说》。

牵牛星：是的，他们不但发现了我们，还为我们写过不少诗句呢。

贝贝："迢迢牵牛星，皎皎河汉女。纤纤擢素手，札札弄机杼。"我学过《古诗十九首》中的这一首诗，原来说的就是你们呀！

织女星：没错，这首诗里藏着一个人们赋予牵牛织女星的爱情故事，由此诞生了纪念

牛郎织女的七夕节，让我们一起来看看这美好的传说吧！

播放视频《七夕节的由来》。

很久很久以前，在一个小山村里，有个聪明又勤劳的小男孩，跟着哥哥嫂子一起生活。可是嫂嫂对他很不好，总是在天还没亮的时候就让他上山放牛，时间久了，人们都叫他牛郎了。他白天放牛砍柴，晚上和老牛一起睡在破茅屋里，日子过得很苦。

有一天，牛郎赶着老牛来到了一片陌生的森林，走啊走，牛郎就看见了一条河。牛郎觉得累了，就决定在岸边休息一下。突然，一群踩着云的仙女来到河边，她们说说笑笑，一落到地上，便将五彩的衣裳脱下放在河边，进入水里玩耍起来，这里边最小的那个仙女长得漂亮极了！这时候，那头老黄牛突然开口说话了："她，是织女，只要你拿走她的衣服，她就会做你的妻子。"他真的很想娶织女做妻子，于是便听了老黄牛的话拿走了织女的衣服。

美丽的仙女们洗完澡以后，一个接一个地从河里出来穿衣服，这时候只有织女怎么找都找不到自己的衣服，她急得嘤嘤哭了起来。这时候，牛郎拿着织女的衣服走了出来，"我很喜欢你，请你做我的妻子吧！"善良的织女看着忠厚老实的牛郎，害羞地点了点头。

就这样，牛郎和织女幸福地生活在了一起，几年以后，织女为牛郎生下了一对龙凤胎，牛郎幸福极了。可就在这时，王母娘娘知道了织女嫁给凡人的事情，她非常生气，决心要狠狠地惩罚牛郎和织女。七月初七这天，天兵天将们奉命来抓织女。"我还有两个可爱的孩子，请放过我吧！"两个孩子哇哇大哭，十分可怜。可织女还是被狠心的天兵天将们带走了。

牛郎回到家里，他急得团团转，不知道该怎么办才好。这时，老黄牛又说话了："织女是被王母娘娘抓走了。"它还让牛郎用它的皮做箩筐，担着孩子去追织女，牛郎只好含泪听从了它。就这样，牛郎用箩筐担着两个孩子一路追赶，眼看就要追上时却被王母发现了。王母拔下头上的金钗，在天空中一划，突然就出现了一条宽宽的天河，挡住了牛郎。伤心的织女和牛郎就在河的两边，一边哭一边呼喊着对方的名字。两个孩子也在箩筐里哇哇大哭："妈妈，妈妈，我要妈妈！"这哭声感动了一大群喜鹊，它们争先恐后地飞来，架起一座鹊桥，牛郎和织女踩着鹊桥，终于相会了。王母娘娘没办法，只好同意每年的七月初七，牛郎和织女可以在鹊桥上相见。

为了纪念牛郎和织女伟大的爱情，每到七月初七，人们都会把水果和糕点摆上桌子，庆祝牛郎和织女一年一次的相会。渐渐地，这种习俗就变成了七夕节。

2. 师：听了这个故事，老师被牛郎和织女之间忠贞不渝的爱情所打动了！中国人自古以来就非常重视婚姻和家庭，因此牛郎织女相会的那天才会演变为一年一度的七夕佳节，祈愿有情人都能终成眷属。你们看，网页上写着：快来完成挑战，让牛郎和织女相会吧！这些问题的答案都藏在刚才的视频故事里，大家赶紧举手来抢答吧！

出示PPT：

（1）"七夕节"是每年的哪一天？

生：农历七月初七。

（2）人们一开始是如何庆祝七夕节的？

生：在桌上摆上瓜果和糕点。

（3）七夕节是为了纪念什么？

生：为了纪念牛郎和织女伟大的爱情。

（4）哪种动物为牛郎、织女相见搭起了桥？

生：喜鹊。

板贴：鹊桥图片

3. 师：你们真棒，4道题都答对了，看！飞来了4只喜鹊为牛郎织女搭鹊桥呢！希望大家再接再厉，架起一座完整的鹊桥，帮助牛郎织女相会！

出示PPT：喜鹊图。

> **设计意图：**学生对于牛郎织女的传说比较陌生，通过视频动画和简单通俗的语言，学生能够快速了解七夕节的由来，感悟人与人之间的美好情感。接着运用问题抢答的形式让学生巩固知识，并亲身参与到课堂中，提升趣味性。

二、知习俗，懂乞巧

（一）观视频了解习俗

1. 师：我们了解了七夕节的由来，知道了它的传说故事，老师想考考大家，你们知道七夕节又被称为什么吗？

生：我知道，这个网站的活动叫"七夕观星乞巧"，所以七夕节又叫"乞巧节"。

板贴：乞巧

2. 师：你们真厉害，有一双雷达一般的眼睛！可为什么七夕又被称为"乞巧节"呢？

播放音频《探乞巧习俗》。

织女星：哈哈，让我来告诉你！七夕节的习俗越来越多，因为人们特别羡慕织女的一双巧手，所以在七夕节时还会进行各种"乞巧"活动，"乞巧"就成了七夕节里大家最重视的一项习俗，因此七夕节也被称为"乞巧节"。

牵牛星：小朋友们，考考你们，七夕节到底有哪些"乞巧"的活动？我们一起来仔细看看视频吧！

播放视频《七夕节的习俗》。

在民间传说里，织女是掌管纺织女工的仙女，因此未出阁的少女都要在七夕这一天会用各种方式向织女祈祷，希望能够变得像织女一样擅长女红。这些活动，被统称为"乞巧"。在乞巧活动中"得巧"的姑娘，就被认为将来会变得心灵手巧。

最早的乞巧形式，是从汉代开始的穿针乞巧：少女们要对着月亮，用一根丝线一口气穿过七根绣花针，如果穿针成功，就被认为是"乞"到了"巧"。

到了南北朝的时候，又有了喜蛛乞巧的风俗：在七夕当天，女孩们要抓一只小蜘蛛放在小盒子里，第二天打开来看蜘蛛结了多少网，然后根据网的疏密程度判断乞到了多少"巧"。

明代以后，又有了投针验巧的风俗：在七夕的正午时分，放一盆水在太阳下暴晒，等水面上结了薄薄的一层膜时，放一根绣花针到水面上。如果绣花针的影子变成了云朵、鲜花、动物的样子，就是得了"巧"；如果绣花针的影子像棒槌，那就是没有得"巧"。

今年七夕，你要不要也来试着乞个巧呢？

3. 师：看！新的挑战又出现了！在刚刚的视频中，出现了许多七夕节的乞巧活动，请小朋友们想一想这些活动分别是在哪个朝代产生的，并上台来将正确的朝代与习俗名称一一对应连线，谁愿意来试一试？

生：穿针乞巧——汉代。

生：喜蛛应巧——南北朝。

生：投针验巧——明代。

板书：穿针　喜蛛　投针

4. 师：太好了，你们成功完成了连线，鹊桥上又多了三只喜鹊！七夕节乞巧的形式真是多种多样、新鲜有趣！

出示PPT：喜鹊图。

> **设计意图：** 七夕节不仅是纪念牛郎织女爱情的节日，也被称作"乞巧节"，是乞求心灵手巧的节日。学生对乞巧活动比较陌生，通过生动的视频动画能够比较直观地了解乞巧的活动过程，并运用连线答题的形式强化了学生对乞巧习俗的发展历程的认知。

（二）动手挑战体验乞巧

出示PPT：想要有更多的喜鹊来搭桥吗？快来完成计时穿针乞巧挑战吧！

1. 师：好机会，你们也能来体验一把乞巧活动呢！老师相信你们一定能完成挑战！挑战规则如下：请每个小组选出一位代表来进行1分钟计时穿7针挑战，将线依次从7根针的针眼穿过去就算成功，能完成挑战的同学就能让一只喜鹊飞向鹊桥。

（学生运用安全的道具——海绵泡沫、塑料针、棉线，体验穿针活动）

2. 师：时间到！老师想来采访采访你们，穿针时你有什么感受？

生1：我虽然挑战成功了，但差一点儿就要超时了，这个任务很难！

生2：有时候眼看线就要穿进去了，可手一抖又掉了出来，到后来我都快没耐心了。

生3：我本来以为这任务很简单，没想到真不容易！

3. 师：是啊，看似简单的任务实际操作起来可真是费劲！不过你们用耐心和细心克服了困难。看，因为你们的出色表现，喜鹊们飞来了，鹊桥又变得更完整啦！

出示PPT：喜鹊图。

> **设计意图：** 通过亲身体验穿针活动，学生能感悟到看似简单的穿针引线其实是不容易的，想要有一双巧手就意味着要有耐心和细心，做任何事都是如此。

三、想一想，议一议

播放音频《议乞巧》。

贝贝：想拥有一双巧手可真是不容易，光是穿针引线就要好好练习呢！中国古代女性为什么那么重视一双巧手呢？

1. 师：这个问题一定难不倒你们。瞧，这里有"天之文论坛"，我们去论坛上交流想

非遗篇——节日节气

法，畅所欲言吧！

生1：有了巧手能织出漂亮的衣服。

生2：古代没有先进的机器，大家都是自己盖房、种地的，所以巧手很重要。

生3：古人还能用自己做出的东西卖钱来养家糊口。

2. 师：是啊，中国古代男耕女织，只有勤劳的人们才能拥有幸福美满的生活，才能建立美好的家庭，使子孙后代延续下去。所以，一双巧手和一颗巧心可真是太重要啦！

播放音频《赏传统工艺品》。

牵牛星：可是现在，不仅是女性要有一双巧手，许多能工巧匠都是男性，男女分工没有那么明确了，大家都喜欢亲手制作各种工艺品。你们瞧，这些刺绣、剪纸、面塑就是七夕乞巧活动的延伸。

3. 师：牵牛星说得没错，中国传统手工艺文化一直传承发展至今，让我们一起来欣赏一下民间艺术家们的作品吧！

（出示中国传统手工艺品的图片，学生欣赏）

4. 师：这些手工艺品给你带来了怎样的感受？

生1：它们的做工都很精美，让人看了赏心悦目。

生2：我觉得这些作品制作起来一定花了很多时间，真了不起！

生3：那些面塑栩栩如生，就好像真的小动物一样。

5. 师：今天我们了解了七夕节的由来，知道了七夕节的传统习俗活动，同学们还完成了穿针挑战，感受到了传统手工艺品的精美，相信大家今后都能成为心灵手巧的人。今天的网上冲浪时间快要结束了，可贝贝似乎还有一些疑惑，我们一起来听听，帮帮她吧。

播放音频《贝贝的疑惑》：今天的活动真是让人获益匪浅，我从中学到了许多七夕节的知识。不过我还有一个问题，当今社会飞速发展，科学技术日益发达，农耕、织布这些事早就由先进的机器承包了，我们还需要像古人一样去乞求一双巧手吗？

生1：我觉得巧手很重要，如果我在教师节能亲手制作一张漂亮的贺卡送给老师，老师一定能感受到我的心意，这是店里所买不到的。

生2：再先进的机器也是人们发明制造的，如果没有心灵手巧的人们，社会怎么发展呢？

生3：我觉得，提高动手能力，还能培养我们的耐心和意志力，如果什么事都让机器代替完成了，我们就会一事无成。

6. 师：你们说得都很有道理，巧手代表着用心、耐心、恒心，无论到了什么时代，都是我们取得进步、获得成功的好帮手。看，因为大家共同的努力，鹊桥终于搭好啦！

出示PPT：喜鹊图。

播放音频《织女星的祝福》。

织女星：同学们，今天你们都了解七夕节了吗？记得在七夕节那天抬头望望星空，找到我们噢！祝愿大家都能拥有一双巧手、一颗巧心！

设计意图： 结合当下的时代背景和学生实际的生活，让学生思考、讨论传统节日在当今社会的重要意义，深化了学生对节日和传统节日文化的认识。

【板书设计】

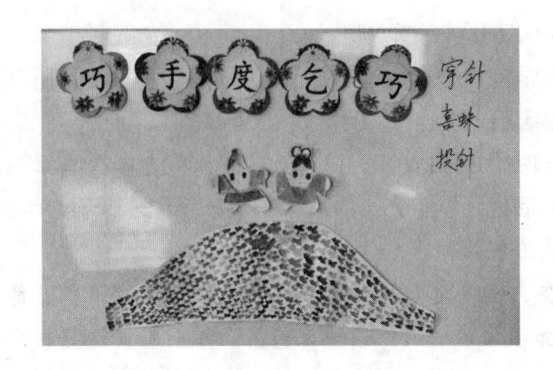

【点评】

主题内涵巧挖掘

准确灵活地挖掘主题内涵的最佳角度，无外乎以下四点：切中最能说明问题的角度、最能引起学习者兴趣的角度、时空距离最近的角度和读者最容易接受的角度。那么，一节好的主题教育课的主题内涵如何挖掘，是每个教师都必须统筹考虑的头等大事。

"七夕节"又被称为乞巧节，是学生了解但不熟悉的一个传统节日。如何挖掘乞巧节的主题内涵，很有挑战性。这节课的精彩呈现，就是沈老师对主题内涵精准提炼的成功再现，是老师对节日文化深度的挖掘，体现了老师的用心和智慧。

1. "天象"里学问多

七夕节起源于古人观天象，他们发现了牵牛星和织女星，并赋予它们一个美好的传说。学生虽然对"七夕"不甚了解，但对天文知识比较感兴趣，沈老师敏锐地抓住了这一点，从天象说起，再自然过渡到古诗，让学生在熟悉的诗词和好听的故事中对七夕节的由来、时间界定和节日的意义有了初步的感知，引起了浓厚的学习兴趣。

2. 巧用"情人节"概念

说到七夕节，我们往往会想到这是有情人之间的节日，似乎与学生关系不大，但沈老师并未刻意回避这一点，而是娓娓道来，让学生从牛郎、织女的爱情故事中体会人与人之间美好的情感，知道中国人自古以来对爱情的忠贞，是值得我们去传承和歌颂的。这无疑又让七夕节的内涵更全面、更深入了。

3. "乞巧"知多少

后半节课，沈老师对于"乞巧"的深度挖掘，是这节课的情感升华。七夕节的另一个主要习俗就是"乞巧"，沈老师设计了各种不同形式的课堂环节，让学生去了解什么是"乞巧"、如何"乞巧"、为什么要"乞巧"，又引导学生进行头脑风暴，深入思考在当今社会"乞巧"的意义何在。由表象到本质，把这节课引向一个新的高度，在引导学生知晓乞巧节的形式和习俗后，把中心聚焦到中国传统手工艺文化的传承上，让学生知道要乞求一双巧手、一颗巧心，努力成为一个更"巧"的人。

上海市浦东新区进才实验小学　孙其芬

第❼课　青青河边柳

设计教师：上海市浦东新区上南五村小学　　夏　云
指导教师：上海市浦东教育发展研究院　　　姚瑜洁

【活动对象】
小学三年级学生

【活动时长】
2+15分钟（2分钟预备时间）

【活动背景】
　　为了深入贯彻《中共中央国务院关于进一步加强和改进未成年人思想道德建设的若干意见》，坚持德育为首、育人为本、围绕中心、促进发展的价值理念，教育学生加深对中国传统文化的认识与了解，我们开展了针对小学生的节气主题教育课，开始着手于对这类课程的探索与研究。

　　清明是中国传统节气之一，也是一个纪念先祖的日子。在古代，清明不仅是一个扫墓的日子，还是一个举家出游踏青的好时节。此时，柳树开始抽枝发芽了，因而插柳也成了古人清明踏青时的一项传统活动。

　　现在的学生对清明的认知仅停留在放假一天及祭拜先人与烈士这一层面上，对于清明踏青的一些习俗了解得少之又少。放纸鸢、蹴鞠等现在还广为流传的民间活动，学生还相对熟悉些，可对于像插柳、戴柳这类活动大多没有听说过。

【活动目标】
1. 知道插柳是清明踏青习俗的一种。
2. 通过欣赏民间传说、探究、交流等方法，了解插柳的由来与含义。
3. 探寻赠柳之意，感受柳树的生命力和春天的美好。

【活动准备】
1. 准备有关柳树的诗歌吟唱。
2. 准备插柳、赠柳的视频、图文等资料。

【活动过程】

一、准备与导入

1. 师：同学们注意观察这些图片，说说你都看到了什么。

出示PPT：冬天与春天的景色图。

（学生观察后举手回答）

生1：我看到了漫天飞舞的雪花。

生2：我看到了屋顶上厚厚的白雪。

生3：我看到了小鸟在枝头鸣叫。

生4：我看到河边随风飘荡的柳树。

2. 师：同学们观察得都很仔细。看着这幅雪花飞舞的图片，耳边好似听见那凛冽的寒风。再欣赏一下边上的风景，河边的柳枝，树上的小鸟，好像都在诉说着春天的到来。今天，夏老师要给你们介绍一位新朋友，它正哼着小曲向我们的课堂走来。

板书：河边柳

播放音频《咏柳》：碧玉妆成一树高，万条垂下绿丝绦。不知细叶谁裁出？二月春风似剪刀。

播放音频《小柳问好》：大家好！我叫小柳！

3. 师：同学们，让我们一起和这位新朋友打声招呼吧！

生：小柳，你好。

播放音频《小柳提问》：夏老师，我有个疑问，为什么人们总要在清明将我从柳树上折下插在土里呢？

4. 师：同学们，你们知道其中的缘由吗？

生1：因为柳树的种植时间是在春天。

生2：或许是和清明这个节日有关系吧！

> **设计意图：** 通过音频素材引出这堂课的卡通角色"小柳"，并通过"小柳"的提问来引出这堂课的主题。这一卡通人物的出现，也起到了活跃课堂、引发同学对清明插柳这一习俗的探究。

二、探寻清明的青柳

（一）插柳的由来与含义

1. 师：同学们说得都有道理。其实清明插柳与一位古人息息相关，就让我们与小柳一起去瞧一瞧吧。

播放视频《神农尝百草片段》：啊！嘿！我的天呢！也不知这个东西能不能吃？好吃！来人哪，这个能吃，拿去种！来人哪，这个也能种啊！

2. 师：同学们，你们知道这是谁？他在干什么呢？

生：神农，他正在地里尝百草。

3. 师：对呀！你说得非常准确。那神农氏与清明这个节日到底有什么联系呢？让我们

非遗篇——节日节气

一起来观看一则短片，并完成任务单。

出示PPT：任务单。

神农氏（　　　），百姓为他修建（　　　　），插柳是为了纪念他的（　　　　　）。

播放视频《清明插柳习俗视频》。

小孙子：奶奶，我饿了，有什么吃的吗？老奶奶，你在干嘛？

奶　奶：我在插柳啊！这是清明时的习俗。

小孙子：哦！啊！我明白了这是种树啊！有心栽花花不发，无心插柳柳成荫……不对啊！如果是种柳树，那柳树一长大，那不就把屋顶给撞坏啦！

奶　奶：嘿嘿嘿，有个谚语啊，是这么说的：柳条青，雨蒙蒙；柳条干，晴了天。我啊，是在用这柳枝预测天气呢！

小孙子：这柳条这么厉害啊！

奶　奶：嗯！到了清明啊很多地方都插柳的！孩子们头上戴柳条圈儿，年轻的妇女要采柳叶簪髻。至于插柳的由来，除了预测天气、纪念介子推之外，还有种说法是为了纪念教民稼穑的农事祖师——神农氏。

小孙子：神农氏，他是谁呀？

奶　奶：神农氏就是炎帝呀！我们中华民族是炎黄子孙，说的就是炎帝黄帝的后代。神农氏发明了农耕，让远古的百姓有了饭吃。神农氏尝遍了百草，发现药材。神农氏在这杂草当中筛选出了稻、黍、稷、麦、菽五谷，还尝出了365种草药，后人收集写成了《神农百草经》。后人为了纪念神农氏尝百草、种五谷的伟大功绩，为他修建了庙宇。当然，还有百姓们插柳来纪念他的恩情。

4. 师：看了短片，谁能来根据黑板上的提示说说神农氏与清明插柳这一习俗的联系？

生：神农氏教民稼穑，百姓为他修建庙宇，插柳是为了纪念他的恩情。

播放音频《小柳夸赞》：哈哈！你说得真棒！我也来考考大家，刚才的视频里还说了许多有关清明插柳的习俗。谁能根据提示说说其中的具体内容？可别说小柳我为难你们，看！我都把提示放在你们的桌上了！

出示PPT：任务单。

插柳可以用来预测天气：柳条青，（　　　　　）；柳条干，（　　　　　）。

到了清明节，孩子们头上（　　　　　），年轻的妇女要（　　　　　）。

清明节插柳是为了（　　　　）、（　　　　）和（　　　　）。

5. 师：小柳真的是太贴心了。这样一来肯定难不倒同学们。现在以小组为单位，在桌上的卡片中寻找答案！开始！

小组一：插柳可以用来预测天气：柳条青，雨蒙蒙；柳条干，晴了天。

小组二：到了清明节，孩子们头上戴柳条圈，年轻的妇女要戴柳叶簪子。

小组三：清明节插柳是为了预测天气、纪念介子推和神农氏。

（小组学生代表上台一边完成黑板上的填空，一边把卡片贴在黑板相应位置）

播放音频《小柳夸赞2》：哇！小朋友们真棒！在这么短的时间内把答案找得又快又准确！小朋友，你们是不是和我一样都明白了清明插柳的缘由呢？

生：明白。

> **设计意图：** 学生通过观看短视频可以快速地了解到许多关于清明插柳的习俗知识，并重点感知纪念神农氏这一习俗。生动形象的动画短片，既能吸引同学们的注意力，又能让同学们在短时间内对清明插柳习俗有一种感性认知。通过小组讨论与合作，加强同学之间合作学习精神。

（二）赠柳之意

播放音频《采薇》：昔我往矣，杨柳依依。今我来思，雨雪霏霏。

播放音频《小柳质疑》：咦？是谁在叫我？你在哪里呀？

1. 师：小柳，这是古人在吟诗，古人在送别时都喜欢送柳枝给对方。同学们知道这是为什么吗？

生：可能就像我们现代人送花一样的，古时候人们在离别时多赠柳。

生：柳和汉字"留下"的"留"音很相似，或许代表了不舍之意。

2. 师：同学们说得都有道理，那么古人赠柳究竟是何意？让我们通过一则短片来了解一下。

播放视频《阿普喵——柳树选段》。

阿普喵：哎！

巴　里：嗨，阿普喵。我是柳树木奇灵巴里。有什么事需要我帮忙吗？

阿普喵：我最好的朋友马上就要去外地了，我很舍不得她。

巴　里：阿普喵，你可以送这个给你朋友表达心意呀！

阿普喵：这不就是柳条吗？

巴　里：是的，因为柳树容易存活又长得快，在古代人们用来送给朋友，寓意对方无论漂泊何方都能枝繁叶茂。而且，柳与"留"谐音，所以折柳相赠有"挽留"之意。李白曾写过一首诗：天下伤心处，劳劳送客亭。春风知别苦，不遣柳条青。这首诗说的是古人"折柳赠别"的习俗。

阿普喵：太棒了，我这就把柳条送给她。

播放音频《小柳抢答》：啊！这下我知道古人送别都要将我送给朋友的原因啦！那就是……

3. 师：嘿！小柳你先别着急，何不听听同学们的答案呢？同学们，谁能通过PPT上的提示来说一下古人赠柳的确切含义？

出示PPT：柳树容易存活又长得快，将其送给好友，寓意是（　　　　）。
　　　　　柳与（　　）谐音，有（　　　　）之意。

生1：柳树容易存活又长得快，将其送给好友，寓意是好友无论漂泊何方都能枝繁叶茂。

生2：柳与留谐音，有挽留之意。

4. 师：小柳你说刚才同学们说得都正确吗？

播放音频《小柳感叹1》：刚才同学们的回答，满分！同学们给自己一些掌声鼓励，你们实在太棒了！

（生一起为自己鼓掌）

播放音频《小柳感叹2》：今天我才知道，原来我在遥远的古代就有这么深刻的含义啦！

5. 师：是啊！小柳，你的生命力可真顽强，俗话说："有心栽花花不发，无心插柳柳成荫。"柳条插土就活，年年插柳，处处成荫。

设计意图：通过视频和回答问题，让学生对古人折柳以表不舍与美好祝愿的含义更加清楚明白。

（三）吟诗寻柳

播放音频《小柳出题》：哦！难怪一到春天那些文人就爱拿我作诗！对了！小朋友，我再考考你们，谁能说出句中带有我——"柳"的诗句？

1. 师：哪位同学愿意来挑战一下？

生1：沾衣欲湿杏花雨，吹面不寒杨柳风。

生2：草长莺飞二月天，拂堤杨柳醉春烟。

生3：两个黄鹂鸣翠柳，一行白鹭上青天。

生4：山重水复疑无路，柳暗花明又一村。

2. 师：小柳，诗人们用你那顽强的生命力来赞美春天。同学们，让我们伴着小柳的歌声一起吟诵贺知章的《咏柳》，感受这美好春日的勃勃生机吧！

出示PPT、播放音频《咏柳》：碧玉妆成一树高，万条垂下绿丝绦。不知细叶谁裁出？二月春风似剪刀。

（师生共同吟唱《咏柳童谣》）

播放音频《小柳感谢》：谢谢同学们，在你们的帮助下，我仿佛又回到了那一个个美好的春日。

3. 师：小柳，我们也应该谢谢你，今天因为你，让我们感受到了不一样的清明，了解了清明插柳的由来与含义，欣赏了优美的诗句。让我们一起谢谢小柳吧！

生：谢谢小柳。

设计意图：通过师生配合吟诵诗歌，同学们一同感受春天的活力与美好，吟诗寻柳。这为老师在最后的结语中引出清明踏青这一习俗埋下伏笔。

三、青青河边柳

1. 师：今天我们不仅了解了清明插柳这一个习俗，而且也了解了其文化内涵的特殊性。清明节既是一个追忆先人的日子，是悲伤的；同时也是人们踏青游玩、享受春天无穷乐趣的节日，是欢乐的。同学们，让我们在每个清明节，都去郊外看看青青的柳树，与春日来一个亲密的拥抱。千万别辜负这青青河边柳的美好春光。

板书：青青河边柳

【点评】

柳与春

1. 别样的清明

在清明节前后，人们都要去祭拜先祖，这给清明这一节气蒙上了一层沉重的氛围。而今天的课堂，把一个不一样的清明展现在学生眼前。通过这堂课的学习，同学们了解了清明插柳之习俗、感受了柳树在春天蓬勃的生命力，体会到了清明节的活力——它不再是一派阴郁的节日气氛，它是学生去感受春天、出游踏青的好时节，同样有着欢声笑语的节日氛围。

2. 多元化的柳

在这节微课堂上，教师不仅介绍了清明插柳的有关知识，另外围绕着柳树加以拓展。通过其与"留"谐音，引出古人离别赠柳时，对好友的不舍以及对其未来美好的祝愿，学生们丰富了对古时习俗的认识。又通过吟诵诗句来寻找古诗中的柳色，从而感受春天的勃勃生机，学生们再次感到清明的魅力所在。在课堂上，老师引导学生在这个美丽的季节走出家门探索春日的美好。从单一探寻柳树之美到出门踏青寻找春日之美，是对课文内容理解的一次升华。

整堂课的内容都以清明的柳枝为中心而展开，内容丰富且具有层次感。这堂课将柳树的种种与春天完美结合，使课堂上的知识点以伞状发散性结构呈现在学生面前。

上海市浦东新区上南五村小学德育主任　沈雅荣

第❽课　　龙舟精神传千年

设计教师：上海浦东新区民办万科学校　李思洁
指导教师：上海市浦东教育发展研究院　姚瑜洁

【活动对象】
　　小学三年级学生

【活动时长】
　　2+35分钟（2分钟预备时间）

【活动背景】
　　中共中央办公厅、国务院办公厅印发的《关于实施中华优秀传统文化传承发展工程的意见》提出：中华优秀传统文化积淀着多样、珍贵的精神财富，是中国人民思想观念、风俗习惯、生活方式、情感样式的集中表达，滋养了独特丰富的文化艺术。传承发展中华优秀传统文化，就要大力弘扬有利于促进社会和谐、鼓励人们向上向善的思想文化内容。端午节起源于中国，截至今日已经有2000多年的历史了。赛龙舟是中国端午节的习俗之一，也是端午节最重要的节日民俗文化活动。目前，很多传统文化都随着岁月变迁而渐渐淡化，新时代的教育需要重视传统文化，当代小学生更需要受到传统文化知识的熏陶。
　　2010年5月18日，文化部公布了第三批国家级非物质文化遗产名录推荐项目名单（新入选项目）。湖南省沅陵县、广东省东莞市万江区、贵州省铜仁市、镇远县联合申报的"赛龙舟"入选，列入传统体育、游艺与杂技项目类的非物质文化遗产。2011年5月23日，赛龙舟经国务院批准被列入第三批国家级非物质文化遗产名录。

【活动目标】
　　1. 通过听童谣，学生们可以增强对端午节的兴趣，初步了解端午赛龙舟的习俗。
　　2. 联系生活实际，在对龙舟的不断认识中，感悟龙舟精神传承的意义。
　　3. 引导学生联系生活，激发学生铭记传统，积极传承龙舟精神。

【活动准备】
　　龙舟、板书贴、童谣录音、视频、龙舟模型、卡通纸模型。

【活动过程】

一、忆端午、话龙舟

1. 师：看，今天老师给大家带来一个新朋友，他就是小龙人。

   生：小龙人，你好！

2. 师：小朋友们，让我们跟着"小龙人"一起去听童谣吧！

   播放音频《五月五》：小龙人唱童谣，五月五，是端阳。门插艾，香满堂。吃粽子，撒白糖。龙舟下水喜洋洋……

3. 师：龙舟下水喜洋洋，小朋友们，你们知道赛龙舟的习俗说的是哪一个传统节日吗？

   生：端午节。

4. 师：端午节起源于中国，最初是中国人民祛病防疫的节日，2000年前，在农历五月初五这一天，民间就有了以龙舟竞渡的形式举行部落图腾祭祀的习俗。

   板书：赛龙舟　贴上龙舟图片

> **设计意图：**以童谣为引线，激发学生的兴趣，引领学生回忆端午节的习俗，初步了解端午赛龙舟的习俗；创设"小龙人"的形象，贴合学生的年龄特点，更能唤起学生内在的好奇心。

二、赛龙舟，不忘传统

播放音频《龙舟竞渡》："龙舟竞渡"早在战国时代就有了。在急鼓声中划刻成龙形的独木舟，做竞渡游戏，以娱神与乐人，是祭仪中半宗教性、半娱乐性的节目，已有千年历史。史书记载，赛龙舟是为了纪念爱国诗人屈原而兴起的。后来，除了纪念屈原之外，在各地人们还赋予了不同的寓意。

播放音频《小龙人求助》：小朋友们，我要去参加龙舟比赛，组委会设置了许多难题，你们愿意帮助我闯关答题并拿到通关船桨吗？

1. 师：小朋友们，你们愿意和小龙人一起过关斩将并集满通关船桨吗？

   生：愿意。

出示PPT：

（1）小组派代表上台领信封。

（2）合作读资料，破解信封中的问题。

（3）如果遇到难题，无法解答，可以寻求其他小组帮助。

（4）答题成功，即可帮助小龙人成功获得船桨，登上龙舟。

（教师将装有龙舟资料和问题的信封分发给各小组，在音乐背景中，各组准备2分钟）

第一组：资料链接1《龙舟》（学生读资料2分钟，回答问题2分42秒）

关于龙舟的记录，最早可以追溯到东汉年间，从最初天子乘的游船到后来百舟竞渡的龙舟，当龙舟真正进入民间而成为一种民俗活动，大体的形制就基本固定了，由龙头、龙尾、龙骨、龙肠、𬗲板拼装而成，其中龙头、龙尾是整只龙舟的"舟魂"所在。古代龙舟也很华丽，如画龙舟竞渡的《龙池竞渡图卷》，图中龙舟的龙头高昂，硕大有神，雕镂精美，龙尾高卷，龙身还有数层重檐楼阁。

　　船舵1：龙舟是由（　　　　　　　　　　　　　）部分组成。
　　船舵2：舟魂是指（　　　　　　　　　　　　　　）。
　　船舵3：纪念型的龙舟竞渡形成的朝代是（　　　　），是为了纪念（　　　　　　）。
　　生1：龙舟由龙头、龙尾、龙骨、龙肠、冚板等5个部分组成。
　　生2：舟魂是指龙头、龙尾。
　　生3：纪念型的龙舟竞渡形成的朝代是汉魏六朝，是为了纪念爱国诗人屈原。

第二组：资料链接2《龙舟习俗》

　　龙舟大小不一，桡手人数不一。一般是狭长、细窄，船头饰龙头，船尾饰龙尾。龙舟的大小因地而异。如广州黄埔、郊区一带的龙舟长33米，桡手约80人。南宁龙舟长20多米，每船约五六十人。湖南汨罗市龙舟则长16～22米，挠手24～48人。福建福州龙舟长18米，挠手32人。比赛是在规定距离内同时起航，以到达终点先后决定名次。中国各族的龙舟赛略有不同。汉族的赛龙舟多在每年"端午节"举行，船长一般为20～30米，每艘船上约30名水手。龙舟队由舵手、桨手、鼓手、领队组成，大型龙舟通常有19～80人，小型龙舟有12～15人，有时还需要候选人8名。赛龙舟是端午节的习俗，也是汉族在端午节最重要的民俗活动之一，在中国的南方普遍存在，在北方靠近河湖的城市也有赛龙舟习俗，而大部分是划旱龙舟舞龙船的形式。

　　船舵4：龙舟队的成员分为（　　　　　　　　　　）。
　　船舵5：北方赛龙舟和南方的不同之处是（　　　　　　　　　　）。
　　船舵6：龙舟比赛是以（　　　　　　　）决定名次。
　　生1：龙舟队的成员分为舵手、桨手、鼓手、领队。
　　生2：北方赛龙舟和南方的不同之处是北方大部分是划旱龙舟舞龙船的形式。
　　生3：龙舟比赛是以在规定距离内同时起航，以到达终点先后决定名次。

第三组：资料链接3《龙舟竞赛》

　　不同地区龙舟竞渡的习俗有些不一样：龙船竞渡前，先要请龙、祭神。如广东龙舟，在端午前要从水下起出，祭过在南海神庙中的南海神后，安上龙头、龙尾，再准备竞渡。湖南汨罗县，竞渡前必先往屈子祠朝庙，将龙头供在祠中神翁祭拜，披红布于龙头上，再安龙头于船上竞渡，既拜龙神，又纪念屈原。湖北的屈原家乡秭归，也有祭拜屈原的仪式流传。吴地（江苏一带）竞渡，是源于纪念伍子胥，苏州因此有端午祭伍子胥之旧习，并于水上举行竞渡以示纪念。关于赛龙舟的起源，有多种说法，有祭曹娥、祭屈原、祭水神或龙神等祭祀活动，其起源可追溯至原始社会末期。2011年5月23日，赛龙舟经国务院批准，被列入第三批国家级非物质文化遗产名录。

　　船舵7：龙舟竞渡前，先要（　　　　　　　）。
　　船舵8：赛龙舟的习俗最早起源（　　　　　　　）。
　　船舵9：赛龙舟在（　　　　）被列入第三批国家级非物质文化遗产名录。
　　生1：龙舟竞渡前，先要请龙、祭神。
　　生2：赛龙舟的习俗起源最早可以追溯到原始社会末期。

生3：赛龙舟在2011年5月23日经国务院批准，被列入第三批国家级非物质文化遗产名录。

第四组：资料链接4《龙舟竞赛》

龙舟竞赛作为一项水上运动，经历了功利性、纪念性和竞技性等三种基本形态。功利性的龙舟竞渡，是指起始萌生阶段的龙舟竞渡，从时间上讲，大致在先秦。原始时期的先民，在水上捕捞、渡水劳动，特别是在水患中的逃命、救人和水上争斗中，争相竞渡。纪念性的龙舟竞渡，形成于汉魏六朝，延续至今。三国时，"端午竞渡"已成为风气。而记录龙舟竞渡是为了纪念屈原的较早的文献，是梁代吴均、宗懔和唐代魏徵留下的资料。竞技性龙舟竞渡，形成于20世纪70年代至90年代，其发展可追溯至1976年举行的香港龙舟邀请赛，此后，赛龙舟先后传入日本、越南及英国，成为2010年广州亚运会正式比赛项目。龙舟竞赛成了现代体育项目后，热潮席卷全球30多个国家。在国际上，龙舟运动基本上是一种竞技性的体育项目。1980年，赛龙舟被列入中国国家体育比赛项目，并每年举行"屈原杯"龙舟赛。1991年6月16日（农历五月初五），在屈原的第二故乡中国湖南岳阳市，举行首届国际龙舟节。尔后，湖南省汨罗市便于每年农历五月初五举办国际龙舟节。

船舵10：龙舟竞赛作为一项水上运动经历了（　　　）、（　　　）、（　　　）等三种基本形态。

船舵11：赛龙舟先后被传入的国家有（　　　　　　）。

船舵12：龙舟队的人数根据（　　　）而定，大型龙舟通常有（　　　）人，小型龙舟有（　　　）人，有时还需要候选（　　　）人。

生1：龙舟竞赛作为一项水上运动，经历了功利性、纪念性和竞技性等三种基本形态。

生2：赛龙舟先后被传入的国家有日本、越南及英国。

生3：龙舟队的人数根据龙舟大小而定，大型龙舟通常有19~80人，小型龙舟有12~15人，有时还需要候选8人。

第五组：资料链接5《龙舟竞赛》

赛龙舟是一项集体活动，多人共同划一条船并不是一件容易的事。光是把龙船从陆地上扛到河里"请龙下水"，就需要多人同时发力才能做到。在赛龙舟前，参赛者需要进行专业训练，要有不怕困难、迎难而上的精神；要想划出水平、占到上风，更需要团结合作的精神，划龙舟的时候要齐心协力，统一动作。在赛龙舟的过程中船上的人要敢于担当，和队友团结合作，不放弃，一起勇往直前，直到抵达终点。贵州省铜仁市（碧江区）赛龙舟历史悠久，龙舟已成为当地具有代表性的民族文化符号。2009年，铜仁市（今碧江区）被授予"中国传统龙舟之乡"，2011年，铜仁赛龙舟作为传统体育项目被列入第三批国家级非物质文化遗产名录。贵州省铜仁市碧江区大明边城景区是有名的龙舟基地。龙舟基地依托锦江而建，风景如画，不仅展现出锦江景区山水风光的魅力，更将作为展现地方特色龙舟文化的一个载体，以端午活动体验和端午养生文化等主题活动传承龙舟文化，吸引游客。

船舵13：赛龙舟前，每个队员都需要进行训练吗？猜一猜"请龙下水"指（　　　）。

船舵14：龙舟基地在（　　　　　　）。

船舵15：比赛中队员们要具备（　　　　　　　）的精神。

生1：赛龙舟前，每个队员都需要进行专业训练，"请龙下水"是指把龙舟抬下水。

生2：龙舟基地在贵州铜仁市碧江区大明边城景区。

生3：比赛中队员们要具备不怕困难、团结协作的精神。

> **设计意图：** 通过游戏互动环节，同学们可以对赛龙舟前的习俗有更深入的了解；观看视频，感受赛龙舟的场面浩荡以及人们对赛龙舟的喜爱之情。同时，在小组讨论中探讨龙舟精神，对同学们也有所启迪。

三、龙舟精神，代代相传

1. 师：小组合作的力量真是不容小觑啊，你们这么快就帮小龙人集满了通关船桨。

生：我们团队力量大！

播放音频：小朋友们，你们真聪明，太感谢啦！奖励你们跟我去看看赛龙舟的场景，一起出发吧！

播放视频《赛龙舟》。

龙舟教练：不整齐、一定要整齐！重新开始，要快啊，预备！重新开始，桨要到水里去。

队员：啊！啊！（龙舟要翻掉）

教练：腿撑住了，你们连最基本的蹬腿都不一致！你还想划吗？整齐啊，一定要整齐！一号位两个人一模一样！四号位，你的桨叶要往前再升一点，李晨的桨叶再进水一点，狠一点，不够狠！

队员：歪了！歪了

教练：Baby把舵给打直，尽量不要转圈！

队员：怎么在掉头啊！啊！啊！歪了歪了！

教练：Baby打正，船头对着前面划，不要转圈了！Baby把舵要打直。

Baby：小心，右边的同学少用点力，左边多用点力！

队员：下腰，整齐，越划越轻松了！

解说员播报：一系列的苦中带乐的高能训练，还以勇往直前的奔跑精神完成了史上最难的龙舟比赛，那本期呢，兄弟们为了更好地完成2千米的学霸龙舟赛，进行了最后一天的高强度集训。节目中兄弟们不仅在岸上训练环节跟着教练一起"扮如花、开火车"，还是在晚间进行了"娘胎出生、双脚会晤、90度抬腿"等高难度的拉伸训练。经过两天的艰苦集训，本期兄弟们终于迎来了被誉"为人生最辉煌的时刻"的2千米龙舟绕标环绕赛。节目中的兄弟们秉着"团结友爱、勇往直前"的奔跑精神，在水上热血奋战，不仅以12分20秒的成绩完成了史上最燃龙舟赛，还赚足了网友的泪水。

队员齐心协力，一起用力划，一边高喊着！

鼓手：手伸直，蹬腿！可以的，可以的！准备冲刺！把所有的力发挥出来！

队长：下腰，下腰！

队员：来！加油！别停，别停！

队长：超过了，超过了！

（总结）过渡语：终于，在全员的齐心协力，在水上热血奋战，完成了2千米的学霸龙舟赛。

2. 师：大家想一想，如果这时你坐在船上，可能遇到什么状况呢？又将如何解决？

生1：赛龙舟时可能会遇到中心不稳，掌握不好方向的情况，那么舵手就要赶紧调节大家的力度，保持船身的平衡。

生2：也许船上的人太累了，使不上劲，这样龙舟向前的速度就会慢下来。这时需要鼓手打起节奏，带动船员，相互鼓励，同时用力划龙舟。

播放音频《小龙人参加旱地龙舟赛》：大家说得头头是道，是的，团结就是力量呀！接下来，请你们也带上我，去感受一下"旱地龙舟"吧！

出示PPT：

活动规则

（1）学生分成两队，两队队员人数相同。

（2）每人穿上龙舟道具，脚当船桨，两手架在前面同学的肩膀上。

（3）比赛场地25米，两队准备就绪，从起点出发，队友合作，同步向前走，直到终点。

（学生自发组队，进行体验活动）

1. 师：小朋友们，假如你此时此刻就是龙舟上的一员，有什么感受？

生1：赛龙舟，真是太有趣了，是非常有益健康的集体活动，充满激情。

生2：在地面上赛龙舟，已经很不容易了，水上龙舟还要排除阻力，更加困难，以前龙舟队的队员肯定都需要参加专业的体能训练。

生3：想要获得胜利，光靠一个人的力量是不够的，大家团结了才能一起往前冲刺。

2. 师：是的，同学们感受到了团结协作、勇往直前的龙舟精神，小龙人看到大家在比赛中的表现，感慨万千，他说……

播放音频《话龙舟》：小朋友们，赛龙舟是当地每年端午不可少的活动，我们不仅要将此项习俗传承下去，更要把龙舟精神代代相传……2011年5月23日，赛龙舟经国务院批准，被列入第三批国家级非物质文化遗产名录，这多么让人振奋啊！

板书：龙舟精神　代代相传

3. 师：是啊，每年端午，赛龙舟在全国各地举行，超越了国度，超越了时空，带着人们美好的祝愿和龙舟精神而成为传统节日特有的仪式。同学们，作为中华民族大家庭中的一员，我们多么自豪啊！你们是中华民族的未来，你们是文化传承的希望，让我们一起铭记传统，不忘历史，让龙舟精神代代相传。

设计意图： 在组队合作，参与龙舟竞渡的活动体验中，学生能从自身感受出发，去理解、感悟赛龙舟过程中团队合作、相互协助的重要性，也能结合实际生活去领悟"龙舟精神"是每个时代都需要的一种力量。

【板书设计】

【专家点评】

情境创设重体验

现代教学论认为：任何的学习都是一种主动建构的过程，学生只有在亲身经历或体验一种学习过程时，其聪明才智才得以发挥出来。这节传统文化课，充分体现了这样的观点。

1. 落实到每个人的体验

体验是一种情境创设下的情感共鸣，体验式教学是新课程倡导的一种重要的教学方式，在特定的情境中引领学生主动参与，亲身经历，投入智力，探索问题，从而获得对过程事实和经验的理性认识和情感体验，可以促进有效教学的形成。

这节课充分发挥了"体验"的价值。旱地龙舟让人记忆犹新，小朋友们踏着木板，相互搭着肩，齐头并进，这一画面让人不由得联想到赛龙舟时，舵手们坐在龙舟之中，手拿着桨，用力划动，奋力向终点冲刺……教师大胆设计，把"水上龙舟"变成"旱地龙舟"，打破空间限制，让学生在体验中感悟龙舟精神。

2. 在换位思考中体验

换位思考教学法，是一种辅助性的教学实践方法，它不仅可以加深学生对所学知识的理解，而且可以培养和锻炼学生独立思考的能力。在换位思考中的体验，其产生的化学效应更能像烟花一样绚烂。

记得课堂上老师曾提问过如下问题："如果这时你坐在船上，可能会遇到什么状况呢？又将如何解决？""假如你此时此刻就是龙舟上的一员，你有什么感受？"这样有代入感的设计，能让学生换位思考，设身处地地想象，有的感受船身不稳定，有的觉得赛龙舟很有趣，充满激情，有的担心掌握不好方向，舵手就要赶紧调节大家的力度，以保持船身的平衡。还有的认为赛龙舟的过程中使不上劲，速度就会慢下来，这时需要鼓手打起节奏，带动船员，齐心协力，同时划桨……这一系列的设计，无疑都把体验真正地留给了学生，让课堂"鲜活"了起来。

上海市浦东教育发展研究院德育教研员　姚瑜洁

第❾课　冰镇"腊八"

设计教师：上海市浦东新区上南实验小学　王佳丽
指导教师：上海市浦东教育发展研究院　　姚瑜洁

【活动对象】
　　小学三年级学生

【活动时长】
　　2+15分钟（2分钟预备时间）

【活动背景】
　　《完善中华优秀传统文化教育指导纲要》（以下简称《纲要》）强调，加强中华优秀传统文化教育，是深化中国特色社会主义教育和中国梦宣传教育的重要组成部分，是构建中华优秀传统文化传承体系、推动文化创新的重要途径，是培育和践行社会主义核心价值观、落实立德树人根本任务的重要基础。传统节日是弘扬中华民族优秀传统文化和传承中华传统美德的重要载体，对于保持民族特色、弘扬民族精神、增强民族凝聚力具有重大意义。《纲要》指出，小学低年级学生要知道中华民族重要传统节日，了解家乡的生活习俗，小学高年级学生要知道重要传统节日的文化内涵和家乡生活习俗变迁。
　　本班学生对春节、清明节、中秋节、端午节等传统节日比较熟悉，对这些节日的由来和习俗了解得比较多，但对于"腊八节"却知之甚少，除了喝粥这一习俗，其他基本就一无所知了。

【活动目标】
　　1. 知道腊八节是中华民族传统节日，了解腊八节有吃冰的习俗。
　　2. 了解古人在腊八节吃冰这一习俗的由来和人们通过这一习俗寄托的美好愿望。
　　3. 感受古人在腊八节吃冰这一传统习俗，理解在医学不发达的古代，人们通过在腊八节吃冰来祈求身体健康，能用辩证和发展的眼光看待这一习俗。

【活动准备】
　　1. 收集资料和制作视频。
　　2. 制作课件、板贴、辩论赛正反方队名卡。

【活动过程】
一、"冰镇腊八"很神奇

出示PPT：窗外北风呼啸、白雪皑皑，屋里八宝粥热气腾腾、香味诱人的图片。

1. 师：同学们，在白雪皑皑、北风呼啸的冬天，当你看到一碗热气腾腾的八宝粥时，你会想到什么节日？

　　生：我会想到腊八节。

2. 师：为什么呢？

　　生：因为腊八节有吃八宝粥的习俗。

3. 师：是啊！八宝粥又称腊八粥，"腊八到，粥飘香"，腊八这一天，我国很多地方有喝腊八粥的习俗。煮上一锅腊八粥，借以祭祀神灵，庆祝丰收。阳阳和南南两位同学也在过腊八节，让我们一起去看看，他们是不是在喝腊八粥呢？

播放音频《阳阳的疑惑》：南南拿着一大块冰，正大口大口地咬着吃，阳阳看到了，大吃一惊。

阳阳："南南，这么冷的天，你怎么在吃冰呢？"

南南："吃冰是腊八节的习俗呀！"

4. 师：你们有没有听说过腊八吃冰的习俗？

　　生：没有听说过。

5. 师：在我国部分地区，确实有腊八吃冰的习俗，你们知道这个习俗是怎么来的吗？南南的好朋友阳阳也很好奇，让我们一起跟阳阳去了解一下腊八吃冰的由来吧！

播放视频《冰镇腊八1》：它，即是传统的节日"腊八节"，说到腊八节的习俗，相信不少人只知道腊八粥，其实腊八节的习俗多多，今天就要和大家介绍一下腊八节的习俗有哪些。腊八前一天，人们一般用钢盆舀水结冰，等到了腊八节，就脱盆冰，并把冰敲成碎块。据说这天的冰很神奇，吃了它以后，一年里都不会肚子疼。

6. 师：看了这段视频，你们知道了什么？

　　生1：我知道了俗语中有"来年成不成，先看腊八冰"的说法，农民觉得这是好兆头。

　　生2：据说腊八吃冰能治百病。

　　生3：据说吃了腊八的冰，不会拉肚子。

7. 师：人们相信"来年成不成，先看腊八冰""腊八的冰，吃死不肚疼"，如果真是这样的话，冰镇腊八可就真神奇了。

板贴：冰镇"腊八"

设计意图： 我们班大部分学生都知道腊八节喝腊八粥的习俗，但几乎都不知道"腊八吃冰"的习俗，从学生们比较熟悉的喝腊八粥引入吃腊八冰，激发他们的好奇心和探究欲。学生们通过观看视频《腊八吃冰的由来》，了解了这个习俗的由来和寓意，从而为下面的正反辩论做了铺垫。

（二）腊八吃冰有讲究

播放音频《冰镇腊八》。

南南："现在你知道了吧！腊八吃冰可是有很多好处的呀！不仅能使农民伯伯来年大丰收，而且还能包治百病呢！"

阳阳："南南，我觉得你说得不对，妈妈一直对我说，夏天不能多吃冷饮，吃多了会肚子疼的，更何况是冬天呢！"

南南："这个习俗已经流传几百年了，说明它是有道理的。"

阳阳："以前科学技术不发达，所以没办法验证流传的习俗对不对，现在科学发达了，我们肯定能验证，不对的就不能继承！"

1. 师：南南和阳阳谁也不能说服谁，同学们，你们赞同南南的观点还是阳阳的呢？现在请每个小组分成正反两方，正方观点是我们要传承"腊八吃冰"的习俗；反方观点是我们不要传承"腊八吃冰"的习俗。5分钟时间组内讨论，然后每组派正方和反方各一名同学上台，我们开展一场小小的辩论赛。

出示PPT："腊八吃冰"习俗传承辩论赛。

规则：（1）每个小组分成正反两方，组内5分钟辩论。

（2）推选出2位代表参加班级的辩论赛。

2. 师：现在请每个小组的代表上台，正方为"南南队"，站在我的左面；反方为"阳阳队"，站在我的右面。先请正方陈述观点并阐述理由，然后由反方陈述观点并阐述理由。

正方1：我们队认为，要传承"腊八吃冰"的习俗，因为正像"瑞雪兆丰年"一样，腊八结冰，说明天气很冷，这样能杀死害虫，对庄稼的生长有利。

反方1：我们队认为，不要传承"腊八吃冰"的习俗，因为天冷结冰，虽然能杀死害虫，对庄稼有利，但不一定对人的身体有利呀！

正方2：我觉得腊八吃冰也许能治病，人的体内也有细菌和病毒呀，吃冰也有可能会消灭它们。这个习俗流传几百年了，肯定有它存在的道理，如果我们不传承这个习俗，那么它就会消失。以后传统习俗不就越来越少了吗？

反方2：我觉得腊八吃冰不能治百病，古代医学不发达，吃冰治百病只是人们美好的愿望，没有科学的依据，我们不需要传承这个习俗。

反方3：我也赞同不要传承腊八吃冰的习俗，因为如果传承了，那么人们都在大冬天吃冰不是会使得很多人生病吗？比如拉肚子、感冒等。

正方3：我不赞同你的意见，因为腊八吃冰只是一个传统的习俗，并不是说让你吃很多的冰，只要吃一点点冰对人体应该没有影响的。

正方4：腊八吃冰之所以能流传到现在，让我们还知道有这个习俗，那就说明有它存在的必要性，比如我们元宵节要吃元宵一样，都有着寓意。

反方4：我并不是这样觉得的，在大冬天吃冰不是一件不可思议的事情吗？我们平时在冬天吃冷饮都会被家长制止，更不用说吃冰了！谁知道冰里面有没有细菌。

反方5：是呀，现在环境污染那么严重，冬天的冰里面可能蕴含了成千上万的细菌，实在是不利于身体健康的。

　　正方5：如果这么说的话，其实我们的手上也有很多细菌，可是我们不是有时候也直接用手拿食物吗？传承腊八吃冰的习俗，重点不是吃冰，而是古人在腊八吃冰上体现出的智慧，所以我们要弄清楚为什么古人要在腊八吃冰。

　　3. 师："南南队"和"阳阳队"的正反双方辩论得很激烈，谁也说服不了谁，怎么办呢？让我们一起来听听专家是怎么说的吧。

　　播放视频《冰镇腊八2》。

　　嘉宾1：因为我出生在青海嘛。我小的时候好像听祖辈的人说过，说腊八节这天吃冰，未来一整年都不会肚子疼。

　　主持人：我觉得这是两个字：胡说。吃完冰之后肚子多疼啊，好凉，又凉又疼。

　　嘉宾1：是，我觉得这可能不是养生，是伤身体，对呀。

　　嘉宾2：我们可以这样来讲，就是一种锻炼，就是一种锻炼和提防。你说平常我们来提倡人们的一个保健行为，说要用冷水洗脸，对不对，说你冷水洗脸，甚至有些人说你要冷水洗洗鼻子，那为什么呢？实际上如果你从寒冷的角度来讲，肯定冷水洗脸不好，但是我们人体的组织，我们人体的气血其实有这样一个特点，就是在适合的在能够承受的这个程度以内，你给它一点不良的刺激，对它有锻炼的作用。我们说冰，吃冰，那么到冬天，因为我们到腊八节这个天寒地冻，都进入到了寒冷的时期了，人的食物、人的胃肠接触寒冷的可能性就会增加了，那么如果你的抵抗力弱的话，很有可能就会导致寒气入腹，产生疼痛，这样的腹痛这种情况是有可能的。如果我们在有意识的，在可控制的量的情况下面，我们给它一点刺激，给它锻炼一下，这个自然等到下次，再接触凉的寒气，接触冷的东西的时候，就有抵抗力了，有耐受力了，有承受力了，所以就不会肚子疼了。

　　主持人：而且我发现您说完之后，我就把这事儿想通了，一方面提高我们自身，对于抵抗寒冷的能力。另外一方面我想起来了，反正一到了年根儿底，各种各样的聚会特多：今天火锅，明天酱肘子，后天我们再来一顿烧烤，总之聚会一多，人说实话真是吃不消，而且上火，好像吃一点冰会舒服一些。

　　嘉宾3：有可能。因为你看，我确实看到有些人，胃肠热的人，其实在胃和肠道里都是处于一种热的状态。那么这种热的状态，我们用传统的方法，很有可能大家不理解。你中医说热的状态是什么状态。其实在这时候，他的局部的血管都是处于扩张的这种状态，都是处于充血的这样一种状态，所以就比较热，你在这种时候，你用这个凉的一吃，血管一收缩，这个充血状态一改变，就觉得很舒服了，D：吃这冰，其实有一定程度是为了降火。那我们不吃这个冰，能不能靠点儿别的这种食材来降降火，我这我可吃不了吃完肚子肯定疼。

　　嘉宾2：虽然吃冰有一点点临时的、及时的、短暂的降火的作用，但实际上解决不了根本的问题。我们还是要寻求其他的方法。

　　4. 师：同学们，现在你们知道了吧，专家告诉我们腊八冰不能包治百病，但能起到润燥、降火的功效。

板书：不能包治百病

5. 师：同学们，著名哲学家黑格尔曾经说过："存在即合理。"虽然腊八吃冰不能治百病，但是它的存在还是有一定含义的，让我们一起来探寻一下腊八吃冰存在的原因。

播放视频《冰镇腊八3》。

当地百姓：北六堡的冰山每年都是从腊八开始做，从初一到初八，到初八凌晨四点把冰山翻转。做的时候是头朝下，翻转以后就披红挂彩。

拍客：咱们这个习俗流传多少年了？

当地百姓：已经流传两三百年了，人们就抢吃这个冰。

6. 生：我知道了，腊八吃冰之所以被传承下来，是因为它寄托了人们的美好愿望。

7. 师：同学们，如果你们现在能吃到腊八冰，你的美好愿望是什么？

生1：2020年的春节，我们国家遭遇了新型冠状病毒的侵袭，很多人被传染，甚至失去了生命。我的愿望就是我们一起打赢这场阻击战！

生2：是的，在这个特殊的时期里，我希望我们万众一心，早点儿消灭病毒！

生3：我的愿望就是人类与自然和谐相处，不要再食用和捕杀野生动物了。

8. 师：同学们的愿望也是老师的愿望，我相信这个愿望一定会实现的。

板书：蕴含美好愿望

9. 师：同学们，腊八吃冰的习俗之所以持续至今，除了蕴含着美好的愿望外，关键在于它与人们的生产生活需要紧密相关。古代劳动人民希望来年收成好，希望大家身体健康，因而吃冰的习俗其实蕴含着他们对生活和健康的美好愿望。专家也告诉我们，腊八吃冰尽管有一定的道理，但不能包治百病，不能多吃，而且要因人而异，适可而止。对于腊八节吃冰的习俗，我们要用辩证的眼光去看待和理解，有选择性地接受并传承。继承和发扬积极、合理的方面，抛弃和否定消极、错误的方面，这就是"扬弃"。

板书：辩证看待习俗　做到合理扬弃

设计意图：学生对腊八吃冰这个习俗肯定有争议，到底这个习俗是否有科学道理，今天我们是否要认同并传承呢？我借"南南"和"阳阳"的争论引出这个问题，然后以正反双方进行辩论的形式，组织学生思考、讨论。并通过医生的介绍，使学生们理解和感悟，在医学不发达的古代，人们在腊八节吃冰来祈求身体健康，要学会用辩证和发展的眼光看待这一习俗。

【板书设计】

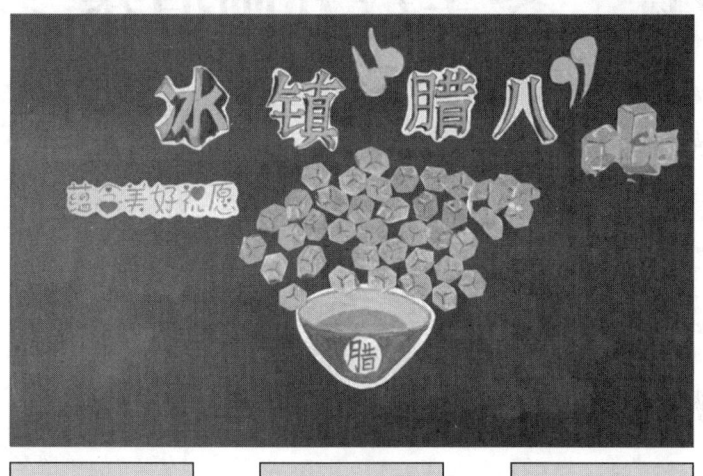

不能包治百病　　辩证看待习俗　　做到合理扬弃

【点评】

选题独居匠心

主题教育课的选题是非常重要的一环，既要创新不落于俗套，又要有教育意义，王佳丽老师的选题就独具匠心。

1. 选题角度新颖

王老师没有选取大家都熟悉的喝腊八粥的习俗，而是选取了鲜为人知的吃腊八冰这一习俗。选材角度独辟蹊径，令人耳目一新，激发了学生的好奇心，从而提高了课堂的吸引力。

2. 提升选题立意

王老师不仅选择了独特的又鲜为人知的腊八吃冰的习俗作为活动课的内容，更是不单单将活动课的教学目标放在低层次的只要知道腊八吃冰这个习俗上，而是具有深层次的思考，带领学生挖掘腊八吃冰这个习俗的内涵，多形式地一起探讨腊八吃冰这个习俗是否具有传承的必要性，是否具有科学性，最后跟学生智慧冲撞，围绕"怎么样"传承腊八吃冰，得出了辩证看待、合理扬弃的结论，升华了整堂活动课的立意，使学生既理解在古代吃腊八冰这个习俗存在的合理性，又明白在现代社会我们如何正确看待这一习俗。

上海市上南实验小学教科研主任　黄　晴

第 ⑩ 课　冬至数九画消寒

设计教师：上海市浦东新区唐镇小学　　陆燕华
指导教师：上海市浦东教育发展研究院　　姚瑜洁

【活动对象】
　　小学三年级学生

【活动时长】
　　2+35分钟（2分钟预备时间）

【活动背景】
　　中华传统节日是弘扬中华民族优秀传统文化、传承中华传统美德的重要载体。我们要以潜移默化、寓教于乐的形式，展现中华民族的精神世界，表达对理想、智慧与道德的追求和向往。在小学生中开展中华传统节日教育，能积极推进对传统文化的继承和发展。
　　2016年11月30日，二十四节气被正式列入联合国教科文组织人类非物质文化遗产名录。近年来，学校越来越关注传统文化教育，学生也对中国传统文化感兴趣了。然而，"冬至"作为二十四节气之一，是学生较为陌生的传统节日。学生们对于"冬至的由来""冬至的习俗""九九消寒图"等很少听说过。

【活动目标】
　　知识与技能：
　　1. 了解"冬至"的由来，知道"数九"这一内涵。
　　2. 认识"九九消寒图"，了解"九九消寒图"兴起的原因以及3种不同的图式。
　　过程与方法：
　　1. 探究"冬至"的由来、意义，增强互助合作的能力。
　　2. 绘制"九九消寒图"，感受传统节日的文化底蕴。
　　情感态度价值观：
　　培养对中华传统节日的兴趣，感受传统节日的文化底蕴，喜爱传统节日。

【活动重点】
　　1. 了解"冬至"的由来，知道"数九"这一民俗。
　　2. 认识"九九消寒图"，了解"九九消寒图"兴起的原因以及3种不同的图示。

【活动难点】

　　培养对中华传统节日的兴趣，感受传统节日的文化底蕴。

【活动准备】

　　课件、板贴、"九九消寒图"等。

【活动过程】

一、听歌曲导入

　　1.师：小朋友们，上课之前我们先来听一首动听的《二十四节气歌》。

　　播放视频《二十四节气歌》：立春阳气转，雨水沿河边，惊蛰乌鸦叫，春分地皮干。清明忙种粟，谷雨种大田，立夏鹅毛住，小满雀来全。芒种开了铲，夏至不着棉，小暑不算热，大暑三伏天。立秋忙打甸，处暑动刀镰，白露快割地，秋分不生田。寒露不算冷，霜降变了天；立冬交十月，小雪地封严。大雪河封上，冬至不行船，小寒近腊月，大寒整一年。

　　2.师：同学们，这朗朗上口的节气歌不仅韵律优美，而且包含了中国劳动人民的智慧。一年之中有24个节气，你可以说出几个？

　　生1：我知道清明、立春、立冬……

　　生2：我知道芒种，前几天刚过了芒种。

　　生3：我知道大雪、小雪，还有冬至……

　　3.师：古代劳动人民真了不起，用智慧归纳了二十四节气的特点。今天，我们就一起来说说关于冬至的那些事儿。

　　设计意图： 以一首朗朗上口的节气歌作为引子，让学生们一下子被二十四节气这一传统文化所吸引，激发学生了解二十四节气的愿望，引发对冬至这个传统节日的探究兴趣。

二、说冬至由来

（一）创设情境，引出"冬冬"

　　出示"冬冬"图片。

　　1.师：咦？这个可爱的小姑娘是谁呀？

　　播放音频《冬冬打招呼》：小朋友们好，我叫冬冬。妈妈说，我是冬至那天生的，所以给我起了"冬冬"这个名字。对了，小朋友们，你们知道冬至是怎么来的吗？

　　生：不知道。

（二）观看视频，晓冬至由来

　　1.师：冬至年年过，我们还真不知道它是怎么来的。冬冬，我们帮不了你呀！

　　播放音频《冬至的来历》。

　　冬冬：我们一起去问问爷爷吧。爷爷、爷爷，你知道冬至是怎么来的吗？

　　爷爷：你看看这个就明白了。

《冬至的由来》：冬至是怎么来的？冬至是农历中一个非常重要的节气，也是我国的传统节日之一。时间在每年的阳历12月22日或者23日。关于冬至的由来，大约是从周朝开始的。周朝建立以后，周公要寻找全国的中心，以便修建宗庙，举办祭祀活动。他派专家拿了一根八尺长的土圭插在地上，根据影子的长短测出全国的中心。经过这批专家的测量，他们发现，在洛阳地区太阳的影子最长为一丈三尺五寸，最短为五寸。于是洛阳就成了全国的中心。他们还把影子最长的这一天定为冬至，最短的这一天定为夏至，所以冬至和夏至是最先由人们定下来的节气。从周朝到秦朝，冬至日一直被当作一年的开始，人们过冬至是为了庆祝新年的到来，而到了汉武帝以后，冬至便不再是正月，但古人还是非常重视，所以冬至又被称为小年。

2. 师：哦！原来是这么回事呀！"冬至"不仅是二十四节气之一，还是中国的传统节日。"冬至"这个传统节日，还蕴含了许多科学知识呢！

播放音频《冬至蕴含的中国智慧》。

哥哥：是的，老师说得没错。冬至这个节气还含有很多科学知识呢！

冬冬：真的吗？哥哥、哥哥，快告诉我吧！

哥哥：冬至这天，太阳直射地面的位置到达一年的最南端，几乎直射南回归线。这一天北半球得到的阳光最少，比南半球少了50%。北半球的白昼达到最短，所以说，冬至这天白天最短，黑夜最长。我们的祖先，早在2500多年前的春秋时代，就已经用土圭观测太阳测定出冬至来了。

冬冬：哇！我们的祖先也太聪明了吧！

（三）完成学习单，悟冬至智慧

1. 师：小小的节气里竟蕴含了这么大的智慧，我们赶快分小组讨论讨论，能用自己的话说说冬至的由来吗？

出示PPT：学习单"冬至的由来"。

冬至的由来

冬至：是我国的_____之一，也是中国民间的_____，时间在每年阳历的_____或_____。

_____建立以后，周公要寻找全国中心。于是他派专家用一根八尺长的_____插在地上，测量太阳的影子，经过这批专家的测量，他们把洛阳定为全国的中心，并把影子最长的这天定为_____。冬至这天，白天_____，黑夜_____。

2. 师：相信大家经过讨论和思考，一定有所收获，赶快来分享一下吧！第二小组讨论结束最早，我们就请第二组来汇报《冬至的由来》。

生：我代表第二小组来交流。冬至，是我国的二十四节气之一，也是中国民间的传统节日，时间在每年阳历的12月21日、22日或23日。周朝建立以后，周公要寻找全国中心。于是他派专家用一根八尺长的土圭插在地上，测量太阳的影子，经过这批专家的测量，他们把洛阳定为全国的中心，并把影子最长的这天定为"冬至"。冬至这天，白天最短，黑夜最长。

3. 师：他们小组汇报得怎么样？请小朋友们来谈谈自己的看法。

生1：我觉得他们汇报得很好，所有的内容都填对了。

生2：我也觉得他们汇报得很好，他们不仅填对了所有知识，汇报的同学声音也很响亮。

4. 师：我和你们的看法一样，第二小组在完成学习单时速度很快，组员之间配合得很默契，而且他们的小组代表发言声音很响亮！我们为他们点赞！

设计意图： 引出卡通人物"冬冬"，播放媒体故事，通过"冬冬"与哥哥和爷爷的对话，让学生在情境中对冬至这个传统节日的由来有一定的了解。学习单的设计有助于提高学生的概括和提炼能力，使学生们了解到在当时科技落后的情况下，古代劳动人民已经可以通过观测来制定"冬至"这一节气，感悟中国劳动人民的智慧。

三、探冬至习俗

（一）歌谣里的冬至

1. 师：冬至这一天，有很多传统习俗，你们家是怎么过冬至的呢？

生1：我们家冬至要祭祖。

生2：我们家冬至吃汤圆。

生3：我们家冬至吃团圆饭。

生4：我知道冬至这天要吃饺子，防止冻耳朵！

2. 师：小朋友们，你们知道的可真不少呀！我们的祖辈有"冬至大如年"的说法，除了祭祖、吃汤圆、吃饺子、吃团圆饭，冬至这个传统节日，还有什么传统习俗呢？我们一起来看一看吧！

播放音频《哥哥唱〈数九歌〉》。

哥哥：一九二九……

冬冬：哥哥，你在干吗呀？

哥哥：我在唱《数九歌》呢！从冬至这天起，古时候的人就要开始数九啦！

冬冬：什么叫数九？

3. 师：我们都知道《数九歌》的内容，但是数九这个传统习俗是怎么来的呢？让我们一起来看一段视频了解一下。

播放视频《数九歌由来》：一九二九不出手，三九四九冰上走，五九六九沿河看柳，七九河开，八九燕来，九九加一九，耕牛遍地走。这是在我国北方民间广泛流传的一首《九九歌》。冬至，我国民间叫作交九。那么数九到底从哪天开始数起呢？冬至数九，冬至开始一九、二九、三九、四九这样子数过来。那东北它也数九啊，它数九之后说九九加一九，耕牛遍地走。一定要加了一个九，更加了个时间，其实它还没有到那个时候，但它一定要过。它会有一个，不管东边儿、西边儿、很远的地方，它会有一个调整。这个调整是根据自己的物候啊，温度啊，还有物产的情况，而调整。但是，他们会强调说，这一天我们同样过。人们常说的数九寒冬，意思就是从冬至开始，一年中最寒冷的一段时期正在悄然到来。而冬至就是一九的开始。冬至过后一个月左右，全国大部分地区将迎来气温的最低点，此时恰逢三九。故民间有"冷在三九"一说。古时候的人们是神奇的，他们大概能知道什么时候有冰冻；什么时候要下雨；又是什么时候柳枝抽芽。在前人积累下来的经验和自己的观察里，能把气候掌握的八九不离十。他们知道"头九暖，九九寒""雨雪连绵四九天"。好像冬天没来，就能知道这一年最冷的三个月大概会发生什么。

4. 师：《数九歌》原来是记录冬天自然界变化的歌曲呀！有意思！让我们一起来跟着音乐唱一唱《数九歌》吧！

播放视频《数九歌》：一九二九不出手，三九四九冰上走。五九六九，沿河看柳。七九河开，八九雁来。九九加一九，耕牛遍地走。……

5. 师：这么有趣的数九歌，相信大家一定牢牢记住了。接下来，我们玩个游戏"连连看"，考考你的记忆哦！

出示PPT：游戏"连连看"。

（二）笔尖上的冬至——识图

1. 师：游戏做完了，小朋友们也把《数九歌》的内容记住了，真棒！这首短小的《数九歌》看似简单，其实蕴含着古代劳动人民的智慧！小朋友们，你能发现这幅图的秘密吗？

出示PPT：《九九消寒梅花图》。

生：这幅图画了梅花，是冬天特有的花……

2. 师：仔细看看花朵的数量和它的花瓣。

生：我发现，这幅图上有9朵梅花，而且每朵梅花都有9片花瓣！

3. 师：你的小眼睛真亮，这个秘密被你发现了。这幅图就叫"九九消寒图"！

（三）笔尖上的冬至——探图

播放音频《冬冬的疑问》：老师，老师，这图为什么叫"九九消寒图"呢？

1. 师：小朋友，你们的桌上有一个资料包，让我们一起去发现"九九消寒图"的秘密，然后和大家分享一下吧！

下发资料包：九九消寒图。

九九消寒图

九九消寒图,中国岁时风俗。从冬至那天起就算进九了,在冬至中国民间有贴绘九九消寒图的习俗,它是记载进九以后天气阴晴的"日历",人们寄望于它,预卜来年丰歉,是一种很有传统特色的、好看的日历。它一共有九九八十一个单位,所以才叫作"九九消寒图"。从冬至那天算起,以九天作一单元,连数九个九天,到九九共八十一天,冬天就过去了。

古代尤其是北方地区的中国劳动人民,御寒保暖条件较简陋缺乏,寒冬也被视为威胁与惩罚,对天寒地冻产生恐惧感,直接影响人民生活,甚至会觉得冬季莫名其妙的漫长。当时中国人民为挨过漫长冬季,遂发明以数九等的方法消遣,打发时间,缓解寒冬威胁下出现的心理危机。

兴起原因

一是农业生产需要之举。古代由于受科技发展的限制,没有为农业生产的专业气象服务,因之人们通过记载冬九九当中阴、晴、雨、雪以及各种天象的变化,用来应验谚语,预卜来年丰歉。

二是寓教于乐之举。可对幼童进行识字、写字和历史知识、自然常识的启蒙教育。

三是娱乐消遣之举。画九、写九实为高雅的文字游戏,在文化娱乐生活相对比较贫乏的古代,和灯谜、酒令、对联等有着异曲同工之妙的画九、写九,便自然而然成为文人墨客、富足之家的一种雅兴娱乐消遣之举。

四是熬寒无奈之举。在日历远未普及的年代,千里冰封、寒风凛冽的冬天也是穷苦百姓最难熬的日子,画九、写九也透露了冬闲中广大百姓熬冬盼春的几分无奈。

图式种类

文字式 　　　　　图画式 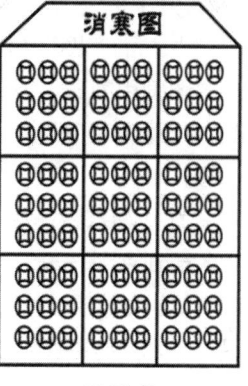　　　　　圆圈式

第一组:交流重点——什么是"九九消寒图"

1. 生:"九九消寒图"是中国岁时风俗,从冬至开始算九,它是记载进九以后天气阴晴的"日历",一共有81个单位。

2. 师:回答正确,声音响亮,为你们鼓掌。

第三组:交流重点——"九九消寒图"兴起的原因

生1:九九消寒图兴起的第一个原因:农业生产需要。

生2：第二个原因是为了寓教于乐。

生3：第三个原因是文人墨客用来娱乐消遣的。

生4：最后一个原因是古代劳动人民用来熬寒用的，因为北方的冬天特别漫长。

师：第三小组合作默契，回答非常棒！

第五组：交流重点是——"九九消寒图"的图示种类

1. 生：我代表我们组进行汇报。九九消寒图的图示种类有3种：文字式、图画式和圆圈式。

2. 师：回答准确！恭喜小朋友们完成了探索，我们一起揭开了"九九消寒图"的秘密。

（四）笔尖上的冬至——赏图

播放音频《冬冬认为不需要消寒图》：老师，现在我们的科学技术已经那么发达了，而且冬天也不那么难熬，就不需要画这"九九消寒图"了吧……

1. 师：小朋友们，你们同意冬冬的看法吗？

生1："九九消寒图"虽然在现在没什么用处了，但是它是我们古代劳动人民智慧的结晶，我们不可以丢弃我们的优秀传统。

生2："九九消寒图"虽然没什么大用处了，但是还是可以让我们来记录冬天的天气变化，我觉得特别有意思。

2. 师：是呀，"九九消寒图"是我们祖国的优秀传统文化，我们要传承它。看！这就是世界有名的《六子争头消寒图》。

出示：《六子争头消寒图》。

（五）笔尖上的冬至——绘图

1. 师："九九消寒图"是我国古代劳动人民智慧的结晶，其中蕴含着对美好生活的憧憬。完成一幅图画用81天，这需要很大的毅力和耐心。你们想不想尝试一下，用81天完成一幅精美的"九九消寒图"？

生：想。

2. 师："九九消寒图"有三种类型，每人完成其中一种即可，可以先设计填充的形式和内容，在冬至到来那一天，就可以正式绘制"九九消寒图"了。

出示PPT：方法提示——可以根据自己的喜好设计，但要遵循九九八十一原则。

（生设计"九九消寒图"）

（六）笔尖上的冬至——展图

1. 师：经过大家巧妙的设计，一定有了属于自己的"九九消寒图"，让我们来展示一下吧！

生1：我设计的是冰糖葫芦式样的九九消寒图。冬天，让我想起了好吃的冰糖葫芦，我就画了9串冰糖葫芦，每串冰糖葫芦上面有9个山楂。

生2：我设计的图案是小棉袄，9件小棉袄上面都有9颗扣子，符合九九八十一的原则。

生3：我画了柳树，柳树上有9根柳枝，每根柳枝上有9片新芽，等新芽颜色被涂满了，就说明冬天已经过去了，春天来啦！

2. 师：你们的设计都太棒了，既符合了九九八十一的原则，又贴合了冬至熬寒这个主题。你们都是心灵手巧的小小设计师，为"九九消寒图"这一中华传统文化注入了新的活力。

> **设计意图：** 通过"识图、探图、赏图、绘图"四个环节，引导学生深入浅出了解九九消寒图的意义和绘画规则，对这一传统文化有了深层次的理解。在"绘图"环节，让学生动手设计一张自己的"九九消寒图"，既激发了学生的学习热情，又增强了学生对中国传统文化传承的意识。

四、总结

1. 师：通过和大家一起学习冬至的知识，冬冬有话要说呢！

播放音频《冬冬的期待》：冬至节真的太有意思了，好希望冬至快点儿到来呀！

2. 师：冬至蕴含着我们祖先的智慧、民俗和文化。"九九消寒图"更是体现了人们对春天的期盼，就让我们相约在今年的冬至节一起——冬至数九画消寒。

【板书设计】

【点评】

"消寒图"里探冬至

这节课以二十四节气中的"冬至"为主题，挖掘了古代民间绘制的"九九消寒图"，引导学生熟悉、感悟中国的传统文化，选材角度独特，切入点小。

1. 解密赏图明"消寒"

"九九消寒图"是人们为适应寒冷天气所做的总结。对现代学生来说，因为空调的普及，大家感受并不深。陆老师在课堂上设计了"识图、探图、赏图"一系列环节，引导学生一步步深入了解"九九消寒图"的具体功用。在揭开"九九消寒图"的秘密后，学生自然能体会到它是我国古代劳动人民智慧的结晶，是我们不可丢弃的优秀传统文化。

2. 绘画设计悟"消寒"

"九九消寒图"的绘制可以说是教学中的一个难点，但是通过绘画设计的形式制作"九九消寒图"，能考验学生的能力和耐心。当学生对"九九消寒图"的三种图示——文字式、图画式和圆圈式有所了解后，已经基本上明白了该图的含义了。

3. 展图评析传"消寒"

当学生将自己设计的"九九消寒图"进行展示的时候，我们看到了孩子们无穷的想象力。陆老师也给了学生展示的时间和机会，并给予他们充分的肯定，使学生在亲身实践中真正感悟到了冬至节气所蕴含的优秀传统文化之美。

上海浦东教育发展研究院德育教研员　姚瑜洁

第 ⑪ 课 大冬至的"小九九"

设计教师： 上海市浦东新区三林镇中心小学　胡晓寅
指导教师： 上海市浦东教育发展研究院　　　姚瑜洁
　　　　　　 上海市浦东新区三林镇中心小学　徐巍炜

【活动对象】
小学四年级学生

【活动时长】
2+35分钟（2分钟预备时间）

【活动背景】
　　中央宣传部、中央文明办、教育部、民政部、文化部在《关于运用传统节日弘扬民族文化优秀传统的意见》中指出，中华传统节日是建设社会主义先进文化的宝贵资源，其核心就是道德教育。小学四年级正是学生培养道德品质、塑造理想人格的重要时期。

　　近年来，随着洋节西风东渐，部分中国传统节日日渐式微。以我班学生为例，约有20%的孩子不知道"冬至"这个传统节日，表示"听说过"的孩子对于这一节日的由来及其意义也知之甚少。

【活动目标】
知识与技能：
1. 了解冬至的由来及冬至"九"文化的作用。
2. 认识不同形式的"九九消寒歌""九九消寒图"。

过程与方法：
1. 通过创设情境，跟随卡通人物"九九"，在图片、视频中认识冬至，了解冬至"九"文化。
2. 通过亲身体验"数九、画九、写九"等实践活动，感受传统民俗的文化底蕴。
3. 通过"金点子智慧框"的小组讨论，碰撞思维，赋予冬至"九"文化新生命。

情感态度价值观：
1. 激发学生探究精神，强化其传承祖国传统民俗的责任感和使命感。
2. 培养学生创新精神，赋予冬至"九"文化新的时代内涵，使民族文化薪火相传。

【活动准备】

1. 收集图片、视频。
2. 卡通人物设计与录音。
3. 动画、板贴、道具、PPT制作。

【活动过程】

一、视频引入——冬至大如年

板贴：大冬至的"小九九"

1. 师：同学们，你们知道冬至吗？

   生1：冬至要吃饺子。

   生2：它是二十四节气之一。

2. 师：是啊，冬至在以前可是个大节日，古代还有"寒食节"一说。关于冬至，我们还可以了解哪些知识呢？一起来看一看吧！

   播放视频《冬至与数九》：传统文化二十四节气，冬至。冬至，它是二十四节气中最早制订出的一个。时间在每年的阳历12月21日至23日之间，太阳位于黄经270度。这一天是北半球全年中白天最短、夜晚最长的一天。冬至以后，北半球白天渐增长，夜晚逐渐缩短。冬至期间，西北高原平均气温普遍在0℃以下，南方地区也只有6℃至8℃左右。冬至后便开始"数九"，每九天为一个"九"。

3. 师：今天课上，我们都是以小组为单位进行积分，每答对一题就给你们小组贴上一个"啦啦球"。大家准备好了吗？抢答开始！

4. 师：冬至的时间是？

   生1：在每年的阳历12月21日—23日。

5. 师：视频中提到了冬至的三个"最"，谁注意到了？

   生2：冬至，它是二十四节气中最早确定下来的一个。

   生3：这一天是北半球全年中白天最短、夜晚最长的一天。

6. 师：从冬至这天起要开始干什么？

   生4：要开始"数九"，每九天为一个"九"。

7. 师：同学们观察得可真仔细，还发现了个新鲜词——"数九"。在古人的观念里，日照变长，这是天地间的阳气在努力"战胜"阴气的过程。期待阳气胜利，赶快迎接春天的我们，自然就要想些办法为阳气"加油鼓劲"啦！"数九"就是其中的一种方法。今天，老师特地请来了冬至啦啦队队长"九九"！

板贴："九九"卡通形象

> 设计意图：为了使整节课的环节串联得更紧凑，设计了"九九"这个卡通角色。通过声像资源为学生创设情境，学生也参与活动中；通过观看视频，学生们可以对冬至有初步的了解，同时引出本节教育课的主题。

二、情境代入——消寒有妙方

（一）九九消寒歌——天寒地冻"数一数"

播放音频：加油加油，大家好，我是九九。

1. 师：关于"数九"，你们有什么想知道的吗？快来采访一下"九九"。

　　生1：什么叫"数九"？

　　生2：为什么要"数九"？

　　生3：为什么数的是"九"，而不是其他数字呢？

2. 师：同学们的问题都很有水平！下面，就让我们去一一寻找答案吧！

第一个问题：什么叫"数九"？

播放音频：所谓"数九"，就是从"冬至"这天开始，以每九天为一个时段往后数，第一个九天称为"头九"或"一九"，第二个九天就称为——"二九"，依次类推，一直数到第九个九天。

1. 师：2018年的12月22日是冬至，一九是2018年12月22日至2018年12月30日。那么老师要来提问咯，准备抢答。

出示PPT：2018年12月、2019年1月日历。

2. 师：四九是从几号到几号？

　　生1：2019年1月18日至2019年1月26日。

3. 师：难度提升了，九九是从几号到几号？

　　生2：2019年3月4日至2019年3月12日。

第二个问题：为什么要"数九"？

播放音频：大家看一下当时的背景，聪明的你来猜一猜古人最初为什么要"数九"呢？

PPT：没有空调、暖气，甚至古代劳动人民有的买不起炭，御寒保暖设施极为缺乏。

　　生1：他们想要春天快点儿到来。

　　生2：他们想给自己一些希望，有了希望，时间就能过快一点儿。

1. 师：是呀，贫苦人家吃不饱穿不暖，便会对天寒地冻的天气产生恐惧之感，他们发明"数九"，让自己能赶快"熬"过这个冬天。

　　　　　　　　　　　　　　　　　　　　　　　　　　　　板贴：熬寒之举

第三个问题：为什么数的是"九"，而不是数"一二三四"呢？

播放音频：至于为什么是数"九"呢，我国的传统文化理念认为，九为极数，乃最大、最多、最长久的概念。九个九即八十一更是"最大不过"之数。古代中国人认为"九九不尽，春来到"。

1. 师：你们可真是高明的"小记者"，几个问题就让大家对"数九"有了初步的了解！九九，听说这"数九"还有许多朗朗上口的歌谣呢！

播放音频：是呀，同学们瞧，这就是流传最广泛的"九九消寒歌"，也叫"九九歌"。

出示PPT：一九二九不出手，三九四九冰上走，五九六九沿河望柳，七九河开，八九雁来，九九加一九，耕牛遍地走。

2.师：哪位同学想加入"九九"的啦啦队，也给阳气"加个油"？

（指名读）

3.师："九九歌"对数九期间每个时段的天气情况进行了总结，方便大家寻找规律。"九九歌"准不准呢？我们来验证一下。

出示PPT：1981—2010年数九期间全国平均气温走势图。

4.师：这是1981—2010年数九期间全国平均气温走势，温度最低的是三九、四九，之后的气温逐渐上升。和"九九歌"的描述像不像？

生：非常像。

5.师：他们为什么要总结这些规律呢？

生：农业生产要看天吃饭，知道了天气，他们就能种出更多的农作物。

板贴：农业需要

6.师：真了不起！我们一起再给阳气鼓鼓劲！

出示PPT：一九二九不出手，三九四九冰上走，五九六九沿河望柳，七九河开，八九雁来，九九加一九，耕牛遍地走。

（生齐读）

播放音频：哇，真是令人精神百倍呢！当然，我国地域广阔，各地气候寒暖不一，不同地方的数九歌也会有些区别，但都生动形象地记录了冬至到来年春分之间的气候变化情况，同时也表述了农事活动的一些规律。

（二）九九消寒图——闲情雅致"画一画"

1.师：除了"九九歌"，你们啦啦队还有什么"数九"的拿手好戏吗？

播放音频：当然有！与"九九歌"相映成趣的，是中国民间广为流传的"九九消寒图"，也称"九九图"。"九九图"的形式多种多样，它们既是计算时间的日历，又是精美的装饰品。今天，我就给同学们带来了一份礼物！

出示PPT：铜钱消寒图。

播放音频：这是"铜钱消寒图"，共有八十一钱，每天涂一钱。这涂法可有些讲究："上阴下晴雪当中，左风右雨要分清，九九八十一全点尽，春回大地草青青。"

2.师：聪明的同学们，你们知道是怎么涂了吗？现在的天气预报将风单独另归一类，我们也与时俱进，把"左风右雨"换成"左云右雨"，一起来试着涂一涂吧！老师这里有去年"数九"期间的天气情况，仔细听好了！

3. 师：一九的第一天是小雨，涂在哪个位置？

　　生1：涂在第一个铜钱的右边。

4. 师：第二天是多云，涂在——

　　生2：第二个铜钱的左边。

5. 师：第六天是阴转多云。

　　生3：涂在第6个铜钱的上边和左边。

6. 师：会涂了吗？把口诀记熟，我要来考考你们咯！

7. 师：第三天是多云。

（生涂"左"）

8. 师：第四天是小雨。

（生涂"右"）

9. 师：第七天是多云转小雨。

（生涂"左、右"）

10. 师：第九天小雨转雨夹雪。

（生涂"右、中"）

11. 师：你们真棒，都填对了！每张桌子上九九都送给了大家一张"铜钱消寒图"，有兴趣的小朋友可以回家继续完成。发挥想象力，不同的天气还可以用不同的颜色来涂。

12. 师：这种"画九"的民俗好玩吗？这么有趣的活动还仅仅是农业需要或是"熬寒"之举吗？它更多是为了——

　　生：娱乐消遣。

　　　　　　　　　　　　　　　　　　　　　　　板贴：娱乐消遣

13. 师：古人真是把"数九"玩出了花样！

（三）九九消寒图——开蒙启智"写一写"

1. 师："九九图"除了可以"画"，你还能想到什么方式呢？

　　生：还可以"写"。

2. 师：巧了，你真是和"九九"想到一块儿去了！

播放音频：清代又出现了"写九"的民俗。道光皇帝亲书"亭前垂柳珍重待春风"九个双钩空心字，谁来猜猜写九是怎样写的？

出示PPT："亭前垂柳珍重待春风"图。

生：每个字都是九画。用粗毛笔蘸着墨，每字九笔，每笔一天，九字填完正好八十一天。

3. 师：真是个细心聪慧的孩子。

4. 师：这是北京故宫所藏的一幅使用过的"九九图"。哪位同学知道其中的小秘密？我们把它放大来看一看。

出示PPT：北京故宫收藏的"亭前垂柳珍重待春风"图。

生1：在描绘笔画的基础上，再用细毛笔蘸上白色在每个笔画上记录下当日的天气情况。

生2：而且内容的详略视当日笔画长短而定。

5. 师：这是不是挺像我们现在流行的"打卡"呀！一幅"写九"字幅，也是九九天里较详细的气象资料。

播放音频：你们真会观察！据我所知，古代许多家庭都是由刚刚开始读书的孩子来完成"写九"的重任，类似书法练习中的"描红"，对启蒙很有帮助。

6. 师：看来"写九"不但是玩乐更是——

生：学习。

板贴：寓教于乐

> **设计意图**：随着情境中的故事情节推动，帮助学生了解冬至"数九"的由来。以数九、画九、写九的实践体验为抓手，引导学生认识"九九消寒歌""九九消寒图"，培养学生的探索精神，感受传统民俗的文化底蕴，增强其对冬至传统民俗的了解和热爱，让学生成为实践活动的主角。

三、总结提升——焕发新生命

1. 师：九九，你真了不起，在你的"加油鼓劲"下，春天一定很快就到来了！

播放音频：嘿嘿，不是我了不起，而是我们的祖先厉害！不过可惜的是，现在已经极少有人在冬天做"九九图"了，这项流传了千百年的民俗，已经被我们渐渐遗忘。作为啦啦队队长，我的队员却越来越少，九九好伤心呀！

2. 师：是啊，如今冬天有暖气，种田有温室，天气预报也基本普及。在"九九图"上标注天气似乎已经不太实用了，能不能开动你们的小脑筋，为"九九图"赋予新生命呢？小组讨论，将你们的金点子写在"智慧框"里。

出示PPT：金点子智慧框。

非遗篇——节日节气

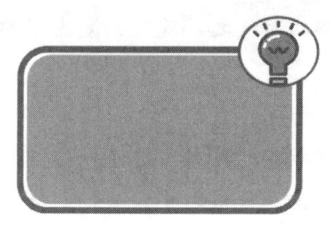

3. 师：我们以小组为单位进行分享，请把你们的"智慧框"贴到黑板上。

第一组：我们小组是个吃货团，我们想用"九九图"来记录我们每天吃过的美食，形成一本《美食攻略》。

第二组：我们小组都特别喜欢看书，所以想把看过的书名写到"九九图"上，督促自己看书。

第三组：我们可以用"九九图"记录每天做的好人好事，还可以用它来记录植物生长的变化。

第四组：我们用长笔画记录开心的事，用短笔画记录不开心的事，希望"开心"能长长久久，"不开心"能快点儿过去。

4. 师总结：你们真是善于动脑的小创客。同学们，冬至是中华传统节日之一，保留冬至民俗并赋予它新的时代意义，就相当于在传承中华5000年不断演变的历史，告诉中华儿女，我们国家的文化是独一无二的。这个冬天你愿不愿意也来"数九"呢？

设计意图：通过头脑风暴，增强学生传承祖国传统民俗的主人翁意识，赋予传统民俗新的时代价值，使民族文化薪火相传。

【板书设计】

【点评】

冬至"九"文化的"形"与"魂"

说起冬至传统民俗，除了"饺子、汤圆"，您还知道什么？

作为二十四节气的基点，作为曾经中国年的岁首，冬至有其丰富多彩的节日礼仪和娱乐活动，而这些历经千年的老习俗、老规矩，似乎正随着时代的变迁，被我们渐渐遗忘。

胡老师的这节主题教育课通过设计冬至啦啦队队长"九九"这一卡通角色，引导学生亲身实践，一步步揭开了冬至"九"文化的神秘面纱，带领学生重拾了一段不一样的冬至记忆之"形",再铸了传统民俗的时代之"魂",激发了学生继承并发扬中华传统文化的兴趣和决心。

一、探寻"九"之形,其乐无穷

"九",在中国古代被看作数字的终结,也是一个吉祥、神圣的数字,"九"文化贯穿于中华传统文化之中。在冬至传统民俗之中,我们也能看到对"九"文化的崇拜,而这份日渐消退的记忆则亟待当代青少年儿童去了解、去重拾。胡老师从"形"出发,让学生们对冬至"九"文化有了一个初步的认知。

1. 水落"形"出,先声夺人

什么是冬至"九"文化?相对于春节、中秋等传统节日,学生们对冬至的了解较少。胡老师引用一段关于冬至的视频介绍作为开篇导入的素材,娓娓道来冬至的一些"冷知识",并通过一个新鲜词——"数九",一下子抓住学生和听课老师的注意力。这个切入点选得好,选得巧,选得独特,不入俗套。教师不用太多的言语说教,就把学生带入整节课的情境,点燃了学生对冬至"九"文化的好奇心,为之后的实践探索奠定了基础。

2. 观"形"察色,探其门道

冬至"九"文化有哪些表现形式?在探索"九"文化的过程中,胡老师将主动权交给了学生,结合天寒地冻"数一数"、闲情雅致"画一画"、开蒙启智"写一写"等体验活动,让他们通过亲身实践来了解"九"文化的由来与意义。数九、画九、写九……学生们自问、自想、自涂、自猜、自探,近距离感受到了传统民俗的文化底蕴,符合德育实践活动课体验性、生成性的特点,设计巧妙,符合主题,便于操作,又有较强的实效性。

二、再铸"九"之魂,妙趣无痕

源自农耕文明的冬至"九"文化传承至今已过千年,历经世代更替,西方节日的兴盛,经济和社会的变迁,令很多节日都在趋同,许多民俗逐渐消失。了解冬至"九"文化之"形"也只是解决一时的问题,如何赋予其新时代之"魂",让年轻人眼中"老套""古板"的民俗文化鲜活起来,使传统文化继续传承,是德育工作者需要为之努力的方向。

1. 安"魂"定性,彰显内涵

随着学生们的实践摸索,我们逐渐探寻出了冬至"九"文化的作用及内涵即"农业需要、熬寒之举、娱乐消遣、寓教于乐"。冬至,冷与暖,夜与昼,阴与阳,交织在一起而孕育着变化,丰富了中华民族的梦,体现了民族文化的魂。放之今日,虽"农业"之需渐淡,但"娱乐""教育"之途仍热,虽不再"熬冬",但"盼春"之心不变!

2. 形变"魂"留,深化延展

在最后的"总结提升——焕发新生命"板块,胡老师设计了填写"金点子智慧框"环节,将传统民俗与时尚IP——"打卡"相结合,强化了冬至"九"文化的娱乐教育功能。同时,她还鼓励学生在今年的冬至也参与到"九"文化中去,传承冬至习俗,让学生把课上短暂的传统文化体验活动转化为课后长效的文化传承实践行为,体现了德育实践活动课的延展性,实现了学生知情意行的统一。

上海市浦东新区三林镇中心小学副校长　徐巍炜

第 12 课　五彩手链传吉祥

设计教师：上海市浦东新区泥城小学　　董　英
指导教师：上海市浦东教育发展研究院　　姚瑜洁

【活动对象】
小学四年级学生

【活动时长】
2+35分钟（2分钟预备时间）

【活动背景】
　　中国是一个文明古国，五千年的文化传承，留下了无数珍贵的非物质文化遗产和让人惊叹的民间技艺。其中，"五彩手链"是与端午节相关的一项传统技艺。五彩手链早在宋代时期就开始流行，随着社会的变迁，五彩手链的名称、制作工艺等也经历着变化和发展，现在已成为包含着各种祝福的装饰物。
　　四年级的学生对端午节佩戴五彩手链的习俗并不了解，对于其蕴含的美好寓意更是知之甚少。当今社会，佩戴金属手链或手环比较普遍，学生们也常常能见到，但是佩戴"五彩手链"已很少见到。到了端午节，有些地方还流行着这一习俗，但多数地方已经把这个习俗慢慢淡化了，很多年轻的爸爸妈妈都不知道，更何况是我们的学生。

【活动目标】
知识与技能：
1. 知道五彩手链的由来和寓意，佩戴五彩手链是端午节的习俗。
2. 了解五彩手链的组成、演变和制作。

过程与方法：
1. 通过观赏视频探究五彩手链的五彩含义，学会从古代到现代五彩手链演变的知识。
2. 尝试小组合作，培养探究知识的能力，同时锻炼动手能力。

情感态度价值观：
感受端午节传统文化的魅力，激发对中国传统节日的热爱。

【活动准备】
1. 多媒体课件、各类五彩手链的图片、制作手链的相关视频。

2. 闯关过程板书、相关制作五彩手链的材料。
3. 图文资料和探究单。

【活动过程】

一、故事再编——引出五彩手链

1. 师：同学们，今天老师给大家介绍一个朋友，他叫"沉香"。你们听过《沉香救母》的故事吗？能不能给大家介绍一下里面有哪些主要人物？

板贴：沉香人物图片

生1：有沉香和他的母亲。
生2：有三圣母和二郎神。

2. 师：看来有不少同学听说过这个故事，在上课之前，我们先来看一段小视频《沉香救母》，并说说沉香是靠什么救出了妈妈？

播放视频《沉香救母原版简要》。

古时候，有个孩子叫沉香，一直跟着爸爸过日子，却从来没有见过妈妈。一天，沉香问爸爸："我怎么没有妈妈呢？"爸爸叹了一口气，没有回答。沉香再三追问，爸爸才含着眼泪说出了真情。原来，沉香的妈妈是个美丽善良的女神，因为向往人间美好的生活，被二郎神压在了华山脚下。沉香听了，心里又难过又气愤，恨不得马上就去解救妈妈。爸爸看出来儿子的心思，便说："二郎神心狠手辣，神通广大，你才是个8岁的孩子，怎么对付得了他呢？"沉香望着苍老的爸爸，默默地攥紧了拳头。

不久，沉香就告别了爸爸，上山拜师学艺，不管是寒冬腊月，还是盛夏酷暑，他都起早贪黑地跟着师傅习武练功。有时累得腰酸背疼，很想松口气，但一想到要去解救妈妈，浑身就增添了力量。

几年过去了，沉香终于练就了一身高强的武艺。他救母心切，便拜别了师傅，向着遥远的华山奔去。一路上，沉香不知翻过了多少座高山，也不知跨过了多少道深涧。饿了就采几只野果充饥，渴了就捧几口泉水喝喝。脚上磨出了一个个血泡，身上划下了一道道血痕，他一点儿也不在乎。

沉香的孝心感动了仙人，仙人送给他一把神斧。他打败了凶恶的二郎神，来到了华山脚下。望着高耸入云的华山，想到就要跟日思夜想的妈妈见面了，沉香心里无比激动。他举起神斧，奋力向大山劈去。只听"轰隆"一声巨响，大山被劈成了两半，受苦多年的妈妈重见了天日。沉香一头扑进了妈妈的怀抱。

生1：沉香对母亲的思念和毅力。
生2：沉香用武功来救出妈妈。
生3：沉香用学到的武功和他的思母之情，救出了妈妈。

3. 师：听完传统版本的《沉香救母》，今天老师带来了新版的《沉香救母》故事，听！
播放音频《沉香初遇土地公公》：

非遗篇——节日节气

沉香沿着华山台阶而上，从未见过母亲的沉香，凭着母亲给他留下的一条手链，来到华山见母亲，没走几步，被一位土地公公拦住了去路。

土地公公：小娃娃，你是谁？你知道这是哪里吗？你来干什么？

沉香：土地公公，你好！我叫沉香，我是三圣母的儿子，妈妈从我小的时候就离开了我，被关在华山上面，我很想见妈妈，我走过千山万水，总算来到了华山，马上要端午节了，我希望我们一家能团团圆圆。

土地公公：嗯，你倒是个有礼貌的孩子，但是你凭什么说你是三圣母的孩子啊？

沉香：你看看，这是妈妈留给我的信物。

4.师：小沉香念的这首古诗描述的是哪个节日呀？同学们知道吗？

PPT展示古诗：

榴花照眼艾蒿香，挂符门帘饮雄黄。粽角流苏悬彩穗，平安佑尔度端阳。

生：端午节。

5.师：端午节是中国传统节日。谁能够说说端午节有哪些传统的习俗呢？

生1：吃粽子、赛龙舟。

生2：挂香囊、悬艾草。

生3：挂钟馗像。

6.师：同学们知道的还真不少，端午还有哪些习俗呢？我们一起来看一看。

播放视频《端午节相关习俗》：就是一些象征性的，插五毒旗，穿五毒衣，所谓五毒就是蛇、蝎子、蜈蚣、癞蛤蟆、毒蜘蛛，就是各种各样的毒虫的（图案），把它织成衣服穿在身上，然后给小孩用五色的丝线在手臂上缠五色丝，叫作长命缕。

生1：端午习俗还有戴五彩线手链。

7.师：原来在手腕上系五彩手链也是端午的习俗之一呢！看，沉香的手腕上也系了一条五彩手链。

板贴：五彩手链

播放音频《土地公公设关卡》。

土地公公看了看这个五彩手链，认得这是三圣母的作品，三圣母可是个心灵手巧的母亲，土地公公听三圣母说过，在和沉香分开的时候，把自己亲手制作的五彩丝手链系在沉香的手上。

土地公公：好，我小老儿受皇母娘娘之命在这儿担任着守卫任务，你要想见妈妈，不是不可以，但是必须经过下面的四个关卡才能让你们母子团圆。

沉香：好，不管有多少个关卡，我都要闯过去，和妈妈见面，走，现在就去闯第一关。

设计意图： 不少同学都知道端午节的一些习俗，但是对五彩手链了解的不多，甚至不知道。因此，用大家所喜爱的动画人物沉香想在端午节和母亲团圆的故事来引出端午节的五彩手链，把五彩手链作为一个信物来寻找妈妈，充满童趣，同时五彩手链的颜色上也抓人眼球，吸引学生的目光，使同学们易于接受，顺利进入主题。

二、闯关救母——探究五彩手链

（一）第一关——由来关

1. 师：同学们，我们来帮帮沉香一起闯关吧，一起来看看第一关。

播放音频《土地公公考沉香》：小沉香，你知道五彩手链的由来吗？我准备了五道题目，完成以下题目就算你闯过第一关。

关卡一：

1. 五色线又叫_____。
2. 系五彩长命缕，这是_____代就有的古老风俗。
3. 这个丝线系在小孩的手腕上，自五月五日起，到_____月_____日才能解下。
4. 据说，戴这个五色线的孩子可以避开_____，扔到河里，意味着将_____冲走。
5. 系五彩线象征着能_____的一种希望。

---

2. 师：这可有点儿难倒小沉香了，让我们来听个数字故事帮他找一找答案吧！听完故事，我们进入抢答游戏。

播放视频《五彩手链的相关内容》：同学们，其实五色线又称五彩线，古代也叫"五彩长命缕"、"朱索"、"百索"等，是端午节必备的物品。系五彩长命缕，这是宋代就有的古老风俗。用青白红黑黄5种丝线拧成一股，系在小孩的手臂、脚腕或颈项上，叫长命缕、续命缕。自五月五日系起，一直至七月七日"七娘妈"生日，才解下来焚烧。还有一说，在端午节后的第一个雨天，把五彩线剪下来扔在雨中，或第一次洗澡后抛到河里。据说，可以避开毒虫的伤害，扔到河里，意味着让河水将疾病冲走，儿童由此可以避开灾难、除去疾病带来一年的好运。

生1：五色线又叫五彩线或五彩手链。

生2：系五彩长命缕，这是宋代就有的古老风俗。

生3：这个丝线系在小孩的手腕上，自五月五日起，到七月七日才能解下。

生4：据说，戴这个五色线的孩子可以避开灾难，扔到河里，意味着将疾病冲走。

生5：系五彩线象征着祝福的一种希望。

3. 师：同学们说得真好，但是第五题回答得不是很完整，让我们再来看一段视频，从中来发现答案吧。

播放视频《五彩手链的由来》：由于端午正值农历五月，是诸虫百毒尽消灭的传统时节。古时，每到端午，人们便将五彩线系在身上，防止病毒近身。端午前期，东岳庙迎来了一批中学生，在丰富多彩的端午民俗文化展示活动上，每个孩子都系上了一条寓意平安健康的五彩线，感受到浓郁的传统文化气息。"五彩绳象征能祛除病毒的，我也想回家给爸爸妈妈戴一个，希望他们也健健康康。"

生：系五彩线象征着祛除病毒的一种希望。

4. 师：你发现了第五题的答案，系五彩手链象征着人们一种祛除病毒的希望。在你们的帮助下沉香成功地闯过了第一关，他可高兴啦！

板贴：祛除病毒

播放音频《沉香感谢同学》：谢谢同学们，帮助我踏上了第一关的台阶，我要去闯第二关了。

5.师：恭喜沉香踏上了第一关——由来关的台阶。

（二）第二关——组成关

1.师：土地公公的第二关接踵而来，我们快来挑战吧！请同学们拿出关卡二的材料袋，选出你认为五彩手链是由哪五种颜色的丝线组成的？选好后请每组派代表上台交流一下。

播放音频《土地公公再出题》：五彩手链由哪四种颜色组成？

小组1：红、黄、绿、蓝、黑。我们觉得它们好看。

小组2：红、白、黑、黄、蓝。我们觉得红色代表着喜庆、吉祥，每种颜色应该有它们的含义。

2.师：看来大家的想法都很特别呀！正确的配色应该是哪五种呢？请看图片，青白红黑黄——金木水火土——东西南北中。为什么是这五种颜色呢？我们来听一听。

播放音频《五彩手链的五色寓意》：中国古代崇拜五彩，以五彩为吉祥色。但这五种颜色不是随便用哪五种颜色就行，而必须是青、白、红、黑和黄。这五种颜色从阴阳五行学说上讲，分别代表金、木、水、火、土。同时，分别象征东、西、南、北、中，蕴含着五方神力，可以避开灾难，祛病强身。在福州，五彩手链慢慢演变为做五彩丝线球或五彩香袋、五彩香囊等，里面放艾草或其他草药，大人小孩都戴在身上，或挂于包间，即有驱蚊避虫的作用，又寄寓着平安顺利，传递着吉祥之意。

生1：古代人崇拜五彩，和五行学说有关。

生2：是因为好看，又有寓意。

3.师：嗯，同学们，你觉得这五彩颜色代表着什么？

生1：平安顺利。

生2：喜庆快乐。

生3：吉祥如意。

4.师：中国古代崇拜五彩，以五彩为吉祥色，代表着吉祥之意。在我们的共同努力下，课题也补充完整了——五彩手链传吉祥。

板贴：传吉祥

5.师：恭喜沉香踏上了第二关——组成关的台阶。

板贴：五彩吉祥

（三）第三关——演变关

播放音频《沉香闯过第二关》：太棒了，我们通过了第二关，走走走，赶快进入第三关吧！

1.师：还没等小沉香喘口气，土地公公又来出题了。请大家拿出关卡三资料袋一起来帮小沉香解决第三关的难题吧！要求：（1）阅读资料，交流讨论。（2）小组合作，完成表格。（3）积极发言，交流分享。

播放音频《出示第三关考题》。

土地公公：来来来，看看这里的五彩丝线。

沉香：土地公公，这是要做什么？

土地公公：关卡三资料袋内有各种年代、各种技术、工艺的五彩手链编织的饰品图文资料和关卡三探究单，你来说说五彩手链从古至今的一些变化吧。

五彩线的演变

	变化	特点
1. 材质之变	古：棉线	容易褪色，易断裂，质量不稳定
	今：丝线	顺滑、光泽亮丽、韧性强
2. 技术之变	古：手工编织	样式丰富，形式好看，速度慢
	今：手工编织和机器编织	速度快、质量好、产量高
3. 工艺之变	古：手链	简单、粗糙
	今：手链、香囊、挂件、书签等	精细、美观、形式多样

生1：材质方面，古时候用棉线，现在用丝线；棉线的特点是容易褪色、易断裂，质量不稳定，丝线的特点是顺滑、亮丽、有韧性。

生2：技艺方面，古时候用手工编织，现在用手工和机器编织；手工编织的特点是样式丰富、好看，但速度慢，机器编织的特点是速度快、质量好、产量高。

生3：工艺方面，古时候以手链为主，现在样式丰富，有香囊、挂件等；古时候样式比较单调、粗糙，现在的工艺品特点是精细、美观、样式多。

4. 师：同学们说得真好，现在的五彩手链是什么样子？通过观看视频中的五彩手链之后，你会选择哪一种五彩手链？为什么？

播放视频《五彩手链的演变介绍》。

记得我小的时候，每到端午节那天，妈妈都会把五种颜色不同的缝衣服的线拧到一块，然后给我戴在手上，这就是我记忆中的端午节的五彩线了。那么，这么多年过去了，现在端午节的五彩线都长什么样呢？

"一般小女孩买这样的多，岁数大的买这样的，还有小孩买绳的多。"

"（每天能卖）一百条到二百条。"

现在的五彩线琳琅满目，大部分的五彩线价格也不贵，一块钱到几块钱一根。商家说，买的人还是很多的。有情侣之间互送的，还有给全家人买的，看来这端午节戴五彩线的习俗不仅延续至今，而且还很受年轻人喜爱。

生1：选择现在的，因为漂亮。

生2：选择现在的，因为现在的比较时尚、精致。

生3：我选择现在的，因为它不仅好看，还有各种装饰和意义。

5. 师：五彩手链千变万化，但美好的祝福是永不变的，从古至今的变化，体现了五彩手链的工艺之变，日益精致。

板贴：日益精致

6. 师：恭喜沉香踏上了第三关——演变关的台阶。

播放音频《沉香对同学的感谢》：同学们都好厉害啊！感谢你们，让我去找妈妈的路程更近一步了。

设计意图： 五彩手链的几大寓意给孩子们带来了新奇的知识，活动过程和知识的积累随着小沉香的闯关而层层递进，越积越多，让孩子们跟随着沉香的脚步一步步主动地去探究和学习，从知识的学习到内容上的探究，内化总结，不仅让学生学到了相关知识，更在能力上得到了提升，同时在过程中增强了情感上的熏陶和交流。

（三）第四关——制作关

1. 师：同学们，我们终于陪伴沉香来到最后一关了，是不是有点儿小激动呀？看来最后一关是最难的呀，大家有没有信心？

生齐答：有。

播放音频《沉香进入最后一关》：下面我们进入最后一关也是最难的一关，你有信心攀登高峰吗？就是亲手制作一个五彩手链来打开最后一关之门，送给你的妈妈。

2. 师：下面请同学们和沉香一起来观看视频，学习编织手链的方法，并根据编织步骤进行连连看游戏。

播放视频《五彩手链编织的步骤》。

DIY端午五彩绳：

硬纸板上画圆

分成八等份

在圆心戳一个洞

裁剪

五彩绳对折后打结

固定五彩绳

沿着一个固定方向编织，间隔为两根绳子

编织需要的长度

编制完成后尾部打结

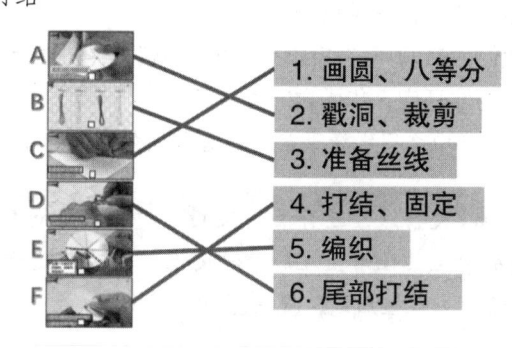

A — 1. 画圆、八等分
B — 2. 戳洞、裁剪
C — 3. 准备丝线
D — 4. 打结、固定
E — 5. 编织
F — 6. 尾部打结

生1：步骤1连图片C。
生2：步骤2连图片A。
生3：步骤3连图片B。
生4：步骤4连图片F。
生5：步骤5连图片E。
生6：步骤6连图片D。

3. 师：请同学们和老师一起来帮助沉香编织一根五彩手链。董老师先示范，请同学们上台尝试一起编织，合作完成五彩手链。

现场演示：

老师：展示编织圆盘，介绍圆盘，请学生数圆盘上的空隙。

生齐说：一二三四五六七八。

老师：圆盘八等分，为了便于编织，八个空隙处写上编号，哪一个空隙是空的，没有线的？

生齐说：八号。

老师：从一号开始数，一二三，把第三根线拉近空隙八号里卡住，再从三号空隙往后数第三根线，拉进三号空隙里卡住。请同学们帮老师一起喊：一二三、拉空隙。

生齐说：一二三，拉空隙；一二三，拉空隙。

老师：请同学和老师一起来演示编织手链的方法。

生逐个上台和老师一起演示编织方法。

老师：展示编织好的手链。

4. 师：亲手编织的五彩手链是那么的饱含情意，如果你是沉香，会对妈妈说什么呢？

生1：妈妈，看，我也会做五彩手链了，送给您，希望带给您健康平安。

生2：妈妈，请戴上我亲手做的五彩手链，我太想您了。

生3：妈妈，你看，您给我的手链我一直戴着，我也做了一个五彩手链送给您，希望我们以后平平安安、团团圆圆、吉祥如意。

5. 师：这一根小小的手链，蕴含着无限的美好祝愿，感谢同学们帮助沉香闯关成功。

板贴：美好祝愿

播放音频《土地公公赞沉香》：孩子啊，真不容易，闯过了第一关祛除病毒的由来关，又来到第二关五彩吉祥的组成关，再闯第三关日益精致的演变关，最后闯过第四关美好祝愿的制作关。恭喜你，孩子，去见妈妈吧！

6. 师：同学们，让我们大喊两声"华山之门为你开启"，协助沉香打开华山之门吧！

生齐说：华山之门为你开启，华山之门为你开启！

播放PPT：闯关成功，华山之门缓缓开启。沉香和妈妈相见，拥抱妈妈。

设计意图： 一堂课的四大特点：教育性、双主性、体验式和情景化，有静有动，动静结合，这堂课才能吸引学生，让学生在静中学文化，在动中提升能力。学做手链，这种体验更能让学生融入课堂，掌握知识，提高能力。

三、美好祝愿——五彩手链传祝福

1. 师：在全班同学的齐心协力下，沉香母子终于见面了，祝愿他们过一个快乐团圆的端午节。同学们，学会了编制五彩手链的你，最想把亲手编织的手链和美好祝福送给谁呢？

生1：我准备送给妈妈，希望她工作顺利、吉祥如意。

生2：我准备送给哥哥，今年哥哥要高考了，祝福他金榜题名。

生3：我准备送给奶奶，希望她身体健康、吉祥如意。

生4：我准备送给爷爷，祝他身体健康、万事如意。

2. 师：同学们的祝福饱含温馨和美好，相信你的家人和朋友收到后，心里一定会有满满的感动。端午节蕴含着我们祖先的智慧，五彩手链更是体现了人们祛除病毒、吉祥如意、关爱祝福的美好愿望。让我们相约下次的端午节，一起编织五彩手链，传递我们的美好祝福。

【板书设计】

【点评】

巧设计　重体验　增趣味

董老师执教的这一节《五彩手链传吉祥》主题教育课，在"制作关"这一环节中，有两大亮点别出心裁、吸人眼球，且效果显著。

亮点一：放大圆盘，清晰明了

为了让同学们看得更清晰，董老师亲手制作了一个编织手链的大圆盘，直径约40厘米，颜色鲜艳夺目，一下子吸引了学生的注意力。为了便于学生们学习编织，董老师将圆盘分成八等分，给每一个空档都编了号；为了便于演示编织过程，董老师用手提纸袋上的五色粗绳来代替编织线，放大规格。本来小小的圆盘被放大后，加上一些示范和提示说明，让学生看得更清楚，便于学习掌握，同时也增加了课堂互动的趣味性。

亮点二：巧用圆盘，效果显著

董老师原先的设计是让每一位学生上台去练习制作五彩手链，但是这个环节花的时间太长，效果却不好，大部分学生没有学会，到最后展示交流时，同学们还在埋头苦编。董老师就改变方法，充分发挥圆盘作用，一人在圆盘上示范教学，下面学生跟着学，采用师生合作和生生合作的互动方式，通过一看、二讲、三学、四尝试，共同来完成一根手链的编织。看——老师圆盘演示，隔两个空隙拉丝线到空隙处；讲——同学们看圆盘讲方法，从空隙处往后数到三，学生们一起喊：一二三，拉空隙；一二三，拉空隙；学——学生老师合作，拿圆盘学方法；尝试——请两位学生上台来展示，生生合作。通过师生和生生的多次合作互动，让圆盘的作用在这一环节充分得到体现，台上台下的学生都学会了编织方法。

这一巧妙的设计效果显著，采用了示范操作互助练习，有静有动，动静结合，在互动中提升了动手能力，使课堂效益达到最大化。

上海市浦东教育发展研究院德育教研员　姚瑜洁

第 13 课　　清明时节话家谱

设计教师： 上海戏剧学院附属新世界实验小学　　朱巧静
指导教师： 全国少先队名师　　　　　　　　　　左丽华

【活动对象】
小学四年级学生

【活动时长】
2+35分钟（2分钟预备时间）

【活动背景】
　　清明是中国人重要的祭祀祖先的节日之一。这一天，人们会自觉地举行各种隆重的祭祀仪式，以表达对祖先的追思、怀念。但是，现在越来越多的中国人，正在淡忘自己的祖先，因为中国人血脉得以传承的最重要的载体——家谱，正在消亡。家谱又称族谱、宗谱、支谱等，是我国特有的文化遗产，它记载了一个家族的世系繁衍及重要的人物事迹。
　　随着时间的推移，现在的学生已经很少去参加清明的祭祀活动，对自己的祖先更是知之甚少。因此，学习张氏家谱，重温血脉传承，重拾家训意义，便显得尤为重要了。

【活动目标】
　　知识与技能：
知道家谱，了解家谱的名称、字辈和家训。
　　过程与方法：
通过探究张氏家谱、观看视频、小组交流等方法，明白字辈和家训的意义。
　　情感态度价值观：
热爱和传承家族文化，弘扬中华民族缅怀先人的优良传统。

【活动准备】
多媒体课件、张氏家谱、家谱秘籍、小组探究任务单。

【活动过程】
一、观看视频识家谱
　　1. 师：小朋友们，上个学期啊，朱老师的班级里有个小朋友——小张上电视啦！朱老

师这里有那时上海新闻频道对他们家的采访视频，你们想看吗？

生：想！

播放音频《小张的自述》：Hi，小朋友们，大家好，我是小张。记者采访我的时候，我可紧张啦！

播放视频《四世同堂一家人》。

主持人：长寿的秘诀是保持一个良好的心境，至于如何做到这一点呢？许多人都给出了一个相同的答案——家庭和睦。在浦东的三林镇申江豪城小区，一个四世同堂的大家庭虽然不住在同一个屋檐下，却会在每天晚饭的时候聚在一起，用陪伴诠释和谐家庭的典范。俗话说，家有一老，如有一宝，今年97岁高龄的太公张善瑛，退休前是数学老师。虽然老人年事已高，但每天晚饭前他都会给上四年级的曾外孙检查作业。

张善瑛：这里的不对，主要是这个宽，这里的宽是3分米，30厘米，不是4的倍数，就分割不出来的，多出一条来。

主持人：老人的两个女儿虽然已年近七旬，仍是家里的顶梁柱。大女儿张冰之负责买菜烧饭，管着一家人的饮食。为了让老人吃得好，吃得惯，她总是要把饭菜做得软软糯糯。

张冰之：这个肉也不知酥了哇？我来尝一下，尝一下。有老人在，家里就像一棵大树一样，大家就紧紧围在一起，也是一种幸福。

主持人：而小女儿张玉之则将两位老人接到自己的家里去住，管理着两位老人日常起居的各种琐事。

张玉之：我就是和我姐姐两个人，本来也不是同住在这一个小区的，就大家都往一起靠拢，靠到一个小区来，然后把两个老人接过来，我们两个人就能互相照应。

主持人：长辈的言行举止也在感染着下一代。这不，家里第四代的张知临就会在每次吃饭前，把太公太婆扶到餐桌前，给他们扶好座椅。

张知临：我的爸爸妈妈经常跟我说要先让老人长辈入席，先动筷。

主持人：到了晚饭时，一大家人围坐在一起，晚辈聊聊工作，两位老人也会时不时插嘴，饭桌上充满了欢声笑语。

太婆陈融颖：以前只有两个人呢，很寂寞的。我一到下午，就盼望他们回来，大家都很热闹。

张善瑛：子孙满堂，可以说四世同堂，这也是心情愉快的一个结果。人生七十古来稀，现在我们都九十几岁，还可以走，还可以跟小辈们一起玩，那真的太开心了！

旁白：新闻坊记者王君预、倪展鹏报道。

主持人：老人这个身体健康，小辈也好。

2. 师：小朋友们，看了视频，你们觉得为什么电视台要采访小张家呢？

生1：因为小张家孝顺老人，和谐幸福。

生2：因为小张家四世同堂，其乐融融。

3. 师：没错，老师的感受和你们一样。可是，前几天，朱老师知道了一个不幸的消息，视频中97岁的老太公张善瑛因年龄关系，身体每况愈下，不幸逝世了。清明节快到了，小张妈妈特意拿出了"家中一宝"，就是老师手里的这本家谱，给小张看。小张妈妈准备教给小张一些关于家谱的知识，一起来缅怀太公，缅怀张氏先人。可是，小张同学有个疑问。你们听听，谁能来解答小张的疑问？

播放音频《小张的疑问》：家谱？小朋友，你们知道什么是家谱吗？

生1：家谱上面记录了这个家族中所有人的名字。

生2：家谱应该是家里的记事本吧。

4.师：看来大家对家谱有一些了解，今天老师特意请来了小张妈妈和大家聊一聊家谱。

板贴：清明时节话家谱

播放音频《小张妈妈的介绍》：小朋友们，这节课你们就跟着我家小张一起来学习吧，我要好好跟你们聊一聊这本张氏家谱！

> **设计意图：** 本堂课的一大特点是情境人物贯穿始终，这样的形式对小朋友们来说更有吸引力。小张和小张妈妈的出现，开始就与学生们形成了一个良好的互动，贴近四年级学生的年龄特点。

二、家谱名称能看懂

（一）看家谱封面，解名称之谜

1.师：听小张妈妈的语气，这家谱一定有着非凡的意义吧！我们先来听听她对家谱的介绍，等会儿再请一位小朋友上来，读读老师手上家谱的封面名字。

播放音频《家谱的定义》。

妈妈：家谱主要记录了一个家族有血缘关系的所有族人，以及他们的事迹，有些家族也把家谱叫作族谱、宗谱、支谱等。

小张：我知道了，家谱记录了我们张家一代代的人和事。可是我家的家谱名字也太长了吧，小朋友们，你们会念吗？

生：《南浔镇北小圩敬修堂张氏家谱》。

播放音频《家谱封面名称的含义》。

小张：这家谱封面上的名称是什么意思啊？小朋友，你们知道吗？

妈妈：我们家的家谱名称学问可大着呢，我给每个小组都准备了张氏家谱探究秘籍，相信看了《秘籍一》之后，你们肯定能明白家谱名称的意思了。

2.师：我们一起来看一看《秘籍一》，哪个小组能最快解开家谱名称之谜？等会儿小组派代表上台交流。

秘籍一

一、资料：《南浔镇北小圩敬修堂张氏家谱》（第一章）

1851年，南浔镇北小圩受兵灾影响，田园荒芜。我们这一支的张氏先祖张公从其他地方迁来，在南浔镇北小圩这个地方安家落户，传宗接代。张家人勤奋读书，踏实肯干，兴办实业，友睦乡里。后代子孙，都以自己是南浔镇北小圩张氏家族的一员而自豪。每逢春节、清明、中秋等传统节日，张家的全体成员齐集在我们的祠堂——敬修堂里，祭祀祖先，商量大事。随着时间的推移，现在我们家族在全国各地已经有400多人了。怕后世子孙搞不清辈分，不认得同族亲戚，就把张家人按照一代一代的顺序记在家谱里了。

二、解开张氏家谱名称之谜（写一写）

《南浔镇北小圩敬修堂张氏家谱》的意思就是在＿＿＿＿＿＿＿＿＿＿这个地方起源发展，祠堂名字叫＿＿＿＿＿＿＿＿＿的＿＿＿＿＿＿＿＿＿家族的家谱。

生：《南浔镇北小圩敬修堂张氏家谱》的意思就是在南浔镇北小圩这个地方起源发展，祠堂名字叫敬修堂的张氏家族的家谱。

3.师：你们真会研究资料呀，这么快就帮助小张弄明白了张氏家谱封面名称的含义。

设计意图： 在解家谱名称之谜这一环节，教师将资料设计成秘籍的形式，提高学生的解密兴趣与参与热情。以学生为主体，小组合作，通过阅读南浔张氏的起源、家族成员的情况等资料，分析讨论出关键内容，解开张氏家谱名称之谜。

（二）辨家谱名称，知命名方式

1.师：一本家谱就像一本书，小朋友们，你们发现张氏家谱的名称是由哪些信息构成的吗？

生：地方、祠堂名字、姓氏。

出示PPT：地名　堂号　姓氏

2.师：你的回答真棒！不过，小张妈妈还有疑问。小朋友们听完后，说说屏幕上这三本家谱的名称又是由哪些信息构成的。

播放音频《妈妈的追问》：小朋友，你们真聪明呀！不过不是每本家谱都是这样的啦，你们看看这三本家谱。

出示PPT：①《王氏家谱》　　②《赤峰朱氏家谱》　　③《盐城洪桥堂洪氏家谱》

生：姓氏，地名和姓氏，地名、堂号和姓氏。

出示PPT：①姓氏　　　　②地名＋姓氏　　　③地名＋堂号＋姓氏

3.师：你们真棒呀！现在已经会看家谱封面了，还能从中得到这么多信息。以后见到家谱，我们很快就能看懂家谱名称的意思了。

板贴：1.家谱名称能看懂

三、字辈规律能找到

（一）找到字辈规律

1. 师：因年代久远，保存不当，小张家的家谱出现了一个什么问题？

播放音频《大事不好，家谱损坏了》：

小张：家谱真有意思，我得赶紧翻开看看里面的内容。呀，妈妈，大事不好了！这页内容损坏了！

妈妈：哎呀，这页上面本来还有你太公的名字呢。我去问问你外婆，这页上面还有谁？等会儿你来填进去吧！

生：有一页家谱损坏了，上面的一些人名看不清了。

2. 师：瞧，小朋友们，小张妈妈在外婆那里问来了几个长辈的名字？

出示PPT：张善瑛、张善璇、张为鑫、张维勋、张为钦、张善珮、张为钟。

生：6个。

播放音频《小张的求助》：但是，该怎么填进去呢？有这么多框框呢！

3. 师：这可把小张难住了，聪明的小朋友们，你们能帮助小张把这几个名字填进相应的位置，补全家谱缺失页吗？人多力量大，小组合作讨论一下，有困难可以翻阅《秘籍二》喔。

小组学习任务单

南浔敬修堂张氏家谱（仁房）人名图表

张南屏
张维熙　张维熊
张善瑰　张善玫　张善玮

张善瑛
张善璇
张为鑫
张维勋
张为钦
张善珮
张为钟

友情提示：如有困难，可到《张氏家谱探究秘籍二》中寻找答案喔。

秘籍二

1. 家谱中的同一代人，名字中的第几个字是一样的？

2. 写在家谱上按照字辈取的名字叫"谱名"，谱名是为了方便辨认家族亲戚间的长幼辈分关系。有些人还会另外取一个名字，叫"学名"，用于求学、工作时的称呼。

---

4. 师：已经填好的小组，请派一个代表拿着任务单，到上面来展示。我们一起来看看台上各个小组的任务单，你们发现了什么共同的规律？

（各小组代表并排站在台前高举小组任务单展示）

生：名字里有一个字相同的，应该填在同一行。

播放音频《小张妈妈介绍字辈》：你们好会观察呀！名字里那个相同的字，叫家谱中的字辈，也叫作字派，是指名字中用于表示家族辈分的字，一般为第二个字，也有以第三个字为字辈的。

5. 师：来，哪位小朋友帮朱老师总结一下第二部分的板书？我们找到了字辈的规律，模仿第一部分的板书，谁来写？

板书：2. 字辈规律能找到

6. 师：有了字辈就能辨别长幼，知道辈分。考考你们，"张善玫"和"张善瑛"。两个人可能是什么关系？

生：兄弟，姐妹，堂兄弟……

7. 师：在小朋友们的帮助下，小张家的家谱填完整了。小朋友们也了解了字辈的规律。怪不得老祖宗说，中国人起名字是有讲究的。这样用字辈给家人起名，就能很快知道亲戚间的辈分关系了，也能使同一个家族的人更有亲近感。

（二）明白字辈意义

1. 师：看着补全的家谱，小张又有疑问了。

播放音频《小张的疑问》：小伙伴们，那你们能找到这页家谱中3个表示字辈的字吗？

生：维、善、为。

板书：维、善、为

播放音频《小张妈妈问字辈》："维、善、为"这三个是阿姨长辈的字辈。阿姨这一辈有叫"张宝德"的，有叫"张宝鸣"的，还有叫"张宝惟"的，所以你们知道我这一辈的字辈是什么吗？

生：宝字辈。

板书：宝

播放音频《小张妈妈的请求》：小朋友们，"维善为宝"是我们家族流传下来的字辈，包含了张氏先人对后世子孙的祝福与期望，能说会道的你们能为小张解释一下吗？

生1：张氏先人希望后世子孙维持善良。

生2：张氏先人把善良当作宝贝，希望能流传下去。

2. 师：看来张家人希望后代都能成为善良的人，与人为善，成为家族的宝、社会的宝，成为对家族、对社会有贡献的人。

（三）了解字辈现状

1. 师：小小一个字辈，让我们知道了长幼辈分，也感受到了张氏先人对后人的期望。小张同学是个有心人，他悄悄做了个小调查，不知道现在还有多少人知道字辈呢？

播放视频《字辈调查现状》。

小　张：蒋同学，你知道字辈吗？

蒋同学：字辈？什么是字辈？

小　张：孔阿姨，你知道字辈吗？

孔阿姨：字辈？不知道。

小　张：王爷爷，你知道字辈吗？

王爷爷：知道啊，我爸爸那辈起名字就是按照家谱里的字辈起的。不过，从我这一辈开始就不用字辈了。

　　生：现在很少有人知道字辈了，年纪大一点儿的人可能知道。

2. 师：没想到越来越多的人忘记了字辈，现在按字辈起名的人也少了。

（四）巩固字辈知识

1. 师：小朋友们，通过学习，你们现在知道字辈了吗？谁来为大家介绍一下？

　　生1：名字里那个相同的字，叫家谱中的字辈。

　　生2：字辈里包含了先人对后世子孙的祝福与期望。

2. 师：你们都听得很认真呀！小张家有字辈真好，你们家族有字辈吗？

　　生1：没有。

　　生2：我爷爷那辈是按照字辈起的，到我这儿就没有了。

　　生3：有的，跟我一辈的兄弟姐妹们，名字里都有个"景"字。

3. 师：牢记家族文化，相信你们，经过今天的学习，懂得了字辈，以后能将这个好传统保持下去。

四、优秀家训能传承

1. 师：小朋友们，还记得之前给你们看的视频吗？电视台称赞了小张家——

生齐读：尊老敬老代代传，四世同堂乐融融。

播放音频《小张说家训》：咦，你们看家谱的这页。原来"尊老、敬老、爱老、护老"就是我们的张氏家训，难怪爸爸妈妈从小就教育我要孝敬长辈呢！

2. 师：小张的家庭传承着好家训，一家人其乐融融，值得我们学习。其实除了小张家的南浔张氏，朱老师还了解到另外一个张氏家族——李庄张氏，也有着自己的好家训。听完后，说说李庄张氏的家训是什么？

播放视频《李庄张氏》。

张氏家训，是李庄开放、和谐、融合、包容的完美体现。他们如春雨般时刻滋润着李庄，影响着一代又一代李庄人。

抗日战争时期，上海同济大学、中国营造学社、中央研究院、中央博物院等著名院校和团体饱受战乱之苦时，淳朴博爱的张氏族人发出了"同大迁川，李庄欢迎，一切需要，地方供给"的十六字电文。他们将祖先牌位取出宗祠，腾出私宅作为学生宿舍或者教师公寓，为学生们腾出了一片安宁的学习天地。

张龙彬，是李庄镇人，五年前到成都打工。2011年5月27日，他和三位同事正在三楼厂房工作。突然，二楼的车间发生电器爆炸，燃起的大火很快就封住了下楼的通道。张龙斌说:"我们下来的时候救过来了七八个人,当时有两个老人、一个怀孕的孕妇。"为了确保所有人的安全,张龙斌是最后一个撤离的。可就在他准备滑下楼底的时候,绳索断了。从二楼摔下的张龙彬,左手和左脚粉碎性骨折。事后,张龙斌被送进了医院,医生告诉张龙斌,他的左手和左脚内要打入永远都不能取出的钢板。尽管留下了永久性的创伤,但张龙彬却从来没有为救人的事情后悔过。

危急时刻,义字当先。古老的传统就是这样流淌在每个张氏族人的血液中。

生:李庄张氏的家训是义字当先。

3. 师:小朋友们,回忆一下两个张氏家族的故事。快快翻开《秘籍三》,写写你们发现的家训的特点吧!等会儿朱老师要请小组代表上台交流,之后还要请其他同学来提问喔。

秘籍三

1. 家训是祖先对谁提出的要求?
2. 家训对_____有良好的作用。
3. 我们的其他发现:_____

(小组的讨论结果有充分的依据,小组成员可回答其他小组对结果的提问)

(第一组学生上台交流)

第一组学生:我们小组发现,家训是祖先对后人提出的要求。家训对后人的教育有良好的作用。

生提问:为什么说家训对后人的教育有良好的作用呢?

第一组学生:从小耳濡目染,听父母讲家训,做事遵规守矩,家族的后人当然会有更好的教育。

(第二组学生上台交流)

第二组学生:我们小组也认为,家训是祖先对后世子孙提出的要求。家训对后代品格的培养有良好的作用。此外,我们还发现家训是代代相传的,好的家训会影响一个家族。

生提问:所以说还有不好的家训吗?

第二组学生:可能是以前的家训,不再适用现在的情况了,也不能说不好的家训。

4. 师:两个小组的交流都是有理有据。学习了关于家训的知识,听听小张同学怎么说,再请个小朋友模仿上面的格式总结一下第三部分的板书并写到黑板上。

播放音频《小张的决定》:小伙伴们,你们真棒呀!现在我对家训有了更多的了解了,感谢张氏先人定下的家训,我一定将张家的优秀家训传承下去。

板书:优秀家训能传承

5. 师:其实家训也就是家里定下的规矩,家里人都要遵守的规则。朱老师家的家训就是不能浪费粮食,吃多少就盛多少,碗里不能留剩饭。你们家有哪些家训呢?

生:孝顺老人、勤俭节约、勤奋读书、正直诚信……

6. 师:基本上家家都有自己的家训,希望这些优秀家训代代相传。

设计意图： 在学习家谱中的字辈时，小朋友们借助于小组学习任务单的形式，提高参与探究的热情，帮助小张补全家谱中的人名表，探得字辈的规律。在学习家训时，通过两个张氏家族的故事对比，进行讨论交流，探得家训特点，上台交流提问环节，又训练了小朋友们的语言表达能力、信息提取能力，进一步巩固了探得的家训知识。

五、研究家谱的意义

1. 师：在清明节即将来临之际，我们跟着小张一起学习了张氏家谱，了解了张氏家训，看家谱，传家训，这也是对先人的一种缅怀、对家族文化的一次传承。除了这些，我们还可以怎样缅怀先人呢？

板书：缅怀先人　传承家族文化

生：清明扫墓、祭拜、上贡品。

2. 师：是啊，清明扫墓是中华民族的好传统，朱老师也会与家人在清明节期间去扫墓祭拜，表达对先人的缅怀之情。有些大家族人丁繁盛，先人墓地众多，知道了家谱里的字辈，就能通过墓碑上的名字，知道这位先人与自己的关系，根据血缘远近奉上适量的鲜花、贡品等。所以，这也是我们今天研究家谱的原因之一。小张和他的妈妈也到了和我们说再见的时候了。你们想对他们说些什么？

播放音频《小张、小张妈妈与我们说再见》。

妈妈：小张啊，其实家谱里还有很多内容，像家传部分，就写了张氏先人的事迹，他们为家族、为社会所做的贡献。你太公的堂兄弟张善琨，就在20世纪三四十年代为中国的电影事业做出了巨大贡献，当时美国纽约的一张报纸上还称他为"银色大王"，可以说是传奇的一生。

小张：哎呀，我还想继续学习其他的家谱知识呢！

妈妈：由于时间关系，妈妈改天再和你聊啦！小朋友们，再见啦！

生：谢谢小张妈妈和小张，今天我学到了很多家谱知识。

3. 师：挥别了小张母子，我不禁想起习爷爷在会见第一届全国文明代表时也曾说过，"天下之本在家"，中华民族的传统家庭美德是支撑中华民族生生不息、薪火相传的重要精神力量。这就是我们学习家谱、家训的意义所在，希望我们的家族文化代代相传，希望我们的民族文化生生不息！

设计意图： 在这节课中，围绕"家谱的名称、字辈、家训"设计了三个主要的小组自主探究内容。小组自主学习，发现家谱中的知识，随后由学生模仿总结板书，获得满满成就感的同时，对家谱文化亦有了进一步的认识。整节课以小朋友为主体，充分体现自主探究学习，小朋友的参与度高。

【板书设计】

清明时节话家谱

1. 家谱名称能看懂　　　　维
2. 字辈规律能找到　　　　善
3. 优秀家训能传承　　　　为

缅怀先人　　　传承家族文化　　宝

【点评】

巧用学生资源　提升活动质量

"学生资源"一般是指在课内外表现出的、可被利用的、有利于教学的知识、经验等。现代教育理论认为，学生是重要的教育资源。本堂课，朱老师慧心识珠，运用班级学生资源，揭开了家谱的神秘面纱。

1. 学生现有资源擅挖掘

班中学生小张四世同堂、其乐融融的家庭受电视台采访，正巧小张家里还有一本祖传的张氏家谱。朱老师抓住契机，充分挖掘了小张的这两个资源，巧妙地应用到课堂上。在清明这个特殊的节日里，借助小张家的采访视频，和张氏家谱实物进行现场直观教学，启发引导学生学习家谱知识，重温血脉传承，铭记祖先恩泽。

2. 课堂生成资源巧运用

在学习家训时，学生以小组为单位，通过两个不同家族的故事对比，进行交流讨论，习得了家训特点。此时，朱老师运用学生课堂上生成的资源，又安排小组交流、其他学生提问的环节，提升了学生的学习热情，故学生不觉得过程枯燥乏味，反而乐在其中。这既是学生课堂内容的一次分享，又锻炼了学生的语言表达能力，进一步巩固了习得的家训知识。这样的设计可谓心思巧妙、育人无痕，体现出朱老师的专业素养。

其实，学生不仅是教育的对象，更是素材的重要来源，如能提高识别学生资源的能力，积极捕捉、开发利用，定能会全面提高主题教育课的质量。

上海市浦东教育发展研究院德育教研员　姚瑜洁

第 14 课　南汤圆vs北元宵

设计教师：上海市三灶学校　沈忆念
指导教师：上海市三灶学校　富士英

【活动对象】
小学四年级学生

【活动时长】
2+15分钟（2分钟预备时间）

【活动背景】
中国传统节日形式多样、内容丰富，是中华民族悠久文化的重要组成部分。传统节日，是一个民族或国家的文化长期积淀凝聚的过程。从远古时期先民发展而来的中华传统节日，清晰地记录了中华民族丰富多彩的社会文化生活，也积淀了博大精深的文化内涵。

四年级是小学生知识、能力、情感价值观形成的关键时期，他们对中华传统节日有了一些浅显的认识，但随着他们社会阅历的增长，需要进一步认识传统节日背后所蕴藏的南北文化之差异，激发他们自觉传承传统文化的热情和追求。

【活动目标】
知识与技能：
1. 了解中华传统节日之一——元宵节的相关知识，通过各种形式知道汤圆和元宵的区别，了解南北饮食文化的差异。
过程与方法：
2. 学会互助学习，以及协作学习的习惯；体验互助学习、共同探究的快乐。
情感态度价值观：
3. 认同元宵、汤圆中蕴含的中国南北饮食文化的差异，增强文化认同感，感受汤圆、元宵"团团圆圆、和睦幸福"的寓意，激发自觉传承传统文化的热情。

【活动准备】
1. 收集相关的媒体资料等。
2. 制订方案，制作课件。

【活动过程】

一、创设情境，引出主题

1. 师：今天，沈老师邀请了一位小吃货来到我们的课堂，看，她来了。

播放音频《猜灯谜》：大家好，我是宵宵，我的兴趣爱好就是品尝美食，其中有一种美食是我的最爱，请你来猜猜：元宵佳节，味美当至，白白胖胖，溜溜圆圆，甜甜五脏，装在中间，吃在嘴里，又软又黏。同学们，你猜出来了吗？

2. 师：同学们，谁来猜？

生：汤圆。

3. 师：猜对了吗？

播放音频《家庭风波》：

姥姥：不对不对，在我们北方，它叫元宵。

爷爷：不对不对，在我们南方，它叫汤圆。

宵宵：哎呀，姥姥、爷爷，你们别争了，都把我搞糊涂了，这汤圆、元宵到底有什么区别？它们是同一种食物吗？同学们，快来帮帮我呀！

4. 师：同学们，你们了解南汤圆、北元宵吗？今天就让我们来一场"南汤圆vs北元宵"争霸赛。

板贴：南汤圆vs北元宵 争霸赛

> **设计意图：** 以虚拟人物——宵宵在猜灯谜过程中遇到的家庭风波为切入点创设情境，吸引学生的注意力，引发学生思考，为下一环节了解南北饮食文化的差异做铺垫。

二、活动探究，了解南北饮食的文化差异

1. 师：咱们现在做个小调查，喜欢吃甜馅的同学请举手，那你们就作为北方代表，喜欢咸馅的请举手，你们就作为南方代表喽，明白了吗？

（学生纷纷点头）

2. 师：接下来，我们将有请今天的两位大咖汤圆、元宵粉墨登场，各方代表请仔细看，等会儿我们还要完成"个人拉票"哦。

播放视频《汤圆和元宵的区别》。

元宵和汤圆的区别，每年的正月十五，就会迎来春节之后的第一个重要节日"元宵节"。作为元宵节必备的传统小吃，元宵和汤圆究竟有什么区别呢？真的只是南北方的叫法不同吗？其实，它俩还真不是一种东西。早在我国的西汉时期就已经有了过元宵节的传统，所以元宵作为元宵节的指定食品古来有之，有很深的群众基础。而汤圆则是出现于宋代，并且最早的汤圆也是在冬至吃的，有"冬至团""冬至圆"称呼。

此外，它们的做法也有不同：汤圆是包出来的，表皮光滑黏糯；元宵是滚出来的，表皮干燥松软。他俩看起来很像，但元宵打内心深处透着一股放荡不羁的摇滚范。汤圆的馅偏软，咸甜荤素选择众多。元宵的馅偏硬，一般只以甜味为主。汤圆的馅除了传统的五

仁、豆沙、山楂等，还有粗粮、水果、鲜花等口味的，甚至还有丧心病狂的梅干菜烧肉、香菇鲜肉馅，按照国人的吃货属性，未来出现鱼香肉丝、宫保鸡丁馅的也不足为奇。相比之下，元宵就专一很多了，一般常见的都是黑芝麻、豆沙等馅。它俩在吃法上也有区别：汤圆大多是煮着吃，而元宵大多是炸着吃。

另外，大家在储存上要注意的是汤圆可以冷冻起来，所以保质期很长，而元宵冷冻可是会开裂的哟！

元宵和汤圆，你到底喜欢哪一个呢？选我选我选我选我选我选我选……

3. 师：同学们，看明白了吗？快完成你的拉票吧。先请南方代表来拉票。

生：大家好，我是南方汤圆代表，我出生在宋朝。我是人们用手包出来的。我口味丰富，什么馅都有；烹饪方法也很多，以煮为主，而且我可以冷冻保存。

板贴：宋朝　包　口味丰富　煮　冷冻

4. 师：看来汤圆出身名门，手工制作，口味丰富，花样百出，而且保质期长，认为它能做元宵节传统美食的，快来投它一票吧！

（教师示意，学生举手投票）

5. 师：汤圆票数一路升高，元宵已经坐不住了，北方代表快来吧！

生：大家好，我是北方元宵代表。我出生在西汉时期。我的做法是滚出来的。我很专一，只有甜馅一种口味，可以煮着吃，也可以炸着吃，而且我特新鲜，只能现做现卖。

板贴：西汉　滚　甜馅　炸　现做现卖

6. 师：没想到，这小小一颗元宵，竟然有如此悠久的历史，比汤圆还早了700多年呢，虽然口味单一，但胜在油香四溢，也有人美其名曰"油画明珠"，这样的元宵谁不爱，快来投它一票吧！

（教师示意，学生举手投票）

7. 师：票数也相当高啊！

播放音频《解惑》：听完南、北方代表的介绍，我终于知道了汤圆和元宵的区别，真是太感谢你们了！

> **设计意图：** 通过动画视频，学生初步了解了汤圆和元宵的区别。又通过"个人拉票"环节，进一步加深了学生对汤圆和元宵在出生时间、做法、口味、吃法、存储方式等方面的不同的认识，了解了南北饮食文化的差异。

三、"做"汤圆，送祝福

1. 师：同学们，你们知道吗？虽然南汤圆、北元宵有着许多的不同，但它们都寄托着人们的美好祝福和愿望。

播放音频《特色汤圆、元宵介绍》：没错没错，云南镇雄汤圆，以它特殊的三角形外表而闻名，那是因为镇雄多山，世代繁衍生息于此的百姓大多靠山吃山，人们为了求得风调雨顺、山间物产丰腴，便将汤圆捏制成"山形"，作为供奉山神的祭品。还有天津蜜饯元宵，以蜜饯为馅儿的，用蜂蜜加白葡萄干做成馅，寄寓着家人往后生活都能甜甜蜜蜜的。

2. 师：今天就让我们借着汤圆、元宵，为我们的亲朋好友们送上祝福吧！沈老师已经为你们准备了一点儿馅料作为参考。

出示PPT：（1）核桃馅：聪敏机灵；（2）牛肉馅：身体健康，牛气十足；（3）鱼肉馅：年年有余；（4）韭菜馅：长长久久；（5）枣泥馅：红红火火，朝气十足……

3. 师：当然同学们也可以自己准备属于你的馅料，等一会儿我们一边"下"汤圆，一边送祝福怎么样？

生1：我包了一只核桃馅的汤圆，祝大家聪明伶俐。

生2：我滚了一只韭菜馅的元宵，送给爸爸妈妈，希望我们一家幸福美满、长长久久。

生3：我包了一个牛肉馅的汤圆，祝爷爷和奶奶身体健康、牛气十足。

（教师指引，学生贴汤圆）

4. 师：看着同学们送上来的一只只暖心的汤圆、元宵，老师十分感动，老师也做了一只，祝大家团团圆圆、和睦幸福。

板贴：团团圆圆　和睦幸福

设计意图： 以元宵、汤圆为媒介，引导学生向亲朋好友送上美好祝福，体验元宵佳节家人团圆、和睦幸福。

四、汤圆虽味美，切莫贪口

播放音频《原汤化原食》。

宵宵：哇，同学们做的汤圆不仅味美，而且寓意也美，真是太诱人了。我要把它们都吃掉。啊呜……啊呜……

姥姥：宵宵啊，汤圆不能多吃，它们不好消化。吃汤圆时不能忘喝汤，喝汤可以促进消化吸收，老话说得好"原汤化原食"。汤圆味虽美，切莫贪口哦！

1. 师：同学们可要牢记姥姥的话——

生：原汤化原食，汤圆味虽美，切莫贪口哦！

设计意图： 从各地特色元宵、汤圆入手，引发同学想去尝一尝的好奇心，并告诫他们糯米不易消化的生活常识，以及"原汤化原食"的生活智慧。

五、谈话总结，升华主题

1. 师：今天这堂课，我们和宵宵一起了解了南汤圆和北元宵的区别，一起"做"汤圆送祝福，也知道了吃汤圆时"原汤化原食"的生活智慧。让我们在童谣中结束今天的主题教育课吧！

出示PPT：春风吹，战鼓擂，南汤圆，北元宵，外表异，内心同，话团圆，共和谐，大中华，地域广，兄弟姐妹是一家，传统文化永流传！

（师生齐读）

设计意图： 最后环节，希望学生在认同元宵、汤圆中蕴含的中国饮食文化的差异的同时，也能意识到无论是南方还是北方，无论是汉族还是少数民族，我们都是一家人，都能感受汤圆、元宵"团团圆圆、和睦幸福"的寓意，激发学生自觉传承传统文化的热情。

【板书设计】

【点评】

让竞赛闪亮主题教育课

沈忆念老师在《南汤圆vs北元宵》这堂主题教育课上展示了以教室为舞台，以知识竞赛、各方代表拉票为主要内容的课堂教学模式。这样的课堂让学生在竞赛中学习、学习中竞赛，寓教于乐，极大地激发了学生的学习热情，学生思维始终处于兴奋和活跃状态。课堂上，学生不再是被动接受知识的"容器"，而是积极主动的知识探求者，在"我要学""我爱学"的氛围中自主学习、合作学习，愉快地接受知识，在潜移默化中领悟到学习的种种乐趣。

1. 课堂竞赛体现"合作学习、自主学习和探究学习"的理念

同一年级的学生，虽然文化、知识程度基本保持在同一水平，但行为习惯及个性仍存在较大的差异，有些学生学习积极性很高，主动性强；另一部分学生不善言表，不积极参与，学习主动性得不到发展。要把这一部分学生的积极性调动起来，采取"团队合作"的方式应该是有效的。沈老师利用动画视频让学生们了解了南、北方饮食的差异，并邀请孩子们作为南、北方代表来为"汤圆"和"元宵"拉票。学生有很强的集体荣誉感，为了能使本组在竞赛中获得好成绩，他们课堂上观看视频格外认真，唯恐漏掉一个知识点，这有利于对"汤圆"和"元宵"的区分。也就是"积极倡导自主、合作、互动探究的学习方式"，实现了学习方式的转变。

2. 课堂竞赛活跃了课堂气氛，有利于学生综合素质的培养

　　学生能否积极主动地参与到教学中来是打造高效课堂的关键。很多时候课堂教学忽视学生的主体参与，回答问题总是少数几个学生的"专利"，因此学生不爱学，课堂气氛沉闷，不能激起学生的兴趣和参与热情。组织比赛后，同学们热情高涨，往往是老师的"谁来拉票"还没落音，好多同学都已站了起来。全体学生都能积极主动地参与到课堂教学中来，个个有所收获，形成了"组内合作、组间竞争"的新格局！要获得比赛的胜利，单靠少数人的力量是不行的，必须靠集体的智慧，人人参与，互相依赖，相互配合，荣辱与共，这样才能极大地调动学生的集体荣誉感。为了避免答案不全面而被扣分，小组内各个成员都能大胆发表自己的见解，经过热烈的讨论交流后才对"元宵"和"汤圆"不同的来历、做法、特点和口味形成较为全面的总结归纳。

　　学生能否积极主动地参与到教学中来，是打造高效课堂的关键。兴趣是最好的老师，那么如何激发学生对课堂的兴趣呢？让竞赛闪亮主题教育课的课堂，学生自然兴趣十足！

上海市三灶学校德育副主任　沈子萃

第 15 课　年夜饭的变迁

设计教师：上海市浦东新区竹园小学　董郭姣
指导教师：上海市浦东新区顾路小学　黄　燕

【活动对象】
小学四年级学生

【活动时长】
2+15分钟（2分钟预备铃时间）

【活动背景】
　　中国人的年夜饭，不仅象征着亲情和团圆，更是一种独特的文化传承。信奉"民以食为天"的中国人创造了丰富多彩的饮食文化。年夜饭，作为中国人一年中最隆重的一顿饭，它的丰富程度直接体现了中国人的生活状况，也从一个侧面反映了国家的巨大变化。
　　我们班很多孩子热衷于过洋节——圣诞节、万圣节等；吃洋食，如肯德基、麦当劳等。孩子们虽然年年吃年夜饭，却不知道年夜饭所承载的意义。随着社会经济的发展，年夜饭年年都在变化，但是年夜饭所承载的亲情和团圆的内涵和意义却是不变的。

【活动目标】
　　1. 知道年夜饭传统菜肴的寓意，理解人们对美好生活的向往和追求，认同中国的传统节日——除夕及其饮食文化。
　　2. 了解年夜饭的变迁，体会祖国日新月异的变化和人们生活水平的提高，增强民族自豪感和自信心。
　　3. 树立对除夕夜坚守岗位、放弃全家团圆的特殊行业人们的感恩之情。

【活动准备】
　　1. 收集视频等资料。
　　2. 设计活动方案，制作PPT。

【活动过程】

一、红领巾电视台招募

（一）招募小记者

1. 师：各位同学，大家好！我是竹园小学红领巾电视台的指导老师——董老师。最近竹园小学红领巾电视台推出了一期特别专题——《我眼中的传统节日》。今天，我专门来到沪东校区四（1）班，想要挑选小记者和我一起汇集素材制作这期节目，你们想不想报名参加啊？

生：愿意！愿意！

> **设计意图**：通过招募小记者的方式，调动学生学习的积极性，并引出主题。

（二）导入主题

1. 师：好，那么让我们行动起来吧。本期节目，我们要探究哪个传统节日呢？请看图片。

出示PPT：除夕图。

生：除夕。

2. 师：回答正确。除夕夜有一个传统习俗我们不得不提，那就是——

生：年夜饭。

板贴：年夜饭

二、年夜饭的变迁

（一）年夜饭的变

1. 师：同学们，你们知道吗？年夜饭起源于南北朝时期，距今有1500多年历史了。年夜饭，是我们中国人一年中最隆重的一顿饭。关于年夜饭，你最想吃的是什么菜呢？

生1：我最想吃的是红烧肉。

生2：我最想吃的是汤圆。

生3：我最想吃的是大闸蟹。

2. 师：嗯，刚才同学们说的这些菜都是现在我们年夜饭桌上的常见菜肴，很多年前可不是这样的。改革开放40多年来，年夜饭发生了很大的变化，让我们一起看一段视频来了解一下。

补充完整板书：年夜饭的变迁

播放视频《中国人年夜饭的变迁》：70年代，中国人的年夜饭吃的是豆芽、鸡蛋、肉丝、粉条、地瓜。80年代的年夜饭桌上多了鸡，红烧肉，饮料。90年代的年夜饭不仅有玉米粒炒虾仁、鸡翅、手撕鸡、带鱼、还有土豆丝和苹果。本世纪初，年夜饭桌上有了虾、皮蛋豆腐、红烧鱼、烤鸭、猪蹄、花生米和紫菜蛋汤。近十年，年夜饭桌上出现了四喜丸子、杯虾、红烧桂鱼、水果沙拉和春卷。

非遗篇——节日节气

> **设计意图：** 选择当时比较热门的一段视频，视频是我们改革开放40多年来，年夜饭饭桌上发生的变化，通过观看让学生体会并增强民族自豪感和自信心。

3.师：同学们，你们观察到年夜饭发生了哪些变化？

板书：变

生1：菜的种类越来越多。
生2：菜的做法越来越精致。
生3：菜的数量越来越多。

板贴（随机）：种类　数量　做法

（二）年夜饭的不变

1.师：随着人们生活条件的不断提高，年夜饭变得越来越丰盛、美味、精致。但是从古到今，跟年夜饭有关的什么东西（元素）是不变的呢？接下来小组讨论，并派一名同学交流一下。

板书：不变

出示快乐学习单：

任务一：年夜饭的不变

从古到今，年夜饭经历了那么多年，变的是菜的种类、菜的味道，那么什么是不变的呢？接下来请同学们小组合作讨论年夜饭不变的是什么，交流好后小组派代表进行分享。

我们小组认为年夜饭不变的是：＿＿＿＿＿＿＿＿＿＿＿＿＿＿＿＿＿＿＿＿＿＿

生1：阖家团圆的仪式。
生2：家人之间的那份亲情。
生3：每道菜品背后的寓意。

2.师：同学们都说得非常好，虽然年夜饭变得越来越丰盛，但不变的是家人之间的那份亲情、阖家团圆的仪式、每道菜品背后的寓意等。

板书（随机）：亲情　寓意　团圆

3.师：我们中国人做菜不仅讲究色香味俱全，还讲究饮食文化。现在请同学们小组合作，快速连一连，然后每组派一名同学交流两道菜的寓意。

出示快乐学习单：

任务二：传统美食有寓意

寓意：①团团圆圆　②吉祥如意　③红红火火　④年年有余　⑤招财进宝
　　　⑥手到财来　⑦富足平安　⑧蒸蒸日上　⑨年年高升　⑩吉祥平安

菜名	寓意	菜名	寓意
鱼		鸡	
年糕		红烧肉	
四喜丸子		元宝虾	
八宝饭		腐竹	

4. 师：现在请每组代表上台来交流。
　　生1：我认为年糕是年年高升，鱼是年年有余。
　　生2：我认为鸡是吉祥如意，红烧肉是红红火火。
　　生3：我认为虾是招财进宝，汤圆/四喜丸子是团团圆圆。
　　生4：我认为腐竹是富贵，八宝饭是蒸蒸日上。

> **设计意图：** 选择年夜饭上孩子们所熟悉的菜肴，来连一连每道菜的寓意，知道年夜饭传统菜肴的寓意，理解人们对美好生活的向往和追求，认同中国的传统节日——除夕以及饮食文化。

5. 师：刚才同学们都说得非常好，年夜饭桌上很多菜都包含着人们对生活、对家人美好的希望和祝愿。但是在除夕夜，有很多人无法与家人团圆，共享这份美好，让我们一起看一段视频《除夕夜的坚守》，说说哪些人在除夕夜还坚守在自己的岗位上？为什么他们不选择跟家人团聚？你想对他们说些什么？
　　播放视频《除夕夜的坚守》。
　　一家不圆万家圆，除夕之夜，祖国各地有无数的劳动者为了确保社会的正常运转，无法放假休息。他们用自己的辛劳守护着我们万家的团圆美满：
　　袁野是上海市的一名交警，自2010年参加工作以来，除夕上班已成了常态。袁野所在的奉贤交警支队南桥中队共有29人，春节期间每天都有将近一半的警力坚守岗位。"家里人要么提前（吃年夜饭）要么就延后，家里人也已经习惯了。"
　　对于松江区中心医院急诊科大夫王延媛来说，科室里的一份盒饭就是他今年的年夜饭。王延媛在急诊危重病科已有十个年头，十年里有七年的年夜饭，他都是和急诊病人们一起吃的。他说能救活一条性命，就是帮助一个家重新团圆。"做我们这个医务工作，病人生病是不分时间的，我们肯定要坚守岗位。"
　　同样坚守岗位的还有120急救中心的工作人员，在松江120急救中心调度组，工作人员都是清一色的娘子军。她们大多已经在这个岗位工作了十年以上，大约平均每四年能吃到一次家里热腾腾的年夜饭。组长庄敏说："家人也想我们的，包括老人有时候责怪我们过年怎么不能回去，但是我们觉得我们的责任在这里，必须有付出。"
　　生1：飞机工作人员在除夕夜还坚守在自己岗位上，为了千千万万人的阖家团聚，他们却不能和自己的家人团聚。我想对他们说："你们辛苦了！谢谢你们！"
　　生2：交警叔叔在除夕夜还坚守在自己的岗位上，为了千千万万人能平平安安回到家里和家人团聚，他们却不能和自己的家人团聚。我想对他们说："你们辛苦了！谢谢你们！"
　　2. 师：在除夕这样一个阖家团圆的日子里，有很多人始终坚守在自己的岗位上，没有和家人团圆，他们是为了更多人的安全和健康、团圆和幸福呀！让我们怀着感恩的心，一起对他们说一声——
　　出示PPT：你们辛苦了，谢谢你们！

生：你们辛苦了，谢谢你们!

三、小记者报名

1. 师：同学们，通过今天的活动，你们有什么收获吗？

生：通过今天的活动，我知道了年夜饭传统菜肴的寓意，也了解到了改革开放以来年夜饭的变迁，体会到祖国日新月异的变化和人们生活水平的显著提高，作为中国人我很自豪。

2. 师：欢迎同学们在活动后填写竹园红领巾电视台小记者申报表，把我们今天探究的内容和收获，制作成专题节目，与全校的同学们分享。

【板书设计】

【点评】

问题导学　探究学习

董老师的这堂关于年夜饭的主题教育课，从学生们所熟悉的生活中寻找题材，教学中采用探究式教学模式，让学生在主动参与中学习和掌握知识、发展智力、培养能力，充分激发了学生的学习积极性，取得了良好的教学效果。

1. 以问题导学

探究性学习是指在课堂中，学生在教师的指导下通过以"自主、探究、合作"为特征的学习方式，也是对教学内容中的主要知识点进行自主学习、深入探究并进行小组合作交流，从而较好地达到课程标准中关于认知目标与情感目标要求的一种学习方法。董老师的这堂主题教育课有效地组织和引导学生开展以探究为特征的学习，使接受与探究相辅相成，充分发挥了学生的主动性。在年夜饭的变与不变这一环节中，以问题导学贯穿于整节课。问题之一是，中国人的年夜饭，是一种独有的文化传承，从古至今年夜饭变的是什么？问题之二是，看到了年夜饭的不变，那么年夜饭不变的又是什么呢？孩子们带着这两个问题迅速进入自主学习。

2. 探究性学习

孩子们带着问题观看了今年较热门的一段视频——改革开放40多年来，年夜饭发生的巨大变化。直观的视觉冲击，董老师启发式的提问，孩子们自行进行比较，深入探究从而推断出年夜饭变的是种类、数量、做法。当董老师进一步提出年夜饭不变的是什么时？孩子们积极投入小组合作交流中：第一小组发现，从古至今年夜饭饱含亲情，不管身在何处的亲人都会在除夕夜赶回来，一起吃年夜饭；第二小组发现，每年的年夜饭桌上有些菜每年都会出现，通过探究知道年夜饭传统菜肴的寓意，理解人们对美好生活的向往和追求；第三小组的孩子从菜的种类、做法入手深入进行探究，理解到虽然祖国发生了日新月异的变化，人们生活水平不断地提高了，但对作为炎黄子孙的我们来说，团圆更重要。

整堂课老师提问题导学，孩子们自主学习和探究，让课堂教学"低投入，高产效"，也让短短的15分钟发挥了35分钟的能量！

上海市浦东新区竹园小学副校长　郭妹峰

第 16 课　年味飘香年年"糕"

设计教师：上海市浦东新区周浦第三小学　　张旭红
指导教师：上海市浦东教育发展研究院　　姚瑜洁

【活动对象】
小学四年级学生

【活动时长】
2+35分钟（2分钟预备时间）

【活动背景】
　　2014年，教育部颁发《完善中华优秀传统文化教育指导纲要》，要求加强新形势下中华优秀传统文化教育，了解我国重要传统节日的文化内涵和家乡生活习俗。春节是中华民族最重要的一个传统节日，也是中华美食的大聚会。无论是南方还是北方，春节美食有一个共同特点，那就是讲究好口彩、好寓意。年糕是春节的一种时令美食，年糕的谐音是"年高"，即"年年高"，意味着明年将步步高升。借助于美食来庆祝佳节，也反映出人们对幸福生活的向往。
　　小学四年级学生对年糕不陌生，但也不是十分熟悉，大部分学生不了解年糕的制作方法和寓意，以及年糕背后所蕴藏的工匠精神，这些中华优秀传统文化的传承还需习得和掌握。

【活动目标】
知识与技能：
1. 了解年糕的历史传说、故事、寓意以及南北风味的不同。
2. 知晓手工年糕的制作方法及过程。

过程与方法：
1. 学会自主学习，从学习资料中找寻问题的答案。
2. 通过小组分工合作，共同完成任务单。
3. 尝试设计一份年糕美食，体会名字中所包含的美好寓意。

情感态度价值观：
1. 体验春节饮食文化的美好寓意，激发对新生活的憧憬和热爱。
2. 体验中国饮食文化，感受工匠精神，学会继承和发扬中华优秀传统文化的使命感。

【活动重点】

了解年糕的历史、寓意及其制作方法。

【活动难点】

设计一份创意年糕美食,并为它取名。

【活动准备】

PPT课件、视频文件、板贴、小组合作阅读资料、小组学习任务单。

【活动过程】

一、创设情境 引入活动主题

1. 师：同学们，今天来到课堂的还有一位与我同样爱好美食的朋友，一起来认识一下吧！

出示PPT：小当家卡通图。

播放音频《小当家自我介绍》：同学们，你们好，我是中华小当家，来自天府之国——四川。我从小热爱美食，到处学习厨艺，终于成了一名特级厨师。最近，我要参加春节美食挑战赛，要求用中国传统食材做一道美食。所以，今天我跟着朋友一起来到这里，希望能得到各位小伙伴的帮助，帮我赢得比赛！

2. 师：乐于助人是我中华民族的传统美德，你们愿意帮助小当家吗？

生：愿意。

播放音频：谢谢同学们，有了你们的帮助，我更有信心了！

> **设计意图：** 借用中华小当家这个与学生年龄相近的卡通人物能拉近和学生的距离，再以参加美食挑战赛为由，可以获得学生的支持，帮助学生快速进入主题。

二、自主学习，理解年糕寓意

1. 师：小当家，这次你打算用什么食材参加比赛呢？

出示PPT：年糕图片。

播放音频：经过精挑细选，我最终选择了这种食材，你们认识吗？

生：认识，它是年糕。

2. 师：小当家，我们中国地大物博，食材千千万，你为什么选择年糕作为比赛的食材呢？

播放音频：还是请小朋友自己从年糕的故事里找找答案吧！

3. 师：每个小组的桌面上都有一份阅读资料和一张学习任务单，请同学们小组合作先了解年糕的故事，再填写学习任务单。

出示PPT：阅读资料《伍子胥与年糕的传说》。

过年吃年糕是中国人的风俗之一，年糕是过年必备的节日食品，它的由来有这样一个

非遗篇——节日节气

传说。在春秋战国时期，诸侯称霸，战火连年。吴国为防敌国进袭，修筑了一道坚固的城墙。这天，吴王摆下盛宴庆贺。席间群臣纵情酒乐，认为有了坚固的城池便可以高枕无忧了。见此情景，国相伍子胥深感忧虑。他叫来贴身随从，嘱咐道："满朝文武如今都以为高墙可保吴国太平。城墙固然可以抵挡敌兵，但里边的人要想出去也会同样受制。如果敌人围而不打，吴国岂不是作茧自缚？忘乎所以，必至祸乱。倘若我有不测，吴国受困，粮草不济，你可去相门城下掘地三尺取粮。"随从以为伍子胥酒喝多了，并未当真。

没过多久，国王驾崩，夫差继承王位，听信谗言，赐伍子胥自刎。越王勾践便举兵伐吴，将吴国都城团团围住，城中断粮，已饿死不少人，这时有人想起伍子胥的话，就去挖城墙，挖了三尺多深，果然挖到了许多可吃的"城砖"即年糕，结果打了胜仗。原来是当年伍子胥在姑苏城督造城墙时，用糯米做"城砖"做好了屯粮防饥的准备。

从此以后，每逢过年家家户户都做年糕，为了纪念伍子胥给大家带来了生活的希望。人们将年糕作为大年初一的早点，既寄寓着新年新希望，又寄寓着人们的工作和生活一年更比一年高。

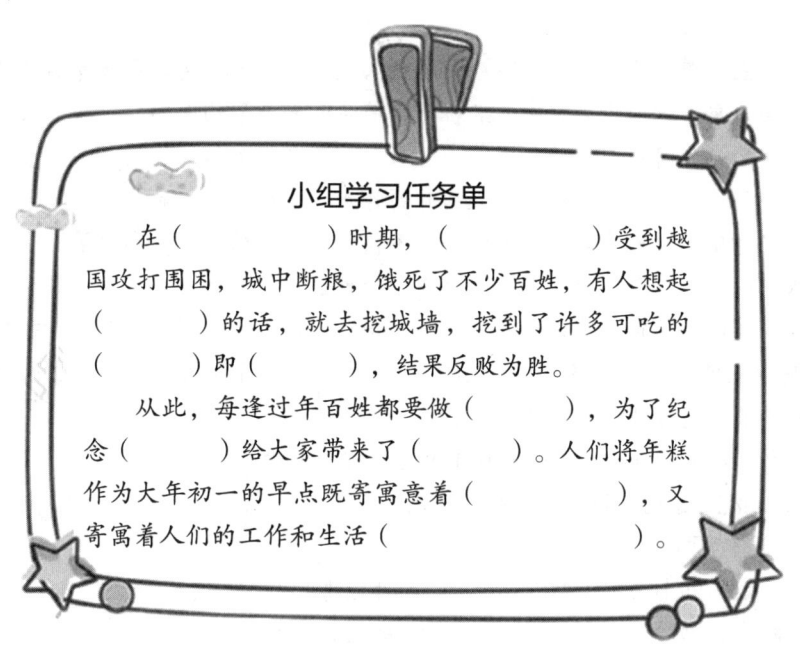

小组学习任务单

在（　　　　）时期，（　　　　　）受到越国攻打围困，城中断粮，饿死了不少百姓，有人想起（　　　　）的话，就去挖城墙，挖到了许多可吃的（　　　）即（　　　），结果反败为胜。

从此，每逢过年百姓都要做（　　　），为了纪念（　　　）给大家带来了（　　　）。人们将年糕作为大年初一的早点既寄寓意着（　　　　），又寄寓着人们的工作和生活（　　　　）。

4. 师：学习了以上资料，哪些同学先来交流？
   生1：在春秋战国时期，吴国受到越国攻打围困，城中断粮，饿死不少百姓。
   生2：伍子胥未雨绸缪，命人做了年糕当作城砖，埋藏在城墙下。
   生3：年糕救了全城的百姓，救了吴国，所以打年糕寄托着新生活新希望。
   生4：每逢过年，百姓们就要打年糕，是为了纪念伍子胥。
   生5：年糕又寄寓着人们的生活和工作一年更比一年高。

5. 师小结：原来是伍子胥深谋远虑，在城墙下藏了年糕，在危难关头救了全城的百姓，解救了吴国的国都。

板贴：伍子胥藏糕救吴都

113

6. 师小结：原来年糕历史悠久，而且包含美好的寓意啊，不深入了解还不知道呢！

设计意图：这一环节由问题引入，为什么小当家会选择年糕作为比赛食材？学生们借助于小组合作完成学习任务单的形式，从而了解年糕背后的历史和寓意。

三、学做年糕，感受工匠精神

播放音频：除了历史悠久、寓意美好，我选择年糕还是有其他原因的。今天，我带着你们去浙江宁波找一找手工年糕的做法。

（一）看视频，学制作

播放视频《手工年糕的制作》。

临近年关，就到了慈城人制作水磨年糕的时候，向奶奶家也开始忙碌起来。年糕有年年高之意，人们用它来寄托最真切的愿望，当年新产的晚粳米最适用于制作水磨年糕。

俗话说，三九四九冻开捣白，晚粳米要在水里浸泡七天之久。浸泡完的稻米已经吸收足了水分，便能更好地磨出米浆来。磨粉看似简单，却会影响年糕的口味。米粉的细腻滑润全靠磨粉人的一气呵成。推转两圈加一勺米，匀速不间断地让米浆潺潺流下。刚磨出的米浆，味道淡香，色泽纯白。经过一天的筛沥控水，米粉变得细致紧密，风干的米浆成块状，还需要经过筛粉这一步骤。熊熊燃烧的不仅仅是灶里的柴火，和沸腾的水一样，炽热的还有老人们的心。榨干的年糕粉在蒸汽中慢慢熟透，粳米古朴的香气扑鼻而来。经过数十次的揉捣，年糕团才得以成形，稻米的分子得到重组，口感也得以改善。揉捣后的米粉团还要在铺板上使劲揉压，等到面团起了韧劲，便可以用年糕板印出象征祝福寓意的花样，最终一条最普通的脚板年糕就成形了。

1. 师：看了刚才的介绍，年糕的制作过程有哪些步骤？

生1：浸泡、磨粉、筛粉、蒸粉、压条。

生2：还有沥水和舂粉。

2. 师：你能帮助小当家正确排列年糕的制作过程吗？

生：浸泡、磨粉、沥水、筛粉、蒸粉、舂粉、压条。

板贴：浸　磨　沥　筛　蒸　舂　压

（二）辩论赛，晓传承

播放音频：谢谢同学们的帮助，手工年糕的制作工艺复杂，费时又费力，现在科技这么发达，年糕大都改由机器加工，为什么还要学习手工做年糕呢？

1. 师：在科技发达的今天，年糕大都改由机器加工，学习手工年糕是否还有必要？现在有正反两种意见，请同学们说一说你们的想法。

生1：机器加工的年糕优点多，能满足更多人的需求。

生2：手工年糕吃起来口感糯，而且手工工艺复杂，蕴藏工匠精神。

非遗篇——节日节气

2. 师：刚才同学们都发表了自己的观点，让我们一起来听一听手工年糕工匠师傅们的心声。

播放视频《年糕工匠的心里话》：他们也不愿意，因为很吃力的这个活，关键是我们要把打年糕振兴一下，慢慢地一代一代地传承下去。我们打年糕毕竟不是为了谁跟谁，我们主要为了传承我们的文化，文化的底蕴我们还是要的，因为我们打年糕的目的就是为了弘扬文化传承历史。

3. 师：你们觉得老工匠们为什么要手工打年糕？
生1：要将我们的年糕技术传承下去。
生2：弘扬我们的优秀传统文化。

板贴：传承技艺扬文化

设计意图： 本环节先由小当家带领大家观看视频，学习手工年糕的制作方法，然后提出问题：手工年糕制作费时又费力，在科技发展的今天我们学习手工年糕的制作是否还有必要呢？借助于辩论赛的形式，让同学们感受到工匠精神需要继承和发扬。

四、拓展学习　　激发创意兴趣

播放音频《各地年糕的不同做法》：现在你们知道为啥我要选择年糕作为接受挑战的食材了吗？作为春节时令美食，它不仅历史悠久，还包含了人们对新生活的美好期望和祝福。我走南闯北学习到了不少年糕的做法。年糕的南北风味各不同：看，在北方，人们更喜欢白糕、塞北农家的黄米糕，象征金银满斗，来年丰收；而在江浙一带，人们喜欢水磨年糕；西南有糯米糍粑；台湾有红龟糕等。到了现代，人们用年糕创新了不少吃法，更取了好听的名字。如八宝年糕、年年有余、福如东海、寿比南山等。

1. 师：谢谢小当家给我们介绍了这么多年糕的做法，我好像闻到了浓浓的年味。

板贴：年味飘香年年"糕"

设计意图： 通过小当家介绍年糕的南北风味并配以图片，让学生了解到年糕的南北风味不同，一道道蕴含着满满的期望和祝福的年糕菜肴加上吉祥的名字，不仅年味十足，更表达出人们的美好愿望，为下一环节创意美食埋下伏笔。

五、明理实践　　感悟美食寓意

播放音频：我希望有一份最特别的创意赢得比赛，请同学们帮我设计一份以年糕为材料的美食，并为这道美食起一个美好寓意的名字。

1. 师：小组合作，写一写你设计的年糕美食还需要加哪些食材？给你的美食取一个寓意美好的名字。

美食创意任务单

所需食材：_____

预计口味：_____

美食名称：_____

生1：我设计的美食名叫"金玉满堂"，需要糯米年糕和玉米年糕，蘸上甜甜的绵白糖，吃到嘴巴里都是幸福的味道。

生2：我设计的美食名叫"十里飘香"，需要糯米年糕和桂花，年糕的软糯加上桂花的香味，保准你吃了还想再吃。

生3：我设计的美食名叫"唇红齿白"，需要糯米年糕和红枣，红色的枣子夹着白色的年糕，就像美人的红唇露着雪白的牙齿。

播放音频：谢谢同学们的创意，你们给我很多灵感，相信我一定能赢得春节美食挑战赛！

> **设计意图：** 本环节请学生设计以年糕为主要食材的一道菜肴，并为之取名，强化年糕蕴含的美好寓意，更传递给学生一种意识——优秀传统文化不能抛弃，我们还可以加上自己的创意使它发扬光大。最后在同学们群策群力下，帮助小当家推出了创意年糕美食。传统技艺需要传承，古老的美食也需要创新和提升。

六、评价总结　提升活动意义

1. 师：相信小当家一定会赢，因为年糕代表着新生活、新希望，更预示着我们的生活和学习一年更比一年高。老师相信，同学们一定有不少感悟，谁来说说这节课你有什么收获？

生1：这节课上，我了解了年糕的历史，知道人们打年糕是为了纪念伍子胥。

生2：我学到了手工年糕的制作方法。

生3：我能体会到年糕老工匠们焦虑的心情，他们怕这门手艺失去传承，所以我们要继承和发扬下去。

生4：我们合作设计了创意年糕，并给它取了一个寓意美好的名字，希望我们的生活一天更比一天好。

2. 师：看来每个同学都有自己的收获和感悟，请同学们填写"学生自我评价表"，圈出你所获得的星级。

学生自我评价表

评价项目	具体内容	获得星级
知识与技能	1. 我知道了年糕的历史和寓意	☆☆☆☆☆
	2. 我了解了手工年糕的制作方法	☆☆☆☆☆
过程与方法	1. 我学会了自主学习，从资料中找寻问题的答案	☆☆☆☆☆
	2. 我学会了与同学们分享自己的想法和观点	☆☆☆☆☆
	3. 我学会了团结协作，和伙伴们一起完成创意美食	☆☆☆☆☆
情感态度价值观	1. 我喜欢这节主题教育课的内容	☆☆☆☆☆
	2. 我体会到老工匠们不怕苦不怕累的工匠精神	☆☆☆☆☆
	3. 我将继承和创新我们的传统文化，并将其发扬光大	☆☆☆☆☆

【板书设计】

【点评】

聚焦学生活动　提高教育实效

本次主题教育课——年味飘香年年"糕"，教师充分发挥学生作为活动主体的作用，展示给学生的是来自学生生活的素材和信息，逐字逐句的讲解不见了，取而代之的是学生自主的学习和大胆的畅谈，学生的思维和能力得到了充分的展示，主题教育的育人价值得到充分的体现。整个主题教育的过程聚焦学生活动，力求体现一种全新的活动模型，即情境—问题—明理—应用—拓展。

1. 让学生身临其境。活动情境生活化是有效的主题教育策略，把教育建立在学生的生活经验之上，有助于激发学生学习的源动力。结合生活实际，教师创设春节美食挑战赛的情境，激发学生参与活动的主动性，借用中华小当家这个与学生年龄相近的卡通人物，拉近和学生的距离，帮助学生快速进入主题教育情景，引入课题，体现了课程标准要求的"学生的学习活动内容应当是现实的、有意义的"这一基本理念。

2. **让学生自主学习**。自主学习是课程标准倡导的重要学习方法之一。学生依据已有的知识和方法，对于能自主解决的问题，教师应给予足够的时间和空间，让他们自己去探索和解决。如"了解年糕的历史""手工年糕的制作""知晓年糕的南北风味"等这类知识性的学习，教师做好让学生自主学习的时间、空间、形式、内容等各种准备；通过图片展示、提供阅读资料以及设计学习任务单等方式让学生带着明确的目标自主学习；通过小组交流、填写学习任务单等方式检验学生自主学习的成果，较好地体现了"学生自主与教师指导"之间的良性互动。

3. **让学生悟道明理**。实现有价值的学习是课程标准倡导的基本理念之一，本次主题教育的价值是，让学生在了解年糕的历史、寓意和制作工艺的基础上，感悟工匠精神，激发学生继承和发扬中华优秀传统文化的使命感。教师通过故事解读，让学生体验"伍子胥与年糕的传说"这一故事背后的寓意。通过观看视频，以辩论赛的形式让学生既知晓手工制作年糕的过程，又感悟工匠精神，揭示"传承技艺扬文化"的活动目标。

4. **让学生实践应用**。主题教育活动的成效很大程度上取决于学生参与实践活动的程度。本案例中，教师在学生悟道明理的基础上，自然地引入"设计年糕美食，参加美食挑战赛"，这一活动切合学生经验认知，学生争先恐后，主动展示自己的创意美食。这样做有利于唤醒学生的主体意识，促进学生深度参与活动过程，获得丰富的感性认识，促进学生明理认识的内化，进而达到知行统一。

5. **让学生拓展创新**。本案例中，学生设计年糕美食，作为拓展，学生为美食取名，交流美食所蕴含的美好寓意。这样做既充实主题教育的活动内容，增强活动趣味性，还有利于催化情感和价值认同，激发学生继承和发扬中华优秀传统文化的使命感。

在评价总结环节，不仅是对年糕历史、工艺的知识性总结，而且让学生充分地表达参与活动的收获和感悟，填写自评表并交流。这样的拓展，既对活动进行了总结，又对情感态度、学习方法做出了评价，进一步激发了活动本身所蕴含的乐趣，强化活动过程中学生得到的快乐体验，是教师组织学生对知识技能、过程方法和情感态度、价值观的二次认识，切实提高了本次主题教育活动的有效性。

上海市浦东新区周浦第三小学校长　沈卫东

第17课　过新年　贴春联

设计教师： 上海市浦东新区康桥实验小学　金　青
指导教师： 上海市浦东教育发展研究院　姚瑜洁

【活动对象】
小学五年级学生

【活动时长】
2+35分钟（2分钟预备时间）

【活动背景】
　　习近平在党的十九大报告中指出："中国共产党提倡和弘扬的社会主义核心价值观，只有从中华优秀传统文化中汲取丰富营养，才会有强大的生命力和影响力。"春节，是我国农历一年中第一个也是最重要的传统节日。在民间，尤其是农村，保留最多的就是贴春联，这是上千年流传下来的象征吉祥、表达人们向往美好生活的民族风俗。春节作为中华民族最重要的传统节日，蕴含着我国传统文化的精髓，承载着中华民族的世代精神。
　　我在本校两个班级中的调查显示，学生对春联的知晓率仅为45.6%，同时，对于春联的认识也比较肤浅。不过，调查结果显示，学生对春联兴趣颇高。

【活动目标】
知识与技能：
1. 了解春节中春联的相关知识，通过各种形式探究春联的由来、撰写、张贴等。
2. 知道春联是中华民族特有的习俗，它从一个侧面展示了社会的变迁、体现时代的特征。

过程与方法：
1. 通过小组合作，养成学生合作学习的好习惯。
2. 通过交流汇报，提升交流表达的能力。

情感态度价值观：
1. 认同中华民族传统节日中蕴含的文化习俗，增强民族自豪感，自觉传承中华优秀传统文化。
2. 体验合作学习、共同探究的快乐。

【活动重点】

通过各种形式探究春联的由来、撰写、张贴等知识。

【活动难点】

1. 知道春联是中华民族特有的民俗，它从一个侧面体现了社会的变迁。
2. 认同中华民族传统节日中蕴含的文化，增强自豪感，自觉传承民族文化。

【活动准备】

1. 视频《春联红》《春联的由来》《王羲之妙书春联》。
2. 春联、"大门"的图片。
3. 制作课件。

【活动过程】

一、创设情境，引出话题

（一）听歌曲，话主题

1. 师：同学们好，寒假过后的第一堂课让我们一起先来听一首快乐的歌曲吧！

播放视频《春联红》：春联红，春联红，春联挂在那大门中。迎新岁，贺新春，春联摇曳迎春风。贺你，万事如意。祝你，生意兴隆。愿你，平平安安五福临门。让你，大吉大利过个新年。春联红，春联红，春联挂在那大门中。迎新岁，贺新春，春联摇曳迎春风。

2. 师：在这视频里，你们看到了什么？听到了什么？

生1：大家在准备过新年。

生2：我看到了一副副春联。

3. 师：春节是我国农历一年中第一个也是最重要的一个传统节日，民间流传着许多过年习俗，如"二十三供灶仙，二十四写大字，二十五磨黏谷，二十六割肥肉，二十七杀小鸡，二十八白面发，二十九上香斗"。其中，"二十四写大字"中的"大字"指的就是刚才小童星唱到的"春联"。

板书：过新年 贴春联

> **设计意图：** 马来西亚四个小童星演唱的欢快活泼的歌曲《春联红》，马上勾起学生对春节的回忆，因贴近学生生活情境而激发相应节日氛围，促使学生进入过年的喜乐状态。

（二）议春联，引思考

1. 师：同学们，你和你的家人看到过、写过、贴过春联吗？

生1：我看见我爷爷写过春联。

生2：过年前，我妈妈在大门上贴春联。

2. 师："年节到，春联俏，对对子，贴春联，红纸金字挂起来。""贴春联"是流传千年、象征吉祥、表达人们向往美好生活的民族风俗。关于"春联",你想知道些什么?

生1:春联有什么用途?

生2:写春联的格式要注意什么?

生3:怎样巧妙地对出春联?

生4:春联是什么时候贴的?

> **设计意图:** 苏霍姆林斯基指出"在人的心灵深处,都有一种根深蒂固的需要,就是希望自己是一个发现者、研究者、探索者"。因此,在活动设计中,通过开放性的问题"关于春联,你们想了解哪些内容?"让学生主动探究。借中心问题,让学生在预设的活动中自主寻找答案。

二、合作活动,探究春联

(一)自主学,说由来

1.师:看来,大家对春联还挺感兴趣的,我们这堂课讨论的主题就是《过新年 贴春联》。

屏幕上有几个盒子,分别装着和春联相关的话题,你对哪个话题感兴趣就可以上来打开它。

出示PPT:春联的由来 春联的名称 春联的故事

生:我想知道春联是怎么来的?

(生上前点击"春联的由来")

播放视频《春联的由来》。

在我国,每到过年,除了噼里啪啦地放鞭炮以外,家家户户都要贴春联,用这些对仗工整、简洁精巧的文字抒发来年的美好愿望。

关于春联是怎么来的,要从《山海经》说起。《山海经》记载,有一个鬼域的世界,中间有座山,山上有一棵很大很大的桃树,足足覆盖三千公里,比北京到三亚的距离还要远。树梢上蹲着一只金鸡,每到清晨金鸡长鸣的时候,夜晚出去游荡的鬼魂必赶回鬼域。鬼域的大门边站着两个"保安",一个叫神荼、一个叫郁垒,如果哪个鬼魂在夜间干了伤天害理的事,这"哥俩"就毫不客气地把它抓起来喂老虎,于是中国民间就用桃木刻成这"哥俩"的模样,放在家门口辟邪。后来,人们干脆在桃木板上刻上神荼、郁垒的名字,认为这样做同样可以镇邪驱恶,这种桃木板就是春联的前身——"桃符"。

到了五代十国末期,后蜀末代皇帝孟昶心血来潮,让学士辛寅逊在"桃符"上帮自己写两句诗:"新年纳余庆,嘉节号长春",这便是中国的第一幅春联。到了宋代,春联大多还是写在桃木板上,春联上的内容却是越来越具有文学性,而春联正儿八经地写在纸上,则是明太祖朱元璋提出来的。朱元璋非常喜欢热闹,在一年除夕前,他颁发御旨,要求金陵的各家各户都要用红纸写春联贴在门框上,大年初一这一天还亲自上街检查。我们今天所看到的这种春联,打这时起就流行开了。

2.师:现在,你能告诉大家春联的由来了吗?

板书：说由来

生：春联是由驱秽辟邪演变而来的。

3. 师：说得对！那么，了解了春联的由来，大家还想知道些什么？

生1：我知道春联还有个名称是"对联"。

生2：我想知道春联还有别的名称吗？

（生上前点击"春联的名称"）

4. 师：是啊，从古到今，春联的名称可不少！

播放PPT《春联的名称》：春联也叫"门对""春贴""对联""对子"，它以工整、对偶、简洁、精巧的文字描绘时代背景，抒发美好愿望，是我国特有的文学形式。

5. 师：关于春联，还发生过许多有趣的小故事呢！

（师点击"春联的故事"）

播放视频《王羲之妙书春联》。

大书法家王羲之有一年从山东老家移居浙江绍兴，此时正值年终岁尾。

高个盗联人："哎，这年关将近，家家户户贴春联，会有意外收获呀！"

矮个盗联人："免费的王羲之真迹呀！"

女盗联人："真迹，王羲之的真迹唉！我等这一天已经等了很久了。"

高个盗联人："哎？你朋友？"

矮个盗联人："不是啊。"

家丁："春风春雨春色，新年新岁新景。"

女盗联人："妙！妙！字好，联也好！"

高个盗联人："能卖不少钱吧？"

矮个盗联人："嗯，嗯，嗯！"

两个盗联人："我的，我的，我的！"

女盗联人："对联是我的！"

家丁："光天化日应该没什么人来打对联的主意，不过晚上就不太一样了，俺给夜晚的盗联人做个陷阱，哈哈……"

矮个盗联人："老大，白天人很多，万一遇上官府的，就麻烦了。"

高个盗联人："嗯，我们晚上再来。"

摊贩："你到底买不买啊？"

女盗联人："还是晚上出来好。"

……

三个盗联人："啊，啊呀呀，好疼！别抢，我的，我的！"

……

第二天，王羲之府前的门框空无一物，对联让人揭走了。王羲之没有生气，提笔又写了一副，吩咐家丁再贴出去。

家丁："哎，本来想让老爷夸我聪明的，设了陷阱，怎么还有人来偷啊。这些人也真狠，老鼠夹都不剩下！哎……莺啼北星，燕语南郊。嗯，有意境……哎呀，差点忘了做陷阱了，这次撒点钉子吧！"

矮个盗联人："老大，看！有新的对联！"

高个盗联人："这次的对联是我们的，你休想再和我们胡搅蛮缠！"

女盗联人："谁胡搅蛮缠啦？我虽是妇道人家，但也明白什么叫难得一见的书法大作。告诉你，这次的对联我是要定啦！"

高个盗联人："痴人说梦，哼！"

……

两个盗联人："又是你！"

女盗联人："先下手为强，后下手遭殃！"

矮个盗联人："老大，我来拖住他，你快下手！"

……

到了第三天，这天已是除夕，王府门前第二副对联还是被揭走了，眼看左邻右舍，家家户户门前都挂上了春联，唯独自己家门前空空落落，急得王夫人直催丈夫快想个办法。

王羲之："都是夜里揭走的？"

家丁："回老爷，正是。小的夜里也没听见什么动静啊。"

王羲之："恩，这样吧，我再写一副，你把它贴上。"

家丁："啊？还写啊，要是又让人揭走，可怎么办呐？"

王羲之："哈哈，不会。"

过了一会儿，家丁捧着一副对联走了出来，这次的对联比往常要短许多……

矮个盗联人："老大，又是她！"

高个盗联人："冤家路窄，怎么啦？今天不跟哥几个抢了？"

女盗联人："字虽是好字，但这对联……哎，我不要了。"

高个盗联人："哈哈，早说嘛！福无双至，祸不单行……"

矮个盗联人："大哥，这好像不是吉利话啊？"

高个盗联人："大年三十出来碰运气，没想是这种对联，我们走！"

就这样，王府前的对联算是保住了。第二天，大年初一天还没亮，王羲之捧着一副对联走了出来。原来啊，昨天贴的是对联的上半截，而王羲之手上拿的正是对联的下半截，他将对联完整地贴好。往来围观的人再一看，就变成了"福无双至今朝至，祸不单行昨夜行"，哈哈哈哈，太妙啦！

6. 师：《妙用标点改春联》是有关"江南四大才子"的一则故事，有没有同学愿意根据老师提供的台词和背景，上台来讲一讲、演一演呀？

出示PPT《故事内容》：唐伯虎、祝枝山、文徵明、周文宾，堪称"江南四大才子"。有一年除夕，祝枝山来到杭州拜访周文宾。有些人家按照杭州习惯，在除夕那天，门上只贴红纸，未写对联，准备请名家来题写。祝枝山从当地才子徐子建家门走过，见正门、侧门贴着4条空白红纸，一时兴起，取来笔墨，大书两副对联。正门上是："明日逢春好不晦气，终年倒运少有余财。"侧门上是："此地安能常住，其人好不伤悲。"徐子建回家看到此联，气得七窍生烟。一问才知是祝枝山写的，便将对联揭下来。等到正月初四，徐子建相约杭州众秀才与周文宾找到祝枝山评理，质问他为何如此恶毒诅咒自己，众人也纷纷批评祝氏太不像话。此时，祝枝山胸有成竹地说，诸位只知其一，不知其二，我是故意"卖弄"。只见他拿笔用标点巧加点化，结果出现绝想不到的效果，使上述两副对联成为："明日逢春好，不晦气；终年倒运少，有余财。""此地安，能常住；其人好，不伤悲。"大家见之，无不称道。

　　生1：我来演祝枝山。

　　生2：我演徐子建。

　　生3：我想演周文宾。

　　生4、5、6：我们代表"杭州的秀才"！

播放PPT故事的背景画面。

（6位同学上台分角色表演《妙用标点改春联》）

　　7．师：演得真不错！

> **设计意图：**学生随机点击媒体，学习相关知识并进行讨论，参与自由度大，满足不同层次学生的需要。

（二）读春联，识特点

1．师：同学们，春联是中国特有的文学形式，它有很多特点，想了解吗？

　　生：想！

2．师：那么先让我们一起来把这些春联读一读，读完后请你说一说体会到了什么？

出示PPT：　岁岁皆如意　　　　　年年尽平安

　　　　　　户户金花报喜　　　　家家紫燕迎春

　　　　　　爆竹声中除旧岁　　　梅花香里报新春

　　　　　　春满乾坤福满门　　　天增岁月人增寿

　　　　　　人杰地灵百业兴旺　　山欢水笑五谷丰登

　　　　　　勤奋学习知识天天长　努力工作幸福年年增

　　生1：我发现上下联字数必须相等。

　　生2：上联某一处用了某一类词，下联对应处也要用同一类词。

　　生3：如对联上句为平平仄仄平平仄，下句便应是仄仄平平仄仄平。

　3．师：同学们说得不错！春联有以下特点：上下联字数相等、词性相对、结构相应、节奏相合、平仄相协和意义相关。

板书：识特点

（三）连春联，识特点

1．师：接下来，请几位同学根据春联的特点，把这些上下联连一连。

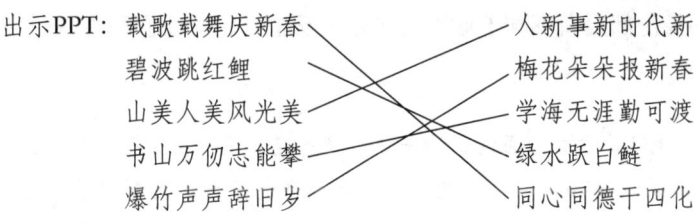

出示PPT：载歌载舞庆新春　　　人新事新时代新
　　　　　碧波跳红鲤　　　　梅花朵朵报新春
　　　　　山美人美风光美　　学海无涯勤可渡
　　　　　书山万仞志能攀　　绿水跃白鲢
　　　　　爆竹声声辞旧岁　　同心同德干四化

（生上台连线）

2. 师：为什么这样连呀？

生：先看字数，上下联字数要相同；再看词性，词性要一样；最后看意义，意义要相关联的。

（四）赠春联，送祝福

1. 师：同学们，瞧！你们现在跟我一起来到了繁华的古镇老街。弯曲的街道，沿街店铺一家挨着一家，有绸缎庄、画馆、澡堂、粮庄、酒坊、客栈等。下面我要邀请同学到电脑上来，用鼠标把春联拖到相应店铺的大门上。谁来试试？

出示PPT《古镇老街繁华街市》：弯曲的街道，沿街店铺一家挨着一家，有绸缎庄、画馆、澡堂、粮庄、酒坊、客栈等。

出示PPT《春联》：

　　　　　风雨调合岁月，稻粮狼藉丰年
　　　　　此中多锦绣，以外无经纶。
　　　　　笔下江山归手腕，胸中景物夺天工。
　　　　　沂水乘风咏，汤盘取日新。
　　　　　香闻十里春无价，醉卖三杯梦亦甜。
　　　　　乾坤到处皆吾友，风月谁家不是邻。

（学生在电脑上把春联拖到相应的大门上）

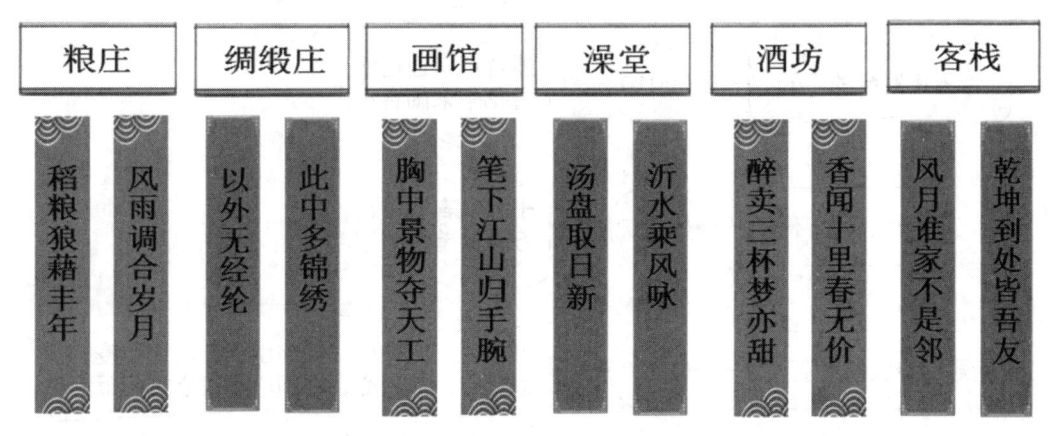

粮庄	绸缎庄	画馆	澡堂	酒坊	客栈
稻粮狼藉丰年　风雨调合岁月	以外无经纶　此中多锦绣	胸中景物夺天工　笔下江山归手腕	汤盘取日新　沂水乘风咏	醉卖三杯梦亦甜　香闻十里春无价	风月谁家不是邻　乾坤到处皆吾友

2. 师：我把"沂水乘风咏，汤盘取日新"也送给粮庄好吗？

生：不行不行！这副春联里又是"水"，又是"汤"的，一定会把粮庄老板吓坏的。

3. 师：哦！贴春联也是属于私人定制呀！春联寄托某种希望和祝福，那么不同的人家、不同的行业、不同的身份都会有不同于他人的希望与祝福，因此我们贴春联时应符合自身的特点与事业。

> **设计意图：**运用合作学习的方式，通过"读一读、连一连、送一送"等多种形式，激发学生探究春联的兴趣，从而了解春联字数工整、对仗严谨等特点，这是本堂课的重点。

（五）借资料，话变迁

1. 师："千门万户曈曈日，总把新桃换旧符"，每年春节，家家户户都要贴春联。今天我请来了老校长火爷爷，他积攒了不同年代过春节时老百姓贴的不同的春联。他将带领你们跟随着时间轴一起回顾过去的特殊年代，感受一下春联表达的特别含义。我们掌声欢迎。

出示PPT《不同时代背景下的各式春联》：

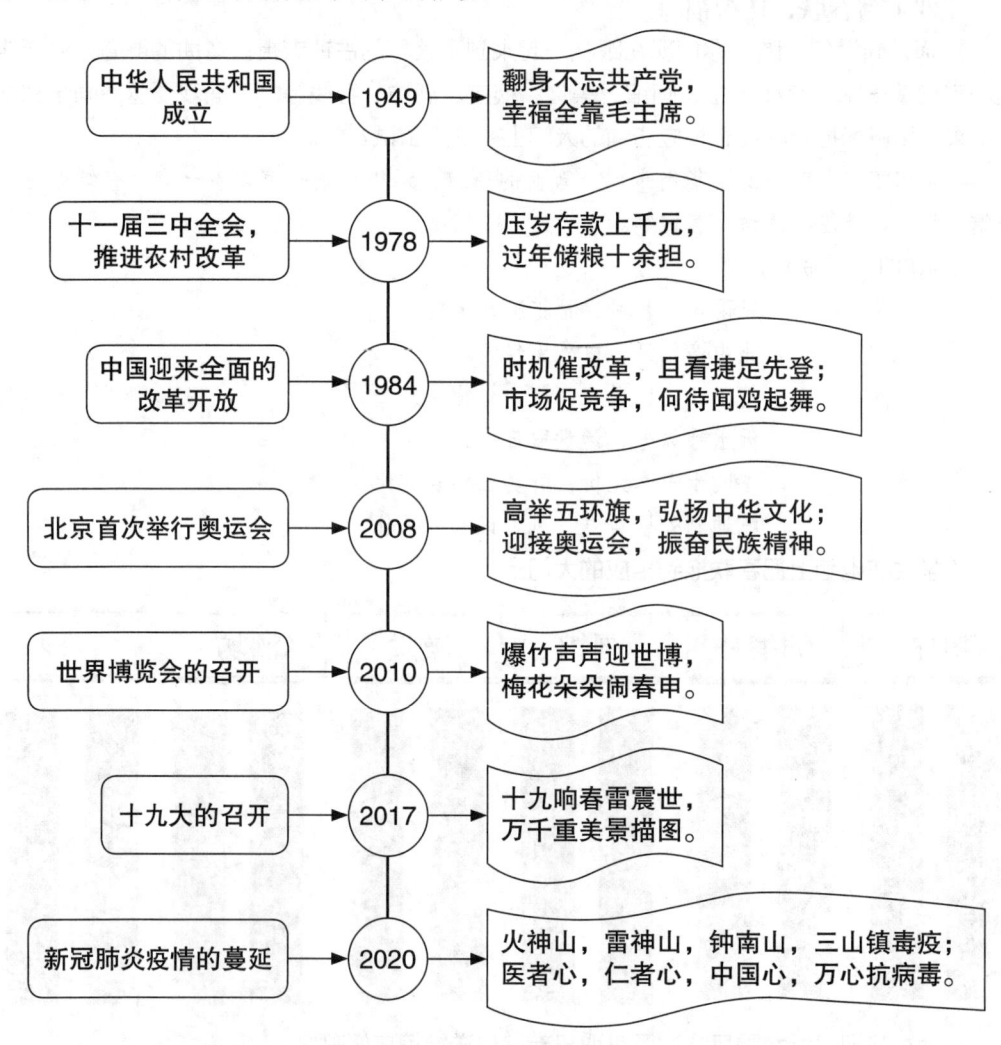

时代背景	年份	春联
中华人民共和国成立	1949	翻身不忘共产党，幸福全靠毛主席。
十一届三中全会，推进农村改革	1978	压岁存款上千元，过年储粮十余担。
中国迎来全面的改革开放	1984	时机催改革，且看捷足先登；市场促竞争，何待闻鸡起舞。
北京首次举行奥运会	2008	高举五环旗，弘扬中华文化；迎接奥运会，振奋民族精神。
世界博览会的召开	2010	爆竹声声迎世博，梅花朵朵闹春申。
十九大的召开	2017	十九响春雷震世，万千重美景描图。
新冠肺炎疫情的蔓延	2020	火神山，雷神山，钟南山，三山镇毒疫；医者心，仁者心，中国心，万心抗病毒。

2. 爷：你们看"压岁存款上千元，过年储粮十余担"，虽然它上下联平仄不相协，但这是反映十一届三中全会，推进农村改革这个年代的春联。

非遗篇——节日节气

（爷爷点击时间轴中相应的年代，出现相关的《背景介绍》及相关图片）

3. 爷：中华人民共和国成立之初，庄户人家贴的多是口号式的"跟共产党走，听毛主席话""翻身不忘共产党，幸福全靠毛主席"之类的"通用联"，简明通俗，将劳苦群众翻身做主人的喜悦心情，淋漓尽致地挥洒出来。改革开放后，中国经济进入发展的快车道，新的征程已经起步，我们要振奋精神，闻鸡起舞。2008年的奥运会给我们展现了中国人的昂扬、乐观、健康、开阔的精神面貌，展现了自信，更展现了人类挑战自我的勇气和追求完美、执着、奋斗的精神。随着十九大的召开，歌颂"十九大"，气象万千的春联也扑面而来。2020年的春节是个不平凡的春节，新型冠状病毒感染肺炎疫情牵动着全国人民的心。为了更快更好地控制疫情，在武汉，中国人民用10天左右的时间建造出了"火神山医院"和"雷神山医院"；为了更快更好地控制疫情，83岁高龄的钟南山院士奔赴疫情最前线指挥战斗；为了更快更好地控制疫情，全国各地千千万万的医务人员夜以继日地跟疫情作斗争；为了更快更好地控制疫情，全国人民纷纷慷慨解囊捐钱捐物，从物质上、精神上支援武汉战胜疫情。小小的春联，洋溢着时代气息，浓缩了社会万象。不同年代的特定时间里，春联就会被注入新的内容。小小的春联折射出大大的时代变迁。

板书：话变迁

> **设计意图：**这是本堂课的难点，教师边讲解边点击PPT表格中相关的图片，图文并茂，帮助学生强化认识，让学生深一层地领会春联中所渗透的时代的特征和当下的时代主旋律是紧密联系的，懂得春联从一个侧面体现了社会的变迁。

（六）贴对联，明技巧

1. 师：今天同学们表现非常棒，我为大家每人准备了一份春联，它就在你们每个人的椅子底下。刚才我们通过动嘴动脑，了解了春联的由来、特点和变迁，现在我们拿出春联，动手贴一贴春联吧！同学们，把你们每个人的桌面当作一扇门，把春联贴上去吧！贴完后同桌互相检查一下。

（学生贴春联并互相检查）

2. 师：谁来点评一下，你们贴的春联是否正确。

   生：贴得不对。上联应该在右面，下联应该在左面。

3. 师：是的，贴春联大有学问。除了这位同学说的，春联从右到左贴，你们还知道贴春联有哪些讲究？

板书：明技巧

出示PPT：贴春联的时候，首先要知道平仄音（平音一般为一、二声，仄音一般为三、四声），仄音是上联，平音是下联，贴的时候由右到左，读的时候由上到下。除了可以从平仄音区分上、下联外，我们还可以从内容上去区分，因为上联和下联一般有着因果关系。写着"福"字的斗方，贴的时候同样也有所讲究，一般都倒过来贴，即是"福到"的含义。

4. 师：同学们知道春联该怎么贴了，那就把贴错的改回来吧！

（学生重新"贴"春联）

设计意图： 由动手贴春联引发学生对贴春联技巧的好奇，从而感悟到中国传统文化的神奇，进而激发学生民族自豪感。

三、总结谈话，拓展延伸

1.师：春联是诗，蕴含着丰富的哲理；春联是歌，吟唱着美好的生活；春联是画，描绘出秀丽的春光。春联能给人带来欢乐，能为节日增添喜庆，能让我们感受到春的气息。关于春联，还有许多有趣的故事；关于春节，还有许多传统的习俗；关于节日，还有许多传统的文化……这些，都值得我们去一探究竟！老师这里有一些研究小课题，如元宵节话汤圆、端午节话龙舟、中秋节话月饼、重阳节话登高、清明节话风筝……让我们一起将"话民俗"系列活动进行到底，了解更多的民俗风情，将之挖掘、保护、发扬光大，成为传统文化小使者！

【板书设计】

过新年 贴春联

话变迁 明技巧　　说由来 识特点

【点评】

说春联　话变迁

春联是汉语言体系内独树一帜的文学样式。春联虽字数不多，却具有诗的韵律。春联具有时代特色，紧扣时代脉搏，每个时代都有流行的春联，都反映了老百姓生活的变化。金老师抓住小春联折射出时代的大变迁，设计整堂课的内容。

1.抓关键字，感受变迁

为了让学生感知春联在饱含年味的同时，也反映出时代的风貌和历史的变迁，金老师通过抓春联中的关键字的方法，特别是20世纪80年代、90年代和21世纪的春联内容要体会时代气息，必须要教学生抓住20世纪80年代的春联中"庆丰收"，90年代的春联中"财似春潮"，21世纪的春联中"满门和顺纳千祥"来感受，学生在浓厚的祝福气息中得以感悟，这一目标也顺利达成。

2. 从面到点，体会变迁

为了让学生能体会春联反映了时代的变迁，老师首先从20世纪后半叶和21世纪的大背景入手，让学生初步了解这些年代的时代背景孕育出怎样的春联。然后抓住每个年代的关键时间点，通过图文并茂的解说，让学生深一层地体会春联的形式特点是不变的，但内容会随着时代的进步和社会的发展，源源不断地注入新的元素，展现全新的生命力。

上海市浦东教育发展研究院德育教研员　姚瑜洁

第18课　暖心压岁包起来

设计教师：上海市浦东新区华林小学　　吴雪丹
指导教师：上海市浦东教育发展研究院　姚瑜洁

【活动对象】
小学四年级学生

【活动时长】
2+15分钟（2分钟预备时间）

【活动背景】
　　中华优秀传统文化教育是《中小学德育工作指南》提出的五项德育内容之一。加强中华优秀传统文化教育，也是构建社会主义核心价值体系，有效推进未成年人思想道德建设的重要手段。春节作为中华民族最为隆重的传统节日，早在2006年就被国务院列入了第一批国家级非物质文化遗产名录。开展介绍春节的历史渊源、精神内涵、文化习俗等主题教育活动，增强传统节日的体验感和文化感是非常有必要的。
　　春节期间，长辈赠予小辈压岁包是我国的传统习俗，压岁包是"年文化"中极具贵人伦、重亲情特点的代表物，寄托着老百姓对美好生活的愿望和憧憬。但很多学生只知压岁包中放了钱，却不知放的为何是钱，对长辈赠予压岁包的意义知之甚少。其实，压岁包在中国文化更新迭代的历史长河中，虽然随着朝代的更替，在形态上经历着各种变化，但是人们在压岁包中寄予的祝福和情意是永恒不变的。

【活动目标】
　　1. 知晓压岁包的传说和由来，了解压岁包在不同阶段的外形和特点。
　　2. 通过观看视频，明白压岁钱由"压祟"而来，在小组合作探究活动中填一填、贴一贴，明悉各个时期压岁包形态和特点的变化。
　　3. 感受春节压岁包文化的魅力，感悟压岁包里蕴含着保平安、送祝福、表关爱的深刻内涵。

【活动重点】
　　明白压岁钱由"压祟"而来，通过小组合作探究活动，明悉各个时期压岁包形态和特点的变化。

【活动难点】

感受春节压岁包文化的魅力，感悟压岁包里蕴含着保平安、送祝福、表关爱的深刻内涵。

【活动准备】

多媒体课件、板贴设计、压岁钱（道具）、纸盒、抢答图片、探究表格和贴纸。

【活动过程】

一、八仙化钱晓传说

1. 师：春节是我国第一批国家级非物质文化遗产之一，在每年的春节，当你们向长辈拜了年，长辈总会将准备好的压岁包交给你们。今天，吴老师就把这位你们熟悉的老朋友请来了。

板贴：压岁包

播放音频《压岁包考考你》：哎哟哟，红包雨下起来咯，同学们，你们都那么喜欢我，但你们知道我是怎么来的吗？

生1：我知道从前有个怪物叫"祟"。

生2：压岁包就是和这个怪物有关的！

生3：我小时候听奶奶说过关于这个"祟"的故事，"祟"会让小孩生病的。

2. 师：你们懂得真多，让我们一起听听压岁包是怎么说的吧。

播放音频《压岁包的自白》：传说中为了压制"祟"这个怪物，才有了我的诞生，我是如何吓跑"祟"的呢？你们可要睁大眼睛仔细看啦！

播放视频《八仙化钱保平安》。

传说，有个叫祟的小妖，每年年三十夜里出来害人。它用手在熟睡的孩子头上摸三下，孩子会被吓哭、发烧、变傻。一次，嘉兴府有户管姓人家的孩子，年三十的夜晚，玩耍中用红纸包了八枚铜钱放在枕头边。半夜里，祟来了。当它用手摸孩子的头时，孩子枕边裂出一道亮光，祟惊慌而逃。人们将此祛妖方法口口相传。于是，"压祟钱"也叫"压岁钱"，就这么诞生了。

对！这就是我从孕育到出生的过程。

生1：原来是铜钱把"祟"赶跑的呀！

生2：是这些铜钱保护了孩子。

生3：我知道了，这些铜钱就是压岁钱。

3. 师：现在你们知道了吧，"压岁""压岁"，"压"的是"祟"这个怪物呀！

板贴：祟

4. 师：同学们，我们收到的压岁钱一般都是被包起来的，所以又被叫作"压岁包"，

传说中的压岁包是什么样子的，刚刚看仔细了吗？

　　生1：是用红纸包住的铜钱！

　　生2：我记得里面包了八枚铜钱！

5.师：没错，传说中这八枚铜钱是八仙的化身。八仙过海，各显神通，他们就是……

　　出示PPT：八仙图片。

　　生齐：何仙姑、曹国舅、汉钟离、韩湘子、吕洞宾、铁拐李、蓝采和、张果老。

6.师：他们化为八枚铜钱为的是镇压邪祟，保孩子平安。当然，这只是一个传说。

> **设计意图：** 鞭炮声中，一个卡通形象——压岁包出现在大家眼前。这一形象的设置，不仅牢牢地抓住学生的眼球，激发学生深入学习的兴趣，而且使教学环节更加紧凑连贯。压岁包出场的同时，一个问题被抛出：压岁包是怎么来的？一段小动画揭晓了谜底——八仙化为八枚钱币吓走了"祟"这个怪物，保佑孩子平安。学生在了解压岁包传说的同时，也初步感受到自古以来长辈赠送压岁包的意义所在，那就是保平安。

二、前世今生探变迁

（一）猜猜厌胜是何物

1.师：这里藏着压岁包的身世之谜，同学们，你们猜猜，哪一个是压岁包最初的模样？说说你的理由。

　　播放音频《压岁包考考你》：哈哈，传说中的我让"祟"闻风丧胆。可真正的我曾经是什么样子，你们知道吗？

　　出示PPT：

　　生1：我觉得是第一个，因为上面似乎有个漏斗，可能跟钱有关。

　　生2：我觉得是第二个，第二枚钱币上有乌龟！

2.师：同学们观察得真仔细，究竟哪一个是压岁包最初的样子呢？吴老师先卖个关子，让我们一起去汉朝找找答案。

　　播放视频《厌胜钱的小秘密》：小时候，我常穿带有"天下太平""去殃除凶"字样的衣服，衣服上还有龙凤、龟蛇、星斗等图案。

3.师：你们知道压岁包出生时是什么样子？

　　生1：压岁钱上是有龟蛇图案的，所以第二个才是最初的压岁钱。

　　生2：你们仔细看，第二个钱币上还有仙鹤，仙鹤也是表示吉祥的，它一定是压岁钱。

4.师：没错，在汉朝时，压岁钱还没有被包起来，它被叫作"厌胜钱"。"厌胜钱"是人们随身佩戴的装饰物，上面除了刻有"千秋万岁、天下太平、去殃除凶"等吉祥语，背面还有表示消灾避害的龟蛇图案、代表吉祥高贵的龙凤图案……看，这枚"厌胜钱"上的鹤和龟，正是长寿的动物，寓意吉祥。瞧，你们桌上的就是吴老师为你们准备的"厌胜钱"，在接下来的活动中，只要你们认真看、仔细听，就有机会赢得它们！一起加油吧！

播放音频《恍然大悟的压岁包》：哦！原来我出生的时候并不是钱呐！

（二）探探压岁多变化

1. 师：同学们，让我们继续探探压岁包的前世今生，看看在不同时期的压岁包是什么样子的，它们又有什么特点呢？你们桌上就有一份小探究任务单，其中的秘密都藏在接下来的小视频中，现在让我们集中精神，仔细看！

播放视频《压岁包的大变身》。

在唐代，我在官廷里最受欢迎了。杨贵妃生子，玄宗就喜赐贵妃洗儿金银钱。这就是你们现在说的红包喽！宋元以后，我的打扮有了些变化：以彩绳穿钱，编作龙形，置于床脚。春节里，把我送给小孩，成了习俗。到了明清，红绳串是我最常见的打扮。

近代以来，我的样子发生了变化，似乎更受欢迎了。民国后，我变成了用红纸包着的一枚大洋。长辈过年时送给已经成年的晚辈，象征着财源茂盛，一本万利。货币改为钞票后，我的体型慢慢变胖。起初只能换点糖球，后来，我可以换小人书、小炮儿、大米花儿。再到九十年代后，我成了成百上千块的胖子。再到现在，我越来越霸占了你们的生活。

2. 师：现在，你们对压岁包更加熟悉了吧，请你们在组长的带领下完成桌上的任务单。

板贴：汉朝　唐朝　宋元时期　明清时期　民国　现代

出示PPT：

压岁包的前世今生	外形	特点
汉朝		
唐朝		
宋元时期		
明清时期		
民国		
现代		

A. 编以龙形，挂于床脚　　B. 用红纸包住钱币
C. 刻吉祥语和辟邪图案　　D. 越来越厚，价值变高
E. 作为洗儿钱　　　　　　F. 用红绳串钱币

第一组：汉朝的压岁包

1. 师：来说说你们小组探究的成果吧！

2. 生：我们小组想和大家交流的是汉朝时期的压岁包，也就是厌胜钱，它上面刻着吉祥语和辟邪的图案。

板贴：C.刻吉祥语和辟邪图案

3. 师：没错，这就是压岁包最初的样子。

第二组：唐朝的压岁包

1. 师：哪一组来介绍唐朝时期的压岁包？

2. 生：唐朝时期的压岁包就是洗儿钱，它也没被包起来，特别像厌胜钱。

板贴：E.作为洗儿钱

3. 师：唐朝的时候，皇宫里特别流行在过年时散发金钱，杨贵妃庆贺孩子出生，举行"洗三"仪式的时候,皇帝赐予她洗儿钱,作为护身符保孩子平安,这也是压岁包的前身。

第三组：宋元时期的压岁包

1. 师：哪一组来说说宋元时期的压岁包？
2. 生：宋元时期的压岁包样子挺有趣的,是用绳子编起来的,还要挂在床脚。

板贴：A.编以龙形,挂于床脚

3. 师：宋元以后,皇宫内除夕赐钱的习俗传到了宫外,老百姓也将这彩绳穿钱送给自己的孩子了。

第四组：明清时期的压岁包

1. 师：明清时期的压岁包是什么样的呢？
2. 生：是红绳子串起来的。

板贴：F.用红绳串钱币

3. 师：明清时期的孩子们会用这些压岁钱来买鞭炮和小玩具。

第五组：民国时期的压岁包

1. 师：民国时期的压岁包又有了什么变化？
2. 生：到了民国,压岁钱才正式用纸包起来,越来越像我们现在的压岁包了！

板贴：B.用红纸包住钱币

3. 师：是啊,你们看,从民国开始,压岁包都是用红纸包起来,所以它又被叫作——
生齐：红包！

第六组：现代的压岁包

1. 师：现代压岁包有什么特点？
2. 生：里面的钱越来越多啦！

板贴：D.越来越厚,价值变高

3. 师：吴老师小时候如果能收到100元的压岁包就已经觉得特别满足了,而随着时代变迁,经济的发展,相信你们过年时压岁包里一定塞着好多张百元大钞吧！

> **设计意图**：用钱币的对比作为此项文化探究的突破口,引导学生猜猜哪一个才是压岁包最初的样子。学生的探究兴致高涨起来,再通过观看视频、贴一贴、填一填的活动形式,使每一个学生在组长的带领下能深入了解压岁包各个时期的形态特点。

（三）比比变迁谁知晓

1. 师：现在请组长对照一下黑板,每填对一个时期的小探究,就能领取一枚"厌胜钱"放入纸盒中。看来,你们已经对压岁包的变迁十分了解了,想不想获得更多的厌胜钱呢？
生齐：想！
2. 师：接下来,老师将给你们1分钟的时间,把刚刚探究的小知识牢牢记在心中。1分钟后,请每组推选出1名种子选手上台,进行抢答,答对就能为小组赢得1枚"厌胜钱"。

非遗篇——节日节气

计时开始!

（学生记诵知识，推选代表）

3.师：现在，吴老师出示压岁包各个时期的图片，并且提问。如果谁能第一个上前一步，和吴老师对上暗号，他就能得到回答的机会。认真听好了，吴老师的暗号是，我说"红包变迁谁知道"，你们说"我知道"进行抢答。其他同学也有任务，吴老师请你们来做小裁判，他们如果答对了，就用"√"表示，答错了就用"×"表示。

（师边说边用动作示意）

4.师：在唐朝，它被作为什么钱送给杨贵妃的孩子？

出示图片：

生：洗儿钱。

5.师：这个时期的压岁钱有什么特点？

出示图片：

生：钱币是用红绳串起来的。

6.师：这是什么时期的压岁钱？

出示图片：

生：是近代的。

7.师：厌胜钱上除了刻有表示吉祥的图案，还刻有什么？

出示图片：

生：辟邪图案。

8.师：宋元时期，这样的压岁钱被挂在哪儿？

出示图片：

生：挂在床脚。

9.师：现代的红包有什么特点？

出示图片：

生：越来越厚，价值变高了。

（台上学生抢答，台下学生判定对错）

设计意图：赠予"厌胜钱"的奖励环节，既是评价的方式，又是激励的手段。采用抢答的游戏形式引导学生在游戏竞争中重温探究所得，每一组学生根据课堂所学回答相关问题，再用厌胜钱进行奖励，不仅增添了学生学习的乐趣，而且进一步巩固了对压岁包相关知识的理解，使得压岁包文化真正入脑入心，将中华优秀传统文化传承下去。

三、古往今来暖人心

1. 师：从古至今，长辈们包在这压岁包中的难道仅仅是钱币吗？谁能说说这压岁包中还包含着什么？

　　生1：压岁包寄托着长辈对我们的祝福。

　　生2：压岁包里还包含着长辈对我们学业上的希望。

2. 师：看来你们不仅了解了压岁包的变迁，也懂得了它的内涵啊！

板书：祝福　希望　爱

　　播放音频《压岁包中的情意》：吴老师，我明白了，原来，我包住的不仅仅是金钱，更是长辈们的殷殷期盼和深深的爱啊！

3. 师：是啊，虽然现在电子红包特别流行，但是我们的长辈更愿意把对我们的爱包起来，因为这样的压岁包更有温度、更暖心。

板贴：暖♥　包起来

4. 师：今天我们探究了压岁包的前世今生，也感受到了压岁包传递的浓浓亲情，现在就让我们和压岁包暂时告别一下吧！

　　播放音频《压岁包说再见》：同学们，再见啦，明年的春节，我们再见！

　　生齐：压岁包，再见！

设计意图： 基于学生对压岁包传说和变迁的了解，他们逐步领会了无论哪个时期的压岁包，包的都是长辈们暖暖的心意，在教师的引导下，也体会到作为小辈，更要学会用一颗暖心回报长辈的爱，整堂课的情感基调就此得到了升华。

【板书设计】

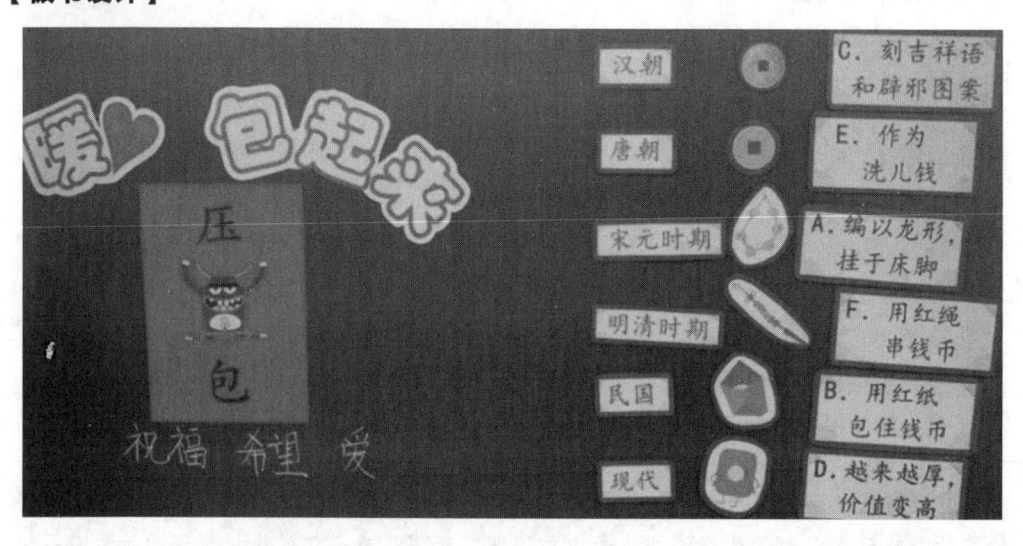

【点评】

谈古论今，趣探压岁包的前世今生

春节传统文化丰富多样，吴老师选择"压岁包"这一广为人知，却不甚了解的事物作为切入点，设计了各个充满趣味性的活动环节，以微课的形式将"年文化"的内涵不断深化、延展，向学生充分展示了中华传统文化的魅力所在。

1. 一探传说引兴趣

本课在形式上十分新颖独特，教师选择"赋能"，把课堂上的主动权交给了学生。学生通过视频了解了民间传说——"祟"的故事，同时，知晓了神话传说中的八仙化作铜钱以保孩子平安。随着对传说的深入了解，学生渐渐体会到压岁包最初蕴含着保平安的深意，也勾起了他们心中的疑问：压岁包是怎么变成现在这样的呢？学生想要探索压岁包的意愿就此萌发了。

2. 二探变迁品奇趣

厌胜钱和五铢钱都是汉朝时期的钱币，外形相似，究竟谁才是压岁钱呢？这一悬念吊足了学生的胃口，通过从短短十几秒的视频中捕捉到的关键信息——压岁钱上刻有祝福语和吉祥的图案，学生心中一下子有了答案，这样充满奇趣的探索经历让每个学生充满了体验感。不同时期压岁包的形态特点是本堂课合作探究的重头戏，吴老师采取看视频、贴图形、填特点的趣味探究过程以及小组代表上台贴板贴的交流过程，助力学生掌握"压岁包"自汉朝至今的知识，在潜移默化之中，激发了学生探究的欲望以及对中华优秀传统文化的热爱。

3. 三探游戏添乐趣

紧接着的抢答环节，将课堂推向了高潮，学生的学习兴致高涨，在趣味十足的游戏过程中，学生所学得到了进一步的巩固和强化，学生对春节压岁包文化的思辨能力也逐步加强。如此充满趣味的课堂上，学生自然而然地萌发出传承中华优秀传统文化的使命感和责任感，这不就是这堂课的"初心"吗？

上海市浦东新区华林小学德育主任　罗丽惠

第19课　小蒜头　有讲头

设计教师：上海市浦明师范学校附属小学　柴雯洁
指导教师：上海市浦东教育发展研究院　　姚瑜洁

【活动对象】
　　小学五年级学生

【活动时间】
　　2+15分钟（2分钟预备时间）

【活动背景】
　　中华传统节日是中华民族悠久历史文化长期积淀凝聚的见证，涵盖了原始信仰、祭祀文化、天文历法、易理术数等人文与自然文化内容，蕴含着深邃丰厚的文化内涵。
　　腊八节是中华民族传统节日之一，但随着生活条件的改善，工作节奏的加快，年轻一代对腊八节的习俗和意义等不甚了解。

【活动目标】
　　1. 学习和了解蒜的相关知识。
　　2. 简单了解腊八节的相关习俗。
　　3. 通过对蒜的研究，激发探究兴趣，努力做一个仔细观察生活的有心人。

【活动准备】
　　1. 搜集相关的媒体资料等。
　　2. 制定方案、制作课件。
　　3. 准备蒜、糖蒜，腊八蒜。

【活动过程】

一、破冰暖场

　　1. 师：同学们，你们好，我是柴老师，今天很高兴和大家欢聚在这里，一起学习、一起成长。中华传统节日是中华民族悠久历史文化的重要组成部分，同学们，你们知道有哪些中华传统节日？

生1：中秋节。

生2：重阳节。

生3：清明节。

2. 师：你们说得都不错，在不同的传统节日里，我们有不同的风俗习惯，吃不同的传统美食，接下来请同学们观看视频《我们的传统节日》。

播放视频《我们的传统节日》。

小孩，小孩，你别馋，过了腊八就是年。贴窗花，点鞭炮，回家过年齐欢笑。摇啊摇，看花灯，我们一起闹元宵。清明节，雨纷纷，大地开始冒春苗。赛龙舟，过端午，粽子艾香满堂飘。七夕节，盼今朝，牛郎织女会鹊桥。过中秋，蟹儿肥，十五月圆当空照。重阳节，要敬老，转眼又是新春到。年年岁岁，岁岁年年，福星高照！这是我们的节日哦！

3. 师：谁来和大家分享一下，你最喜欢哪个中华传统节日？为什么？

生1：我最喜欢端午节，我喜欢吃粽子。

生2：我最喜欢中秋节，家人们可以团聚在一起赏月，吃美味的月饼。

生3：我最喜欢元宵节，每年元宵节我会和家人们去城隍庙赏花灯，吃美味的汤圆。

二、情境代入引腊八

1. 师：同学们，今天我要为大家介绍两位小朋友，一位叫浦浦，另一位叫明明。明明是弟弟，脑海里一直装着十万个为什么，而姐姐浦浦像本小百科全书，总是耐心回答弟弟的问题。听，好像是浦浦和明明的声音。

出示PPT《日历》，播放音频《浦浦和明明话腊八》。

明明：姐姐，姐姐，这几天天气真冷，西方的小朋友过了圣诞节，表示新年快来了，我们的春节是什么时候啊，我等不及想过寒假了。

浦浦：明明，让我们去翻一翻日历。嗯，今天是公历1月2日，农历腊月初八。

明明：姐姐，日历上有一碗粥。下面还有两个字，什么八？

浦浦：明明，这是腊八粥哦，这个字读"腊"，"腊梅"的"腊"，"腊肉"的"腊"。今天是我们中国的传统节日——腊八节！

明明：腊八节？好像在哪里听过，什么是腊八节啊？

2. 师：什么是腊八节？同学们，你们了解吗？

生：腊八节要喝腊八粥。

3. 师：看来同学们不太了解啊。

播放音频《扫二维码看视频》。

浦浦：额……我好像也说不清，瞧，日历上有个二维码，让我们扫一扫。

播放视频《腊八节的由来》。

腊八节，俗称"腊八"，即农历十二月初八。古人有祭祀祖先和神灵、祈求丰收吉祥的传统。相传这一天还是佛祖释迦牟尼成道之日，称为"法宝节"，是佛教盛大的节日之一。先上古起，腊八是用来祭祀祖先和神灵的祭祀仪式，祈求丰收和吉祥。夏代称腊日为"嘉平"，商代为"清祀"，周代为"大蜡"。因在十二月举行，故称该月为腊月，称腊祭这一天为腊日。南北朝开始才固定在腊月初八。

这一天我国民间有煮腊八粥吃的风俗传统，人们对腊八粥的偏爱或许是因为它预兆着年的开始，所以人们"年年过腊八，年年有粥喝"。腊八这一天除了腊八粥，还有许多诱人的味道……在中国北方，有在腊八这天用醋泡大蒜的习俗，名"腊八蒜"。在安徽黔县地区，家家户户在腊月初八这天都要晒制豆腐，是为"腊八豆腐"。在陕西省渭北一带的澄城地区，每年的农历腊月初八早上，家家户户都要吃碗"腊八面"。此时节虽然正值"三九寒天"，但年味也一日日地浓烈起来。人们开始忙着买年画、对联、彩灯、鞭炮、香烛等，陆续为春节做准备。窗外是寒风大雪，家里却是暖意浓浓。无论多晚，都有一碗暖暖的腊八粥在等你，记得早点回家。

4.师：观看完视频，是不是对腊八有了更多了解？

生1：腊八节是祭祀祖先和神灵、祈求丰收吉祥的节日。

生2：腊八节来了，表示春节要来了。

播放音频《腊同xī，新旧交替》

明明：嗯，我知道了，腊八节到了，表示春节也快了，哈哈，我的寒假也快要来了。

浦浦：是的，我刚才去翻了一下字典，发现腊这个字还是多音字，在《隋书·礼仪志》中有这样一句话"腊（xī）者，接也"，表示新旧交替之意。

（出示PPT：腊（xī）者，接也。——《隋书·礼仪志》）

5.师：同学们，腊也可读成什么？是什么意思？

生：xī，表示新旧交替。

板书：腊八　腊同xī，表示新旧交替

设计意图： 创设情境，由姐弟浦浦和明明的对话引出传统节日——腊八节，初步感受腊八的由来、腊八节的习俗，以及"腊"这个字的读音和含义。

三、对对碰：蒜、腊八蒜和糖蒜

（一）蒜的亮相

播放音频《猜谜语》。

明明：姐姐，你看日历上，"小孩，小孩你别馋，过了腊八就是年"，我感觉腊八节就好像是西方的圣诞节。你看，在腊八下面还有个谜语："兄弟七八个，挨着排排坐，坐相不好看，弯腰背也驼。"这是什么呀？

1.师：同学们，你们猜猜？

生：是蒜？是香蕉？

播放音频《刮开看谜底》。

非遗篇——节日节气

浦浦：让我们刮开看看谜底是什么。原来是蒜啊！

2. 师：同学们，你们了解蒜吗？

生：蒜是一种调味料，放在菜里，可以去除腥味。

3. 师：瞧，我手里拿的是什么？

（教师拿出实物，让学生摸一摸，闻一闻）

板书：蒜

> **设计意图：** 通过谜语引出蒜，学生在课堂上和实物蒜亲密接触，激发了学习探究的兴趣，也活跃了课堂气派。

（二）腊八蒜PK糖蒜

播放音频《腊八蒜PK糖蒜》。

明明：我喜欢放蒜的菜，比如蒜香骨、蒜蓉虾、蒜泥白肉。

（先出示PPT蒜香骨、蒜蓉虾、蒜泥白肉图片）

明明：既然今天是腊八节，那我们应该尝尝腊八蒜，姐姐，家里有腊八蒜吗？

浦浦：打开冰箱看看。

（出示PPT腊八蒜图片和糖蒜图片）

明明：姐姐，有两种蒜，一种是白色皮肤，另一种是绿色皮肤。我知道绿色的是腊八蒜。那白色的是什么？

1. 师：是什么？

生：糖（醋）蒜。

2. 师：看到腊八蒜和糖蒜穿着不同颜色的衣服，你有没有感到好奇，你有什么问题想问？

生：腊八蒜为什么是绿色的？

3. 师：好问题。

播放音频《探探腊八蒜和糖蒜的身份》。

浦浦：让我们打开网站，探一探腊八蒜和糖蒜的身份。

4. 师：四人一组，A同学负责朗读文字材料，B同学负责填写，C同学朗读名片信息，D同学负责回答。

腊八蒜PK糖蒜

腊八蒜

腊八蒜是一道主要流行于中国北方，尤其是华北地区的传统小吃，是腊八节节日食俗。因多在腊月初八进行腌制，故称"腊八蒜"，成品颜色翠绿，口味偏酸、微辣。

腊八蒜一般用米醋，在低温和酸性条件下腌制。

腊八蒜的绿色，是由一种蓝色素和一种黄色素组成。而这种色素的产生，是大蒜内部含硫物质在蒜酶的作用下产生的。腊八蒜一般呈现绿色的时间是在泡制后半个月左右，时间再长的话，蓝色素会全部转换成黄色素，这种情况下，腊八蒜和糖蒜的颜色也就没有什

么区别了。

姓名： 出生地： 腌制的醋： 腌制条件： 口味：

糖蒜

糖蒜是南方和北方皆有的风味名吃，颜色为白色，呈半透明状，口感酸甜嫩爽，为酱菜中上品。糖蒜一般用白醋泡制，并且要加入糖，随时随地都可以腌制。

姓名： 出生地： 腌制的醋： 腌制条件： 口味：

5. 师：请小组派代表来说说腊八蒜的身份。

　　生1：腊八蒜的出生地在北方，用米醋腌制，腌制条件是低温和酸性，口味偏酸、微辣。

6. 师：你说得很完整。请你（生1）来帮我把板书贴在黑板上。谁来说说糖蒜的身份。

　　生2：糖蒜的出生地包括南方和北方，用白醋腌制，腌制条件：随时随地，口味酸甜嫩爽。

7. 师：你说得也很精彩，也请你把板书贴在黑板上。

板书：腊八蒜PK糖蒜

8. 师：瞧，我带了什么？

（教师拿出实物：糖蒜和腊八蒜）

　　生：糖蒜和腊八蒜。

9. 师：谁来尝尝？说说糖蒜和腊八蒜的口感？

　　生：糖蒜偏甜，不是很辣。腊八蒜比较辣。

10. 师：你喜欢哪种？为什么？

　　　生：我喜欢糖蒜，因为它是甜的。

11. 师：明明，你喜欢哪种蒜呢？

播放音频《明明喜欢腊八蒜》：我喜欢吃腊八蒜，因为腊八蒜的颜色太好看了，而且这种颜色很难得，不稳定。

设计意图： 通过小组活动，培养学生搜集信息和提取信息的能力；通过对糖蒜和腊八蒜的比较，培养学生的团队合作能力，以及归纳和整理信息的能力。

四、蒜同"算"

播放音频《腊八蒜先生的话》。

明明：姐姐，你看，你看，腊八蒜好像动了！

腊八蒜先生：大家好，我是腊八蒜先生，在古代，有这样的俗语"腊八粥，腊八蒜，放账的送信儿，欠债的还钱"，意思是到了年关，商家开始算大账，各家各户也开始算自己家的小账，还欠别人多少，别人还欠自己多少钱，都得有数。但人们碍于情面，多半不好意思直接跟人家要债，这时就把我送给对方，什么话也不说，对方都明白是什么意思了。

1. 师：原来腊八节送腊八蒜有这个意思，所以腊八蒜的蒜，谐音同哪个字？

生：同"算"。

2. 师：表示？

生：算账。

3. 师：你们觉得我们中国人处世风格怎样？

生：比较内敛、委婉和含蓄。

播放音频《蒜你狠》。

浦浦：嗯，前几年新闻里说道：大蒜价格疯涨超过100倍，超过肉和鸡蛋的价格，那时新闻里出现一个词"蒜你狠"。

明明：嗯嗯，我也记得，还有"蒜你惨"。

板书：同"算"，表示算账

设计意图： 通过腊八蒜先生的自述，引出"算"和"蒜"的谐音，暗示学生能明白中国人处世风格的内敛。

五、画龙点睛来收尾

播放音频《吃腊八蒜也是腊八节习俗》：姐姐，我觉得腊八节真有趣，以前我只知道腊八节吃腊八粥，现在我还知道可以吃腊八蒜。等过了腊八节，我的寒假也就快来了！

（出示日历）

1. 师：同学们，今天你们有什么收获？

生1：我知道腊八节不仅仅可以吃腊八粥，也可以吃腊八蒜。

生2：我知道腊八蒜的绿色是不稳定的，要在酸性和低温条件下才会产生。

2. 师：我也和你们一样收获很多。腊八节是中华传统节日之一，腊八节来了，表示春节也离我们不远了。别看小小腊八蒜，原来它也是有讲头的。今天课上我们只讲了一部分蒜的知识，如果你感兴趣，课后还可以去学习研究。今年的腊八节，不要忘记和爸爸妈妈一起品尝一下腊八蒜的美味哦！

板书：小蒜头 有讲头

设计意图： 启发学生对于本堂课内容学习的回顾，引出本课课题。

【板书设计】

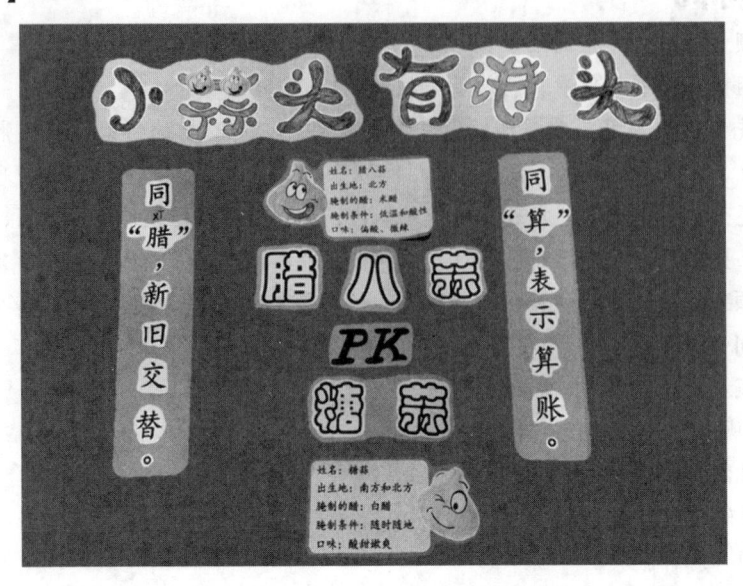

【点评】

日历：主题教育课推进的载体

1. 日历勾勒出活动主线

本课通过一张内涵丰富的日历勾勒出活动主线。两个卡通人物浦浦和明明的年龄与同学相仿，弟弟明明对日历上的信息产生好奇，用稚嫩的声音不断提出问题，姐弟俩和同学们一起来探究，围绕着这张日历，循序渐进地引出与本课相关的知识点，主线清晰。

2. 日历承载了活动内容

这张"特殊"的日历承载了本课的学习内容。日历上有二维码、谜语、图片、儿歌，直接或间接地展现了与节日相关的习俗。通过翻一翻日历的方式，知晓腊八节；通过扫一扫二维码观看视频，了解腊八节的来历和相关习俗；通过刮刮乐的有趣方式来揭晓谜底。一张精心设计的日历全程调动了学生的学习兴趣，创造学习体验的真实性，把理论知识和生活经验联系在一起，充分地调动了学生的探索精神。

上海市浦东教育发展研究院德育教研员　姚瑜洁

非遗篇——工艺技术

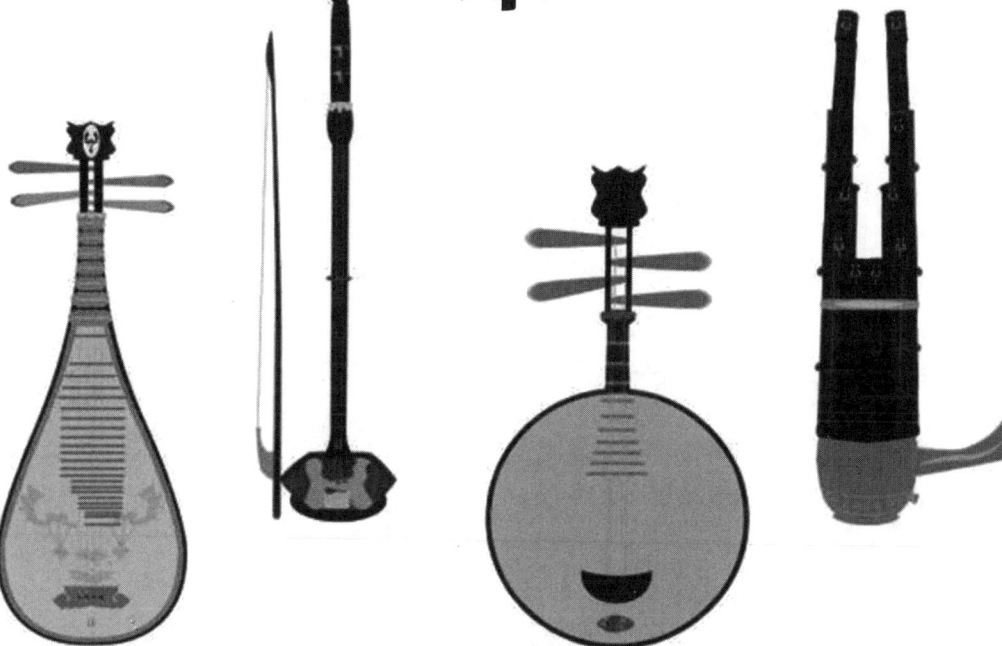

第20课　指尖上的智慧——算盘

设计教师：上海市民办尚德实验学校　　　王晓静
指导教师：上海市民办尚德实验学校　　　杨　路
　　　　　上海市浦东新区小学教育指导中心　孙丽萍

【活动对象】

小学三年级学生

【活动时长】

2+35分钟（2分钟预备时间）

【活动背景】

《关于实施中华优秀传统文化传承发展工程的意见》中提到，要把中华优秀传统文化全方位融入思想道德教育、文化知识教育等各环节中，贯穿于启蒙教育、基础教育、职业教育、高等教育等各领域。"算盘"是古代劳动人民的计算工具，也是我国优秀传统文化的重要内容，更是非物质文化遗产的重要组成部分。2013年12月4日，联合国教科文组织正式将中国珠算项目列入教科文组织的非物质文化遗产中，受到世人广泛关注。

我任教的班级学生在二年级第二学期的数学教学中已经对算盘有了初步的认识，学生能用算盘进行简单运算，但对于算盘的历史、文化价值等方面的了解还不够，这无疑是一种文化传承的缺失。

【活动目标】

知识与技能：
1. 了解算盘的起源、发展历史、重要作用以及文化内涵。
2. 知道珠算是世界非物质文化遗产，具有传承性等特点。

过程与方法：
通过视频、音频、小组竞赛、明理辩论等多种形式探究了解算盘文化的价值和内涵。

情感态度价值观：
感受算盘的文化价值及带给我们的人生智慧，从内心热爱祖国传统文化。

【活动准备】

收集相关媒体视频资料，制作课件，准备教具、算盘材料包、教学板贴等。

【活动过程】

一、听"史"识盘

（一）介绍新伙伴，引"算盘"

1.师：今天这节课，王老师给大家请来了一位小伙伴，他就是神算子。

播放音频《神算子自述》：大家好，我是神算子。我给大家带来了一则小谜语："木头方框，珠子成串。噼里啪啦，全都会算。"你们猜猜这是什么？

生：算盘。

播放音频《神算子揭示答案》：对，就是我的法宝——算盘。

2.师：今天就让我们和神算子一同来探究算盘，我手里就有一把实物算盘，噼里啪啦，计算全靠它，我们把它挂在黑板上。各小组桌上分别有一个算珠评比计数器，哪一组的小朋友回答问题精彩，就为这一组赢得一颗算珠。最后再比比看，哪几个小组竞争力最强，会有小惊喜哦！

（二）穿越探发展，说"演变"

播放音频《眼中的算盘》：你们见过算盘吗？在哪里见过？

1.师：谁来回答神算子提出的问题？

生1：我在银行见过算盘。

生2：我们在数学课上接触过算盘。

生3：我在药铺里见过算盘。

生4：我在爷爷家里见过算盘。

生5：我在电视上见过算盘。

生6：我在博物馆里见过算盘。

播放音频《穿越探寻》：你们对算盘的了解肯定不多，我带你们到我那个年代去了解一下吧！

2.师：好的，让我们跟随神算子一同穿越到他那个年代，来了解算盘！

播放音频《算盘的地位》："算盘"，它可算得上是老式古董了，是我国古代的一项重大发明，可与印刷、造纸、火药和指南针四大发明相提并论，被称为人类计算史上的重大改革。

3.师：听了神算子的介绍，我们初步了解了算盘在古代时的重要地位，它距今已有2000多年的历史，下面就让我们跟着神算子走进智慧学堂，一同了解算盘的发展演变。

板贴：发展演变

播放视频《算盘的发展演变》。

远古时期的人们是用石子来计算：

"昨天，我抓了两只鸡，今天又抓了一只鸡，一共有三只鸡。"

"用石头计算真方便！"

"嗯嗯！"

非遗篇——工艺技术

"哎？"

"你在干什么？"

"我在算我每天可以走多少步，用石头计算真不方便。"

后来，远古人开始用小木棍计数。"这些小木棍叫算筹，用算筹作为工具进行的计算叫筹算。"

"上个月我抓了二十只土鸡，这个月我又抓了十只土鸡，一共有三十只土鸡。"

"用小木棍计算真方便！"

"嗯！"

"嗯？"

"你在干什么？"

"我在算我每天能走多少步，用小木棍计算还是不方便。"

公元前六百年，古代中国出现了算板。古人把十个算珠串成一组，一组组排列好，放入框内，然后迅速拨动算珠进行计算：

"去年我们养了三千只土鸡，今年养了四千只，总共有了七千只了。"

"昨天走了一万两千三百步，今天走了一万两千三百四十步，两天一共走了两万四千六百四十步。"

"可以说，这就是算盘的雏形。"

4.师：看完算盘的发展历史，谁来说说它的发展顺序？

生1：远古时期的人们是用石子来计数的。

生2：后来远古人又用小木棍开始计数。

生3：这些小木棍叫算筹，用算筹进行的计算叫筹算。

生4：公元前600年，出现了算板。

板贴：纸式算盘　石子　算筹　算板

5.师：为回答正确的这组同学各拨一颗算珠作为奖励。

播放音频《你知道吗？》：同学们真棒，你们说得太正确了！那你们想知道算盘的构造吗？

（三）寻算盘构造，知"名称"

播放视频《算盘的构造》：算盘，一种计算数目的工具，由"框""梁""档"和"算珠"组成。算盘的四周叫作"框"，也叫作"边"，算盘中间的横条叫作"梁"。在算盘从上边贯穿横梁至下边的小棒叫作"档"，也叫作"杆"。算盘上的珠子叫"算珠"，也叫"算子"，一般来说，是梁上两颗珠，梁下五颗珠。

1.师：谁再来说说算盘其他部分的名称？请到黑板上找到算盘的各部分，并将算盘的名称贴到相应的位置上。

生1：这是算盘的框。

板贴：框

生2：这是算盘的梁。

板贴：梁

生3：这是算盘的档。

板贴：档

2. 师：说得真棒，奖励这个小组一颗算珠。

（四）观算盘年代，晓"作用"

1. 师：记得老一辈的人们常说，在他们那个年代，求职谋生必须具备两个基本条件：一是写一手好毛笔字；二是会打算盘。由此可见，算盘在那个年代，起到了多么重要的作用。

板贴：作用

播放视频《算盘的重要性》：算盘的诞生，是通过古人的智慧一步一步努力创造，才有了更方便为民的计算器具，它绝对是我国古代劳动人民智慧的产物。

2. 师：你们知道吗，算盘都应用在人们生活中的哪些方面呢？

生1：用在生意方面。

生2：用在算账上。

生3：可以用来数物品的数量。

3. 师：同学们总结得特别棒，算盘的出现促进了经济发展，方便了人们的日常生活。

板贴：促经济　便生活

4. 师：北宋名画《清明上河图》中赵太丞家的药铺柜上就画有一架算盘，可见它的商用价值和历史地位非同一般，这就是算盘作用的体现。

> **设计意图**：通过创设情境，采用神算子"穿越"的方式，带学生们了解算盘的起源、发展、构造以及作用等，引导学生培养深厚的探究兴趣，全员参与到活动之中，凸显其主体地位。

二、探盘知"意"

（一）小组竞答知"运用"

1. 师：算盘不仅在人们的计算操作中发挥大作用，更深深植根于中国历史文化之中，形成了独特的算盘文化。

出示PPT：算盘文化

2. 师：算盘文化博大精深，应用非常广泛，我们现在以小组为单位，进行一场和算盘文化有关的小竞赛。竞赛要求：每个小组桌上均有一个答题板，请各小组根据问题把讨论的答案写在答题板上，听指令再亮出答案。我们首先来看第一道题，算盘在俗语中的运用。这是一组选择题，各小组请听题，开始作答。

出示PPT：

盘算　算盘

非遗篇——工艺技术

选择：咱们有一说一有二说二，这不都在（　　　　）上明摆着吗？

3. 师：请各小组亮题板！

第一小组：算盘

第二小组：盘算

第三小组：算盘

第四小组：算盘

第五小组：盘算

4. 师：正确答案是"算盘"。这句俗语说明算盘在使用时清清楚楚、明明白白，不算糊涂账。为回答正确的第一、三、四小组各拨一颗算珠作为奖励。

（一、三、四小组组长为其小组各拨一颗算珠）

5. 师：我们再来看看，算盘还运用在歇后语中，请根据它的上半句，猜出下半句。先在小组内交流一下，再把答案写在题板上。

出示PPT：没框的算盘——（　　　　）

6. 师：请各小组亮题板！

第一小组：全散了。

第二小组：不叫算盘。

第三小组：只剩算珠了。

第四小组：算不了账。

第五小组：不能计算了。

7. 师：这句歇后语告诉我们，一定要紧密配合，否则就像没框的算盘一样，全散了，什么事都做不成。给均符合答案的5个小组各拨一颗算珠作为奖励。

8. 师：这些广泛出现在我们生活中的口头用语，都来源于算盘。所以我们说，它不仅仅是一种计算工具，更有着非凡的文学意义。

板贴：文学意义

播放音频《神算子肯定回答》：哦，原来算盘还有那么多的文化内涵啊！

9. 师：没错，算盘不仅仅运用在文学语言方面，还体现在生活中的各个方面。我们接下来分组探究吧！

（二）你追我赶探"文化"

1. 师：老师这里有5个探究内容，每个小组随机认领1个，请在组内进行思考讨论，根据所给的资料，填写探究成果，稍后，再请小组派代表展示探究成果。

一号题目，第四小组

出示PPT《算盘中的财富象征》：商人做生意都要用到算盘来计算收支。而这个过程就需要仔细核对，不允许有纰漏。渐渐地，它就发展成一种做事严谨、分毫不差的态度。而这样的态度，也会帮助商人们积累起巨大的财富。因此，古话说：算盘一响，黄金万两。

2. 生：通过阅读这段资料，我们明白了在做事上就如同打算盘一样，要有严谨的态度，才能收获"黄金万两"。

151

3. 师：说得特别棒，算盘还包含着不失毫厘的做事态度。

板书：不失毫厘

二号题目，第二小组

出示PPT《算盘中的处事之道》：在北京东岳庙速报司中，挂有两座大算盘，长6尺、高2尺，共29档、203颗算盘珠。左右批有"毫厘不爽，乘除分明"。这象征着神明计算世人的功过，公正严明，赏善罚恶。

1. 生：通过阅读这段资料，我们知道了在为人处世方面上要做到公正严明，赏善罚恶，这样才显公平公正。

2. 师：正如同算盘一般，做人处事方面要公正严明！

板书：公正严明

三号题目，第一小组

出示PPT《算盘的做事规则》：打算盘并不是一件十分容易的事情。6档算盘有42颗算珠，所以在打算盘时，如果没有计划，没有顺序，那么最终就会导致错误的结果。

1. 生：通过算盘的结构组成，使我们懂得了无论做什么都要像算盘一样有要求有规则，而不是杂乱无章。

2. 师：你们总结得很到位，我们应该像算盘上的算珠一样，凡事都要计划有序地执行。

板书：计划有序

四号题目，第三小组

出示PPT《算盘的延伸意义》：算盘由多个部分组成，缺一不可，各有各的分工，"框"和"梁"是骨架，起到支撑作用，各颗珠子也是你进我退，合作默契。

1. 生：通过算盘各部分的合作分工，要做到相互配合、相互协调和团结一致。

2. 师：在团队合作上，就要像算盘上的珠子一样，一串串有序排列组合在一起，团结一致，方能完成每一项任务。

板书：团结一致

五号题目，第五小组

出示PPT《民间饰品中的算盘文化》：古时候，民间小孩脖子上也挂有算盘小饰品，用以驱凶辟邪。除此之外，算盘还作为陪嫁物，以祝福新人婚姻生活富足安宁，赢得广茂财源。同时，送算盘也是对人们生活的美好期盼和祝福。

生1：通过阅读这段资料，我们知道算盘在民间有许多美好的寓意。我想把算盘饰品送给爷爷，祝福他长命百岁。

生2：我想把算盘送给老师，祝福老师永葆青春。

生3：我想把算盘送给妈妈，祝福妈妈身体健康。

3. 师：原来算盘还有这方面的含义，它寄托了人们的期盼与祝愿。

板书：期盼祝愿

4. 师：今天这节课，不仅仅让我们了解了算盘的发展、构造与作用，更让我们从中领悟到了它的价值和内涵，轻轻用手指尖拨打每一颗算珠，就能呈现出多种智慧。这就是这节课带给我们的领悟和真谛。

非遗篇——工艺技术

板贴：指尖上的智慧

> **设计意图：** 运用小组竞赛、合作讨论的方式，使学生进一步加深对算盘文化内涵的理解，更能在探究中增长知识，更好地了解算盘的文化价值与内涵。

三、拨珠传"宝"

（一）思辩明理，懂传承

1. 师：算盘在古代有着如此辉煌的历史，作为古老的计算工具，算盘在今天是否还有存在的必要？

生1：有存在的必要。

生2：没有存在的必要。

2. 师：算盘在今天到底有没有存在的必要？现在我们进行一场辩论赛，同意算盘有存在必要的为正方观点，不同意的为反方观点，请说出你的论点依据，辩论会现在开始！

正方1：它是一种荣耀，是所有计算器的老祖宗。

反方1：算盘体积大，不易携带。

正方2：算盘更能锻炼我们的手脑，使之协调。

反方2：算盘的口诀不太方便记忆。

正方3：我们在生活中不一定会用到算盘，但是我们要领悟算盘的精神。

……

3. 师：好，时间到！我们的辩论到此结束。双方辩论非常精彩，正反双方说得也非常有道理。在高速发展的今天，在众多计算工具使用中，即使我们用不上算盘，但它存在的价值是不可否认的，2013年12月4日，联合国教科文组织正式将中国珠算列入世界非物质文化遗产。

板贴：世界非物质文化遗产

4. 师：在计算机普遍使用的今天，古老的算盘不仅没有被废弃，反而因它的灵便、准确等优点，陆续被传到了日本、朝鲜、美国以及东南亚等国家和地区，至今方兴未艾，对世界文明做出了重要的贡献，所以我们作为中国人更要去传承这宝贵的文化。

板贴：传承

（二）拨珠体验，晓意义

1. 师：中国珠算是世界非物质文化遗产，那么它有着怎样重要的意义呢？请神算子带我们一同去了解珠算。

播放音频《珠算的重要性》：珠算一词，最早见于东汉徐岳所撰的《数术记遗》。到了明代，珠算已经是非常普及了。做生意时，结账买单；学堂中，先生教珠算口诀一上一，一下五去四，一去九进一；在经商往来时，可以用算盘计算：510+271-145+662=1298元，所以我们说算盘就是神器。

2. 师：珠算的口诀便于记忆，操作又简单方便，更重要的是它能锻炼大脑思维能力，促使脑、眼、手的协调配合。所以，在现代社会中依然有许多人在学习中国珠算。今天，我们也来体验一下吧！拨珠体验前，我们先来学几句简单的珠算口诀，请神算子带我们一同诵读。

播放音频《珠算口诀》：一上一，二上二，三下五去二，四退六进一。

3. 师：请大家一齐诵读口诀。

生：一上一，二上二，三下五去二，四退六进一。

播放音频《用珠算口诀拨打算珠》：根据口诀，我们怎样拨打算珠呢？教师一边说口诀，一边拨打算珠：我们先找到个位，先从个位拨一颗下珠，对应口诀一上一；接着再拨二颗下珠，对应口诀二上二；这时再拨一颗上珠下来，然后再退二颗下珠，对应该口诀三下五去二；最后，将一颗上珠和一颗下珠还原，并在十位上拨一颗下珠，对应口诀：四退六进一。

4. 师：王老师为每位同学都准备了一个算盘，请根据珠算口诀，运用口诀进行拨珠体验，用指尖去轻轻触摸、感受它的温度，感知珠算的智慧。

（各小组在组长的带领下运用珠算口诀拨打算盘）

5. 师：这节课，我们一同探究了解了算盘的发展演变、构造、作用以及文化价值和智慧内涵，同时又进行了拨珠体验，让我们感谢神算子的热情参与！

播放音频《神算子告别》：同学们，虽然我手里的算盘和我寸步不离，但是我对它的了解远远不够，通过今天和同学们一同探究学习，我才知道算盘有那么多的用处和价值，我们要从自身做起，运用它的智慧去帮助更多的人，让我们一起把算盘传承下去吧！小朋友们，再见！

生：神算子再见！

6. 师：同学们，随着现代科技的不断发展，在未来，还会有更多的科技创造，就如同现在的人工智能已经出现并开始使用等。但不管科技怎样进步，算盘作为计算工具的老祖宗，我们一定要保护、发扬与传承，更要运用它宝贵的智慧去开拓创造你们的人生！我们再来看看各小组计数统计情况，看来大家的表现都十分优异，也请将掌声送给自己！老师也为每位小朋友准备了一个如意小算盘，送给大家，祝愿大家健康成长，快乐学习。当然，你也可以将它送给你想送的人，送出你的期盼与祝福！

设计意图： 在算盘体验中，让学生用指尖去轻轻触摸，感受它的温度，感知珠算的智慧。在思辨中让学生懂得算盘作为世界非物质文化遗产，仍然有其重要的意义，所以对算盘一定要保护、发扬与传承。

【板书设计】

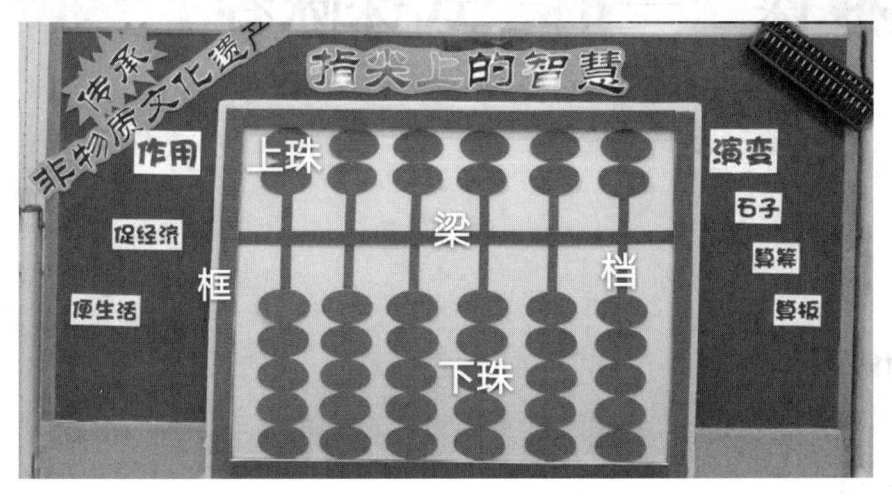

【点评】

巧妙用"算",智慧点"拨"

王老师执教的《指尖上的智慧——算盘》一课,主题鲜明,选题巧妙,目标达成度高,巧妙运用四个和算盘相关的内容,引导学生感受算盘的文化价值及带来的人生智慧,激发学生热爱祖国传统文化的精神。

1. 巧用"算盘"实物,初步了解

课堂伊始,教师选用实物算盘让学生通过观察、触摸等方式直观感知,再挂于黑板右侧,可为后续探究做好铺垫,又与板书遥相呼应,相得益彰。

2. 巧找"算盘"结构,加深印象

纸式算盘作为板书中重要组成部分,使学生通过视频和音频等素材,了解并掌握算盘的构造,并能够快速找到算盘的各个部位,贴上名称,使其进一步加深对算盘的认识。

3. 巧借"算珠"评价,公平有趣

采用算珠计数器的方式对小组进行评价,充分发挥学生的主体作用,算珠计数器中的算珠与算盘中的算珠意义相通,回答正确或特别精彩都可以为本组获得一颗算珠,最后算珠数量多者胜出。这样的评价方式,既可以激发学生积极参与的热情,又可以学到珠算计算方法,有趣且公平。

4. 巧拨"算珠"体验,智慧呈现

学生在了解算盘的基础上,能够根据珠算口诀拨珠计算,用指尖去轻轻触碰每一颗算珠,感受它的温度,也让学生懂得珠算作为世界非物质文化遗产有其重要的意义,需要保护、发扬与传承。这体现了这节主题教育课的育人智慧。

上海市民办尚德实验学校航头校区校长　杨　路

第21课 一招一式探咏春

设计教师：上海市三灶学校　唐高俊
指导教师：上海市宣桥学校　祝永华

【活动对象】
　　小学三年级学生

【活动时长】
　　2+35分钟（2分钟预备时间）

【活动背景】
　　"咏春拳"作为中国传统武术，是颇具特色的南拳拳术，能制止侵袭，是一套积极、精简的防卫技术。2014年11月11日，福建省福州市申报的"咏春拳"成为第四批国家级非物质文化遗产代表性项目。
　　随着《叶问》系列电影的问世，"咏春拳"这个名称开始频繁出现在人们的视野里。经调查，我带教的三年级学生大都听说过"咏春拳"，也对习武颇有兴趣，但小部分学生觉得习武无用，有些甚至认为习武可以耍威风，还可以欺负人，这些都是因为他们对武术、对咏春拳存在偏见，了解不够。

【活动目标】
　　知识与技能：
　　1. 初步了解中国传统武术——咏春拳，知道咏春拳的发展和代表人物叶问。
　　2. 初学咏春拳的基本招式。
　　过程与方法：
　　通过扎马步、辩一辩、喊一喊等活动，体会咏春武德——我坚持、我友善、我勇敢。
　　情感态度与价值观：
　　能在生活中践行武德，懂得咏春需要传承，激发对中国传统文化的热爱。

【活动重点】
　　通过体验活动，体会咏春武德。

【活动难点】

在实际生活中践行咏春武德。

【活动准备】

学校武术视频、叶问介绍视频、"小春春"和"叶问"的动画、咏春"秘籍"、勇敢卡等道具。

【活动过程】

一、暖身环节

1. 师：同学们，大家好，我是上海市三灶学校的唐老师，非常高兴认识你们。在我们的校园里呀，有一群生龙活虎的孩子，他们在干什么呢？来看一段视频吧！

播放视频《三灶学校武术社团专题采访》。

习武，以德为先，三灶学校的武术课程最看重武德的培养，即在习武的过程中，培养学生亲和礼让、坚韧不拔、吃苦耐劳、坚持不懈的精神，把武术礼仪纳入武德教育，通过成套的行为规范以及一些特定的造型等外在动作的形成而加以培养。学校组建了汇联武术社，评选爱好武术暨有武术天分的学生入社，重点培养武术人才。学校还全面推广武术操，每天早晨校园里"虎虎有生气"的武术操操练，已经成了一道亮丽的校园风景。

学生1："习武可以强身健体，也可以很好的发展一下我的身体素质。"

学生2："有时候在别人家表演的时候，他们都说我很棒，我觉得很自豪。"

武术教练黄冬阳："武术，作为我们学校的特色项目，包括有些学生参加了区业比赛，到市里的比赛，都获得了好多奖项，从我们教师在武术队上课、训练过程中，不单单教育学生练好身体、练好动作，而是很多的时候是以武会友，很看重武德那一块。"

2011年至今，学校积极承办浦东新区武术大联赛，学生在市区级武术比赛中频频获奖，参赛经历既可以活跃了学生的武术竞技生活，又提高了（身体素质）。

2. 师：武术是中华传统文化，也是三灶学校的特色，我们航头学校三（1）班的小朋友想学吗？为什么呀？

生1：我想学。因为学习武术，能强身健体。

生2：我也想学。学习武术，会让我变得更帅！

生3：我想学。通过学武，我可以保护自己和朋友们。

二、设情境，激兴趣，走近叶问，了解咏春

1. 师：你们说得都非常好。有一位小朋友也想学，他叫"小春春"，让我们一起来认识一下他！

播放视频《小春春之自我介绍》：我叫小春春，今年10岁啦！自从看了电影《叶问》之后，我每天都想着跟叶师傅学咏春拳，因为实在是太帅了！

2. 师：提到"咏春"，不得不提这样一位人物，那就是咏春拳一代宗师——叶问。今天老师也请来了"叶问"师父，要不要请他传授几招？

生：要！

播放视频《叶问介绍咏春》：叶问，1893年10月1日，出生于广东省南海县桑园，师承陈华顺、梁壁，为咏春拳体系的开宗立派人。叶问于50年代开始在香港教授广东人"咏春拳"，他将原博大精深、包含武术套路与心法的传授方式拆改成一个个简单通俗的粤语动作名称，让"咏春拳"以最显浅明了、通俗易懂的方式在香港开宗立派，将原本秘而不传的"咏春拳"传扬开来，其封门弟子梁挺将"咏春拳"传扬国际，更培养出了闻名世界的李小龙，叶问在咏春拳术方面有着极深的造诣，对咏春拳术的发展做出了杰出的贡献。

3. 师：今天，就让我们借"一招一式"来探一探"咏春拳"的秘籍吧！

板贴：《一招一式探咏春》（"秘籍"封面）

4. 师：在此，我们以武会友，要先行抱拳礼。跟着儿歌一起来学一学吧！

出示儿歌《抱拳礼》：德智体美左手掌，拇指弯曲不自大，勇武顽强右手拳，左掌右拳抱胸前，一身正气在心间。

5. 师：现在，让我们用抱拳礼互相问候，配上咏春口令，我说"一招一式"，同学们说"探咏春"，好吗？我们来试一试。

6. 师：一招一式——

（教师行抱拳礼）

生：探咏春。

（学生行抱拳礼）

设计意图：创设情境——与"小春春"和"叶问师父"一起学习"咏春拳"，拉近彼此距离，调动学生兴趣。"小春春"问、"叶问"答贯穿始末，在问答中渗透教学和德育的内容。师生互动学习抱拳礼，有武术味儿，起到了整顿纪律的作用，还拉近了师生间的关系。

三、学动作，联实际，领会咏春，感受武德

第一招：我坚持

1. 师：好学的"小春春"也掌握了抱拳礼，我们去看一看吧！

播放动画《小春春之求教》："学完了抱拳礼，叶师父，现在能教我咏春拳了吗？"

播放音频《叶问指点》："任何武功都要从基本功练起，小春春，先学扎马步吧！"

2. 师：现在我们就来学扎马步。咏春马步共有四个步骤，大家仔细看我演示。

非遗篇——工艺技术

图一 　　　　　　图二 　　　　　　图三 　　　　　　图四

3. 师：喊口令，自己练一练。保持住，看谁坚持得最久，动作最标准。

　　生：1.2.3.4。

4. 师：现在保持住，看谁坚持得最久、动作最标准。你现在感觉怎么样？

　　生：我的脚很酸，快站不稳了。

5. 师：再坚持一会儿，加油！

（教师行抱拳礼）

6. 师：你感觉怎么样？

　　生：我感觉很累，但是我还能坚持一会儿。

7. 师：相信你可以的，加油！

（教师行抱拳礼）

8. 师：你站得很稳，给我们分享一下你的感受吧？

　　生：坚持下去就是胜利。

9. 师：你说得真棒！你的话也是对其他同学的鼓励。

（教师行抱拳礼）

10. 师：仅仅是练扎马步，已经很不容易了，而叶问一生习武72年，几乎每天都要扎马步一到两个小时，相当于我们从第一节课坚持到第三节课结束。他的徒弟李小龙就更厉害了，学咏春时，每天都在武馆扎马步，一练就是一天，从早到晚，坚持12个小时！学武真的不容易啊！怎样才能学好咏春拳呢？

　　生齐声：要坚持。

11. 师：对了，咏春"秘籍"第一招就是"我坚持"！

　　　　　　　　　板贴：第一招——我坚持（"秘籍"第一页）

12. 师：当叶问师父练武术感到又苦又累的时候，他咬咬牙，告诉自己要坚持，最后才成了武术大师，真了不起！同学们，你们有没有碰到过想放弃的事呢？你是怎么做的？

　　出示PPT：当我在练习_____的时候，每当坚持不下去，我就大声对自己说_____
_____。

　　生1：当我在练习书法的时候，每当坚持不下去，我就大声对自己说："再写最后一页！"

　　生2：当我在练习背单词的时候，每当坚持不下去，我就大声对自己说："再多读几遍！"

生3：当我在练习跑步的时候，每当坚持不下去，我就大声对自己说："再坚持一下！"

13. 师：成功需要坚持，你们说得很棒，把你们的指印摁在"秘籍"上吧！同学们，咏春马步教会我们做任何事都要对自己说——

生：我坚持。

14. 师：一招一式——

（教师行抱拳礼）

生：探咏春。

（学生行抱拳礼）

> **设计意图：** 扎马步是武术的基本功，所以第一招就学扎马步。让学生采用亲身体验的方式，更好地感悟学武的不易和坚持的重要。实践出真知，再结合自己的生活，体会要做好任何事都要坚持不懈。

第二招：我善良

1. 师：我们的"小春春"也是这样坚持不懈地练习，看——

播放动画《小春春遇险》。

"练基本功虽然很苦，但我一定要坚持"……

一年后，小春春下山办事，在路上遇见学武之人抢钱。强盗说："快把钱交出来！"小孩说："我不给！我不给！我不给！"强盗说："我可是学过武术的，不给！叫你吃拳头！"

2. 师：学了武术可以用来欺负人吗？

生齐声：不可以。

3. 师：学武要修心，心存善意才能把武术用在正确的地方。所以，咏春"秘籍"第二招就是——我友善。

板贴：第二招——我友善（"秘籍"第二页）

4. 师："小春春"接下来会怎么做呢？听听他的想法吧！

播放动画《小春春之忧虑》："学了武术是要帮助弱小的，看我怎么教训这个坏人。可我要是打不过，自己也被打伤，那可怎么办呀？"

播放音频《叶问答疑》："小朋友们，常说习武之人爱打抱不平，出手相助，但对我们来说见义勇为是有危险的，生命诚可贵，面对歹徒，我们应该"见义智为"，向大人或者警察求助，更好地化解这种情况。"

5. 师：小朋友学了武术，要不要见义勇为？你会支持哪一种观点呢？让我们开展一个小小辩论会，各抒己见吧！

生1：我觉得要见义勇为，因为学了武术就要去伸张正义，惩奸除恶。

生2：我不同意你的观点，我认为不能轻易去见义勇为，因为对于我们小学生来说，这样很危险，我们可以向大人或警察求助。

生3：我不同意，因为当时如果周围没有大人或者警察，就错过了营救时机，可能会酿成大祸。

生4：那要是打不过坏人，岂不是更危险？我觉得还是要等待时机，或者想办法撤离。

6. 师：你们的辩论相当精彩，赶快把你们的指印摁在秘籍上吧！让我们听听武术权威——"叶问师父"怎么说。

播放音频《叶问答疑》：小朋友们，常说习武之人爱打抱不平，常出手相助，但对我们来说见义勇为是有危险的，生命诚可贵，面对歹徒，我们应该"见义智为"，向大人或者警察求助，机智地化解危机。

7. 师：同学们，不管是"见义勇为"，还是"见义智为"，"咏春"都教会我们心存友善，正念长留。

8. 师：一招一式——

（教师行抱拳礼）

生：探咏春。

（学生行抱拳礼）

设计意图： 心存善念是武术的心法，结合社会热点话题——"要不要见义勇为"开展辩论，各抒己见，最后倾听武术权威"叶问"的见解，使学生们明白做人做事要友善。

第三招：我勇敢

1. 师：看，"小春春"也明白了这个道理，在连连点头呢！

播放动画《小春春之疑惑》："叶师父，我明白了，我们要心存善意，要保证自己安全的情况下帮助他人。那我有个问题了，日本侵占中国的时候，您明知道自己有危险，为什么还挺身而出与日本人对抗呢？"

播放视频《叶问谈出战》："当时是抗日战争期间，日军攻占了佛山，得知我的武术过人，就希望我能够教日军咏春，被我断然拒绝了，于是日本军人很愤怒，就指派了军中的高手与我交手，我毅然出战，最后打败了日本人。"

2. 师：同学们，你觉得叶问为什么要挺身而出？

生：我觉得是为了保护国家利益和人民安全。

3. 师：是啊，那你觉得叶问师父是个怎么样的人？

生：他是一个勇敢的人！

4. 师：这就是叶问告诉我们的咏春"秘籍"第三招——我勇敢。

板贴：第三招——我勇敢

5. 师：正是因为这些勇敢的人，我们的社会才会变得越来越美好，我们的民族才会变得更加强大！你想不想成为一个勇者？敢不敢面对学习生活中的各种挑战？让我们玩一个胆量游戏《直面挑战，大声说出我勇敢》吧！

出示PPT：
挑战规则：上台抽取勇敢卡，然后大声地说出自己的决心，即为挑战成功！
挑战内容：
（1）当爸爸妈妈晚上加班，留我一个人在家时，我会勇敢地对爸爸妈妈说："_____。"
（2）当下次班上竞选班干部的时候，我会勇敢地对老师说："_____。"
（3）其实我有很多优点，我想勇敢地告诉大家："_____。"
（4）当看到爸爸吸烟时，我会勇敢地对爸爸说："_____。"
（5）当我不小心摔跤时，我会勇敢地对自己说："_____。"
（6）当我不小心惹某人生气的时候，我会勇敢地对他说："_____。"

6.师（抱拳礼）：一招一式——
生（抱拳礼）：探咏春。

生1：当爸爸妈妈晚上加班，留我一个人在家时，我会勇敢地对爸爸妈妈说："爸爸妈妈，你们放心吧，我已经长大了，能照顾好自己。"

生2：当下次班上竞选班干部的时候，我会勇敢地对老师说："老师，我想竞选班干部，可能平时的我默默无闻，但是我很想帮助老师，帮助同学，我觉得自己能行！"

生3：其实我有很多优点，我想勇敢地告诉大家："我不是一个顽皮的捣蛋鬼，我跑步很快，我想为班级争光！"

生4：当看到爸爸吸烟时，我会勇敢地对爸爸说："爸爸，吸烟有害健康，我爱你，你能为了我们而戒烟吗？"

生5：当我不小心摔跤时，我会勇敢地对自己说："这点儿小伤没什么，我是男子汉。"

生6：当我不小心惹陆××生气的时候，我会勇敢地对她说："对不起，陆××，我是无心的，请你原谅。我不想失去你这个好朋友。"

7.师：你们展现了自己勇敢的一面，了不起！快把指印摁在咏春"秘籍"上吧！同学们，你们的勇气就是咏春隐含的"秘籍"三——我勇敢。一招一式——

（教师行抱拳礼）
生：探咏春。

（学生行抱拳礼）

> **设计意图：** 学生观看了叶问击败日本侵略者的视频后，热血沸腾，慷慨激昂，把整节课推到高潮。在现代，要践行叶问的精神就是要勇敢，勇于承担自己的责任。"喊一喊"的游戏旨在唤醒学生心中的勇气，做一个有担当的人。

三、传文化，扬精神，热爱咏春，热爱武术

1.师：同学们真棒，这节课快接近尾声了，你有什么收获吗？
播放动画《小春春感悟》："今天，和同学们一起学了咏春，真开心，我也明白了很多道理：要坚持、要友善、要勇敢，我一定好好学下去。"

播放音频《叶问寄语》:"小春春,同学们,你们都很棒!希望大家学好咏春,把中华传统文化传承下去,把咏春武德发扬光大。"

2. 师:最后,老师把这本《咏春秘籍》传授给大家,希望大家牢记其中的"一招一式"。

3. 师:一招一式——

(教师行抱拳礼)

生:探咏春。

(学生行抱拳礼)

【板书设计】

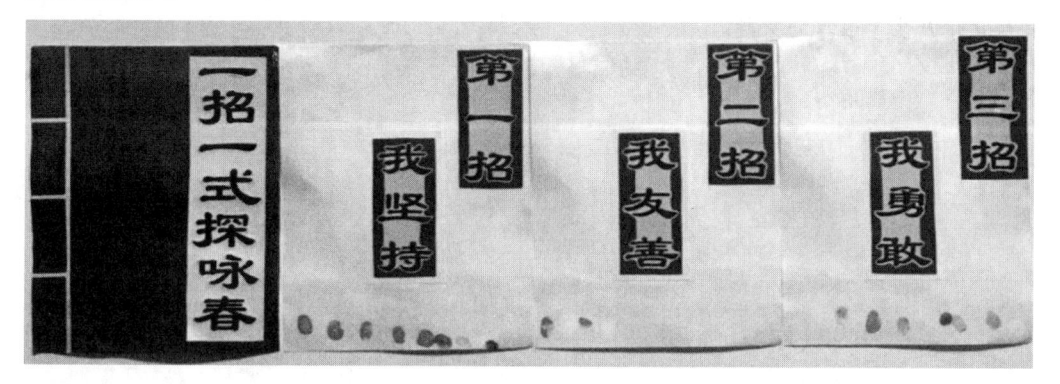

设计意图: 板书精心设计成了武功秘籍的样式,契合本课主题,吸引学生眼球。课后,由老师传授"秘籍"于学生,体现了文化的传承。

【点评】

武味十足

听过多节主题教育课,前有剪纸的静态美、算盘的灵动美,今有咏春的动态美;前有"笋芽"的鲜味儿、"香包"的药味儿,今有咏春的武味儿。短短一节课,浓浓武术味儿,让听课的学生和老师无不沉浸其中。唐老师介绍非遗咏春,让学生通过听、说、练、思来感受咏春深厚的文化底蕴。整堂课"武味"浓郁,体现在以下几点。

1. 主题烘托武术味儿

咏春拳是中华传统武术之一,来源于广州佛山,由叶问发扬光大,属于南拳拳术,适合南方的小朋友学习。

2. 内容彰显武术味儿

上课伊始,老师带领学生行抱拳礼,体会习武之人互相尊重、以武会友的精神;课堂中老师向学生行抱拳礼予以鼓励,学生回抱拳礼表示赞同,贯穿始终,不仅拉近了彼此距离,而且使课堂评价机制变得新颖有趣。唐老师还设计了扎马步的体验环节,让学生切身感受到了习武的不容易,对叶问、李小龙等武术前辈的敬佩之情油然而生,也体会到了先苦后甜的深刻武德，明白"吃得苦中苦，方为人上人"的道理。

3. 形式凸显武术味儿

在每个活动环节的结尾，老师奖励回答出色的小朋友在秘籍上按手印，效仿武林中人留下自己的痕迹，此时学生内心感觉无比自豪，也起到激励其他学生的作用。

4. 板贴烘托武术味儿

唐老师的板贴设计非常巧妙，紧扣武术主题，把课堂活动中提炼出来的三招——"我坚持、我友善、我勇敢"制作成武功秘籍，使课堂总结颇具特色，最后还装订成册传给学生，体现了武术传承，拓展了课堂导行。

唐老师以武术为主题设计这堂教育课，不单单是为了讲武术、教武术，而是让小朋友们身临其境感受武术，浸润在武术的氛围之中，自然而然对武术有了深刻的感悟，对中华传统文化产生了浓厚的兴趣。

上海市宣桥学校　祝永华

第22课　方块字里探春秋

设计教师：上海市浦东新区明珠小学　周　洁
指导教师：上海市浦东新区华林小学　罗丽惠

【活动对象】
小学三年级学生

【活动时长】
2+35分钟（2分钟预备时间）

【活动背景】
汉字书法习称"书法"，是流行于全中国的一种书写汉字的传统艺术，于2008年6月入选第二批国家级非物质文化遗产名录，项目编号为839Ⅶ-63，属于传统美术类别。在信息化高速发展的今天，写一手好字看似已经不那么重要，但是我国人文修养历来讲究"人与字，字与人，二而一，一而二，如鱼水相融，见字如见人"。因此，写一手好字不仅能彰显个人魅力，更给人儒雅、有文化、有品位的印象。"认真写字，踏实做人"，是伴随一个人一生的事业。

信息化时代，高科技产品大量涌入我们的生活，学生们在享受丰富的教育资源的同时，书写能力减弱，而且对中国汉字的特点和发展历史不够了解，尤其是甲骨文、金文、小篆、隶书等汉字演变过程，他们是比较陌生的。不练习书法的学生平时也很少有机会欣赏名家书法，了解名家逸事。据了解，现在学生写字水平也呈现下坡趋势。因此，很有必要为21世纪的小学生补上这块短板。

【活动目标】
1. 通过"知字之美""感字之美""写字之美"三个板块的主题活动，了解汉字文化的历史与发展。
2. 学会从不同的角度认识和记忆汉字，在品鉴汉字文化的同时，尝试探究合作，深入学习汉字文化的内涵。
3. 领悟"认真写字、踏实做人"的品行要从认真书写一笔一画开始，激发热爱祖国语言文字的情感。

【活动准备】

1. 准备6个字谜，结绳记事、甲骨文演变的视频、常用字的甲骨文10个。
2. 搜集历代大书法家的墨宝图片、王羲之练字的故事视频。
3. 准备空白书签若干。

【活动过程】

一、激趣导入——研究汉字文化的奇妙之处

（一）趣味引入，打开探字之门

1. 师：小方是个活泼好动的男孩，虽说成绩还行吧，但一提到写字，就头疼。

出示PPT：小方人物图片。

播放音频《小方的困惑》：大家好，我是明珠小学三年级的学生小方，老师们都夸我聪明，因为我考试总能得优，但是他们看到我的字，都直摇头，因为我写的字连我自己都看不懂。老师、家长和同桌都劝我好好写字，可我觉得那样多累啊，我写的字只要人家认识就行了，不认识就猜呗，总会知道的。伙伴们，你们说对不对？

生1：不对，有好几次我自己写的字，时间长了，我都认不清了，结果还闹笑话呢。

生2：不对，写字难看的我每次语文考试都被老师扣清洁分，好多次都和"优"失之交臂。

生3：小方，你说错了！我的字写得不好看，常被同学笑话，难为情极了！

2. 师：看来，你们都不认同小方的想法。其实"字如其人"，每个汉字的表情透露着智慧和幽默。它走过的地方，温暖过人心；它成长的故事，承载着文明。那么，今天老师就带着小方和同学们一起开启有趣的汉字之门，感受汉字的无穷魅力吧。

板书：方块字里探春秋

> **设计意图**：通过对小方这个同龄人人物的塑造，引入主题教育课，让学生们感到亲切和自然，同时小方的困惑也为认识中国的非遗文化"方块字"做了生动的铺垫，"字如其人"有什么内涵？为什么要写好汉字？这些疑问激起了学生们探索方块字的兴趣，促使学生们更好地进入学习活动状态。

（二）趣味研究，走近汉字文化

1. 师：灯谜是中国古代劳动人民智慧的结晶，是中国传统文化的一门综合性艺术。现在以小组为单位进行猜字谜游戏，猜出者就可以为小组赢得一枚汉字达人章。

出示PPT《字谜》：

生1：锅，因为"口内金"正好组成"锅"字，饭又是用锅煮出来的。

生2：碗，这个字相当于给"豌豆"的"豌"换个石字旁。

生3：梳，"流"和"梳"都有"㐬"，"流水去，植树来"表示去掉三点水、换成木字旁即可。

2. 师：字谜在中国源远流长。灯谜最早要追溯到春秋战国时期，三国时代猜谜盛行。在宋代出现了灯谜，人们将谜条系于五彩花灯上，供人猜射。明清时代，猜灯谜在中国民间十分流行。你们知道最早的汉字距今多少年了？

生1：500年。

生2：1000年。

生3：800年。

3. 师：你们猜得都不对，现在来看看我们中国汉字的历史吧！

出示PPT：有象形文字的龟壳图片。

（1）迄今为止连续使用时间最长的文字，公元前1300年商朝；

（2）距今3000多年前刻在龟甲或兽骨上的甲骨文，最初是由图画演变而来，至今仍有一些字保存着象形文字的特点。

播放音频《小方考考你》：啊，原来汉字有如此悠久的历史啊！看来，我真是太不了解汉字了。那么没有汉字前，人们如何交流、记事呢？小朋友，你们知道吗？

生1：在龟壳上画符号记事。

生2：用绳子打结的方式记事。

生3：用不同的器具记事。

4. 师：嗯，大家知道的可真多啊！现在我们一起看一下动画《仓颉造字》，想想汉字是如何被创造出来的？

播放视频《仓颉造字》。

远古时，人们只会说话没有文字，汉字的发明经历了漫长的过程。

在文字还没有被创造出来的上古时期，人们用的是在绳子上打结记事的方法。到了黄帝的时候，有个叫仓颉的史官，黄帝派他专门管理部落牲口的数目、食物的多少。仓颉这个人很聪明，做事尽力尽心，很快熟悉了全部的牲口和食物，心里有了谱，很少出差错。可慢慢地，牲口和食物的储藏都逐渐的在增加，越来越多，光凭脑袋已经记不住了。当时又没有文字，更没有纸和笔，怎么办呢？这个问题可把仓颉难住了，仓颉整日整夜地想办法：先是在绳子上打结，用绳子打的结代表数目，但时间一久，这个办法就不管用了。仓颉又想到了在绳子上打圈圈，在圈子里挂上各式各样的贝壳来代替他所管的东西。后来黄帝叫仓颉管的事情越来越多，凭着添绳子挂贝壳也不管用了，怎么才能不出差错呢？

后来，他在一次集体狩猎中受到启发：既然一种脚印代表一种野兽，那为什么不能用符号来表示所管的东西呢？于是他开始创造各种符号来表示事物，找到了创造文字的方法。渐渐地，这些符号逐步推广开来就形成了文字，仓颉也就成了创造文字的始祖。

5. 师：刚才我们看了仓颉的故事，知道了汉字在发明之前，人们是靠结绳来记事的，那么小朋友能否说说仓颉是如何造字的？

生1：仓颉一开始用贝壳、绳子打结的方式来记事。

生2：仓颉在一次打猎中受到启发，尝试用各种符号来记事。

生3：仓颉的记事方法比结绳、挂贝壳等更方便，更持久。

播放音频《小方大赞仓颉造字》：结绳记事是最早的文字起源，仓颉造字也象征着古代劳动人民的智慧，他们真了不起。

6. 师：的确，仓颉造字只是一个传说。其实，汉字不可能是仓颉一个人创造的，也不可能是他在一个时期内创造的，很多人都参与了这项伟大的工作。现在老师带你们去了解汉字的起源、演变和发展，感受中华民族灿烂的汉字文化，探索汉字发展之路吧！

> **设计意图：**汉字的文化历史悠久绵长，学生可能只知道大概。猜灯谜、看《仓颉造字》视频能调动学生的各种感官，形象地认识汉字，从内心敬佩我们的祖先，惊叹他们的智慧和创造力。

三、知字之美——了解象形文字的演变之旅

播放视频《文字演变动画》。

1. 师：看了刚才象形文字变成现代汉字的趣味动画，相信你们一定很想动动笔，猜猜这些甲骨文是什么字！以小组为单位，猜对几个就加上几枚章。

出示PPT《猜字小达人》：

参考答案：
木、竹、马、石、目、
云、门、舟、人。

（生以小组为单位，在任务单上写下答案，并作交流）

参考答案：木、竹、马、石、目、云、门、舟、人。

2. 师：大家真聪明，一下子就猜对了这些甲骨文所代表的汉字，也知道了每一个汉字在变化中都透着一种美。有兴趣的话，还可以课后去了解更多的甲骨文，说不定还会有更多的发现。

板书：知字之美

> **设计意图：**甲骨文的猜字环节再次点燃了学生的学习兴趣，汉字的历史文化悠久，我们现在写的很多字还有几千年前老祖宗留下的痕迹。上下五千年的历史文化传承，文字功不可没，学生初步感知汉字的演变之美，视觉冲击力非常强烈！

四、感字之美——领略书法艺术的博大精深

1. 师：刚才，不少同学都成了猜字小达人，那么现在老师要考考你们，从甲骨文到我

们今天使用的楷书，中间究竟经历了哪几种文字？

　　生1：秦始皇统一了文字，用的是小篆。

　　生2：在小篆之前，还有大篆和金文。

　　生3：我练书法，练的是隶书，隶书出现在小篆之后、楷书之前。

　2. 师：大家说得真好，我们来看一下"车"字，请大家看看不同时期的"车"字，猜一猜，它属于哪种文字？

　　出示PPT：

　3. 师：每一种文字都是一种书法，是流行于全中国的一种书写汉字的传统艺术。2008年6月，汉字入选第二批国家级非物质文化遗产名录。你们知道"文房四宝"指哪四宝吗？

　　出示PPT：

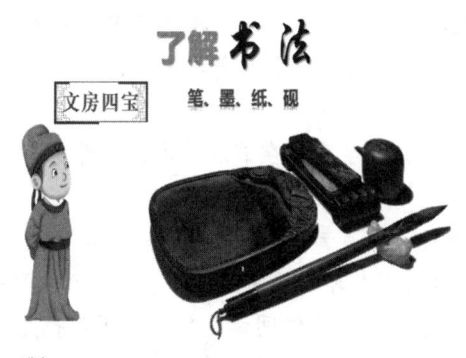

　　生1：笔、墨、纸、砚。

　4. 师：你最喜欢哪一时期的汉字，为什么？

　　生1：我喜欢甲骨文，每个字都像一幅画。

　　生2：我喜欢隶书，因为我现在每周去上书法课，老师就教我隶书，那笔画真是太漂亮了。

　　生3：我喜欢楷书，因为我们平时写的就是楷书，很熟悉了。

　5. 师：每个人眼中的汉字都不一样，有人说它的音韵起伏很美，有人说它的字形丰富

很美，还有人说它蕴涵的道理很美。总之，千人千相，相由心生。万丈高楼平地起，只有苦练基本功，才能有更大的收获。现在让我们一起来欣赏一下历代书法家的作品吧！

出示PPT《历代书法家的作品》：

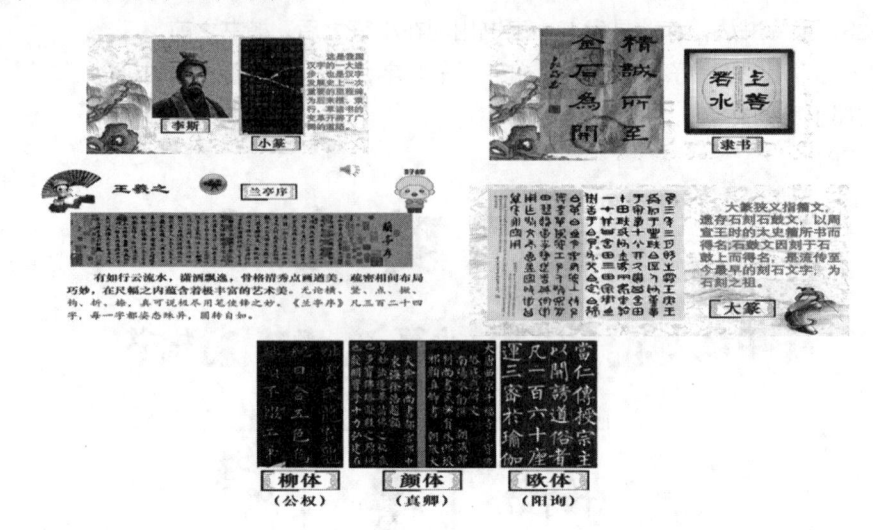

板书：感字之美

6. 师：你还知道我国有哪些著名的书法家？

生1：赵孟頫、王献之、黄庭坚。

生2：苏轼、王安石。

生3：郑板桥、唐伯虎。

7. 师：书法家们之所以能取得如此高的成就，都归功于勤学苦练，你们知道书法家练字的故事吗？

播放音频《小方大赞王羲之》：我知道王羲之练字的故事，据说，他天天练字，洗笔，结果把他家门前的池塘水也洗黑了。我真是佩服他。

播放视频《王羲之的故事》。

王羲之，东晋著名书法家，文学家，在书法艺术上有卓越成就，为世人誉为"书圣"。

《墨池》绍兴市西街戒珠寺，有一墨池，传说就是当年王羲之洗笔洗砚的地方。王羲之从小就勤奋好学，7岁时就跟着女书法家卫夫人学习书法，很受称赞。12岁时就把父亲秘藏的前代书法论著拿出来偷偷阅读。他父亲王旷也是近代有名的书法家。起初嫌羲之年幼要他长大后再读。王羲之回答说："学习是不可以等待的。等我长大之后再看怕就会迟了。"父亲听了点头称赞儿子志向不凡，从此以后细心指导他学习书法。

王羲之长大以后学习更加勤勉。有一次，他听到汉朝名家张之，每天临池学书，以致池水尽黑的故事，心里很受感动。从此，他每天也坐在池边练字，迎来黎明，送走黄昏，不知写完了多少墨水，不知写烂了多少笔头。由于他常常在池里洗砚洗笔，竟把一池子的清水也洗成黑色了，这就是今天"墨池"的来历。

王羲之的书法能学习各家的特长，加以创造和发扬，他常常专心揣摩各种字的建架、结构和笔势，有时在路上也想着写字，在吃饭时也用手在衣上划字默写，久而久之连衣襟也被划破了。王羲之的字刚劲有力，自然清新。有一次他在木板上写了几个字，送去请人雕刻，刻工发现这些字的笔迹，透入木板里面也有三分厚。"入木三分"的成语就是从这里来的。

王羲之常以自己的苦学精神教育子女。有一次，他轻轻地儿子献之的书房，见献之在写字，就去拔献之的笔。由于献之很用功，握笔很紧，没有能拔起。王羲之称赞儿子的用功，又有一次，王献之想图个捷径，问父亲写字有什么秘诀，王羲之想了想，就指着家里的水缸说："秘密就在这水缸里面，你把这18只水缸里的水写完，自然就能够知道了。"王献之听了，从此日夜苦练，坚持不懈，果然写完了18缸水，练成了一笔好字，也成了著名的书法家。

　　生1：我知道王羲之天天练字，把一池子水都洗成黑色的了。
　　生2：我知道"入木三分"这个成语和王羲之有关。
　　生3：勤学苦练的王羲之为练字磨破了很多件衣服。
8. 师：看来王羲之练字的故事深深打动了你们，那怎样才能练一手好字呢？
　　生1：我觉得要照着字帖多练习，平时有空的时候可以在桌上、手心里多练练笔画。
　　生2：我觉得写字的态度很重要，一定要认真，不能太随便。
　　生3：写字的姿势很重要，否则写出来的字就是歪歪扭扭的。
　　播放音频《小方明白练字的重要性》：要勤学苦练，坚持不懈，这样才能写好字。可这样多累啊！

> **设计意图：** 欣赏名家作品，品味艺术人生，主题教育课就是在这种润物细无声的氛围下感染学生，从而激发学生的内驱力——那就是要写一手好字，必须勤学苦练，为下一板块"写好字"做准备。

五、写字之美——立下从小写好汉字的决心

1. 师：哈哈，有小方这样想法的同学可不是少数。现在我们进行一场辩论赛，大家一起来辩论一下：在信息科技高度发达的今天，我们还需要好好练字吗？

出示PPT：

正方：需要练字，因为字如其人。

反方：不需要练字，自己写的字，只要人家认识就可以了，不必大费周章地练习。

正方1：写字端正，给人家印象也好，这叫字如其人。

反方1：当今社会讲求做事效率，文字，只要认得会写就行，没必要人人都是书法家。

正方2：很多面试考试的时候，还是得用手写，不能用打印的，所以还是写字比较重要，否则可能不被别人喜欢。

反方2：因为有电脑、有手机，即使遇到不会写的字，用拼音输入就可以了，有时候语音输入都比写字快。

正方3：中国的汉字有着几千年的文化传承，我们一定要好好继承和发扬，让它延续。

反方3：中国汉字使用的人是世界上最多的，根本不需要担心这个。

2. 师：看来还是支持正方的同学占多数，那么我们看看记者的街头采访，看看市民们怎么说。

板书：写字之美

播放视频《键盘时代，是否有必要写一手好字》。

说见字如见人，纵观古今呢？但凡文人名士就能够写的一手好字，与写字有关的趣味轶事呢，也不在少数。然而随着电脑手机的普及，使用键盘成了我们生活中的一部分，电脑和键盘代替了纸笔，我们写字的时间越来越少。于是呢，提笔练字似乎逐渐地淡出了人们的视野。如此说来，写字就真的不重要了吗？键盘时代，还有必要写一手好字吗？

最近，有媒体对2000名受访者进行的一项调查显示，57.2%受访者觉得现在写字好看的人少；48.3%的受访者大部分时间用键盘打字，偶尔手写；57.7%的受访者认为键盘时代仍有必要写一手好字。对于键盘时代是否还有必要写一手好字，市民也是众说纷纭，有人觉得写一手好字，不仅能提升个人形象，同时也能传承我国的传统文化。不过也有市民表示，当今社会讲求做事效率，文字只要认得会写就行，没必要人人都是书法家。

今天记者也就"键盘时代是否还有必要写一手好字"对市民进行了采访：

"不管你办什么事，现在你要写一手好字，那就给人家印象不一样了。你说你多大岁数，多高的学历，字写得不好，那（不行）。"

"我们家长的话，老师如果让我们开个家长会，或者我们签字都有必要，如果说你签的干嘛，我就很头疼。因为自己过去穷，没上什么学，写字就不好，就很头痛。"

"重要啊！因为还有很多面试之类的时候，还得是得用手写，不能用打印的，所以还是手写比较重要。就是被别人不喜欢，如果字不好。"

"有必要，很重要，因为中国的几千年传统文化，字能体现一个人的修养，还有就是说咱们老祖宗的一些文化都在这个字里行间体现。这不能丢掉，现在确实是很多人用手机、电脑，写字很少，但是我发现一些50岁左右以上的这辈人，很多人的字还是写得很好的。这个确实是现在的学生，应该在这块儿应该大量的给他时间去加强学习，加强锻炼。"

市民张先生平时不仅要求孩子加强练字，还将写的一手好字作为自己公司员工的一项重要素质来培养。"其实写一手好字并没有想象的那么难。就像我们公司员工一样，我说你们谁写的字不好，你们就那字帖去练，我相信通过一个月，最多三个月的时间，你们就能写相对来说自己能满意的一手字。但是很多人就是坚持不住。"

采访中更多的家长认为写一手好字不仅是个人形象的体现，对孩子的性格培养也有重要作用。"我觉得对她的性格什么的，也有锻炼。我觉得有时候孩子特别好动，他练完字以后，我觉得会好一些。"

"我们孩子现在在学软笔呢，学完软笔之后，我觉得他相对来讲不那么浮躁了。现在的孩子脾气性格都比较急躁。"

"就希望他有一种养成写字不能马虎，而且就得认认真真的，就跟做事一样，做人做事就跟写字一样。"记者黄蕾、常慧报道。

非遗篇——工艺技术

　　随着电脑、移动终端等信息化设备的普及，写字发展为无纸化，这是一个不争的事实，虽然各种拼音、笔画输入法，实在让写字变得很简单，但汉字经历了上下5000年的锤炼与淘洗，构筑起中国人母语文化的根基，因此，这种优秀文化在互联网时代，更需要得到重视与传承。

　　3. 师：写一手好字不仅让自己赏心悦目，还能传递自己的思想，树立自己的形象。因此，我们一定要认真写字，踏实做人。

板书：见字如面　字如其人　踏实做人

　　播放音频《小方决心好好练字》：哦，老师，我知道了。为了传承中国传统文化，为了呈现中国悠久的文明，我也要好好写字，好好做人。小朋友，我们一起认真写字吧！

　　4. 师：2020年已经过去一半了，你准备做一个怎样的人呢？送给自己一个励志词语，把它写在书签上，送给自己。

　　生1：我写了"勇敢"，因为希望自己能面对生活、学习的困难，做一个强者。

　　生2：我写了"努力"，因为我知道"一分耕耘，一分收获""万丈高楼平地起"，我的成绩还不是很理想，我一定要加油，努力赶上去。

　　生3：我写了"勤奋"，古有匡衡、祖逖，今有华罗庚、陈景润，我要以他们为榜样，好好读书。

　　5. 师：有人认为汉字书写"没用了"，其实不然，即便你可以打印公文、报告，但是一张手写的便条、留言，却能给人一种见字如面的感觉，让人觉得亲切友善。写一手或遒劲或娟秀的漂亮书法，必定能够增加自己的自信心和个人魅力，而对于学生来说，书写是否流利、美观，则是一个重要的加分项。写好方块字，让我们一起行动起来吧！

> **设计意图：**"知情意行"中"行"是最重要的环节，任何人要想练就一手好字，都需要付出努力，并在平时的学习中不断实践与提高。引导学生用励志词语写书签的方式，再次巩固学生对"写好汉字"的重要性的认识，这既是一份老师送给学生的礼物，也是学生们行动的见证。化一时兴起为永久之习惯，正是设计这堂主题教育课的初心。

【板书设计】

【点评】

落笔细无声，育人情切切

今天周老师带领学生在千年汉字文化的历史长河中，领略中华汉字文化，品味做人道理，传承"写好字，写字好，好写字"的中华美德，将非遗的意义和内涵真正落实到学生真实的生活与人生之中。

1. 为人师表，紧扣"字如其人"之道

这堂课围绕汉字文化展开教学活动，周老师板书中的每一个字，无疑就是贯穿课堂35分钟的无声教育资源。上课伊始，周老师工整美观、笔法娴熟的课题板书，就给在座的同学和老师留下了深刻的印象。我们知道，写一手漂亮的字绝不是一朝一夕能练就的，而是需要多年坚持不懈的磨炼，在寒来暑往的积累中才能练成。因此，周老师身体力行，践行了"见字如面、字如其人"的道理，用行动打动学生、感染学生，在无痕教育中，培养学生做一个不浮夸、不逾矩、堂堂正正的中国人。

2. 创意板书，激发"踏实做人"之理

从知字之美、感字之美到写字之美，周老师带领学生研究汉字的起源、演变和发展，学习和领悟汉字的美、蕴含的人生道理，最后在书签上认真书写自己的愿望。课堂中的每一个环节清晰有序，要点言简意赅，把中华民族"认真写字、踏实做人"的为人准则巧妙地融入了板书"汉"字之中。课堂尾声，学生们顿悟老师的匠心独运，爱国情感再一次得到升华。教学环节设计融于板书设计，不仅充满艺术气息，更让在场的师生在如此独特的学习情境中学有所获。本课板书起到了画龙点睛的作用。

上海市浦东新区明珠小学德育主任　陈　卫

第 23 课　闻香识医，"包"览古今

设计教师：上海市浦东新区张江高科实验小学　　潘王平
指导教师：上海市浦东新区华林小学　　　　　　罗丽惠

【活动对象】
小学三年级学生

【活动时长】
2+35分钟（2分钟预备时间）

【活动背景】
中医药文化源远流长，传承千年而不衰，其丰富内涵和治病优势，越来越受到全世界人们的青睐。数千年来，它是我们祖先与疾病斗争的真实记录和智慧结晶。同时，中草药也是我们中华民族一个独特的标签。早在2008年，中医养生文化入选为第二批国家级非物质文化遗产新增项目的名录中。习近平总书记指出，中医药凝聚着深邃的哲学智慧和中华民族几千年的健康养生理念，是中医科学的瑰宝，也是打开中华文明宝库的钥匙。2017年7月1日起实施的《中华人民共和国中医药法》，继承和弘扬了传统的中医药文化。

作为小学生，对于中草药知识了解很少，对于中医养生保健更是知之甚少。针灸、推拿、贴膏药、香包……是学生们身边常见的中医养生保健方式。其中，徐州香包兼具实用性与观赏性，内装的中草药能驱蚊防潮，净化空气，预防疾病，在2008年同样入选第二批国家级非物质文化遗产扩展项目名录。借学校中草药校本课程，将徐州香包的文化价值、保健价值与传承中医文化结合起来，让每一个学生真正走进非遗文化的世界，走进传统中医的世界。

【活动目标】
1. 通过视频了解香包的由来及香包的寓意，初步了解香包文化。
2. 学会用观察、讨论等探究方法，正确识别与香包有关的草药，尝试制作香包。
3. 激发学生学习中医文化的兴趣，感知中医文化的博大精深，立志做一个中医文化的传承人。

【活动准备】
1. 准备"驱蚊避邪"香包的中草药若干、中药包装纸。

2. 准备香包内袋、空香包若干。

3. 制作课件，制作介绍香包的视频等。

【活动过程】

一、初识香包，"包"览古今

1. 师：同学们，你们知道吗？香包在2008年入选第二批国家级非物质文化遗产扩展项目名录。此刻，在每个小组的桌上，都有一个不同的香包，请在组长的带领下，用看一看、摸一摸、闻一闻等方式来认识一下，1分钟后我们交流。

生1：我们小组拿到的香包是一个老虎头，这个香包闻上去，有一股药味儿。

生2：我们拿到的香包是一条金鱼，摸上去里面好像有粉末一样的东西。

生3：我们拿到的香包是一个葫芦，形状很特别。

生4：你们看，我们的香包是一个袋子，上面还写了一个大大的"福"字。

生5：我们的香包是一个金色的苹果，很好看，闻起来的味道很特别。

生6：我们的香包是一只大公鸡，下面还有两个小铃铛。闻上去，有一股香味，真好闻。

2. 师：你们可真会观察，现在请你们把香包挂到黑板上。同学们，你们看，这些香包有着不同的形状、图案，它们的寓意也不同。让我们一起听小香包的介绍吧！

播放视频《小香包的自我介绍》：大家好，我就是千变万化的小香包。你们想认识我吗？有时我会化身为长命锁，送给孩子，就能给孩子带来健康。有时我会变成凶猛的老虎，帮你驱除邪恶之气。有时我会化身为金鱼，祈求来年金玉满堂、年年有余。有时我会变成葫芦、石榴，祈求多子多福。有时我也会变成香甜的苹果，祝福你家庭和睦。还有的时候呀，我也会穿上绣着"福"字、"一生平安"的衣服，祝福你福气满满、平平安安。不管我变成什么，带给大家的，都是美好的祝福。

3. 师：谁来介绍一下你们小组香包的寓意？

生1：金鱼香包的寓意是年年有余。

生2：老虎形状的香包能够帮助我们驱除邪恶之气。

生3：写有"福"字的香包，能让我们福气满满。

生4：大公鸡形状的香包是希望我们吉祥如意，是美好的祝愿。

生5：苹果形状的香包是祝福你家庭和睦。

生6：葫芦形状的香包是祈求多子多福。

4. 师：这些香包造型别致，有的希望你福气满满，有的希望你长命百岁，这都是人们对生活的美好祝愿。

板书：美好祝愿

5. 师：小香包中蕴含着美好祝愿。正因如此，端午节有挂香包的习俗，从古至今，延续到现在。今天，老师就和你们一起开启一场香包的古今之旅。

板书："包"览古今

非遗篇——工艺技术

设计意图： 课堂初始用零距离的方式，带着学生走进香包的世界，激起他们对香包的浓厚兴趣。视频《小香包的自我介绍》，用童趣的拟人化手段，让学生对香包的形状、寓意有了初步的认知和了解，为后续深入探究小香包里藏着的中草药秘密打下了坚实的基础。

二、观察探究，闻香识医

（一）初步认识中草药

1. 师：同学们，还想不想继续了解香包的秘密呀？香包的秘密就藏在它的肚子里。香包里面有满满的中草药，你们知道什么是中草药吗？

生1：中草药是一种由植物构成的药。

生2：中草药就是我们平时经常听到的中药。

生3：我看到过家人生病时用中草药煎药喝。

2. 师：你们看，在这些药中，因植物药占中药的大多数，所以中药也称中草药。现在，你对中草药有什么新的认识呀？

出示PPT：

植物药（根、茎、叶、果）　　动物药（内脏、皮、骨、器官等）　　矿物药

中草药

生1：我第一次知道连动物的内脏、皮、骨头都能做中药，太神奇了。

生2：中草药里包含的药真是太多了，我们祖先能把它们的功效找出来，真令人佩服。

（二）走进中医小课堂

1. 师：今天，老师就和大家一起走进中医小课堂。中医诊断讲究望闻问切，望就是指观气色，闻听声息，问问症状，切摸脉象。今天我们走进识别草药的课堂，观察中草药，发挥鼻子的本领，来闻闻不同中草药的气味，这就是闻香识医。

板书：闻香识医

2. 师：小中医们，你们桌上小药盒中的六味中药，就是做香包时用到的药材。老师先和大家一起认识苍术，术在语文中读作shù，但是在药名中读作zhú。让我们先听听苍术的自我介绍吧。随后老师想请4位同学一起来帮忙制作一份中药名片，分别从中草药名、部位、特点、功效来介绍它。

播放音频《苍术的自白》：大家好，我是苍术，我是植物的根，现在我被切成了片。我的颜色比较深，气味浓，随身带着我，能阻止病菌、病毒靠近你，在你身边形成一层保护罩。你能从药盒里找到我吗？

生1：这味中药名字叫苍术。

生2：苍术是植物的根。

生3：苍术的气味浓，颜色比较深。

生4：苍术能够阻止病菌、病毒靠近我们。

（学生找到相应内容，贴在名片上，完成名片后，贴在黑板上）

3. 师：同学们，你们能从小药盒中找出哪味药材是苍术吗？请组长夹取一片苍术，给组员看一看、闻一闻。谁来说说苍术的味道？

生1：我觉得苍术的味道很浓，有点儿辣。

生2：苍术闻上去味道苦苦的。

4. 师：现在请组长到老师这里来抽取任务单。学着刚才探究的方式，找中药材，制作中药名片。各小组选派代表上台交流，完成任务后将名片贴于黑板上。

第一组：认识艾叶

1. 生：我们介绍的是艾叶，它是植物的叶子，颜色是绿色，有股清香味。它能够抑菌杀虫，驱散寒冷。

2. 师：同学们，艾叶能够驱寒，现在我们也常用艾叶来泡脚，制作艾灸呢！

第二组：认识公丁香

1. 生：我们介绍的是公丁香，它是植物的花，有一股花香味。它对胃有好处，能增强消化能力。

2. 师：公丁香的味道是六味中药中最好闻的，有一股清幽的花香味。有些地方，还把它作为一种食物香料呢！如果你的胃口不好，多闻闻它，有好处哦。

第三组：认识白芷

1. 生：我们介绍的是白芷，它是植物的根，能活血消肿，它对头痛、牙痛有效果。

2. 师：物如其名，白芷根的内部颜色比较白。根据《本草纲目》的记载，白芷能够"润泽颜色，可作面脂"，它可是一味美容药哦！

第四组：认识干姜

1. 生：我们小组介绍的是干姜，它是植物的根茎。它能驱散寒冷，也能解毒，对你的肺有好处。

2. 师：同学们，姜一般都在冬季采挖，切片晒干之后才叫干姜片哦。

第五组：认识菖蒲

1. 生：我们找的中药是菖蒲，它是植物的根茎。它能驱虫，还能提神醒脑。

2. 师：菖蒲有香气，是中国传统文化中防疫驱邪的灵草。难怪端午节有挂艾叶、插菖蒲的习俗呀！

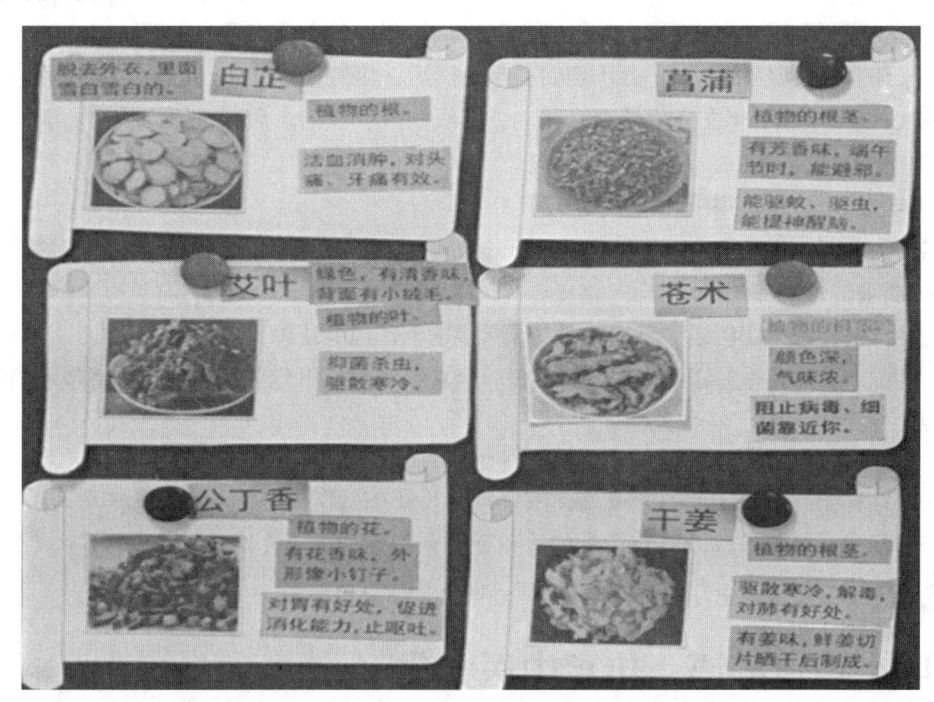

设计意图： 小组合作探究，发挥团队力量来认识制作驱蚊避邪香包的六味药材，培养学生自主学习的能力。制作中药名片的环节，学生们在"望"和"闻"的实践体验中，真实地触摸到了中药材，并在合作学习中进一步认识了它们的药性和药效，达成闻香识医的预设目标。

三、制作香包，传情达意

1. 师：小中医们，你们真厉害，六味草药已经全部认识了，有了做小中医的潜质！现在我们要动手实践，跟着老师走进中医体验馆。你们看，中药通过不同的方式组合就会有不同的功效。今天我们一起制作驱蚊避邪的香包，你最想把香包送给谁，为什么？

出示PPT：清热解毒　提神醒脑　避秽驱邪　抑菌杀虫

生1：我想把香包送给妈妈，希望她能身体健康。

生2：我想把香包送给我的好朋友，希望她能平平安安。

生3：我想把香包送给妹妹，一到夏天，她就会被蚊子咬。

2. 师：送香包给别人，就是把健康送给他。所以，端午节挂香包就是希望自己和家人能强身健体。如果想让香包发挥你说的效果，就把那味中药稍微多放点儿哦！你想把哪味中药多放点儿？

板书：强身健体

生1：我想多放点儿干姜、艾叶，这两味中药都能驱寒，我有点儿怕冷。

生2：我会多放一点儿公丁香，味道好闻，而且对肠胃有好处。

3. 师：现在我们就要动手实践啦！首先，像老师一样戴上一次性手套（双手挥一挥），这样能保证你制作过程中的干净、卫生。接着，从六个格子中各取一点点的药材，放在自己的中药包装纸上，千万不要贪心哦！然后，慢慢把这些中药混合，装入香包内袋中。建议你内袋装一半左右。接着，将内袋的线抽紧、打结。最后，给内袋穿上漂亮的外衣，香包就做成了。

（学生根据教师的讲解，边听边做）

4. 师：香包做好了，有没有谁想现场送给同学、朋友的呢？送的时候，别忘了加上一句祝福语哦。

生1：我想把香包送给我的好朋友，希望这个香包能让你身体健康。

生2：我想把香包送给我们的班主任，您总是给我们批作业，希望这个香包能消除您的疲劳，我特意多加了一点儿菖蒲。

> **设计意图**：通过亲手制作香包，学会简单的香包制作方法，培养学生互帮互助的品质，锻炼实践操作的能力。赠送香包的环节，旨在将感恩的美德融于中医文化之中，引导学生感悟中医养生治病、保健康的博大精深。

四、香包心语，传承中医文化

1. 师：同学们，关于中医药文化，小香包还有话想对大家说，你们听。

播放视频《中医药文化》。

同学们，你们知道吗？中医药文化博大精深，不仅我们中国人喜欢，而且它也深受全世界人们的喜欢哦！在黑龙江省中医研究院，经常可以看到一些跨国看中医的俄罗斯患者，在这里通过针灸、推拿等中医疗法，进行康复治疗。中医承载着中国古代人民同疾病作斗争的经验和理论知识。中国对周边国家的医学影响深远，像日本汉方医学、韩国韩医学、越南东医学都是按照中医为基础发展起来的。如今，许多国外的疑难杂症也都前来中国寻求中医的治疗。每年也有不少的外国友人，前来中国学习和深造中医学。中国正以高度文化自信，推动中医药振兴发展，推进健康中国建设，助力中华民族伟大复兴中国梦的实现。习近平同志指出："中医药学是祖先留给我们的宝贵财富，是打开中华文明宝库的钥匙，是中华民族的瑰宝。"

2. 师：其实，生活中处处体现着中医药文化，你们还知道哪些中医药疗法可以调理我们的身体呢？

生1：我知道有推拿，上次我奶奶脚崴了，就去推拿了。

生2：我知道有针灸。

生3：我知道有刮痧。

出示PPT：

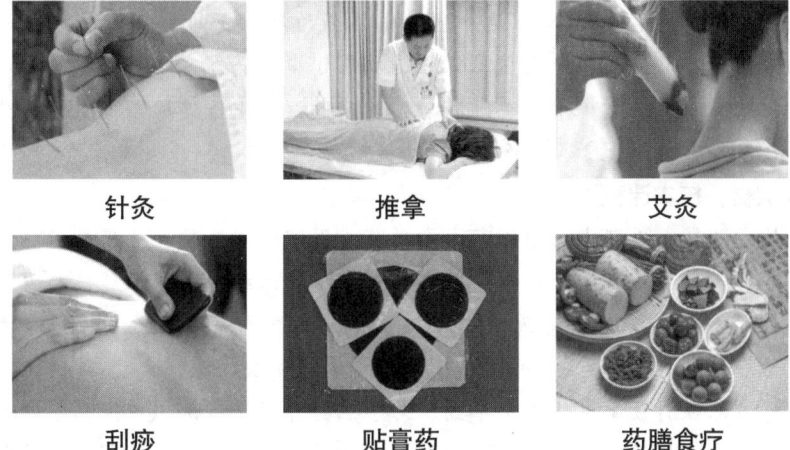

| 针灸 | 推拿 | 艾灸 |
| 刮痧 | 贴膏药 | 药膳食疗 |

3. 师：同学们，刚刚我们说的这些都是中医疗法。我国许多中医药学的项目都被列为国家级非物质文化遗产，而中医养生文化则在2008年入选第二批国家级非物质文化遗产新增项目的名录中，看来中医药文化真是博大精深啊！我们要把中医文化发扬光大，不断传承下去，说不定，在不久的将来，你真的会成为令人敬仰的中医哦！

设计意图： 通过小视频，拓展了学生对中医疗法远扬国外的认识，激发了学生对中医神奇功效的崇拜。通过交流讨论，学生们回忆生活中常见的中医疗法，体会中医文化的博大精深，激励学生做一个中医文化的传承人。

【板书设计】

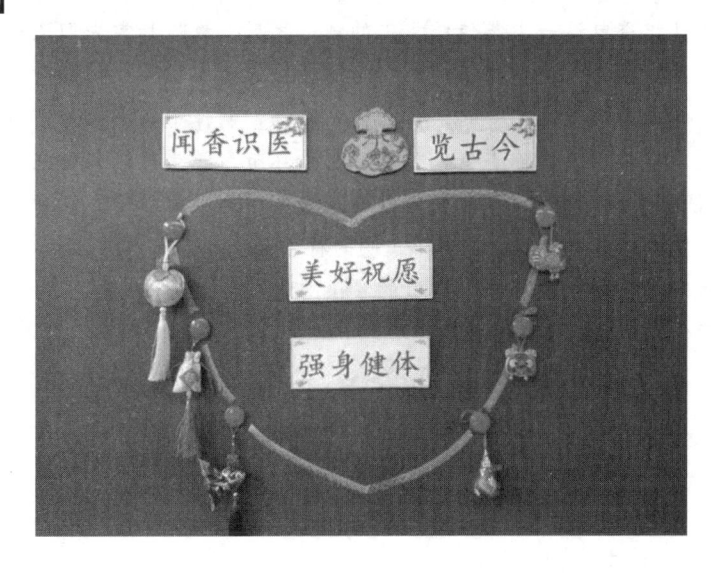

【点评】

立足校本课程，传承中医文化

《闻香识医，"包"览古今》是一堂以中草药为切入点的中华传统文化的主题教育课。老师的选材独特，立足学校的校本课程，拓展了中草药探究校本课程的内涵，这是对中华非遗文化的传承。这堂课中，老师将教室的空间变为中医体验馆，引领学生们带着对中医文化的好奇与热情，开启了一场香包的古今之旅。

1. 就地取材，校本课程为依托

学校地处张江镇，毗邻上海中医药大学、曙光医院张江分院，这里的学生有更多的机会接触中草药。学校从2009年开始构建"中草药探究"课程。在课程建设与发展过程中，始终坚持将现代科学技术与优秀传统文化相结合，开设了"走近名医""吟诗文、识草药""简单药茶制作""中草药的种植与养护"等多个板块的课程。

学校的校本课程引领学生认识中草药，为学生打开了一扇认识中医药学的大门。如何将校本课程融入中国传统文化教育？端午节这一传统节日成了校本课程与中国传统文化教育的链接点。说起端午节，挂香包的习俗总在人们的心头萦绕，浓浓的药香味，连接了亲情，也拉近了人们与中医药学的距离。香包内装有满满的中草药，佩戴香囊，能避除秽恶之气，确保自身健康。我们借了解香包文化的机会，引导学生认识中医药学，继承弘扬中医药学，感悟中医药学中蕴藏的中华传统文化。基于此，本堂课应运而生。

2. 求同存异，传统文化为主导

在选定主题教育课的方向之后，以中华传统文化为主导，教师对学校的校本课程进行了再开发，确立了"感知中医文化的博大精深，树立做一个中医文化传承人"的主题思想。教师结合班级学生的学情，引导学生从认识香包的寓意、形状出发，感知不同形状的香包有着不同的寓意，初步认识了香包文化中的传统元素。

在引导学生认识香包这一中华传统文化的载体之后，教师和学生们又踏上了认识中医药学的旅途。中医药学是祖先留给我们的宝贵财富，它为中华民族的繁衍生息做出了不朽的贡献。课堂中，老师和学生们一起认识六味中草药、制作中药小名片，激发了学生了解中医文化的兴趣。通过动手制作香包、赠送香包等环节，学生感悟到香包这一传统事物中所蕴含的美好祝愿，也将中医倡导养生保健的理念扎根到脑海之中。教师用浅显易懂的教育策略，引领着学生感悟中医药这一中华文明的符号与象征。

这堂课，教师巧思妙用端午节习俗中的"小香包"，既锻炼了学生的能力，又在学生心中播下了一颗传承中医药文化的种子。

上海市浦东新区张江高科实验小学课程创新中心副主任　赵丹丹

第24课　舞动祥龙

设计教师： 上海市浦东新区世博家园实验小学　任之菡
指导教师： 上海市浦东新区三林镇中心小学　　徐巍炜

【活动对象】
小学四年级学生

【活动时长】
2+35分钟（2分钟预备时间）

【活动背景】
　　龙是中华民族的伟大图腾。过年时舞龙灯，元宵节时扎龙灯，是中国最具传统的民俗风情，象征着吉祥、快乐，寄托着人们对美好生活的向往。我校位于浦东三林地区，三林的"浦东绕龙灯"是国家级非物质文化遗产，2011年由国务院批准文化部确定列入第三批国家级非物质文化遗产保护名录。浦东三林人在舞龙的同时，传承着龙文化。在弘扬中华优秀传统文化这一主题背景下，选择舞龙运动作为切入点，让非遗项目走近学生，开启传承之门。
　　然而，现今传统舞龙文化的传承与发展遇到了挑战，作为龙的传人，现在的小学生对舞龙运动接触较少，认识肤浅。以我校四年级学生为例，尽管生活在三林地区，但有近三成的学生对于"浦东绕龙灯"这项传统民俗文化感到陌生，半数学生表示对于舞龙活动很感兴趣，但接触渠道较为有限，仅在民俗文化节、店铺开业及电视、网络媒体中看到过，对于舞龙的起源及舞龙文化更是知之甚少。

【活动目标】
知识与技能：
1. 了解舞龙的相关知识，知道舞龙是中华民族传统民俗文化之一。
2. 知道舞龙运动的价值功能，了解舞龙运动经历的社会变迁。
3. 知道团结协作、坚持不懈、突破自我是舞龙运动所蕴含的民族精神。

过程与方法：
1. 通过图片、视频等多种形式，认识舞龙运动，感受舞龙文化。
2. 通过小组合作探究、尝试体验舞龙的基本动作，产生对中国传统民俗文化的兴趣。
3. 通过创设舞龙队，招募新成员的情境，发挥想象力，探寻舞龙运动背后蕴藏的民族精神。

情感态度价值观：
1. 体验感悟舞龙运动，认同舞龙这一中华民族传统文化，增强民族自豪感。
2. 积极践行团结协作、坚持不懈、突破自我的舞龙精神。

【活动准备】
1. 收集相关的媒体资料、访谈等。
2. 制订方案，制作课件。
3. 少儿舞龙道具（龙头+绳子若干）。

【活动过程】

一、课前游戏：你做我猜（解码龙成语）

1. 师：同学们，你们喜欢做游戏吗？
   生：喜欢。
2. 师：那今天课前，老师就带着大家来做一个游戏，这个游戏的名字就叫——
   出示PPT：你做我猜。
3. 师：你们会玩这个游戏吗？
   生：会。
4. 师：我请同学来做动作，大家来猜猜是什么？谁来初试牛刀？
   生：我来！
   （学生根据提示词用动作比划，全班学生猜成语"画龙点睛""龙腾虎跃""鱼跃龙门"）

二、舞龙面纱我来揭

1. 师：同学们有没有发现，我们刚才猜的这些成语中有什么共同的地方？
   生：每个成语中都包含了龙。

板贴：龙的图片　板书：龙

2. 师：我们在哪里看到过龙的图案？
   生1：古代皇帝穿的龙袍上。
   生2：龙舟上。
   生3：建筑上雕刻有龙的图案。
3. 师：龙是我们中华民族的伟大图腾，象征着吉祥、快乐，寄托着人们对美好生活的向往。

板书：祥

> **设计意图：** 学生对于中国传统民俗文化未必陌生，尤其是舞龙这一运动，在一些重大节庆活动和商铺开业庆典中都会看到。学生大多对于舞龙运动很感兴趣，但对于舞龙运动的认识比较肤浅。所以，从解码龙成语引入，出示龙图腾，说一说生活中哪里可以看到龙的图案，有什么寓意，为成功导入主题和激发学生进一步了解、关注舞龙这一民族传统文化作铺垫。

三、舞龙来历我来探

（一）舞龙的起源

1. 师：刚才是静态的龙，龙舞动起来又是怎样的呢？有哪位同学看过舞龙？
   生：我在民俗文化节上看到过大人们舞龙，场面可壮观了！
   师：百闻不如一见，让我们来饱饱眼福吧！

   播放视频《龙腾世博》：浦东三林舞龙队在世博会上精彩的舞龙演出。

2. 师：刚才我们欣赏了一段舞龙表演，你有什么感受？
   生1：很热闹。
   生2：场面非常宏伟壮观。
   生3：特别有气势。

3. 师：是啊，舞龙是我们国家的一项传统民间文体活动，春节、元宵节时，我们会看到舞龙，人们也都非常喜欢看舞龙。今天让我们一起来走进舞龙，感受舞龙。

   板书：舞动

4. 师：你知道龙的传说距今有多少年的历史吗？
   生：古代就有了，有好几千年了。

   播放视频：舞龙这项运动，据史料记载，始于汉代，有2000多年的历史。最初是作为祭祀祖先、祈求甘雨的一种仪式，后来逐渐成为一种文娱活动。到了唐宋时代，舞龙已是逢年过节时常见的表现形式。《鱼龙曼衍》记载了龙在宫廷表演的样式。舞龙运动不仅出现在宫廷，更流向了民间。

（二）小组合作探究舞龙运动的价值功能

1. 师：同学们现在对于舞龙运动有了更深的认识，你们知道舞龙运动是如何形成的吗？
   生1：为了庆祝才有的活动。
   生2：人们为了祭祀求雨，逐渐形成了舞龙运动。

2. 师：同学们都说得很有道理。让我们来一探究竟吧！每个小组的桌上都有一张学习任务单，舞龙运动的秘密就藏在里面。赶紧行动起来！3分钟后请各小组交流探究成果。

3. 师：大家讨论得热火朝天，一定有不少发现！哪个小组先来分享？

第一、四组：探究古代舞龙运动的价值功能

探究材料：中国古代就以农业立国，靠天吃饭。一旦遇到干旱、虫灾，人类就没有力量去掌控自然灾害。古人认为，龙神通广大，能呼风唤雨，消灾降福，想要获得农业丰收

必须风调雨顺，所以"龙"在人们心中便成了吉祥的象征。通过在民间祭祀龙，由龙传递到天宫，感动龙王，挥洒甘霖来祈求来年农业丰收、国泰民安。

出示学习任务单一：

（1）在古代农耕社会，人们会遇到（　　　　）等自然灾害。
（2）当人类无法掌控自然灾害时，通过舞龙的方式来祭祀祈雨，祈求来年（　　　　）。
（3）由此，我们得出古代舞龙运动的价值功能是（　　　　）。

1. 生：我们小组拿到的材料是探究古代舞龙运动的价值功能。通过探究我们发现，在古代，当遇到干旱、虫灾等自然灾害，人类无法掌控时，人们通过舞龙的方式来祈求龙王降雨，希望来年可以农业丰收、国泰民安。由此，我们得出古代舞龙运动的价值功能是祭祀祈雨。

2. 师：说得真好，请把你们的发现贴在祥云上吧！

板贴：云朵　板书：祭祀祈雨

3. 师：后面一组同学一直把手举得高高的，已经等不及了，我们来听听他们有什么发现。

第二、五组：探究中期舞龙运动的价值功能

探究材料：慢慢地到了中期，随着时代的发展和人们欣赏水平的提高，民间舞龙的祭祀祈雨意识淡薄，演变成节庆娱乐，给人们带来幸福快乐的精神寄托。随着华人移民到世界各地，舞龙文化已遍及中国、东南亚，乃至欧美、澳大利亚、新西兰各个华人集中的地区，成为中华文化的一个标志。

出示学习任务单二：

(1) 到了中期，舞龙活动的价值功能发生变化，由（　　　）演变成（　　　）。
(2) 舞龙活动走向世界，通过舞龙活动，给人们带来了（　　　）。
(3) 由此，我们得出中期舞龙运动的价值功能是（　　　）。

1. 生：我们小组拿到的材料是探究中期舞龙运动的价值功能。通过探究我们发现，到了中期，舞龙活动在民间的价值功能发生了变化，由祭祀祈雨演变成节庆娱乐。舞龙活动走向了世界，给人们带来了幸福快乐的精神寄托。由此，我们得出中期舞龙运动的价值功能是节庆娱乐。

2. 师：你们都有一双善于发现的慧眼，真棒，把你们的发现也贴在祥云上吧！

板贴：云朵　板书：节庆娱乐

3. 师：感谢你们的分享。后面一组同学已按捺不住，快快有请！

第三、六组：探究近现代舞龙运动的价值功能

探究材料：近代以来，国家体育总局根据全民健身纲要的精神，将能强身健体的舞龙活动纳入其中。舞龙运动从一个娱人的民间活动变成现代科学规范的体育项目。在音乐的伴奏下，在规定的场地、时间内进行舞龙套路比赛。通过舞龙者的人体运动和姿态变化，展现龙的精气神韵，象征着各民族奋发向上、团结进步的精神风貌。

出示学习任务单三：

(1) 近现代，舞龙活动由（　　　）变成了（　　　）。
(2) 通过舞龙活动展现龙的精气神韵，人们能（　　　），也展现出各民族（　　　）的精神风貌。
(3) 由此，我们得出近现代舞龙运动的价值功能是（　　　）。

1. 生：我们小组拿到的材料是探究近现代舞龙运动的价值功能。通过探究我们发现，近现代，为了全民健身的需要，舞龙活动从民间活动变成了体育项目。人们通过舞龙运动展现龙的精气神韵，不仅能强身健体，也展现出中华民族奋发向上、团结进步的精神风貌。由此，我们得出近现代舞龙运动的价值是强身健体。

2. 师：你们总结真好。舞龙运动的发展体现了我们国家社会的变迁与进步，也请你们组将你们的发现贴在祥云上吧！

板贴：云朵　板书：强身健体

（三）浦东三林舞龙运动

1. 师：同学们，你们知道哪里有舞龙吗？

　　生：上海、湖南、河北、重庆……

2. 师：其实，我们身处的浦东三林就是中国舞龙之乡，三林舞龙是国家级非遗保护项目，在众多的舞龙大家庭中，代表着海派文化的舞龙特色，让我们一睹为快！

　　播放视频《龙耀浦江》：浦东三林舞龙队在黄浦江畔进行舞龙表演。

3. 师：欣赏了海派特色的舞龙表演，请和同桌说一说你的感受吧！

　　生1：舞龙表演能体现传统民族特色。

　　生2：舞龙表演需要集体配合。

　　生3：舞龙表演与节庆联系……

4. 师：三林的舞龙有着包容性，接纳古今中外、世界各地的舞龙技术，在此基础上进行创新并形成自己的特色。

> **设计意图**：追根溯源，通过谈话互动、短片介绍、学生探究交流等形式，引导学生了解舞龙的相关知识，通过探究舞龙运动的价值功能等来了解社会的变迁。三林镇是中国舞龙之乡，因地制宜，结合三林地域特色，通过欣赏三林舞龙视频让学生对舞龙运动产生亲切感，引导学生认同舞龙这一中华民族传统文化，增强民族自豪感。

四、舞龙精神我来悟

（一）体验，近一步感知团结协作

1. 师：纸上得来终觉浅，在了解了舞龙知识后，同学们想不想亲自体验一把舞龙者的风采，让龙游走起来？

　　生：想。

　　播放视频：某小学舞龙基础教学视频。

2. 师：台上一分钟，台下十年功。舞龙动作不是一朝一夕可以练成的，要经过很长时间的训练。我们今天先小试牛刀，以小组为单位，拿一根绳子当作龙身，手抓住绳子高举过头，小组成员能够保持龙身基本不变的情况下顺利地走一遍就算闯关成功。

（教师拿龙头，带着学生跟随伴奏体验舞龙）

3. 师：我看到同学们都热情参与，好多同学的小脸蛋都已经红通通的，还有的在不停地喘气，我想采访你一下，有什么感受？

　　生：后面同学走得太快，前面同学又走得太慢，我们经常会撞到一块儿，没想到舞龙看似简单，想要舞好，还真是不容易，团结协作太重要了。

　　　　　　　　　　　　　　　　　　　　　　　　　　　　板书：团结协作

4. 师：同学们刚才小试牛刀，体验保持龙身不变的情况下简单地走了一圈。真正要让这条龙舞起来，像视频中那么精彩，你们猜一猜，大概要经过多长时间的训练？

　　生1：半年。

　　生2：2年。

生3：3年。
5. 师：视频里的同学每天放学后都留下来坚持训练1个小时，已经训练了一年半，才有这样的成绩呢！
生：哇，他们可真厉害，我也想加入他们。

（二）想象，深一步感受坚持不懈

1. 师：如果现在三林舞龙队有招募新成员的机会，你愿意去吗？
生：我愿意！
2. 师：你可以想象一下，你会接受怎样的训练？
生：肯定是很严格的训练。
3. 师：如果老师把手里的绳子变成一条真的舞龙器材，你知道一条真的舞龙器材有多长多重吗？
生：几十米长，龙身应该很重，比书包还要重吧。
4. 师：那你现在举着龙身，你会觉得？
生：我的手臂肯定很酸，都抬不起来了。
5. 师：如果是大热天，在烈日底下训练会怎样？
生：天气那么热，穿戴好道具又不透气，我有可能会中暑。
6. 师：如果碰上刮风下雨、寒冬腊月，你还能坚持吗？
生：我能！

板书：坚持不懈

（三）回味，进一步感悟自我突破

播放视频《三林舞龙队员访谈》：传统与守旧无关，它流淌在我们每个人的血液中，传统舞龙文化的传承也需要像我们这样的年轻人！

1. 师：如果有这样一个舞龙队招募新成员的机会，你还想去吗？
生：想！
2. 师：愿意参加舞龙队的同学，你们能勇于接受挑战，这就是一种自我突破。

板书：突破自我

> **设计意图**：舞龙运动在学生的心目中不应只是一项传统的民俗娱乐活动，更是一项考验集体合作的活动。学生通过亲身体验舞龙活动后产生情感共鸣，引发对中国传统文化的思考，在学习舞龙过程中感悟"团结协作、坚持不懈、突破自我"的舞龙精神，懂得只有付出才有收获。

四、舞龙精神我来传

1. 师：今天我们走进了舞龙，也小小体验了一回舞龙运动，你有什么想和大家分享的吗？
生1：一个人舞龙是做不好的，团结协作很重要。

生2：做任何事都要坚持，不能半途而废。

生3：要敢于接受挑战，突破自我。

2. 师：同学们的领悟都很深刻。舞龙运动当中包含的龙的精神，同样也适用于我们的学习生活。我们都是龙的传人，希望同学们能牢记"龙的精神"，学会团结协作、坚持不懈，突破自我，舞动祥龙，舞出我们更精彩的人生！

【板书设计】

【点评】

动之以趣，动之以情

说起龙文化，国人总是充满自豪之情，它是我们中华民族的象征。身为龙的传人，如何传承发扬好舞龙运动背后所蕴含的民族精神？任老师打破传统的主题教育模式，以学生的兴趣为抓手，解放学生在学习空间上的思想束缚，充分利用整个教室空间，组织全班学生进行活动体验，动之以趣、动之以情，学生能够主动地参与到课堂学习中，在亲身参与中产生共情，感悟舞龙的民族精神，开启传承之门。

一、动之以趣，感受舞龙运动的魅力

任老师从学生的兴趣点出发，创设形式多样的活动调动学生积极性，让学生动起来。学生身心投入课堂活动，在"动"中感受舞龙运动的魅力。

1. 舞龙体验，妙趣横生

舞龙精神的实质就是团结协作。学生们首先以小组为单位，以绳作为龙身，保持不变走一圈，看上去再容易不过，没想到实际操作起来就遇到了困难。有的同学走太快，有的同学跟不上前面同学的脚步，碰撞和"踩踏"频频发生，在笑料百出和不断摸索实践中，学生们对团结协作有了更深的领悟。

2. 舞动祥龙，魅力无穷

学生们全员参与，以绳为龙，借教室为广场，模仿视频里的舞龙运动，手持龙具，随鼓乐伴奏，通过人体的运动和姿势的变化完成舞龙动作，穿、腾、跃、翻、滚、戏、缠等动作，充分展示龙的精、气、神、韵，场面十分壮观。舞龙运动结束，学生们红通通的脸上洋溢着幸福的微笑，在合作中，他们感受到了舞龙运动的无穷魅力。

二、动之以情，感悟舞龙精神的实质

苏霍姆林斯基曾经说过："人的内心里有一种根深蒂固的需要——总想感到自己是发现者、研究者、探寻者。"任老师正是这样循循善诱，引导学生由趣生情，与舞龙运动产生共鸣，感悟舞龙精神的实质。

1. 触"境"生情，产生共鸣

任老师巧设三林舞龙队招募新成员的情境，通过一步步追问引导学生发散思考："你可以想象一下加入舞龙队会接受怎样的训练？你知道一条常规的舞龙装备有多长多重吗？你现在举着龙身会是什么感受？如果是大热天，在烈日底下训练会怎样？""刮风下雨、寒冬腊月，你能坚持吗？"在层层抽丝剥茧中，学生触景生情，在思想情感上与舞龙运动产生共鸣，更深入地体会到坚持不懈的内涵，提升了对舞龙精神的理解，思维能力得到发展。

2. 反刍传承，感悟精神

在亲身体验舞龙活动和舞龙队员的访谈分享后，学生反刍舞龙运动背后蕴含的舞龙精神，引发对中国传统文化的思考，进一步感悟民族精神。舞龙运动不应只是一项传统的民俗文化，它更是民族精神的传承。任老师鼓励学生主动参与，动之以趣、动之以情，让课堂绽放活力。学生在动中感悟团结协作、坚持不懈、突破自我的舞龙精神，激发爱国主义热情，提升素养，培养浓厚的民族情感。

上海市浦东新区世博家园实验小学副校长　王　磊

第 25 课　中国相声，百年欢笑

设计教师：上海市金苹果学校　　　　陈　瑞
指导教师：上海市浦东新区顾路小学　黄　燕

【活动对象】
　　小学四年级学生

【活动时长】
　　2+35分钟（2分钟预备时间）

【活动背景】
　　十九大报告提出，深入挖掘中华优秀传统文化蕴含的思想观念、人文精神、道德规范，结合时代要求继承创新，让中华文化展现出永久魅力和时代风采。相声是起源于北方民间的一种曲艺形式，是中国传统文化的重要组成部分。它有百余年的历史，有固定的表演形式和独到的语言体系，有着丰富的思想内容和广泛的社会影响，成为人民群众喜闻乐见的艺术形式，对社会主义核心价值观的认同和践行发挥着潜移默化的作用。2008年，相声被国务院列入第二批国家级非物质文化遗产名录和第一批国家级非物质文化遗产扩展项目名录。
　　四年级学生大都喜欢相声，平时通过观看电视，对相声有所了解。他们知道相声是一门笑的艺术，知道几位比较有名的相声演员，但对于相声的起源、历史、表演形式等还不太了解。

【活动目标】
　　1. 了解相声的起源和发展，知道相声的表演形式和使用的道具。
　　2. 学会欣赏传统相声，了解和体验相声的表演形式。
　　3. 激发学生对相声的兴趣，从中学到做人的道理，培养学生对相声这一传统曲艺的热爱，传承和发扬相声艺术。

【活动准备】
　　1. 收集视频、音频资料；
　　2. 制作PPT；
　　3. 道具：大褂、醒木。

非遗篇——工艺技术

【活动过程】
一、暖场

1.师：同学们，大家好！我姓陈，今天很高兴认识四（8）班的同学，我为大家表演一个节目作为见面礼，然后请大家猜猜我的职业。

（教师演唱《五环之歌》：啊！五环，你比四环多一环。啊！五环，你比六环少一环。终于有一天，你会修到七环。修到七环怎么办？你比五环多两环。）

2.师：你们觉得我是干什么的呢？

生1：演员！

生2：明星！

生3：影帝！

生4：相声演员！

3.师：为什么觉得我是一名相声演员呢？

生1：因为你穿了相声演员穿的大褂。

生2：因为你拿了醒木。

板贴：醒木

4.师：你们观察得真仔细，表演传统相声的演员一般穿大褂，使用的道具有醒木、扇子和手绢。其实，我不是相声演员，而是一名喜欢相声的教师。同学们，你们听过相声吗？你们喜欢听相声吗？

生：听过，喜欢。

5.师：为什么喜欢呢？

生：因为相声能让我们开怀大笑。

6.师：是啊，相声流传至今已有一百多年的历史，它以特有的语言魅力和表现方式带给我们快乐。今天，陈老师带你们去逛逛相声大观园，了解中国相声好吗？

生：好。

板书：中国相声 百年欢笑

> 设计意图：暖场相当于相声中的"垫话儿"，穿上大褂，拿着醒木，为学生演唱一曲，请他们猜猜职业，目的是激发学生兴趣，拉近师生关系，快速进入主题。

二、逛天桥——相声有历史

1.师：首先我们来到的是相声大观园里的天桥。天桥在过去四海驰名，很多有本事的艺人为了养家糊口在此卖艺。请同学们看看这座塑像，你们知道他是谁吗？

出示PPT：朱绍文照片。

生：不知道。

2. 师：那么让我们来观看一段关于他的视频吧！然后介绍一下他叫什么名字？是干什么的？

播放视频《天桥往事》。

相声，有三大发源地，北京天桥、天津劝业场和南京的夫子庙。而北京天桥，那更是将民间的绝活绝技发挥到了极致。历代身怀绝技的民间艺人在天桥施展自己的艺术绝技。那些杰出的民间艺人代表就是著名的天桥"八大怪"，而位于八大怪之首的则是多才多艺的相声艺人——"穷不怕"朱绍文。

为什么朱绍文会有"穷不怕"这个名字呢？据说啊，在朱绍文的一副竹板上镌刻着：日吃千家饭，夜宿古庙堂，不做犯法事，哪怕见君王。而在另外一副竹板上刻着：满腹文章穷不怕，五车书史落地平。"穷不怕"的名号就由此而来，而从这小小的竹板上，也足见当时相声艺人生活的艰辛。

朱绍文原来是个举子，因为误了考期，于是改学了唱戏。可偏偏碰上1861年咸丰帝驾崩，朝廷颁布了国丧禁令，一百天不许唱戏。为了糊口，朱绍文只好带着一把扫帚、一袋白沙子来到天桥卖艺。他选定一块地，扫干净以后，就开始在地上撒字了。那时候没有专门演出相声的场地。用艺人的话来说，俩肩膀扛个脑袋，有块地儿他就能够演。据说每当艺人一段儿说完了等着要钱的时候，这观众就哗哗哗地散了。等下一段再来表演的时候，观众才又慢慢慢慢地聚到了一块儿。

侯宝林："在旧社会，多是街头艺人，那时候都是撂地演出。摆地摊儿嘛！"

郭全宝："唉，对"

侯宝林："一天也挣不了多少钱。"

郭全宝："那个收入是很少的。"

侯宝林："收入最高的时候儿啊，也买不了两颗白菜。"

您看看啊，这就是当年相声艺人艰辛生活的真实写照啊！可谓是笑中带泪呀，他们无不希望从摇摇欲坠的满清王朝的统治当中解脱出来。

生1：他叫朱绍文，是相声艺人。

生2：他是杰出的民间艺人"天桥八大怪"之首——"穷不怕"朱绍文。

3. 师：为什么他会有"穷不怕"这个名字呢？

生：因为他在一副竹板上刻了"满腹文章穷不怕，五车书吏落地平"，所以就有了这个名号。

4. 师：是啊，这小小的竹板，见证了当时相声艺人生活的艰辛。在当时说相声只是一种养家糊口的手艺，说相声的人地位低下，苦中作乐。

板书：苦中作乐

5. 师：相声在"相声八德"年间达到了很繁荣的地步。"德"字以下是"寿"字辈，大门掌叫张寿臣。此人不仅相声说得好，而且很有骨气。请同学们观看一段视频，然后说说你看了以后有什么感想？

播放视频《张寿臣生平及作品——揣骨相》。

张寿臣以各种理由推辞，被逼无奈，远走南京，半年后回到天津，被一个叫袁文会的汉奸恶霸强行拉入他的兄弟剧团。袁文会借助日本人的势力，控制了当时一批走红的相声艺人。然而，张寿臣却偏不买他的账，说了不少借古讽今的段子。

魏龙豪："国家兴亡，匹夫有责。我们能尽点什么力吗？"

吴兆南："咱们可以用唇枪舌剑，扬善罚恶，褒忠贬奸。咱们可以用深入浅出、嬉笑怒骂的语词开通民智，鼓舞士气啊！"

魏龙豪："哦！所以才说《岳飞传》精忠报国的事儿。"

生1：相声演员有骨气。

生2：用语言讽刺汉奸卖国求荣。

7. 师：同学们说得很好，相声演员通过作品讽刺旧社会，抨击丑恶、弘扬正气。

板书：抨击丑恶

设计意图：四年级孩子，大多是从电视中了解相声作品的，基本不了解相声的起源和历史。通过观看视频，使他们知道相声的发源地、相声祖师爷朱绍文的事迹等常识。

二、进剧场——相声有新人

1. 师：20世纪90年代，随着老一辈相声艺术家的年龄偏大和相继离世，后辈弟子挑不起大梁，听相声的观众越来越少，相声艺术一度走进低谷。幸好以"德云社"为代表的专业相声团体提出了"让相声回归剧场"，做"真正的相声"理念，经过郭德纲和许多新老相声演员的不懈努力，中国相声再现辉煌，涌现了一大批年轻的相声演员。让我们走进大观园的剧场，一起听听《相声有新人》节目吧！然后说说这个节目告诉我们什么道理？

播放视频《套路趣谈》。

陈印泉：好！谢谢大家热烈的掌声。

侯振鹏：谢谢大伙儿！

陈印泉：当下生活当中的有一句话，我觉得我一说呀，大家都听过一句

话，叫多一点儿真诚，少一点儿什么？对，少一点儿套路。

侯振鹏：套路根本就是防不胜防。

陈印泉：但也不是啊！只要大家生活当中做个有心人，套路很容易识破。

侯振鹏：还能看得出来吗？

陈印泉：能看出来呀！

侯振鹏：怎么看出来？

陈印泉：你喝酒不喝酒？

侯振鹏：我倒是喝点儿酒。

陈印泉：酒喝完了，有没有朋友铤而走险敢开车？

侯振鹏：你要这么说，还真……偶尔有那么几个爱开车的，喝点儿酒以后，赶上警察一查车，嚯！要找关系找门路。

陈印泉：这就是醉驾者的套路啊！

侯振鹏：这也是套路？

陈印泉：表演表演就明白了！

侯振鹏：这咱学一回。

陈印泉：可以，开始啊！

侯振鹏：没问题！

陈印泉：你查酒驾。

侯振鹏：可以！可以！

陈印泉：我醉驾，开始！

侯振鹏：今天赶上我执勤，夜查酒驾。

陈印泉：×&%￥#@……

侯振鹏：同志，过来过来，敬一礼，看见了吗？

陈印泉：×&%￥#@……

侯振鹏：行了，差不多了，请配合我们工作。来，吹一下。

陈印泉：Fu！

侯振鹏：往哪儿吹啊？往机器上吹，

陈印泉：Fu……

侯振鹏：不是您看，一万四，严重的醉酒驾车。来，下车接受我们处理。

陈印泉：你，我干……

侯振鹏：干吗呀？

陈印泉：你以为你是谁呀，对吗？

侯振鹏：我警察。

陈印泉：你这小警察，小警察。

侯振鹏：警察不分大小，今儿都得管你。

陈印泉：我告诉你，我打，信不信？信不信？

侯振鹏：信什么呀？

陈印泉：打一电话，我让你把皮给我扒了。
侯振鹏：你可别这么胡说八道，我告诉你。
陈印泉：你，你，你们局长是不是姓李？
侯振鹏：还真找这大姓找，不姓李。认识谁随便说，不姓李。
陈印泉：你！
侯振鹏：干吗呀？
陈印泉：警察同志，给你拿两千块钱。
侯振鹏：拿多少？
陈印泉：五千。
侯振鹏：再说。
陈印泉：一万。
侯振鹏：我告诉你，醉酒驾车已经犯法了，知道吗？你要再说这，你算罪上加罪。甭来这套。
陈印泉：警察同志……
侯振鹏：干吗呀？
陈印泉：警察同志你不知道……
侯振鹏：我知道什么呀？
陈印泉：知道为什么我喝酒吗？
侯振鹏：为什么呀？
陈印泉：我得癌症了！
侯振鹏：实在没辙，又说上瞎话了。你得癌症了，是吧？怎么证明你得癌症了？
陈印泉：我做化疗了。
侯振鹏：谁证明你做化疗？
陈印泉：我戴着假发呢！
侯振鹏：你可太能对付了，我告诉你，不管今儿你得什么病，我都得拘你。
陈印泉：你肯定得拘我。
侯振鹏：我肯定得拘你。
陈印泉：我错了，我错了。
侯振鹏：你错了，认错倒快。你错了也行，跟大伙儿说说哪儿错了？
陈印泉：我，我不应该戴假发。
侯振鹏：别说了。

生1：告诉我们酒后不能驾车。
生2：告诉我们要遵守交通规则。

2. 师：是啊，现在很多相声段子不仅能带给我们欢笑，还能教给我们做人的道理，刚才这个段子告诉我们要做一个怎样的人？

生1：做一个遵守规则的人。
生2：做一个正直的人。

生3：做一个爱国的人。

3.师：对啊，相声通过寓教于乐的方式，告诉我们要做一个正直善良的人。

板书：寓教于乐　劝人学善

> **设计意图：** 相声不仅是一种娱乐消遣方式，还能起到正向的教育作用。学生通过观看视频，说说感悟，提高对交通规则的认同度和执行力。

三、进课堂——相声有功底

（一）了解相声基本功

1.师：同学们，刚才在剧场听了一段相声，现在你们是不是有点儿跃跃欲试，想来学说段相声呢？但说好相声可不是很简单的，得学好基本功，有谁知道说相声得练些什么基本功呢？

生：说、学、逗、唱。

板书：说学逗唱

2.师：看来，你也是一个小相声迷，专业词语也知道呢！好，就让我们一起来看一段视频，了解一下相声的基本功吧。

播放视频《相声演员的四门功课"说学逗唱"》。

李寅飞：今天，跟您说这四个字，您各位都听说过，"说、学、逗、唱"。好多人都说这是相声演员的四门功课"说、学、逗、唱"。到目前为止，"说、学、逗、唱"，这是脱胎于全堂八角鼓：吹、打、拉、弹、说、学、逗、唱，这八样当中劈出四样专指相声。

说，指的是演员口齿清晰，吐字得准确，另外逻辑重音处理掌握的得体，达到引人入胜的这样一种艺术效果。从作品来说吧，包括像贯口类的：《报菜名》、《地理图》，也包括批讲类的：《批三国》、《讲帝号》，同时也包括讲述一个故事，我们术语叫做"平哏"类的作品：《拴娃娃》、《梦中婚》、《抢弦子》，这些都纳入"说"这个字的范畴。

"学"，"学"的太多了，我们总说，说学个天上飞的、地下跑的、水里浮的、草稞里蹦的、大小买卖吆喝、各地方的戏剧曲艺、各省人说话、装个聋做个哑……都是我们"学"的范畴。其实笼统而言，各种口技，各种戏曲、曲艺、歌曲的唱段，各种方言，包括男女老少的生活情态，这些都纳入"学"的范畴。你比如说学方言的，《找堂会》这类的作品，《学四省》都是学方言的。学"唱"的就不用说了，学大鼓、学评戏、学小曲儿、杂学唱之类的都是学唱的，还有的呢！就是描摹大姑娘、老太太各种情态的，《学四相》，这些都纳入我们"学"的范畴，包括您常见的双簧、双学一人，就两个人学的跟一个人似的，这也是"学"的范畴。

"逗"，这个得多说两句，"逗"现在是逗你玩这个"逗"，过去不是这个字，是斗争的"斗"。什么意思呢？捧哏、逗哏两个演员得掐起来，通过两个人的人物关系、人物矛盾不断地推进情节演进，产生包袱笑料，这种作品叫做"逗"。《论捧逗》、《抬杠》，包括仿学一个戏曲片段的《黄鹤楼》、《汾河湾》，都纳入"逗"的范畴。

"唱"，现在很多人都知道了，相声演员的本门唱是"太平歌词"。当然了，还包括"十不闲儿""莲花落""数来宝"，这些都是相声演员"唱"的范畴。

所以说，以"说学逗唱"作为切入点去了解学习相声是很有必要的。随着现在相声的发展，"说学逗唱"这四个字已经很难概括相声的全貌了。但是，无数的前辈名家告诉我们，相声还得是以"说"为主，这个是我们后辈演员需要秉承何和谨记的。

3. 师：现在你们知道了吧，说学逗唱分别包含哪些内容呢？请你读一读。

生1：说——能说绕口令、贯口，会念定场诗、数来宝等。

生2：学——能学各省方言、各种地方戏曲、曲艺、流行歌曲、大小买卖的吆喝，学口技等。

生3：逗——会说单口，能逗哏，能捧哏，会双簧（前脸，后身）等。

生4：唱——会唱太平歌词、开场小唱、数来宝等。

（二）观看相声《报菜名》

1. 师：在"说学逗唱"这四项基本功中，说是最主要的。对于贯口《报菜名》，大家比较熟悉。我请您吃蒸羊羔、蒸熊掌、蒸鹿尾儿、烧花鸭、烧雏鸡、烧子鹅、炉猪、炉鸭、酱鸡、腊肉、松花、小肚儿、晾肉、香肠儿。什锦苏盘儿、熏鸡白肚儿、清蒸八宝猪、江米酿鸭子。罐儿野鸡、罐儿鹌鹑、卤什件儿、卤子鹅、山鸡、兔脯、菜蟒、银鱼、清蒸哈什蚂……我们金苹果学校的吴守昊同学也是一个小相声迷，我们来听听他表演的一段贯口《金苹果版报菜名》吧！

播放视频《金苹果版报菜名》。

今天我来给大家表演一段我们学校的菜名儿，我们学校有：口水鸡、原味鸡、红烧鸡腿、红烧鸡根、玉米鸡丁、咖喱鸡块儿；盐水鸭、土豆烧鸭饭；清蒸鱼、酸菜鱼、尖椒剁鱼；回锅肉、红烧肉、咕咾肉、色拉牛肉、洋葱牛肉；荷包蛋、番茄炒蛋、虾仁跑蛋；家常豆腐、鸭血豆腐；小青菜、炒菠菜、土豆丝，还有莴笋炒香干。

有汤吗？

番茄汤、雪菜汤、丸子汤、冬瓜汤，还有我最爱的老鸭粉丝汤。谢谢大家！

2. 师：你们觉得他说得怎样？

生：我觉得他说得很好，很流利。

3. 师：如果请你说说看的话，能不能达到这样的水平？

生：可能不行。

（三）体验相声基本功

1. 师：有没有同学想来体验一下呢？

生：我想试试看。

出示PPT：《贯口——金苹果版报菜名》。

2. 师：你觉得自己说得怎样？

生：我觉得一般，没有金苹果的同学说得好。

3. 师：那你觉得怎样才能说得更好呢？

生：我觉得要花一段时间勤学苦练，才会说得更好。

4. 师：是啊，"台上一分钟，台下十年功"，其实很多我们所熟悉的相声演员，都是经过了多年的勤学苦练，才能有今天的功力。

板书：勤学苦练

设计意图：通过播放视频，学生可以了解相声的四项基本功"说学逗唱"的含义和包含的内容。通过播放金苹果学校小相声迷的表演视频，进一步激发学生对相声的兴趣，懂得说好相声得勤学苦练。

四、交流小结

1. 师：同学们，上了今天的课，你们有些什么收获呢？

生1：学习了什么是相声，很幽默。

生2：相声讲究说、学、逗、唱。

2. 师：相声是一门艺术，是国家级非物质文化遗产。2006年12月21日，相声被列入北京市首批非物质文化遗产名录，2008年6月7日，相声又被国务院列入第二批国家级非物质文化遗产名录和第一批国家级非物质文化遗产扩展项目名录。让我们一起来听相声、学相声，使相声这门传统曲艺发扬光大吧。

播放视频《万象归春》。

金霏：说书唱戏劝人方，三条大道走中央，善恶到头终有报，人间正道是沧桑。

陈曦：提笔在纸页探测，落笔十三辙，绘出山河，日落的看客，夕阳还剩半个，太阳东升西落的路会不会也有坎坷。

金霏：身上流着龙的血，不怕地下火多烫，想让各位龙的传人听一下我说唱，用说唱的方式把传统文化宣扬，贯穿全场，给你中国风的悬赏。

陈曦：传承的精神多了，永远活着，不是说骑着扫把就能变成哈利·波特，不必崇洋媚外，有能力何必照搬，哪怕像精卫填海、愚公移山。

金霏：真面目的山是哪座呢？移不走不回去，规矩是可以打破的，但不能没规矩，无规矩不成方圆，传承好了再创新，日落在窗前，夜晚一样有光明。

合：相声，相貌之相；相声，声音之声；象征，我传统文化水准，早已回温，万"相"归春。

金霏：相声演员金霏。

陈曦：逗哏演员陈曦。

（下台鞠躬。）

3. 师：相声爱好者陈老师下台鞠躬！下课！

非遗篇——工艺技术

设计意图： 通过师生交流，加上说唱视频总结，教育学生不崇洋媚外，要增强民族文化自信，在传承传统相声的基础上加以创新和发展。

【板书设计】

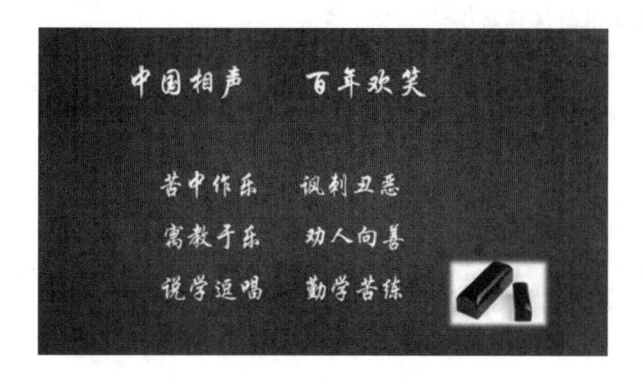

中国相声　　百年欢笑

苦中作乐　　讽刺丑恶
寓教于乐　　劝人向善
说学逗唱　　勤学苦练

【点评】

与众不同的亮相

常言道，良好的开端是成功的一半。一堂课如同一幕剧，导入就是它的序幕。一般来说，借班上课，师生因为彼此不认识，难免课堂氛围紧张，甚至冷场。陈老师善于思考，勇于创新，他结合借班上课容易出现的问题、学生的年龄特点和本课的主题，精心准备相声演员穿的服装和使用的道具，设计了别具一格的热身环节，瞬间吸粉无数，成功破冰，为活跃课堂气氛，提高学生参与度，奠定了良好的基础。

1. 精心打扮气场强

大褂一穿，上台鞠躬，醒木一拍，闪亮登场。陈老师俨然一副相声演员的打扮，精气神十足地出现在教室里，引发了学生们的好奇心。莫不是来了一位相声演员？陈老师一进教室，就抓住了学生们的眼球。

2. 高歌一曲明星范

陈老师一上来就演唱了《五环之歌》，这首歌被相声演员岳云鹏演唱后火遍大街小巷，现场的学生不由自主地跟唱起来，孩子们的激情被点燃，课堂迅速升温。当陈老师请孩子们猜猜自己的职业时，没人认为他是老师，而认为他是演员，是明星，甚至有学生说是影帝，真是魅力四射啊！

陈老师亮相时的穿着打扮、言谈举止，无一不与本课的主题"相声"密切相关，加上较好的"说学逗唱"的相声功底，孩子们非常喜欢这堂课，已是意料之中的事。

上海市浦东新区顾路小学德育主任　黄　燕

第26课　千年胡韵，万里琴缘

设计教师：上海市浦东新区梅园小学　尹轶青
指导教师：上海市浦东新区顾路小学　黄　燕

【活动对象】
小学四年级学生

【活动时长】
2+35分钟（2分钟预备时间）

【活动背景】
《完善中华优秀传统文化教育指导纲要》强调，要让学生感受各民族艺术的丰富表现形式和特点，尝试运用喜爱的艺术形式表达情感；学会欣赏传统音乐、戏剧、美术等艺术作品，感受其中表达的情感和思想。二胡是我国传统音乐的主奏乐器，有着悠久的历史，在民族乐器中占有重要地位，是中华传统文化艺术中的瑰宝。二胡的制作流程和技艺，在2008年被列入国家级非物质文化遗产项目。

本班是小提琴特色班，大部分学生都在课余学习小提琴，平时接触的也都是西洋音乐，对民族音乐和民族乐器知晓甚少。作为当代青少年，了解祖国的传统乐器文化十分有必要。

【活动目标】
知识与技能：
1. 了解二胡的由来、构造和制作工艺，知道二胡是中华民族的传统乐器，二胡制作工艺是非物质文化遗产。
2. 初步学习二胡的基本演奏方法。

过程与方法：
体验和感受二胡具有音域宽广、音色柔美、表现力强等特点，初步培养对二胡的兴趣，喜欢二胡演奏的乐曲。

情感态度价值观：
认同勤学苦练的道理，感悟中国民乐需要传承创新。

【活动准备】

二胡、竹笛、二胡构造图、课件、音频、视频、任务单。

【活动过程】

一、暖场互动

1. 师：同学们好！今天，尹老师要给大家演奏一首曲子，曲名是《乡间的小路》。请大家猜一猜，我使用的是什么乐器，好吗？

生：好。

（教师吹奏竹笛：《乡间的小路》）

2. 师：谁知道我演奏的是什么乐器呢？

生：竹笛。

3. 师：你说对了。竹笛是我国的传统民族乐器。除了竹笛，你们还知道哪些民族乐器？抢答开始。

出示PPT：民族乐器知多少？

英文字母为教师点击提示字符：

Z—古筝　　Y—扬琴

S—唢呐　　B—钹

E—二胡　　G—古琴

P—琵琶　　D—鼓

F—竹笛

出示PPT：抢答规则。

（1）老师说"开始"，再举手。

（2）老师判断是否正确。

（3）如果PPT中有你说到的传统民族乐器，那么你就会看到图片，听到它美妙的声音。

生1：琵琶。

生2：二胡。

生3：古筝。

生4：竹笛。

生5：鼓。

生6：古琴。

生7：钹。

生8：唢呐。

生9：扬琴。

生10：笙。

4. 师：PPT上呈现的是几种常见的民族乐器，除了以上这些，其实还有很多，感兴趣的同学可以在课后继续了解和交流。

> **设计意图**：教师一开始就演奏民族乐器——竹笛，然后组织学生开展民族乐器抢答游戏，既巧妙地引出主题，为导入"二胡"这一乐器做好了铺垫，又缓解了紧张的课堂气氛，激发了学生的学习兴趣。

二、二胡琴缘

1. 师：看来同学们对民族乐器的种类了解得不少呢！有个叫艾丽的美国小姑娘也想学中国的民乐，但她却遇到了难题，你们愿意帮帮她吗？

生：愿意。

播放音频《艾丽与二胡的缘分》：艾丽的爸爸妈妈都是上海国际学校的老师，一家人定居在上海。有一天，艾丽和爸爸妈妈到城隍庙游玩，那里正在举行民乐音乐会，一阵悠扬的琴声吸引了艾丽的注意力。

播放音频：二胡独奏《战马奔腾》片段。

艾丽："这是什么乐器演奏的呢？我从来没有听到过这么特别的音乐。"

2. 师：同学们，你们知道这是什么乐器演奏的吗？

生：二胡。

3. 师：你的耳朵真灵敏，这种乐器就叫二胡。同学们，你们喜欢这首曲子吗？

生：喜欢。

4. 师：听了这首曲子后，能用一个词语来说说你的感受吗？

生1：悠扬。

生2：动听。

生3：感人。

5. 师：说得真不错，二胡音色醇厚，如泣如诉，音域宽广，表现力强，特别有韵味。

板书：胡韵

6. 师：自从听到二胡的演奏后，艾丽就深深地喜欢上了这种乐器。从此，艾丽和二胡结下了不解之缘。

板书：琴缘

7. 师：艾丽决心要拜师学艺，于是她找到了刚才在台上表演的二胡演奏家朱老师，表达了自己的愿望。朱老师是一位技艺超群的二胡演奏家。让我们听听朱老师是怎么说的吧！

播放音频《朱老师收徒要求》："要想成为我的学生，必须通过以下三关才行。"

> **设计意图：** 欣赏美妙的二胡乐曲，设置外国小朋友艾丽拜师的情境，激发学生参与闯关的兴趣。

三、闯关拜师

（一）历史关

1. 师：请同学们认真看题，仔细听录音，一起帮助艾丽闯过第一关。

出示PPT：

（1）二胡发明于什么朝代？

（2）二胡的原名是什么？

（3）二胡发明至今有多少年的历史？

播放音频《二胡的起源》：二胡是中国最古老的民族乐器之一，是民乐中的主奏乐器。虽然它造型简单，体积很小，但是却有着悠久的历史。它发明于唐朝，原来的名字叫"奚琴"，是由少数民族带入中原的，至今已有1000多年的历史。

2. 生1：二胡发明于唐朝。

　　生2：二胡原名叫奚琴。

　　生3：二胡发明至今已有1000多年的历史。

出示PPT：笑脸图片。

3. 师：同学们，你们成功地帮助艾丽闯过了历史关，通过闯关，你们知道了什么？

生：我知道了二胡发明于唐朝，至今已有1000多年了，历史非常悠久。

板书：历史悠久

（二）构造关

1. 师：要想学习二胡，当然先得知道它每一部件的名称及作用啦！现在，让我们一起帮助艾丽闯第二关——构造关吧。大家有没有信心？

生：有。

2. 师：好。现在请每个小组的组长拿出任务单，组织组员进行讨论，并填好每一部件的名称。

琴筒　琴杆　琴弓　弦轴　琴弦　千斤

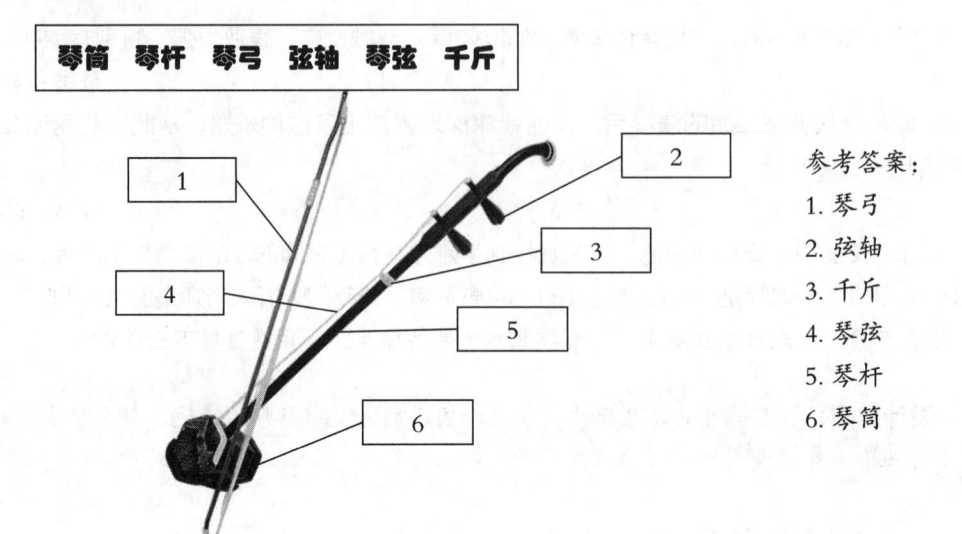

1
2
3
4
5
6

参考答案：
1. 琴弓
2. 弦轴
3. 千斤
4. 琴弦
5. 琴杆
6. 琴筒

3. 师：请每个小组派一名代表上来，在黑板上贴一个部件的名称。

（小组代表上黑板完成板贴构造图）

出示PPT：笑脸图片。

4. 师：同学们，你们太棒啦！在你们的帮助下，艾丽成功闯过第二关了。关于二胡的构造和各个部位，你们还有什么想了解的吗？

生：二胡的两根弦一样吗？

5. 师：二胡的两根弦分别是外弦和内弦。外弦较细，音色高亢明亮。内弦较粗，音色低沉浑厚。演奏时，通过琴弓与内外弦的交替摩擦，发出不同的音色，以此配合乐曲表达情感。

生：二胡的千斤应该绑在什么位置？

6. 师：千斤的位置不是随意的，是根据演奏者的前臂长度而定的。大家看，将肘部放在琴筒上，手臂紧贴琴杆，五指伸直，千斤应该绑在小指根部的位置。

生：谢谢老师。

（三）人物关

1. 师：还有问题的同学可以在课后继续提问，或者到网上查询相关知识。我们得帮助艾丽闯第三关了。让我们一起看看朱老师又提出了什么要求呢？

播放音频《拜访二胡牛人——刘红孝爷爷》：艾丽，你知道吗？要想成为一名优秀的二胡演奏者，一定要拥有一把质量上乘的二胡。请你去拜访一位手工制作二胡的牛人——刘红孝爷爷，回来告诉我，有什么收获？

播放视频《刘红孝》。

听着这琴拉得也不怎么样呀，不成调，不成曲，戏可没法唱呀。其实您可别小瞧他，在西安的民乐圈子里，都认识这位深巷子里的传统手工乐器制作技艺的传承人——刘红孝。

非遗篇——工艺技术

刘红孝：我2000年来西安，我本身就是个做二胡的，在家里就是板胡、二胡、扬琴、胡子，我基本上都做这些。

刘红孝工作的地方在西安城隍庙的一个背街小巷中，没有熟人带，还真是不容易找。不足30平方的一间民房里，满满当当的都是他做乐器的工具了。

刘红孝：做两下就要看一下，看是不是推歪了，歪了就做不出来了。

因为自小爱唱戏听戏，长大学手艺的时候，老刘就拜了师傅专门学做手工二胡。因为手艺好，老刘做的板胡、二胡在十里八乡也是远近闻名。刘红孝手工制作二胡时间周期很长，精品的至少要做一个多月，每一道工序都坚持纯手工制作。

如今老刘已经年近七旬，做二胡体力是越来越跟不上了。但是，制作二胡时间长、成本大、收益小，一手带大的孙子呢，也不愿意跟他学。自从被列为省级非遗项目的代表性传承人后，老刘迫切地想把这个手艺传下去。

2. 师：同学们，你们看了这个视频，有什么收获或感想？

生1：我觉得刘红孝很了不起，不仅会修乐器，也会亲手制作，还会演奏乐器，真是一位牛人。

生2：我知道了手工制作二胡的技艺，已经成为国家级非物质文化遗产了。

3. 师：你们知道为什么朱老师要让艾丽采访这位牛人吗？

生1：朱老师想让艾丽了解二胡制作的过程，知道要做成一把二胡，花的工夫真不少。

生2：朱老师想让艾丽了解二胡制作是非物质文化遗产，需要有人学习和传承。

4. 师：是啊！二胡是中国的民族乐器，二胡制作技艺更是中国的非遗文化，作为二胡的爱好者和演奏者，我们不仅要好好地学习和传承民乐文化，更要保护和发扬非遗文化。

板书：保护非遗

播放音频：《艾丽完成拜访任务》

艾　丽："朱老师，我已经拜访过刘红孝爷爷啦！我知道了他会制作和修理二胡，是一位非遗文化传承人。"

朱老师："艾丽，恭喜你通过第三关！你可以成为我的学生了。"

艾　丽："谢谢朱老师，谢谢大家，我终于心想事成了。"

5. 师：同学们，通过你们的帮助，艾丽终于能跟朱老师学琴了。你们是不是也为她感到高兴？老师也为你们的聪明才智和精彩表现点个赞。

设计意图： 在艾丽拜师这一环节设计了三关：历史关、构造关和人物关。学生在帮助艾丽闯关的过程中，了解二胡的历史和构造等常识和制作二胡的工匠——刘红孝的事迹，使他们知道二胡制作技艺是中国非物质文化遗产，初步培养他们对民乐和非遗文化的兴趣，激发对非遗工匠的崇敬。

四、学艺之路

（一）初遇挫

1. 师：艾丽终于可以跟朱老师学习拉琴了。可她又碰到了难题。同学们，你们知道她遇到了什么困难？

　　生：可能一开始比较难学会。

2. 师：你们想来尝试一下吗？

　　生：我想尝试一下。

（教师示范，学生体验拉二胡）

3. 师：你觉得二胡学起来容易吗？

　　生：我觉得挺难的。就像我刚开始拉小提琴一样，发出像锯木头一样的声音，很难听。

4. 师：是啊，拉好二胡确实不简单，日复一日的枯燥练习更是难以坚持。艾丽十分沮丧，一度想放弃学琴。就在这时，朱老师跟她说了一番话。朱老师会跟她说什么呢？请大家发挥自己的想象力，和同桌分别扮演艾丽和朱老师，演一演吧。

　　生1：朱老师，二胡音乐很好听，可是二胡太难学了，我还是不学了。

　　生2：艾丽，能用二胡演奏出美妙的音乐，需要很长时间的练习，你可不能轻易放弃啊！

5. 师：还有谁也愿意上来演一演？

　　生1：朱老师，二胡的练习太枯燥了，还需要天天坚持，我真是受不了了。

　　生2：艾丽，你好不容易闯关成功才跟我学习二胡，这么快就放弃了，你不觉得可惜吗？再说了，学习二胡也是为了传承这门技艺啊！

6. 师：看来大家都想鼓励艾丽坚持学琴，不要放弃。朱老师也是这样为艾丽加油鼓劲的。艾丽在朱老师的鼓励和指导下，日复一日，年复一年地坚持练习。

（二）终练成

1. 师：功夫不负有心人，经过几年的练习，艾丽终于能拉出优美动听的乐曲了。

播放视频《艾丽拉二胡》。

2. 师：同学们，你们觉得艾丽拉得怎么样？

　　生：我觉得她拉得很好！

3. 师：她为什么进步这么快呢？

　　生：我觉得她不怕吃苦、勤学苦练。

　　　　　　　　　　　　　　　　　　　　　　　　板书：勤学苦练

（三）巧创新

1. 师：艾丽的琴艺越来越出色，她凭着自己的努力加入了老师所在的艺术团。春节又要来临了，艺术团要去美国访问演出，艾丽开心极了。她终于可以把古老的中国民乐——二胡，介绍给远在万里之外的美国小伙伴了。

　　　　　　　　　　　　　　　　　　　　　　　　板书：万里

2. 师：艾丽不仅表演了二胡的传统曲目，更进行了突破和创新。她与伙伴们合作，把二胡和不同的乐器配合，演奏出了美妙的音乐。

板书：融合创新

3. 师：就让我们一起来欣赏一下吧！请同学们边听边猜，以下曲目是由二胡和什么乐器共同演奏的？

出示PPT：听乐曲，猜乐器。

播放音频：《赛马》（二胡、扬琴）、《一帘幽梦》（二胡、大提琴、长笛）。

> **设计意图：** 学艺之路曲折艰辛，通过体验拉二胡，感受学琴的不易和练习的辛苦；欣赏艾丽的表演，明白"勤学苦练"的道理；游戏的设置活跃了课堂气氛，使学生进一步感受到二胡乐曲之美。

五、交流小结

1. 师：今天我们跟随外国小朋友艾丽一起了解了我们的民族乐器——二胡，同学们，你们有些什么收获吗？

生1：我欣赏了二胡演奏的音乐，觉得二胡的声音特别美。

生2：我了解了二胡的历史。

生3：我和同学合作，一起完成了二胡的构造图，知道了二胡的各部分名称。

生4：我体验了拉二胡，知道二胡学起来很困难，需要勤学苦练才能学好二胡。

生5：我看了二胡工匠制作二胡的视频，知道了二胡的制作技艺是世界非物质文化遗产，需要有人传承下去。

2. 师：希望同学们今后多了解二胡，欣赏二胡独具的韵味，感受二胡特有的魅力。有机会的话学习演奏二胡，或其他的民族乐器，把中华民族优秀的传统文化传承下去。

【板书设计】

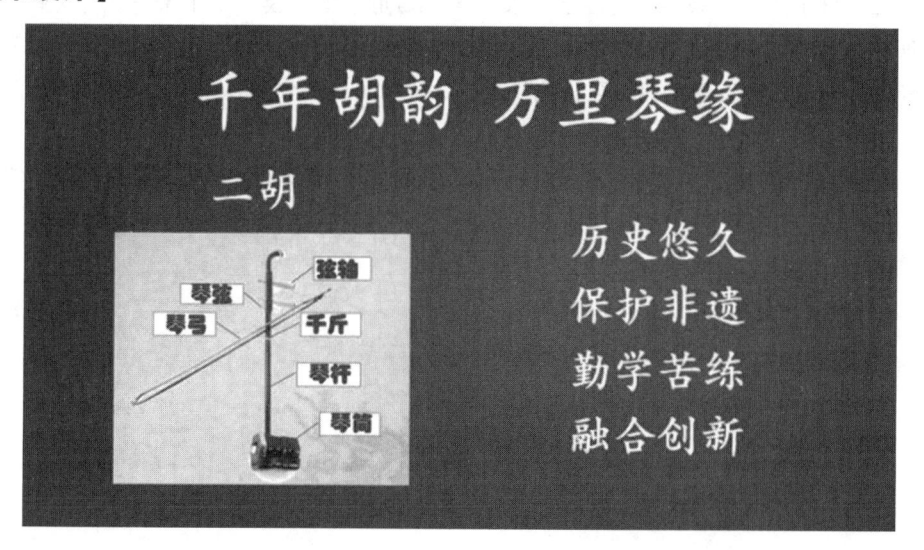

千年胡韵 万里琴缘

二胡

历史悠久
保护非遗
勤学苦练
融合创新

【点评】

多才多艺　能讲善演

以传统乐器为主题的课到目前为止比较少见。尹轶青老师敢于挑战这一颇具难度的主题，源于自己的兴趣爱好和自幼打下的音乐素养功底。她现场吹奏竹笛、拉起二胡，营造了浓郁的音乐氛围，展现了一名多才多艺的非艺术专业班主任的魅力。除了收集和运用大量的音频、视频、图片等网络资源，尹老师还将自己的特长转换成教学资源，现场即兴表演，发挥了得天独厚的优势，为本节主题教育课增色不少。

1. 现场演奏展魅力

尹老师一出场就用竹笛吹奏了一首经典曲子《乡间的小路》，旋律优美，表演流畅。虽然还不认识这位老师，但很明显孩子们已经对她萌生了好感和钦佩。短短几分钟时间，师生间的距离拉近了，少了些许的陌生和紧张，多了一份亲切和放松。尹老师表演节目后，孩子们积极踊跃地参与到了猜乐器名称和民族乐器知多少的抢答比赛中，暖场效果非常好。在"学艺之路初遇挫"环节，为了进一步激发孩子们的学习兴趣，尹老师又用二胡当场拉了一段乐曲，悠扬动听，令人称赞，使很多学生跃跃欲试，都想上台尝试一把。

2. 娓娓道来显功力

在请学生们分组讨论完成二胡构造图后，尹老师并没有直接进入下一环节，而是引导学生提问，主动探究。面对现场生成的问题，她泰然自若，引导学生通过看、听、摸等形式，将二胡构造娓娓道来，讲解清晰明了，实物辅助语言，促进了学生对二胡的进一步了解，显示了教师自身良好的音乐素养。

3. 专业指导见实力

对于从未接触过二胡的学生，几乎连琴都不会拿。尹老师耐心指导学生，从扶琴到执弓，手把手地进行辅导，课堂实践活动中的师生互动十分到位。在她的鼓励和帮助下，有一位学生拉出了声音，兴奋之情溢于言表。学生们用手摸一摸，动手试一试，实践中的体验不仅难忘，还体会到学习乐器的不易，真正领悟了"勤学苦练"的内涵。本堂主题教育课较好地起到了推广民族乐器、弘扬民族音乐、传承传统文化的作用。

上海市浦东新区顾路小学德育主任　黄　燕

第27课　笋芽儿三探面塑

设计教师：上海市浦东新区石笋实验小学　陈淑婷
指导教师：上海市浦东新区观澜小学　　　曹丹红

【活动对象】
小学四年级学生

【活动时长】
2+35分钟（2分钟预备时间）

【活动背景】
　　《中小学德育工作指南》指出：中华优秀传统文化教育要开展家国情怀教育、社会关爱教育和人格修养教育，传承发展中华优秀传统文化，大力弘扬核心思想理念、中华传统美德、中华人文精神，引导学生了解中华优秀传统文化的历史渊源、发展脉络、精神内涵，增强文化自觉性和文化自信心。面塑也叫面人，在2008年入选第二批国家级非物质文化遗产名录，是由我国传统的"面花"演变而来。如今，有人觉得这是一种小把戏，不值得一提，但是，民俗民间艺术始终是传统文化必不可少的组成部分，一件件面塑作品中，无不包含着劳动人民的智慧结晶。
　　地处江南千年古镇——新场镇的石笋实验小学是一所百年老校，学校积极传承非物质文化遗产，开设了古镇技艺社团，聘请来自古镇的民间技艺教师，教授学生面塑技艺，学生对此项课程兴趣盎然，尤其是其中的"江南面塑"。四年级学生参加面塑技艺社团已有一段时间，对面塑材料和制作也有一定的了解，在此基础上，教授学生面塑起源、作用等方面的知识，更利于学生对于面塑的接受与理解。

【活动目标】
知识与技能：
1. 了解面塑的起源、作用变化与南北差异。
2. 知道面塑的制作过程。

过程与方法：
1. 通过观察视频、交流等方法，学会面塑的制作步骤。
2. 通过小组合作与探究，掌握面塑中的学问。

情感、态度与价值观：

在了解面塑的基础上，感受面塑中包含的文化底蕴与匠人精神，培养学生传承中国非物质文化遗产的积极性。

【活动重点】

与"笋芽儿"一起探求面塑由来，探明面塑中的学问，探得面塑中包含的工匠精神。

【活动难点】

掌握面塑中所包含的学问：面塑的别称与作用、面塑的南北差异、面塑与人文礼仪风俗的关系。

【活动准备】

1. 多媒体课件、板贴、学习任务单、关于面塑的影像资料。
2. 面塑作品。

【活动过程】

一、课前2分钟热身：小游戏《猜一猜》

1. 师：同学们，上课之前，我们先来玩个小游戏，游戏的名字叫《猜一猜》，老师会播放一些人物的局部图片，大家一起来猜名字，只要想到了，就马上说出来哦！

出示PPT：孙悟空、关公、美羊羊、小黄人、光头强等面塑图片局部。

（学生猜一猜：孙悟空、关公、美羊羊、小黄人、光头强等）

出示PPT：戴眼镜人物面塑图片局部。

（学生猜一猜：陈老师）

2. 师：没错，我就是陈老师本人啦！今天，陈老师来和你们一起上课啦！

> 设计意图：借用学生在日常生活中所熟悉的卡通人物及历史人物面塑图片，以游戏的形式让课堂迅速升温。最后以教师自己的人物面塑为谜题，拉近学生与教师的距离。

二、"笋芽儿"来啦

1. 师：刚才我们看到的，是我们中国传统艺术——面塑。告诉你们，陈老师也会做面塑，不信，你们瞧！

板贴：面塑

播放视频《陈老师做面塑》。

陈老师先把面粉、糯米粉、防腐剂、食盐、蜂蜜倒入容器中，慢慢加开水揉成团。然后，在柔软的面团上盖上纱布醒面，醒至1.5倍大小后，把面团放入蒸锅中，上锅蒸20分钟，拿出面团冷却一会后，趁热揉，揉软后，取出部分加入绿色颜料。最后，借助竹刀进行塑型，制作成"笋芽儿"。

非遗篇——工艺技术

出示PPT:"笋芽儿"卡通形象。

播放音频《笋芽儿来啦》:哈啰,我是笋芽儿。哎哟,被捏得腰酸背痛,我怎么到这儿来啦?

2. 师:小朋友们,我们一起帮帮他吧!请打开桌上的大卡纸,里面有制作面塑的6个步骤贴片,小组合作,把6个步骤按顺序贴在卡纸上。

(学生完成排序)

3. 师:哪一组来告诉笋芽儿,他是怎么一步一步变出来的?

生:揉成团,醒好面,上锅蒸,趁热揉,加颜料,塑成型。

出示PPT:(1)揉成团;(2)醒好面;(3)上锅蒸;(4)趁热揉;(5)加颜料;(6)塑成型。

4. 师:排得又快又准确,让我们一起大声地告诉笋芽儿他的变身六步曲吧!

生:揉成团,醒好面,上锅蒸,趁热揉,加颜料,塑成型。

5. 师:老师这里也有一些打乱顺序的步骤贴,谁能上来正确地排一排,贴在黑板上?

(学生上台排序)

6. 师:制作面塑六步曲完成!那制作笋芽儿需要哪些材料呢?材料就在你们身边哦!每组桌上有一个材料盒,材料盒中有各种各样的材料。打开材料盒,找到正确的材料贴到黑板上吧!

(学生寻找正确材料贴到黑板上)

7. 师:一起来看看有哪些材料。面塑中面粉是最基本的材料。糯米粉,增加了面团的柔韧性。食盐,让面团变得有韧性,不容易断裂。蜂蜜,甜甜的大家都爱吃,放在这里会让面团变松软哦。水,让材料混合变成面团。防腐剂,听名字就知道加它是为了防止变质的,加了这个东西,面塑作品就不能再食用了哦。颜料,调色用的,这嫩绿的颜色代表着我们可爱的笋芽儿。材料收齐啦!请一位小朋友把这些材料逐个从黑板上拿下来放入篮里,一边拿,一边向同学们介绍它们的作用!

(学生边拿材料板贴,边说材料作用)

8. 师:就这样,笋芽儿诞生啦!有请笋芽儿!

板贴:"笋芽儿"卡通形象

设计意图: 课堂小游戏让学生动起来,学习制作"笋芽儿"的步骤与材料的过程不是单纯靠教师说、学生记,而是让学生主动去寻找。这样不仅调动学生学习的积极性,更加深了学生对于"笋芽儿"由来的印象。

三、和"笋芽儿"三探面塑

播放音频《笋芽儿的困惑1》:太棒啦,谢谢小朋友们。对了,我发现小朋友们都有自己的身份证,可是我却没有。小朋友,你们能帮帮我吗?

生:能!

播放音频《笋芽儿一起走》:Let's go!

（一）探——身份由来

播放视频《面塑的简介》：面塑，是源于山东、山西、北京的中国民间传统艺术之一，早在汉代就已有文字记载，经过一千多年的传承和发展，成为了中国传统民间艺术的重要组成部分。面塑，也就是大家熟悉的"捏面人"，是一种制作简单却艺术性很高的民间艺术。

1. 师：现在，我们一起帮笋芽儿制作一张属于他的身份证吧！

出示PPT：空白身份证。

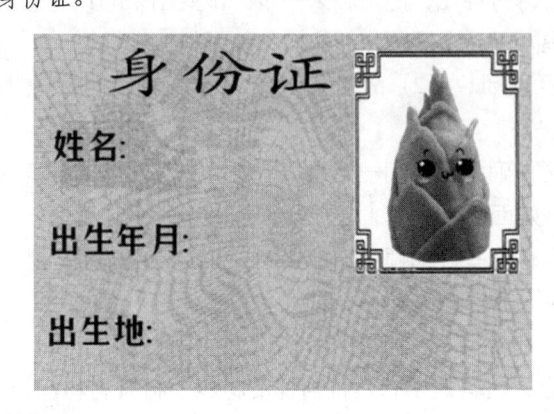

2. 师：一起说他的姓名——

生：笋芽儿。

3. 师：他的出生年月是哪个朝代？

生：汉代。

4. 师：是呀，那他的出生地是哪儿？

生1：山东。

生2：山西、北京。

5. 师：这些地方都是他的出生地，而且都在我国的北方哦！身份证制作完成！

播放音频《笋芽儿的困惑2》：耶！我终于有身份证啦，谢谢你们！可是我该怎么介绍我自己呢？

6. 师：这还不简单，小朋友们来帮忙！

生1：大家好，我叫笋芽儿，出生于汉代，来自北方。

7. 师：你好，小笋芽儿！

生2：你们好，我叫笋芽儿，在汉代时出生，我的故乡是北方。

8. 师：很高兴认识你，笋芽儿！

播放音频《笋芽儿的自我介绍》：我也会介绍我自己啦！大家好呀！我叫笋芽儿，生于汉代，来自北方！请大家多多关照！

9. 师：嗯！这下大家都能知道你的身份由来啦！小朋友们，你们帮笋芽儿探明了身份由来。

板书：探——身份由来

（二）探——面中学问

播放音频《笋芽儿想去江南》：小朋友们！听说有了身份证就能到处去旅游了！都说"烟花三月下扬州"，三月江南景色一定美，go，go，go，我们一起去看看吧！

出示PPT：播放江南的自然风光、特色美景与凉亭下制作面塑的江南面塑手艺人图片。

播放音频《笋芽儿发现面塑》：那儿有人在做面塑！我们去看看。哇，真精致呀，和江南的景色一样优美！

1. 师：是呀，如今南方也有面塑啦，但南北方的面塑可大不相同呢！其实，面塑里可包含着大学问呢。

播放音频《笋芽儿的发现1》：没错！我帮小朋友们搜集了三大主题，瞧！

出示PPT：面中学问3个主题：面塑的南北差异、面塑的别称与作用变化、面塑与人生礼仪风俗。

2. 师：任务来啦！小朋友们，每张桌上有一张大信封，信封中包含其中的一个主题。请根据里面的资料填写任务单。在这之前有三项要求：（1）小组共同完成；（2）音乐一停，讨论结束；（3）每两个小组的主题相同，结束后，每组派1名代表带着任务单上台，并根据任务单上的要求进行交流。

（学生分组完成任务单）

3. 师：哪一组愿意先上台进行分享与交流？

第一组：交流主题——面塑的别称与作用变化

生1：我们组讨论的主题是"面塑的别称与作用变化"，面塑又叫面花、礼馍、花糕、捏面人。

出示PPT：面塑别称与作用变化。

生2：最开始，面塑是作为蕴含祝福意义的事物或用作祭祀供品的，后来变成了专供欣赏的民间工艺品了。我们的分享结束，如果有问题，可以向我们提出。

生3：为什么之前用来吃，后来就变成工艺品了呢？

生4：因为随着社会发展，人民生活水平的提高，出现了对面塑的独立审美，也就出现了面塑艺人，面塑的艺术价值得到极大提高，就变成了一种艺术工艺品了。

4. 师：是呀，随着我国社会经济的发展，人们的审美情趣也在不断提高，慢慢地，面塑就走进了艺术殿堂，具有了观赏的价值。

第二组：交流主题——面塑的南北差异

生1：我们要分享的主题是"面塑的南北差异"，北方面塑特点豪迈、粗犷，特点体现在人物造型比较凶悍，细节呈现比较少。

出示PPT：南方面塑与北方面塑图片。

生2：南方面塑特点是细腻，图中体现在人物帽子上的珠花形状非常细致。

生1：我们想考考大家，以下两幅图哪一幅是南方面塑？

出示PPT：选择题。

生3：B。

生2：请你说一说你选择B的原因。

生3：因为B这幅图人物衣服上的装饰比较精致，人物塑造的比较细腻。

5. 师：我们都知道，北方人比较爽气、不拘小节，而南方人在生活方面比较精明，所以塑造出的面塑作品也是不同的。原来，面塑作品与不同地方人的生活有着密切的联系呢！最后，有请主题为"面塑与传统人生礼仪风俗"的小组进行分享与交流。

第三组：交流主题——面塑与传统人生礼仪风俗

生1：我们分享的主题是"面塑与传统人生礼仪风俗"。面塑可以用在满月、婚礼、寿庆这三个传统人生礼仪上。

出示PPT：面塑与传统人生礼仪风俗、满月礼仪上的面塑图片。

生2：在满月仪式上，外婆要做一个叫"囫囵"的面塑食品，上面有十二生肖，还要在孩子的属相上点一个红点，把这"囫囵"送给孩子，分给来庆贺的亲友吃，取消灾之意。

出示PPT：婚礼礼仪上的面塑图片。

生1：在婚礼仪式上的面塑造型大多是龙与凤，五彩缤纷，增强了喜庆的气氛。

出示PPT：寿礼礼仪上的面塑图片。

生2：在寿庆仪式上的面塑大多做成桃子的造型，以祝愿老人健康长寿，表达对老人的孝敬之心。我们介绍完了，同学们有什么疑问吗？

生3：可是面塑不是含有防腐剂吗？怎么能吃呢？

生1：面塑工艺品需要长期保存供人们欣赏，才放防腐剂，是不能吃的。但是这些仪式上的面塑作品是让人们食用的，所以不会添加防腐剂。

师：原来面塑与人民的物质条件、审美情趣、生活习惯息息相关，这面塑里的学问真是太有探头啦！小朋友们，我们对面塑又有了进一步的了解，因为我们探得了——面中学问！请一位同学上来写板书，探——面中学问。

板书：探——面中学问

设计意图： 学生讨论环节能活跃课堂的气氛，而学生间的自主问答更能擦出不一样的火花。在上台交流的过程中，同学的提问往往会出其不意，这间接地推动了学生对于面塑学问的挖掘。

（三）探——工匠精神

1. 师：如今，越来越多的人知道并喜欢面塑啦，笋芽儿，你是不是特别开心？

播放音频《笋芽儿真高兴》：我太高兴啦！真想去和他们交朋友……走吧走吧，我已经等不及啦。朋友，我叫笋芽儿，你知道面塑吗？

播放视频《笋芽儿交朋友》。

小猪佩奇：知道知道，跟橡皮泥一样，随便捏着玩的。

小黄人：哦知道，以前经常看到的，可以现在很少看到了。

蝙蝠侠：知道，看过人做，没几分钟就捏出个小玩意儿来了。

2. 师：同学们，你们认为面塑笋芽儿仅仅是个小玩意儿吗？

生1：不是，因为面塑历史悠久。

生2：不是，因为面塑是我国的民间传统艺术，有很大的价值。

生3：不是，因为有的面塑很精致，不能说是小玩意儿。

播放音频《笋芽儿的发现2》：就是！瞧我们石笋实验小学小朋友们做的面塑，精致得很呢！

出示PPT：《学生面塑作品集》。

3.师：小朋友们，老师也带来了自己制作的面塑作品呢！但这是比较简单的，下面，让我们一起去领略一下真正面塑工艺大师们的作品吧！

出示PPT：面塑手工艺人的面塑作品。

4.师：相信同学们都想知道这些精致的作品是谁制作的，让我们一起去认识认识吧！

播放视频《三位面塑大师》。

郎佳子彧：我叫郎佳子彧，是北京面人郎的第三代传人。

刘吉成：我叫刘吉成，今年47岁，我现在属于民间面塑传承人。

张倍源：传统面塑它的比例什么东西，不太符合现在年轻人的一种审美。后来我就想，我能不能把二次元和咱们传统文化结合在一起。我得带着新鲜的血液融入进去，它才能活起来。

刘吉成：2009年，我带着《金陵十二钗》获得了中国民间文艺最高奖"山花奖"，这个时候真的是一种圆梦的感觉。

郎佳子彧：我不知道我这一生能带给面塑什么，我只是希望，将来某一天，我把面塑这行手艺教给我的孩子的时候，它能与我父亲教给我的时候不一样就好了。

5.师：这些面塑技艺传承人，他们有的祖辈就是面塑大师，传承至今；有的喜欢面塑几十年，一心研究面塑；有的力图把现代新鲜的事物融入传统面塑……正是有了这些匠人，我们才能看到中国的传统艺术被传承、被发扬，才能见到如此精致优美的面塑作品。这足以让我们体会到他们身上的一种精神！这种精神叫作——

生：匠人精神！

6.师：请一位同学代表全班来写板书，探——匠人精神。

板书：探——匠人精神

设计意图： 从学生作品到教师作品再到大师作品，激发学生的学习欲望，使学生对这些面塑大师如何才能制作出如此精致的作品产生了浓厚的兴趣，最后通过面塑大师的简介视频，让学生直观地感受到小小面塑中体现出的工匠精神。

三、与"笋芽儿"后会有期

1.师：今天我们在"笋芽儿"的带领下，探寻了面塑文化。一探，探明了笋芽儿——

生：身份由来。

2.师：二探，探出了——

生：面中学问。

3.师：三探，探得了面塑中包含的——

生：匠人精神。

4. 师：这"三探"收获可真大呀！

板书：三探

5. 师：笋芽儿，小朋友们今天表现如何呀？

播放音频《笋芽儿与你后会有期》：哈哈，小朋友们真是太棒啦！和你们一起玩真开心呀！其实，我们中华优秀传统文化就像一个大宝库，除了面塑，还有许许多多的宝藏，像戏曲、茶艺、建筑等等，等着我们一起去探寻呢！咱们后会有期哦！

【板书设计】

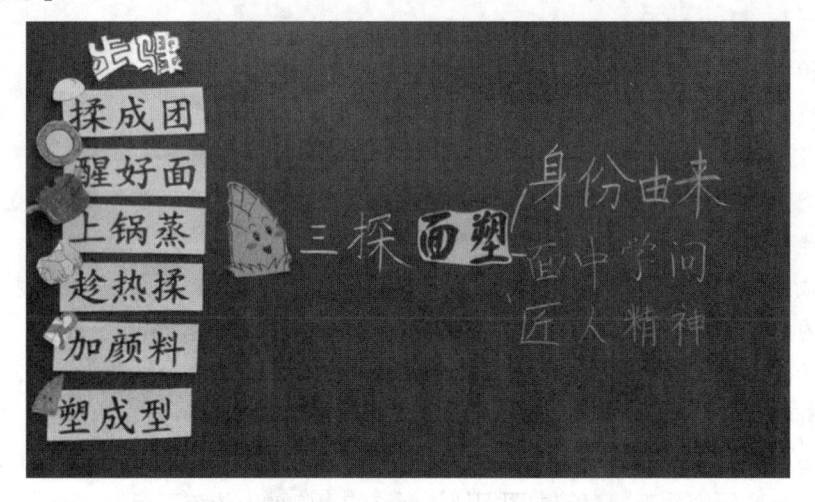

【点评】

卡通形象串联，增添主题教育课趣味

党的十八大以来，习近平总书记多次强调要传承和弘扬中华优秀传统文化。他指出："中华文明源远流长，孕育了中华民族的宝贵精神品格，培育了中国人民的崇高价值追求。自强不息、厚德载物的思想，支撑着中华民族生生不息、薪火相传。"

学习强国App文化频道的小编用"手下有世界，面里有乾坤"10个字来描述面塑——这项国家级非物质文化遗产。我们认为，对优秀传统文化最好的保护应该是传承，而主题教育课就是孩子们走进我国非物质文化遗产、走进优秀传统文化很好的载体。

1. 源于实际，深受喜爱

"笋芽儿"这个卡通形象是用面塑捏成的，而且经过陈老师的巧手，不仅成了本课的主人公，而且还呈现在PPT中，颜色鲜明、形象可爱，符合小学四年级学生的学情和年龄特点，深受学生的喜爱。

2. 巧于贯穿，步步推进

在陈老师的这堂主题教育课中，"笋芽儿"这个卡通形象贯穿课堂，拉近了与学生间的距离。从"笋芽儿"的诞生，到跟着"笋芽儿"游江南、探面塑大师等，这一系列情景化教学内容引人入胜，更有利于教学环节的步步推进，让学生随着"笋芽儿"在各种体验、感知与交流中学习面塑中的学问，感悟到面塑所包含的深厚文化底蕴。

3. 妙于具化，体悟精神

通过"笋芽儿"这一具化形象，使面塑的一些抽象知识变得形象可知。借助于"笋芽儿"的生动感知，学生对面塑的制作过程、悠久历史、面塑的内涵文化等有了更深入的了解，更是体会到传统技艺的博大精深、形式多样。融合教育性和体验式的教学方式也因为有了"笋芽儿"而变得不生硬、不空洞了，学生能在愉悦、轻松的学习氛围中，探得面塑精髓，体悟工匠精神，激发弘扬传统文化的兴趣。

上海市浦东新区观澜小学德育室副主任　曹丹红

第28课　镂空的美

设计教师：上海市浦东新区龚路中心小学　　张玲巍
指导教师：上海立信会计金融学院附属学校　　韩　英

【活动对象】
　　小学五年级学生

【活动时长】
　　2+35分钟（2分钟预备时间）

【活动背景】
　　剪纸是我国最古老的民间艺术之一。在2009年举行的联合国教科文组织保护非物质文化遗产大会上，中国剪纸入选"人类非物质文化遗产代表作名录"。剪纸的造型、图案、大小和风格，不仅表现了老百姓的审美爱好，还体现了中华民族的深层社会理念。
　　我任教的五年级学生平时对剪纸有些接触，相当一部分学生还很喜欢。可他们仅仅是在美术课上或者是其他综合活动中操作过，对剪纸的认识只停留在"用剪刀剪"这一层面上，对此项民间传统技艺的"由来""技法"以及"寓意"知之甚少。

【活动目标】
　　1. 初步了解剪纸的历史、类别、技法和寓意，感受剪纸艺术淳朴生动、寓意广泛的文化特质。
　　2. 初步具有欣赏剪纸艺术的能力，领悟剪纸艺术中所体现的工匠精神。
　　3. 体验剪纸工艺的制作过程，初步形成传承中国优秀传统文化的意识。

【活动准备】
　　收集相关多媒体资料、制订方案、制作课件、制作电子小报、准备板书、准备材料包。

【活动过程】
一、谈话引入
　　1.师：同学们，新的一年快要到了，班里要举行迎新活动。你会怎样装扮我们的教室呢？
　　　生1：买一些气球挂着。
　　　生2：买彩带挂在教室的四周。

2. 师：这些漂亮的装饰材料都是买来的。今天，让我们一起来学习一项本领，学会了它，大家就能用自己的双手来装饰教室，增加节日的气氛。想不想学一学？

板贴：剪纸

二、剪纸历史知多少

1. 师：我们先来听一段录音，了解剪纸的历史。仔细听，等一会儿有一个竞答游戏需要大家一起参与哦！

播放录音《剪纸艺术》：剪纸是我国历史悠久的一种民间手工艺术，它反映了我国古老的历史文化，是我国最具特色的手工艺术代表之一。据说最早的剪纸艺术是在公元前的春秋战国时期。当时，人们通过多种镂空雕刻技法，在皮革、绢布、树叶等材料上剪刻纹样，制成各种工艺品。汉代时期发明了造纸术，促使了剪纸艺术的出现、发展和普及。到了唐代，人们利用剪纸做印花板，将染料漏印到布匹上，打造出美丽的图案。宋代时期，造纸业愈加成熟，这为剪纸的普及应用提供了条件。宋代人利用剪纸做陶瓷花样，通过上釉、烧制使陶瓷更精美。民间借鉴剪纸形式，用动物皮制成皮影戏的人物造型。明清时期，剪纸技艺走向成熟，并达到鼎盛时期。这时候的剪纸工艺应用就更加广泛了，例如民间彩灯的花饰、扇面的纹饰、刺绣的花样等，均是利用剪纸作为装饰再经过加工而成的。那时，民间更多的人是将剪纸作为一种家居装饰物，用以美化家居，比如窗花。2000多年的历史，使得剪纸浓缩了汉族文化的传统理念，并与其他艺术相互交织传递古老文明。在2009年举行的联合国教科文组织保护非物质文化遗产大会上，中国剪纸入选"人类非物质文化遗产代表作名录"。

2. 师：听完了录音，下面，我们就要一起做一个关于剪纸历史的知识竞答——剪纸知识知多少？准备好了吗？

生：准备好了！

3. 师：听清规则，每道题有A、B、C三个选项，同学们一齐用手势"1、2、3"来表示选项A、B、C。当题目出现，老师会喊"出"字，然后大家就用右手的手势表示你的选择。竞答正式开始！

出示PPT：剪纸知识知多少？

1. 最早的剪纸艺术出现在什么时期？（春秋战国时期）
   A. 宋朝　　　　　　B. 明清时期　　　　　C. 春秋战国时期。
2. 哪种技术的出现为剪纸艺术的发展提供了条件？（造纸）
   A. 造纸　　　　　　B. 印染　　　　　　　C. 刺绣
3. 以下哪种不是剪纸艺术的材料？（木头）
   A. 树叶　　　　　　B. 绢布　　　　　　　C. 木头
4. 剪纸艺术在哪一年入选了联合国"人类非物质文化遗产代表作名录"？（2009）
   A. 2018　　　　　　B. 2009　　　　　　　C. 2008

4. 师：同学们真棒，仔细地听了一遍录音，已经了解到了许多剪纸的知识，看来大家的学习力超强。老师为你们点赞！

设计意图：通过听录音了解剪纸技艺的发展历史。以知识竞答的形式，将剪纸最早出现的年代、材料以及价值融入其中，帮助学生进一步巩固这些基本的知识，也使课堂氛围变得更加活跃。

三、分类别学技法

（一）赏作品，分类别

1. 师：瞧，现在老师手里就有这样一沓剪纸作品，让我们一起看看这些剪纸呈现了哪些内容？

　　生1：这个剪的是小兔子。

　　生2：这个剪的是一朵花。

　　生3：这是个"喜"字，还是双喜呢！

　　生4：我发现剪纸似乎只要你想得到的，好像什么都可以剪出来。

2. 师：嗯嗯，大家都是火眼金睛！的确是这样的，剪纸作品不受限制，内容很丰富、很广泛。

　　　　　　　　　　　　　　　　　　　　　　　　　　　　板贴：内容广

3. 师：再看看，这些作品同我们平时自己动手剪的有什么不一样？

　　生1：比我们自己剪的更加精致。

　　生2：比我们剪的更复杂。

　　生3：剪得比我们的好看。

4. 师：看来，同学们还是很客观公正的。这些作品比平时我们自己随意剪的要精美许多。因此，现在大家都将"剪纸"称作一项镂空的艺术。下面，让我们深入感受镂空艺术之美。

　　　　　　　　　　　　　　　　　　　　　　　　　　　　板贴：镂空的美

5. 师：这么多精美的作品，谁能用自己的方法将它们归类并交流分类方法。

　　生1：我是按颜色分的。

　　生2：我是按照动物、植物、人像来分的。

6. 师：你们的方法都不错。其实，剪纸艺术最主要的分类方法有两种：一种是按颜色分，可以分为单色剪纸和彩色剪纸；另一种是按照剪纸的技法来分。

（二）读小报，学技法

1. 师：黑板上这么多精美的作品，是由哪些技法剪出来的呢？小组的课桌里有老师为你们设计的一份电子小报，现在请大家拿出电子小报，仔细阅读小报上的相关内容，找找剪纸的主要技法。

（生读《剪纸小报》）

小报：民间剪纸多为单色，技巧变化多样，它有两种基本的方法：一种是折叠法，将纸折叠后产生重复的图案是剪纸技法中最基本的一种，可将纸折叠两次或三次以上再开始剪，所得的花纹为四面或六面以上均齐的形状。另一种是阴阳刻法，阳刻法是刻去空白部分，保留轮廓线；阴刻法是刻去图案的轮廓线；阴阳刻法是在同一幅作品中运用阴刻、阳刻两种方法，这种方法是最好的剪纸表现手法。

2. 师：现在有谁能告诉大家，你知道剪纸主要有哪些技法？

生：有两种基本技法，一种是折叠法，另一种是阴阳刻法。

3. 师：了解了剪纸的技法，接下来我们就要动手实践了。按照这两种基本技法，请找找黑板上贴的作品中，哪些是用了折叠法？哪些是用了阴刻法？哪些是用了阳刻法？哪些是用了阴阳刻法？

生1：公鸡、蝴蝶、雪花和鱼是用折叠法剪出来的。

生2：白色的荷花用了阳刻法。红色的荷花用了阴刻法。

生3：向日葵、沙和尚、蜻蜓用了阴阳刻法。

生4：福字、鲤鱼跃龙门的两幅图好像把这几种技法都用上了。

4. 师：同学们不仅有孙悟空一样的火眼金睛，头脑更是灵活，一下子就抓住了要点——精美的作品不仅仅只用一种技法，而是将几种技法结合起来，灵活运用。

板贴：技法活

四、猜寓意送祝福

1. 师：这么多的剪纸作品，我们再细细欣赏一番。这些图案，可不是随便剪的，里面的内容也不一样。剪纸者是怎么想到剪这些内容呢？这些内容背后有什么寓意呢？我们再来读读小报。读完小报，老师请同学用新学习的知识来介绍一下黑板上的作品有什么寓意。

（生读《剪纸小报》）

小报：不同的图案蕴含了不同的寓意。吉祥图案寓意吉祥辟邪，娃娃、葫芦、莲花等象征多子多福，松树、桃子、仙鹤象征着益寿延年、长生不老；凤凰、喜鹊、孔雀则象征着生活美满。家禽家畜，瓜果鱼虫、十二生肖都是民间剪纸常用的图案。民间剪纸善于把多种图案组合在一起，常用相同或相近的字音寓意吉祥。最具代表性的是"连年有余"，将鱼儿和莲花组合在一起，取了莲和鱼的谐音。喜鹊和梅花组成图案则代表了喜上眉梢。鸡，作为十二生肖之一，自古就被人们寓意吉祥之意，借其谐音"吉"，寓为大吉大利。鸡与牡丹组合，也称"吉祥富贵"。所以在民间美术中，凡涉及吉祥如意的主题时，往往画上鸡的形象，以示吉祥。也有借物来讲述故事的，比如观音送子、上海童谣等。现如今我们最常见的是将字和图案组合，比如结婚时贴的"喜"字、贺寿时的"寿"字等。

2. 师：老规矩，自学完毕后要将知识灵活运用起来。猜猜看，黑板上的几幅剪纸作品分别有什么寓意？

生1：第一幅表示"鲤鱼跃龙门"。

生2：第二幅上有喜鹊和树枝，我猜应该表示"喜上眉梢"。

生3：第三幅作品上刻着一条大鲤鱼，应该表示"年年有余"。

3. 师：这些作品送给谁比较合适呢？代表了什么祝福？

生1："鲤鱼跃龙门"送给同学，可以祝他学习进步。

生2："鲤鱼跃龙门"也可以送给公司的职员，祝他升职加薪。

生3："喜上眉梢"可以送给有喜事发生的人。

生4:"年年有余"在过年的时候使用最合适。

4. 师:这些作品在民间已经流传了很久很久,包含的寓意都是那么美好,充分体现了古代劳动人民对美好生活的向往和对他人美好的祝愿。这些美好的东西因此代代相传。

板贴:寓意美

> **设计意图**:阅读小报,了解不同图案所包含的寓意,然后立刻将自学的知识运用到实践中——说一说黑板上的作品代表的意思,以及赠送的场合和对象,学生不仅了解了图案背后的内涵,而且提高了自主学习、解决问题的能力。

五、剪出别样风情

1. 师:我们了解了剪纸的历史知识,学到了技法,还了解了图案的寓意。下面,请同学们齐动手剪一剪,把我们学习到的相关知识融入你的作品中,为班级里的迎新活动出一份力。大家可以自己设计图案。如果感觉有困难也不怕,老师还准备了一个"秘密武器",每一小组都有一个红色的大信封,里面有一些已经画好图样的纸,小朋友可以合理利用,剪出自己想要的作品。

(生动手剪纸,教师巡视。时间控制在5分钟内)

2. 师:我们这是巧手班吗?这么快就出作品了!来来来,交流一下剪的是什么?为什么剪这个内容?

生1:我用"秘密武器"剪了一个福袋,祝大家福气到!

生2:我剪了雪花,贴在墙上很漂亮。

3. 师:同学们自己动手剪出了漂亮的图案,这些图案,贴在墙上的称为:墙花;贴在窗上的称为——_____;贴在灯上的称为——_____。

生:窗花 灯花

板贴:墙花 窗花 灯花

> **设计意图**:学生自己动手体验剪纸的过程,可以自己设计图案,也可以用教师事先准备好的一些图纸来操作。这样可以让动手能力强的学生有充分发挥的空间,也让动手能力相对弱的学生有所体验和收获。

六、感悟工匠精神

1. 师:同学们,有很多同学用了老师准备的"秘密武器",剪出了漂亮的作品。其实,这些"秘密武器"是老一辈剪纸艺术家们精心研究出来的。今天,老师请了一位剪纸匠人,我们来了解一下她的故事。

播放视频《剪纸匠人》。

我今年呢是快六十岁了,就是剪纸这一块呢,从小基本上,是看着我妈妈剪啊剪的,就是看在眼里的。

小时候我跟我老妈两个人到杭州面料市场,我们也不买东西的,主要是看

上面那种图案，就是花啊、蝴蝶啊什么的。反正很搞笑，那个营业员来招呼我们了，还以为我们要买布料。我们说"不是的，我们是看看花。"

剪纸呢，要一个好的图案的话，都要用笔先画一下、构思一下，弄一个好一点的图案。剪纸呢，就是说，你很大的一张纸的话，你要把这只手要拿进去，拿进去以后呢，旁边那些就皱掉了，剪好以后要用电熨斗把它熨平，然后，再把它装裱。

你不要小看这么一张纸，你要是贴得不好的话，黏贴的时候稍微那么半公分还要小的，就是说尺子上面那么一分，贴过来了一点点，整张就是说报废了。

因为我是没有读过美术大学，你要弄一个好的图，你自己看看好了，但是美术家他们一看，就是有些地方有一些不足。我有时候也去请教美术老师，就是请教他们怎么弄。

有时候我在乘车，就在想这个怎么弄怎么弄，怎么样一个图已经脑海里想好了。后来，我在乘车的时候，过了站了。我一看外面怎么……好像我下车那个地方不同的。我后来一看，哦呦过头了！我就是在想这个问题，基本上每天都在想这个问题。

后来，慢慢的有好几家学校我都在教剪纸课。我在黑板上面画好图案，叫他们怎么画、怎么割。一节课下来，他们也简单的图自己创作的，也剪出来了。不是说一般随随便便的那些人能够评上匠人的，你能经常做啊做，人家都认可你，你做得真的很好，他们说你是匠人什么的，这是很光荣的！

  2. 师：这位奶奶为了呈现一幅精美的剪纸作品，她是怎么做的？
    生1：老人不断钻研，琢磨一幅作品的图案，坐车都坐过站了。
    生2：她为了让作品更加精美，用熨斗把纸烫平，在她身上有着精益求精的精神。

板书：不断钻研 精益求精

  3. 师：学习和掌握一项技能，是一辈子的事情，只有不断地钻研，这项技能才会得以传承。剪纸艺术家们不断钻研、精益求精的精神，就是一种工匠精神。

板书：工匠精神

> **设计意图：** 观看剪纸艺术家的视频，看看老一辈艺术家们是如何传承和发扬传统技艺的，感悟他们的工匠精神，激发学生对传统技艺和文化的兴趣，从而更好地继承和发扬我国的传统文化。

七、总结提升

  1. 师：剪纸是我国一项古老的民间艺术，它内容广泛、技法灵活、寓意美好，因此深受老百姓们的喜爱，在各种节日和喜庆活动中被广泛使用，还有人用诗歌赞美它。让我们一起来读一读吧！

  出示PPT：民间风情装饰味，花中套花格调全。山石树木虚中实，云水湖川多弧线。
       物象关系紧相连，象征谐音取材广。刀剪韵味显技法，独具匠心纸上传。

  2. 师：同学们，今天我们不仅了解了"剪纸"的相关知识，还动手剪出了漂亮的作品。相信大家用自己的作品装点教室，一定能使教室焕然一新，充分营造出节日的气氛。对剪纸感兴趣的同学，我们还可以继续深入学习，让这项古老的民间技艺代代传承，越发美好！

【板书设计】

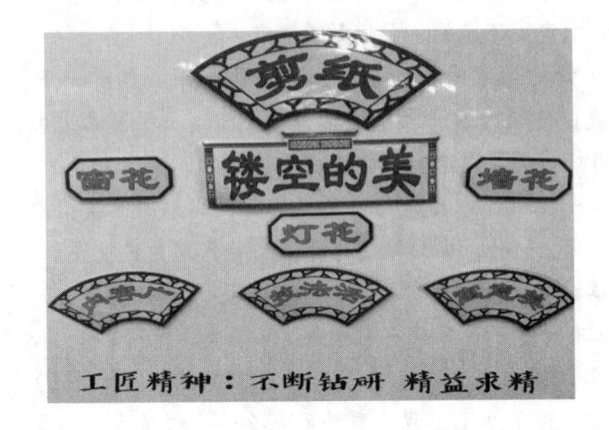

【点评】

精准把握，合理实施

张老师这堂剪纸艺术的主题教育课，从学生生活中寻找题材，坚持以学生发展为本，将教育性和操作性完美地融为一体，特别是设置的动手体验环节中的做法值得大家学习。

1. 精准把握课型

劳技课是国家基础课程之一，其课程要求中明确指出，该课程的主旨是通过技术实践使学生获得直接经验，重在培养学生的劳动意识、创新思维和实践能力。主题教育课则是以学生为主体，以班主任为主导，围绕某一个德育主题，通过课程形态，有计划、有目的地开展情境化的道德认知教育，引导学生在认知冲突和思想对话中进行道德交往，激发道德反应，获得道德体验，促进道德发展的集体教育活动，有意义的价值引领是活动的核心取向。此次以传承"中华优秀传统文化"为目标的主题教育课更注重文化内涵的渗透，培养学生对中华文化的认同感和归属感。这堂课，张老师牢牢把握"文化传承"这一出发点，以装饰教室为线索，通过认识剪纸—走进剪纸—尝试剪纸三个教育环节的设计，帮助学生了解剪纸的历史、技法、图案背后的寓意，使学生对中华传统文化——剪纸产生亲近感，更让学生感受剪纸文化中所承载的工匠精神，充分体现了主题教育课的价值引领。

2. 合理把控时间

之前，我也观摩过一些设置动手体验的主题教育课，每每到学生动手操作的环节时，总会让人有一种说不出来的别扭。究其原因，就是教师在预设时没有考虑到学生动手能力的差异性，一旦动手做，容易出现操作时间过长的现象，教师宣布结束时，学生还未尽兴。这堂课上，张老师一直关注着学生的每一个操作过程，始终牢记主题教育课与劳技课之间的区别。她提前准备好了一些操作图纸供学生选用。这样既让动手能力强的学生有了发挥的空间，也让动手能力弱的学生有了体验和收获，更是将时间合理地掌控在了自己手里，凸显主题教育课的教育性。

上海立信会计金融学院附属学校校长助理　韩　英

非遗篇——衣食住行

北戴河——我的桑梓地

第29课　舌尖上的小笼

设计教师：上海市嘉定区古猗小学　　　陆双娟
指导教师：上海市浦东教育发展研究院　姚瑜洁

【活动背景】

　　我国各族人民在长期的生产生活中创造的丰富多彩的非物质文化遗产，是中华民族智慧与文明的结晶，是历史发展的见证，又是珍贵且具有重要价值的文化资源，我们有义务有责任将其继续传承下去并发扬光大。

　　南翔小笼是千年古镇南翔的传统点心，起始于清代同治年间，至今已有140多年历史，其制作工艺已成功申报国家非物质文化遗产，成为我国首个小吃类国家级非物质文化遗产。生活在古镇南翔的小学生们大多品尝过美味的小笼，但是对于小笼的了解也仅限于此，不知道美味背后的历史文化，因此有必要对学生作一次普及介绍。

【活动对象】

　　小学二年级学生

【活动目标】

　　知识与技能：
　　了解南翔小笼的历史，知晓其制作过程及标准和品尝方法。
　　过程与方法：
　　1. 了解南翔小笼的历史。
　　2. 知道南翔小笼的制作步骤和要点。
　　3. 学会品尝小笼的方法。
　　情感态度价值观：
　　感悟小笼的魅力，培养学生对传统文化的热爱，增强民族自豪感。

【活动准备】

　　邀请6位非遗小达人作为"小老师"，每人负责指导一组学生开展小笼制作；
　　准备制作小笼的食材：小笼面坯45人份，刚出笼的南翔小笼6笼；
　　准备品尝小笼的工具：筷子、碟子、湿纸巾45人份，6个垃圾筐。

【活动过程】

一、品小笼

1. 师：小朋友们，下午好，今天老师为大家带来了南翔古镇最有名的小吃——南翔小笼。瞧，有人在抖音上分享了一个吃小笼的视频——

播放视频《轩轩吃小笼》。

哇，看着好好吃呀！嗯？怎么吃呢？哎呀！肉掉了！不管了，我还是要把肉吃掉。

再来一个，好好吃！哎呀！好烫好烫！

2. 师：视频中的小朋友叫轩轩，她特别喜欢吃美味的南翔小笼，但是她在品尝时遇到了麻烦，你们发现了吗？

生：轩轩吃小笼包的方法不对。

播放音频《轩轩请求帮助》：小笼很好吃，但是吃小笼好难呀，你们能不能教教我怎么吃？

3. 师：那小笼包到底应该怎么吃呢？谁愿意教教她？

生：吃小笼时要先咬个小口子，把汤喝掉再接着吃。

4. 师：是呀，小笼里有满满的汤汁，要特别注意呢！除此之外还有几点也需要注意，老师邀请了几位同学为大家演示最标准的品尝南翔小笼的方法。

播放视频《品尝小笼的标准方法》。

小笼来啦！

哇！

轻轻提，慢慢移，先开窗，后吸汤。

5. 师：现在，谁再来教教轩轩？

生：吃小笼时要注意先轻轻夹起小笼，然后咬个口子，吸掉汤再吃。

板书：品小笼　轻轻提　慢慢移　先开窗　再吸汤

6. 师：方法很简单，有同学能说说为什么要这样吃吗？

生：小笼里有汤汁，先开个口子，就不会烫到嘴了。

7. 师：轻轻提、慢慢移是因为小笼面皮很薄，要轻点儿夹，慢慢地移到自己的小碟子上，皮才不会破；先开窗，再吸汤是因为小笼汤汁多又烫，先开个口子让热气跑掉一些，再吸汤时就不会被烫到啦！按照这四步来吃才能品尝到小笼的美味！下面我们也有品小笼的环节，小朋友们可要好好运用这个方法，文雅地品尝这舌尖上的美味哦！

> **设计意图**：教学一开始，以最近非常火的抖音视频吸引学生注意，结合视频内容提出请求，低年级学生对于他人的请求帮助总是非常感兴趣，学生能一下子投入其中，并且学生平时都是吃过小笼，知道一部分注意事项。杜威说过："教学必须从学习者已有的经验开始。"在此过程中，他们就会将已知的知识教给轩轩，在此基础上教师再顺势引出吃小笼的标准方法，能更好地达成教育效果。

非遗篇——衣食住行

二、知历史

1. 师：轩轩学会吃小笼了，她可感谢大家了。

播放录音《轩轩邀请学生听故事回答问题》：谢谢大家！我终于学会吃小笼了，小笼太美味了，我好想知道更多关于小笼的知识呀。咦！这里有3道题目呢！第一题，小笼有多少年的历史？第二题，小笼的创始人是谁？第三题，小笼的特点是什么？大家和我一起听故事找找答案吧！

2. 师：你们准备好了吗？

生：准备好啦！

播放录音《南翔小笼的历史故事》：说起南翔小笼啊，到今天已经有140多年的历史了，它的创始人名叫黄明贤。他是一个非常聪明又很有本事的人。你们知道吗？小笼原来就只是大肉馒头呢！但是黄明贤觉得大家都卖大肉馒头，他的生意就不好了，他想要做一种新的糕点生意。于是，他从客人的口中收集了很多信息，总结出了大家的喜好，就想着把馒头做得小一些，皮薄一些，肉馅还要放得足一些，让汤更多一些。想到就做，他开始尝试制作。可惜一开始怎么也做不出有韧性的面皮，突然有一天，他灵机一动，拿清水和面，发现面皮变得有韧性了，尝试着包了几个小包子，煮熟的小包子晶莹剔透，咬一口，皮薄汤多，味道真是太好了。但是叫小包子不太好听呢，他想要一个响亮的名字，有一位老人家给了他一个建议，"一方珍宝，当称南翔小笼"。南翔小笼的名字呀就这么传开了。

3. 师：大家听得很认真，谁来回答这几个问题？

生：小笼有140多年的历史了。小笼的创始人是黄明贤。小笼的特点是皮薄汤多。

板书：知历史　140多年历史　创始人黄明贤　皮薄汤多

4. 师：你可真厉害，一个人解决了全部问题。小笼皮薄汤多，美味极了，真的要好好感谢黄明贤老先生制作出了舌尖上的小笼。

板书：舌尖上的小笼　贴上小笼图片

设计意图：所谓"书从疑处翻成悟"，读书贵有疑，带着疑问去读，方能有所"悟"。这个环节由轩轩提出疑问，带领学生一起听小笼的故事并寻找答案。故事语言生动有趣，学生积极投入其中，很快就找到答案，牢牢记住了小笼创始人和小笼的历史。

三、享体验

1. 师：小笼如此美味，但你们知道吗？它不仅以口味而闻名，而且它的制作工艺还成功申报了国家级非物质文化遗产，成了我国首个小吃类国家级非物质文化遗产。这下轩轩更想知道小笼是怎样制作的了！

播放录音《轩轩介绍小笼的制作过程》：哇！原来小笼都有这么多年的历史了呀！了解它越多，我就越想知道小笼是怎么制作的了，好想自己做一做呀！也是巧呢，我正好碰到了古猗小学的"非遗"小达人们,他们热情地邀请我去观看小笼制作的过程。我可真是太幸运了!瞧,师傅们首先制作了秘制肉馅,接着用清水和面揉成面团,这可要好大的力气呢!将揉好的面团做成面坯,师傅们技艺娴熟,一会儿就做了一大盆。接着,拿起一个面坯,用右手压面皮,放入肉馅,肉馅感觉要漾出来了。看,师傅右手捏褶子,左手旋转,不一会儿,一只小笼就做好了。看着好可爱呀!最后当然是将小笼蒸熟,这样美味的小笼就完成了。

2. 师:听了轩轩的介绍,谁来试试排列出小笼制作的正确步骤?

(学生上前排序:制肉馅　和面团　做面坯　压面皮　放馅料　捏褶子　蒸煮)

3. 师:大家看得可真仔细,排列得也很正确。小笼的制作过程可不简单呢!

播放录音《轩轩提问小笼的制作过程》:小朋友们,你们都掌握了吗?让我们再一起把制作过程回忆一下。

4. 师:让我们再读一读南翔小笼的制作步骤(引读):制肉馅、和面团、做面坯、压面皮、放馅料、捏褶子、蒸煮。知道了步骤,轩轩好想试试自己动手做做小笼呢!

播放录音《轩轩邀请非遗小达人到场》:说着说着,我就更想试试包小笼了,在古猗小学,我碰到了好多"非遗"小达人,今天我邀请了其中几位来教我们怎样压面皮、捏褶子,先让我们以热烈的掌声有请她们登场。

播放出场音乐:小达人神气入场,进行自我介绍。

播放录音《轩轩邀请小达人现场演示》:请小达人先为我们现场演示吧,好期待呀!

5. 师:相信大家也都很期待吧,让我们欢迎"非遗"小达人×××上台示范。

("非遗"小达人在演示过程中边做小笼边讲解口诀——手掌轻轻压,馅料放中间,捏褶要旋转,小口要封牢)

播放录音《轩轩邀请大家制作小笼》:我等不及啦,赶紧跟着小达人做起来吧!

6. 师:你们也等不及了吧,但是制作之前大家要先把手擦干净哦!

板书:享体验

(播放背景音乐:钢琴曲"Summer",学生制作,教师巡视,并小组指导。)

7. 师:体验了压面皮和捏褶子,大家觉得怎么样?

生:好难呀!怎么都包不好。

8. 师:是呀,小笼的制作可不简单呢!要经过无数次的练习才能正确掌握制作方法,怪不得能够成为我国首个小吃类国家级非物质文化遗产呢!

播放录音《轩轩邀请学生品尝小笼》:嗯?我好像闻到了小笼的香味,体验过后我们一起来品尝自己的劳动果实吧!

9. 师:在品尝小笼前,老师要问问大家还记得如何品小笼吗?

生:记得。要轻轻提,慢慢移,先开窗,再吸汤。

10. 师:用筷子轻轻提小笼,慢慢移到碟子里,开个小口,再喝汤,文雅地吃才叫品小笼,让我们一起品尝这舌尖上的小笼吧!

(学生品尝小笼)

11. 师:味道怎么样呀?

非遗篇——衣食住行

生：好好吃，好想再吃一只呢！

播放录音《轩轩总结》：今天可真高兴，我学会了如何品尝小笼，学到了关于小笼的历史，还学会了怎样包小笼，我要再去抖音上好好秀秀我的手艺，小朋友们，你们也一起来吧。

12. 师：今天我们一起了解了非遗小笼的品尝方法和历史发展，体验了动手制作小笼的快乐，有兴趣的小朋友回家可以再去试试哟！

> **设计意图：** 人本主义心理学认为，学习是一种源于人的潜能和天赋的高度自主性、自由性的选择行为。本堂课倡导学生主动参与，勤于动手，培养他们主动获取新知识的能力。学习环节是以各项活动为线索而展开的连续的过程。了解小笼的历史后，轩轩带领大家继续学习小笼制作过程，轩轩讲述自己到古猗小学参观制作的故事，配以文字图片，使学生对制作过程有了一定的了解，由老师提问总结后，轩轩再次与学生一起回顾。接着让学校非遗小达人在现场为学生演示如何制作小笼，学生们都全神贯注，随后乘势开展"非遗小达人"手把手教学，让学生在此情境下完全投入心神进行制作，进一步体验到小笼制作的乐趣。该活动拉近了学生与非遗文化的距离，将学习的主动权还给了学生，加强了对于小笼文化的热爱，增强民族自豪感。

【板书设计】

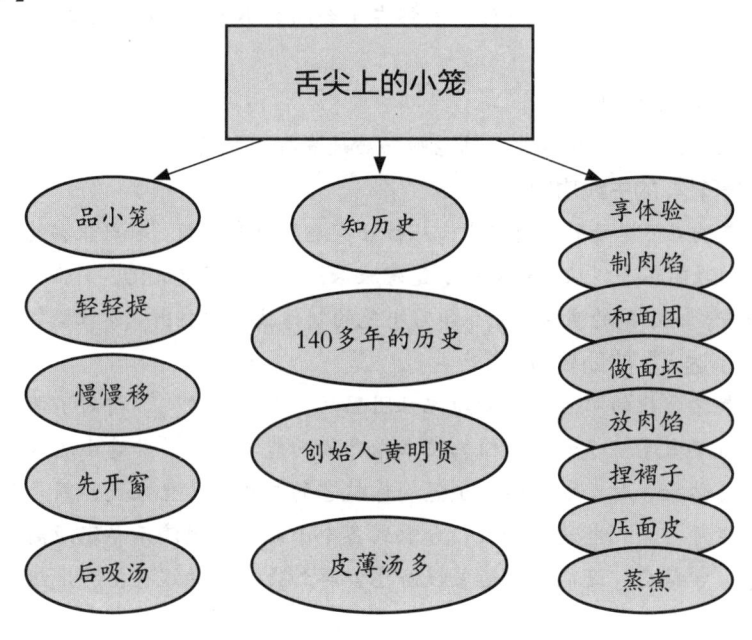

```
                    舌尖上的小笼
           ┌───────────┼───────────┐
         品小笼        知历史       享体验
         轻轻提                     制肉馅
         慢慢移     140多年的历史    和面团
         先开窗                     做面坯
         后吸汤     创始人黄明贤     放肉馅
                                   捏褶子
                    皮薄汤多       压面皮
                                   蒸煮
```

233

【点评】

社团资源巧利用

"南翔小笼"是国家级非物质文化遗产，至今已有140多年的历史。古猗小学地处千年古镇南翔，着力开发了"小笼文化"课程资源包，用于学生社团学习。社团面向四年级学生，注重小笼非遗技艺的传习。陆老师《舌尖上的小笼》一课，巧用社团资源，经过教师的筛选、重组，把"南翔小笼"的历史文化、非遗技艺引入了二年级学生的主题教育课堂，这是一次大胆、智慧的实践。

社团活动和主题教育课堂授课的形式、内容都存在很大的差异，因此上好这堂课，教师需要从资源的整合利用上下功夫。观察陆老师的课堂，思考教学反馈实效，个人觉得陆老师在巧用社团资源上，关注到了物和人两个方面。

一、重构"物"的资源

1. **绘本有声、故事有益**。陆老师选用了社团课程资源包中的一本小人书《笼香百年》。但原书内容繁多，表述成人化，陆老师采用精选、重组、改编的方式，制作了短短两分钟的绘本小故事，用儿童化的语言、图文并茂地讲解了南翔小笼的起源和发展，同时配套陆老师精心设计的思考题，引导学生在绘本阅读的过程中，提炼内容主旨，读懂故事，明白事理。

2. **触摸小笼、探究方法**。因为有社团的设备设施，所以我们的学生非常幸运地看到、摸到了南翔小笼的食材，亲手做一做；能够在学会品尝小笼的正确方法后，通过尝一尝来验证。

二、发挥"人"的资源

这里的"人"指的是社团学生。陆老师巧妙地发挥了社团学生的资源。

1. 吃货"轩轩"的主线功能

"轩轩"是陆老师邀请的社团学生，从搞怪有趣的抖音视频"轩轩狼狈吃小笼求助"引出"品小笼"的教学环节；从轩轩爱吃小笼想深入探究小笼历史文化，引出"知小笼"的教学环节；从轩轩赞叹小笼的演变进而想学习小笼的制作技艺，引出"享体验"的教学环节。

2. "非遗小达人"的助教功能

为了解决教学实操的难点，陆老师把社团里的"非遗小达人"请到了课堂。"非遗小达人"发挥了现场教学演示和各小组的技术指导的功能。对于"非遗小达人"来说是一次闪亮登场和荣誉体验，对于初次学习小笼制作技艺的二年级学生来说，则是多了手把手技术指导的"小老师"。"非遗小达人"分散到各个小组，直观演示与零距离助教，能让每个学生看得清、学得会，还能及时地答疑解惑，再加上教师的巡视指导、组织调控，让技能实操变得轻松起来。

陆老师巧用社团资源，从而有效解决了三个问题："如何用学生喜爱的形式讲述南翔小笼的历史与文化？小笼制作技艺对于二年级学生来说，实操教学难度大，如何化难为易？小笼品尝环节如何收放自如？"整堂课，教学线索清晰、情境创设生动，学生体验深刻。

上海市嘉定区古猗小学德育副校长　龚志萍

第30课　高桥松饼的前世今生

设计教师：上海市外高桥保税区实验小学　李　红
指导教师：上海市浦东教育发展研究院　　姚瑜洁

【活动对象】

小学三年级学生

【活动时长】

2+35分钟（2分钟预备时间）

【活动背景】

《中小学生德育工作指南》指出："开展家国情怀教育、社会关爱教育和人格修养教育，传承发展中华优秀传统文化，大力弘扬核心思想理念、中华传统美德、中华人文精神，引导学生了解中华优秀传统文化的历史渊源、发展脉络、精神内涵，增强文化自觉和文化自信。"

"民以食为天"，传统美食是非物质文化遗产的重要组成部分。高桥松饼为上海市浦东新区高桥镇四大名点之一，因其入口酥松而得名。于明末清初在前人代代相传的基础上发展成型，其制作技艺流传至浦东高桥镇，经不断改良而闻名遐迩，成就了今天的高桥松饼。其制作过程代代相传，蕴藏着较为深厚的文化内涵，特别是其中包含了传承者的精益求精、坚持不懈、传承创新的工匠精神，影响并感染着人们对传统文化的尊重与敬意。2007年，高桥松饼被上海市评为非物质文化遗产。而小学三年级的学生，对于高桥松饼的历史、制作过程、文化内涵以及其中凝结的工匠精神了解甚少。

【活动目标】

知识与技能：
1. 知道"高桥松饼"是上海非物质文化遗产。
2. 了解"高桥松饼"的概况。

过程与方法：
1. 借助于学习单，合作探究高桥松饼的历史、现状和文化内涵。
2. 尝试动手实践，体验制作过程中的拣红豆、炒红豆环节。

情感、态度与价值观：
1. 体验制作高桥松饼过程的不易，学习松饼匠人精工细作、精益求精、坚持不懈、传

承创新的工匠精神。

2. 传承中华民族传统意识，培养学生热爱家乡的情感。

【活动准备】

1. 搜集、整理高桥松饼的文字资料和视频。

2. 制作课件、板贴。

3. 准备红豆。

【活动过程】

一、说一说，暖场破冰行动

1. 师：今天李老师给大家带来了一位新朋友，她叫欢欢。

板贴：欢欢

2. 师：欢欢很想和大家做朋友，谁来介绍一下自己呢？

生1：欢欢你好，我叫小娅，很高兴认识你。

生2：我叫小轩，欢迎欢欢来到我们学校。

3. 师：你知道吗？欢欢可是一位美食小达人呢，相信你们一定会和欢欢成为好朋友的。同学们，让我们一起欢迎欢欢。

生：欢迎，欢迎！

播放音频《欢欢的喜好》：大家好！我是美食小达人欢欢。我喜欢吃各地美食，喜欢到各地打卡。

4. 师：欢欢，最近去哪里吃美食啦？

播放视频《南京东路美食盘点》。

百年老字号沈大成，糕点是他们家的特色。我撕我撕我撕，可见Q弹力百分百。三款糕点里我推荐的是条头糕。鲜肉月饼也是上海人的标配，酥脆的饼皮包裹着肉肉，一口咬下去满口的肉香就是一个嗲；正宗的童年味道——香糟鸭胗肝，韧中带一些嚼劲，特别好吃。

沧浪亭也是很推荐的一家老字号，都是本帮特色小食。点了辣肉面和菜肉大馄饨，油亮亮的辣肉面特别诱人，菜肉大馄饨是荠菜馅的，馄饨皮厚实特别鲜。再来上一杯冒着仙气的杨梅汁，外表抢镜，走在街上回头率超高，感觉自己就像仙女。

吃了那么多美食，走在南京东路的街头，浓浓的上海滩情节再现眼前，真好！亚洲最大的旗舰店M&M's，是小仙女们的摆拍圣地，千万不能错过。临走时给小伙伴们带一些伴手礼，巧克力豆是可以选择自己喜欢的颜色和味道的。

5. 师：哇，这么多好吃的，我都快流口水啦！你最喜欢里面哪种美食呢？

生1：我最喜欢南京东路上的条头糕。

生2：香糟鸭胗肝肯定很好吃。

生3：还有菜肉大馄饨，味道特别鲜。

6. 师：我跟你一样，我也最喜欢吃菜肉大馄饨哦！

设计意图： 创设情境，引出欢欢这个卡通人物，用与学生相同年龄段的孩子的声音配音，拉近与学生之间的距离，激发学生的学习兴趣。

二、看一看，开启"舌尖旅行"

1.师：欢欢，今天我们去哪里打卡呢？

播放音频《欢欢揭示打卡地》：我啊，早就想去浦东高桥镇了，作为一名资深的吃货，最想了解的当然是那里的特色美食——高桥松饼啦！

2.师：耶！我也想去，就让我们来一场"舌尖旅行"，去了解——高桥松饼的前世今生。Let's go!

板贴：高桥松饼的前世今生

播放音频《欢欢准备六条攻略》：作为一名资深的吃货，每次出去之前，做攻略可是少不了的任务哦！我们这一次分成六个小组，每个小组合作完成一条攻略。记住哦，第一步：细读学习资料2遍；第二步：伙伴合作，共同完成；第三步：准备交流。注意：音乐停，探究就停。

第一组：攻略一——高桥松饼的产地

（一）下发学习资料

万里长江口，千年高桥镇。高桥镇是有着悠久文化的历史名镇、港口重镇、文化大镇。它的东、西、北三面环水，西南与高行镇接壤，东南与高东镇毗邻。

（二）根据拼图和学习资料完成攻略

1.完成拼图。

2.完成攻略。

(1) 人们常说，_____里_____口，_____年_____镇。

(2) 高桥古镇是一座有着悠久文化的_____名镇、_____重镇、_____大镇。

(3) 高桥古镇东、西、北三面_____，西南与_____接壤，东南与_____毗邻。

（三）学生交流

1.生：人们常说，万里长江口，千年高桥镇。

2.生：高桥古镇是一座有着悠久文化的历史名镇、港口重镇、文化大镇。

3. 生：高桥古镇东、西、北三面环水，西南与高行镇接壤，东南与高东镇毗邻。

4. 师：哇，你们这个组的成员可都是"小徐霞客"呀，给我们带来了这么好的一张拼图。有了方位，就能帮助我们找到高桥镇啦，奖励你们组一个松饼。

（学生将松饼模具放进桌上的纸盘里）

第二组：攻略二——如何找寻最地道的高桥松饼

（一）下发学习资料

高桥松饼就产自高桥镇。有别于其他糕点，它在别的地方没有专卖店。我们可以乘坐地铁6号线，在外高桥保税区北站下车，随后步行到古镇。古镇虽有不少松饼店，但最地道的当数张杨北路上的正兴食品门市店以及大同生活坊内的王泰和高桥松饼店。

（二）根据学习资料和图片完成攻略

A　　　　　　B　　　　　　C　　　　　　D

1. 高桥松饼的产地是_____。

2. 去高桥镇，可以乘坐地铁_____号线到_____站下来。

3. 高桥古镇现在卖松饼的店有不少，但最地道的当属_____和_____，就是图_____和图_____。

（三）学生交流

1. 生：高桥松饼的产地是高桥镇。

2. 生：去高桥镇，可以乘坐地铁6号线到外高桥保税区北站下来。

3. 生：高桥古镇现在卖松饼的店有不少，但最地道的当数正兴食品门市店和王泰和高桥松饼店，就是图A和图C。

4. 师：哇，你们这个组可真是个"路路通"呀，让我们知道了如何寻找地道的高桥松饼，恭喜你们组获得一个松饼。

（第二组学生将松饼模具放进桌上的纸盘里）

第三组：攻略三——高桥松饼的由来

（一）下发学习资料

①高桥松饼最早起源于明末清初的浦东清溪镇，也就是后来的高桥镇。②镇上的大户赵小其因家庭败落，为维持生计，其妻子把塌饼做得又松又脆，沿街叫卖。③由于饼松脆可口，被大家称为"松饼"。④松饼有36层，酥皮层次分明，所以又有了"千层饼"的美名。

（二）根据学习资料完成攻略

1. 播放视频《高桥松饼的由来》。

女：今朝吾伲来讲讲高桥松饼。

男：来来来，大家来吃高桥松饼啊，喜欢吃的就多拿一个。

女：这就是高桥松饼啊？

男：恩。

女：样子长得像月饼的嘛！

男：是啊！

女：哎，我来吃吃看。入口酥松，甜糯，味道不错。

男；当然啦。这个松饼虽小，经过十几道工序精细加工而成。你知道它的馅料是用什么做的？

女：什么？

男：高桥松饼的馅料一直要选取上等的原料。

女：哦？

男：比如说赤豆沙就一定得选崇明的赤豆。

女：恩。

男：如果是枣泥馅的，这大枣还非得是山东产的。

女：哦。

男：另外包括起酥用到的猪油、和面用到的井水，都是精挑细选。

女：哎呦，有这么多的讲究啊！

男：哎。你们知道高桥松饼最早起源于什么地方？

女：当然是浦东高桥镇啦！

男：错！高桥松饼最早起源于明末清初的浦东清溪镇。

女：哦？

男：当时，镇上的家家户户都会做各类塌饼招待亲友。后来，清溪镇遭到了倭寇的抢掠，这种点心就传到了浦东的高桥镇。当时镇上的大户赵小其的妻子是做塌饼的高手。

女：哦。

男：后来赵家败落后，为谋生计，赵小其的妻子就自制塌饼上街叫卖。因为她做的饼又松又脆，所以大家称它为"松饼"。

女：哦，原来是这样的啊。哎，我听说高桥松饼还有一个名字叫千层饼？

男：是呀，高桥松饼的皮有三十六层，因为酥皮层次分明，又不偏皮、无杂质，所以就有了这个美名。

女：哦，原来小小的高桥松饼还有这么多的讲究呀！

2. 挑选资料中的3句话，出3道填空题考考大家哦，直接在资料中画出填空项。

　　如：松饼的皮有<u>36</u>层。

3. 向其他组同学提问前，先让他们观看这段视频。

（三）学生交流

（第三组同学提问，其他组同学回答）

1. 师：哇，你们可真是"提问达人"呢，通过提问揭开了高桥松饼的身世之谜。答对

的同学和第三组的同学都可以奖励自己一个小松饼哦!

（答对的学生和第三组学生将松饼模具放进桌上的纸盘里）

第四组：攻略四——高桥松饼的选料

（一）下发学习资料

高桥松饼的馅料都要选上等原料制作。比如说，赤豆沙要选崇明的赤豆，枣泥馅的松饼要选用山东大枣加工。另外包括起酥用到的猪油、和面用到的井水，都是要精挑细选的。

（二）根据学习资料完成攻略

1. 高桥松饼的馅料都要选上等原料制作。赤豆沙要选_____的赤豆。

2. 枣泥馅的松饼要选用_____产的大枣加工。

3. 起酥用到的_____、和面用到的_____，都是要_____的。

（三）学生交流

1. 生：高桥松饼的馅料都要选上等原料制作。赤豆沙要选崇明的赤豆。

2. 生：枣泥馅的松饼要选用山东产大枣加工的。

3. 生：起酥用到的猪油、和面用到的井水，都是要精挑细选的。

4. 师：哇，真棒！奖励第四组同学一个松饼。别看高桥松饼那么小小的一个，它的材料和制作都要工匠师傅们——

（第四组学生将松饼模具放进桌上的纸盘里）

生：精工细作。

板贴：精工细作

第五组：攻略五——高桥松饼的制作过程

（一）下发学习资料

制作松饼有着讲究的工艺，首先要在主料面粉里掺放猪油和水，揉成面团。第二步把面粉、猪油和成油酥，再捏成团，接下来是包油酥了。包好油酥之后，我们要分两步"开酥"，把它按一下，卷两次。一卷一卷就是松饼的层次。接着，我们就要包馅料了，收口后稍微压一下，松饼就做好了。最后放进烤箱进行烤制。

（二）根据学习资料完成攻略

按照正确的制作过程摆放纸板模具。等会儿交流时，请每个同学按顺序拿好纸板模具在黑板前面排队，每位同学讲一个步骤，讲完之后将纸板贴在黑板上。

1. 同学们看，要做好高桥松饼，首先要_____、_____，再_____。

2. 然后_____、_____、_____。

3. 最后放烤箱里_____。

（三）学生交流

1. 生：同学们看，要做好高桥松饼，首先要揉面团、和油酥，再捏成团。

（生板贴 揉面团 和油酥 捏成团）

2. 生：然后包油酥、开酥、包馅料。

（生板贴：包油酥 开酥 包馅料）

3. 生：最后放烤箱里烤制。

（生板贴：烤制）

4. 师：哇，你们可真是"制作达人"呀，居然能知道像变魔术一样的道道工艺制作过程，奖励你们组一个松饼哦！

（第五组学生将松饼模具放进桌上的纸盘里）

第六组：攻略六——高桥松饼的传承创新

（一）下发学习资料

高桥松饼有豆沙、百果、枣泥等经典口味。不管哪种口味，都有油而不腻、甜香爽口、皮酥馅糯、细软可口的特点。松饼工匠们在传承的基础上还创新推出了六种口味，如深受孩子喜欢的"蛋黄肉松味""巧克力味"等，一共是九种口味。

为了传承传统技艺，弘扬民族文化，工匠师傅们选择手工制作松饼。2007年，高桥松饼被列入非物质文化遗产项目。

（二）根据学习资料完成攻略

1. 高桥松饼的经典口味有_____、_____和_____。

2. 松饼工匠们还创新推出了_____种口味，现在一共有_____种口味。

3. _____年，高桥松饼被评为非物质文化遗产。

（三）学生交流

1. 生：高桥松饼的经典口味有豆沙、百果和枣泥。

2. 生：松饼工匠们还创新推出了六种口味，现在一共有九种口味。

3. 生：2007年，高桥松饼被列入非物质文化遗产项目。

4. 师：恭喜第六组同学获得一个松饼。创新是时代的主旋律，高桥松饼也不走寻常路，创新了多种口味。新口味的诞生，源自老工匠们的——

（第六组学生将松饼模具放进桌上的纸盘里）

生：传承创新。

板贴：传承创新

设计意图： 通过六个攻略的制作和交流，学生合作完成认识、探究高桥松饼的历史、现状和文化内涵。

三、动一动，感受体验的乐趣

攻略七——高桥松饼，做一做

播放音频《高桥松饼制作技艺要求高》：高桥松饼的手工制作技艺要求特别高。料要选得精，面要揉得透，皮要擀得薄，馅要包得足，火要烧得均，饼要烤得熟，盒要装得满。整个过程都要严格把关。前面第四组同学做的攻略中告诉我们，挑选红豆可是有讲究的，红豆没挑好，是会影响松饼的口味的。这红豆一定要选崇明产的。

1. 师：在每组的盒子中都准备了混在一起的3种豆：颗粒适中的红豆、扁长型的芸豆和颗粒偏小的赤小豆，等会儿请同学们将红豆挑出来放在另一个盆里。

（学生挑选红豆放到另一个盆里）

2. 师：我发现这组挑得最快，请你们来说说你们的经验。

生：挑选红豆的时候一定要非常细心。

3. 师：你们为什么要将这些豆子挑出来呢？

生：因为它是被虫蛀过的，还有的是霉变的。

4. 挑得又快又好不容易，需要我们做到——

生：精挑细选。

板贴：精挑细选

5. 师：说得真好，奖励你们组加上一个松饼。拣红豆已经那么辛苦了，将挑选好的红豆制成豆沙可更难啦。

播放视频《制豆沙》。

男：凌惠娟一早来到作坊，她要看看今天红豆的成色如何，并亲自监督、制作。

女：我们家的豆沙馅一直都是自己做，这一步不能偷懒，不然松饼的味道就不对了。

男：凌惠娟的作坊里，至今仍然用传统方法炒制豆沙，小火慢炒，耗时费力，但凌惠娟始终坚持这样的传统做法。

6. 师：制作豆沙的过程真复杂呀，谁愿意上来亲自试一试翻炒红豆呢？必须是不停地反复翻炒哦，不要让红豆"逃走"哦，其他同学帮他1分钟倒计时。

（学生上台翻炒红豆）

7. 师：你翻炒了一分钟红豆，感觉怎么样呀？

生：翻炒了一会儿，手就好酸呀！

8. 师：可是工匠师傅们总共要不停地翻炒30个1分钟呢。翻炒时他们能停下来休息吗？

生：不能。一定要坚持不懈才能炒好红豆。

板贴：坚持不懈

9. 师：我们刚刚体验的只是松饼制作过程中的一个小小的环节，就已那么劳累，可见老工匠们坚持传承这个制作技艺是多么不容易啊！传统的好味道总是需要不断坚持的。

设计意图： 通过体验制作过程中的拣红豆、炒红豆的环节，学习松饼匠人的工匠精神。在学习中实践，在实践中体验收获，这是对中华优秀传统文化最好的继承和发展。

四、高桥松饼，夸一夸

1. 师：小松饼，大学问。让我们每组派个代表来个网红打卡秀，与高桥松饼合个影，还要用一句话夸一夸高桥松饼哦！

（学生在"高桥松饼门店"打卡拍照，说出推荐理由）

2. 师：哇，这次我们在欢欢的带领下，制作了攻略，那下次我们就要跟着这个攻略去实地品尝松饼喽！

3. 师：其实啊，老师的学校就在高桥。高桥还被誉为"营造之乡"，高桥绒绣也是非物质文化遗产之一。上海绒绣精品也进入了第二届上海国际进口博览会的殿堂，向全世界展示了她的独特魅力。有时间的话，欢迎大家来高桥古镇看看哦！

生：好，下次我们一定去！

【板书设计】

【点评】

融合动手实践　打造别样课堂

加强中华优秀传统文化教育，是构建中华优秀传统文化传承体系、推动文化传承创新的重要途径，是培育社会主义核心价值观、落实立德树人根本任务的重要基础。

《高桥松饼的前世今生》以非遗文化——高桥松饼为教育内容，引导学生热爱家乡、传承中华优秀传统文化。特别是倡导学生在学习中实践，亲自动手做一做，选红豆，翻炒红豆，在实践中体验工匠的精益求精、坚持不懈的精神，令学生印象深刻，收获颇多。

1. 动手实践，精彩生成

高桥松饼的手工制作技艺特别精湛。整个过程都要按步骤严格把关，包括选料。分拣红豆可是有讲究的，这将直接影响到松饼的口味。学生们从装有三种豆类的盒子里挑出红豆，需要细心、耐心。有些同学在分拣红豆时还把被虫蛀过的、霉变的也都挑出来了，说明孩子们潜移默化地陶醉在传统制作工艺中，做到了全神贯注，提高了注意力。

正如那组最快挑完红豆的同学们在谈感受时说的那样：我们感觉到眼睛都快要看花了，脖子也有些酸，做个传统的松饼太不容易了，看来把任何事情做好都要付出常人所不知道的努力。

2. 动手实践，感悟深刻

的确，分拣红豆已经那么辛苦了，将挑选好的红豆制成豆沙更不是一个简单的过程，学生在1分钟体验时说："虽然翻炒时我手很酸，但是我不能停下来休息。"此时，学生能从工匠角度设身处地地想到、感受到工匠师傅们在制作松饼时的坚持不懈。

传统的好味道在传承非遗美食的同时也在传承着不朽的技艺与文化。在学习中实践，在实践中体验收获，这也是对中华优秀传统文化的继承和发展。

上海市浦东教育发展研究院德研员　姚瑜洁

第31课 举"箸"轻重，"筷"意人生

设计教师：上海市浦东新区周浦第三小学　　杨丽丽
指导教师：上海市浦东新区三林镇中心小学　　徐巍炜

【活动对象】
　　小学四年级学生

【活动时长】
　　2+35分钟（2分钟预备时间）

【活动背景】
　　在经济全球化发展的今天，随着西方文化的大量涌入，传统文化在现代人的意识里被逐渐地淡化，越来越多的学生不了解我们优秀的传统文化。正是基于这样的现实状况，习近平总书记提出了加强"道路自信、理论自信、文化自信和制度自信"的时代要求，而2014年教育部印发的《完善中华优秀传统文化教育指导纲要》则进一步向广大教育工作者明确了如何实施"文化自信"的目标、任务和举措。四年级孩子正处于人生观、价值观的启蒙时期，只有深入了解中华民族厚重的历史、灿烂的文化，才会形成中华文化的自觉与自信，更加坚定中华民族伟大复兴的信念。

　　2017年度第六批松江区非物质文化遗产名录公布，"筷子习俗"榜上有名。这对于每天都与之"亲密接触"的中国孩子来说，无疑是一笔不可多得的宝贵财富。然而，作为中国学生，虽然从小使用筷子已成为一种常态，尤其是四年级孩子已基本学会使用筷子的方法和技能，但对筷子背后所蕴含的礼仪禁忌、丰富寓意和中华民族优秀传统文化还知之甚少，实为一大遗憾。

【活动目标】
　　知识与技能：
　　1. 了解筷子的基本特征。
　　2. 学会筷子的正确使用方法。
　　3. 知道尊重他人、友善待人、有修养是中华民族的传统美德。
　　过程与方法：
　　1. 通过图片和学生代表示范，学会筷子的正确使用方法。
　　2. 通过观看视频抢答纠错、自编用筷礼仪儿歌等形式，明确使用筷子的基本礼仪。

3. 通过小组活动、观看2014年春晚公益广告，探寻筷子背后蕴藏的中国传统文化。

情感态度价值观：
1. 体验感悟筷子文化，激发学生的民族自豪感。
2. 树立自觉传承中华民族传统意识及热爱祖国传统文化的情感。

【活动准备】
课件、录制外国友人到中国做客的视频、活动表格及若干根筷子。

【活动过程】

一、热身、揭示主题

（一）热身小游戏——"猜谜语"

1. 师：同学们，老师听说你们很喜欢猜谜语，是吗？
   生：是的。
2. 师：太棒了！我来说，你们来猜，好吗？
   生：好。
3. 师：五人住一起，个头也不齐。打一人体部位。
   生：手指。
4. 师：外披麻衣袋，内穿红大褂。胖子里面藏，地下自安家。打一农作物。
   生：花生。
5. 师：小小鸟儿天上飞，远近高低听我的。打一玩具。
   生：风筝。
6. 师：两个小朋友，长得一样高，吃饭就上桌，吃完同洗澡。打一生活用品。
   生：筷子。

> **设计意图：** 通过课前热身游戏，活跃课堂气氛，调动学生上课情绪，拉近老师与学生的距离，并以最后一个谜语的谜底"筷子"，自然地引出话题，导入新课。

（二）揭示课题

1. 师：筷子，想必大家再熟悉不过了，家家户户必不可少。然而，就是这么平凡而简单的两根小木棍，却让我们的外国朋友Jose了解到了很多中国传统文化。今天，就让我们一起跟着外国朋友Jose走近那举"箸"轻重的"筷"意人生。

   板贴：举"箸"轻重　"筷"意人生

2. 师："箸"就是筷子，"意"代表含义、意思，究竟筷子的背后隐藏着哪些特殊的含义呢？让我们赶紧跟上Jose的脚步，一起去学习吧！

二、知筷——走近筷子

（一）"火眼金睛"——初识中国筷

播放视频《Jose来做客》。

Jose：嗨！大家好，我叫Jose，我来自美国，很高兴认识大家。今天我要去我的中国的朋友家做客，我有一点紧张，请大家帮帮我。

主人：哎呦，你真是太客气了，来就来嘛，还送什么礼物哇！快，请坐！

Jose：哇哦，今天品尝中国美食，真是太棒了！

主人：希望你能够喜欢。在吃饭前呢，我先跟你做一个小游戏。我这里有三双筷子，你知道哪双才是我们中国的筷子吗？

Jose：我知道韩国、日本也是使用筷子的国家，到底哪双才是中国的筷子呢？小朋友，快来帮帮我！

1. 师：你认为下面哪双筷子最具中国传统特色？请说说你的理由。

出示PPT：一双短小的黑色寿司筷、一双扁方形的韩国银筷、一双有"喜喜"的红色筷子。

生1：我选第三双筷子，因为它的颜色是典型的中国红。我们中华民族喜欢红色，红色可以说是我们中国人心目中最完美的颜色。在节假日、婚礼等场合都可以看到大片的红色，多喜庆啊！还有我们的国旗、红领巾也都是红色的呢！

生2：我也选第三双筷子，因为它的身上有"喜"字。中国人遇有喜庆吉日，都要贴上大红"喜喜"字，表示庆贺和喜悦的心情，所以喜字也成了我们的中国元素之一。

2. 师：你们真厉害，能结合我们的中国元素帮Jose辨认出中国筷子，为你们点赞！

> **设计意图：** 选用外国友人到中国朋友家做客这一主线串联起整节课的情境式学习，通过巧设悬念，不仅使学生兴趣浓厚、兴致盎然，更有利于引导并激发学生进一步探究筷子背后所蕴藏的中华传统文化的求知欲。

（二）快人"筷语"——小组探究

1. 师：筷子流传至今已有几千年，它的身上积淀了我们中华民族几千年来的文化和智慧。下面，请同学们根据老师提供的学习单，我们分小组从筷子的形状、长短和材质这几方面进行探究，一起来更深入地了解筷子背后的传统文化。

2. 师：刚才同学们讨论得热火朝天，一定有不少发现吧！哪个小组敢于"第一个吃螃蟹"呢！

第一组：从筷子的形状探究中国传统文化

出示PPT：

非遗篇——衣食住行

（1）仔细观察手中的筷子，它们的形状是一头（　　）、一头（　　）。
（2）为什么要把筷子做成这样的形状呢？动手体验一下。
方形拿在手里（　　　），摆放在桌子上（　　　），圆形夹取食物（　　　）。
（3）联系生活实际想一想。
天空有时（　　），有时（　　），它是（　　　　）；大地被我们踩在脚下，感觉（　　　　）。
（4）综上所述，天空和（　　）一样灵活，大地和（　　）一样稳定。
交流小结：筷子一头（　　），一头（　　）。所以，我们从形状角度来看，找到筷子身上的中国传统文化关键词就是——天（　）地（　）。

1. 生：筷子一头圆，一头方。
2. 师：为什么要把筷子做成一头圆一头方呢？
3. 生：从形状特点上来说，方形结构稳定，拿在手上不容易打滑，放在桌上不容易滚动，彰显稳重；圆形夹取食物方便，比较灵活。
4. 师：我们的祖先可真聪明，根据看似矛盾的需求想出了这样绝妙的解决方法。
5. 生：从形状角度来看，我们找到筷子身上的中国传统文化关键词就是——天圆地方。

板贴：天圆地方

6. 师：这也是我们中国人对世界基本原则的理解。

第二组：从筷子的长短探究中国传统文化
出示PPT：

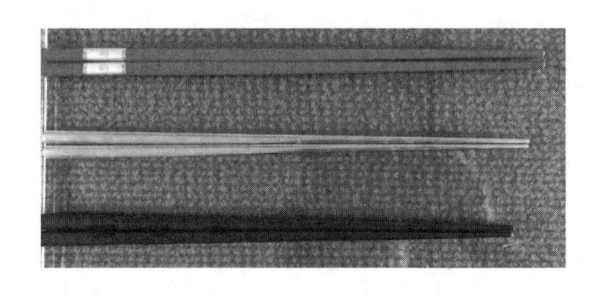

（1）比一比
图片中，中国筷与韩国筷、日本筷的长度一样吗？
（2）量一量
用直尺量一量，中国筷的长度是（　　）厘米。
（3）换一换
古代我国有尺、寸、分等长度计量单位，1尺=10寸，1寸=10分，我国筷子的长度约76分，请完成换算：76分=（　　）寸（　　）分

247

(4) 填一填

你知道由七和六组成的形容人情感的四字词语吗？七（　　）六（　　）

交流小结：各国筷子长短不一，中国筷子长（　　）寸（　　）分，对应人的七（　　）六（　　），所以我们从长度角度，找到筷子身上的中国传统文化关键词就是——（　　　　　　）

*小贴士：一般来说，人有喜、怒、忧、思、悲、恐、惊七种情感，眼、耳、鼻、舌、身、意六种欲望。

1. 生：各国筷子长短不一，中国筷子长七寸六分，对应人的七情六欲。

2. 师：我们人类是一种高级动物，有七种情感六种欲望，与别的动物有本质的不同。正如古话所说：情太切伤心，欲太烈伤身。所以，从能用筷子的那天起，就要懂得控制自己的七情六欲。

3. 生：从长度角度出发，筷子身上的中国传统文化关键词就是——七情六欲。

板贴：七情六欲

第三组：从筷子的材质探究中国传统文化

出示PPT：

(1) 你见过哪些材质的筷子？

(2) 给下列筷子的材料按价钱从低到高排序。

银　　玉石　　竹　　_____

(3) 对对碰（连线）。

古代社会，人们使用筷子的情况是：

平民　　　　　　　　　　金、银筷

达官贵人　　　　　　　　竹、木筷

(4) 从筷子的材质我们可以看出用筷者的（　　）。

A.国家规定　　　B.个人喜好　　　C.身份的象征

交流小结：筷子的材质有很多，有……，因为阶级的关系，他们选择不同材质的筷子，所以我们从材质角度找到筷子身上的中国传统文化关键词就是——（　　　　　　）。

1. 生：筷子的材质有很多，有金、银、竹、象牙、玉石等，在古代，因为阶级的关系，人们选择不同材质的筷子，所以我们从材质角度找到筷子身上的中国传统文化关键词就是——身份的象征。

板贴：身份的象征

2. 师：一双筷子不仅能基本解决吃饭问题，还蕴藏着这么多文化，不得不佩服我们古人的智慧！

> **设计意图：** 通过让学生分组看一看、量一量、摸一摸，引导他们开展对筷子的自主探究，了解筷子的特征，体会古人的智慧，从而对筷子有更全面、深入的了解。

（三）"小小示范员"——学用筷子

1. 师：同学们，你会正确使用筷子吗？谁给大家示范一下。

出示PPT：

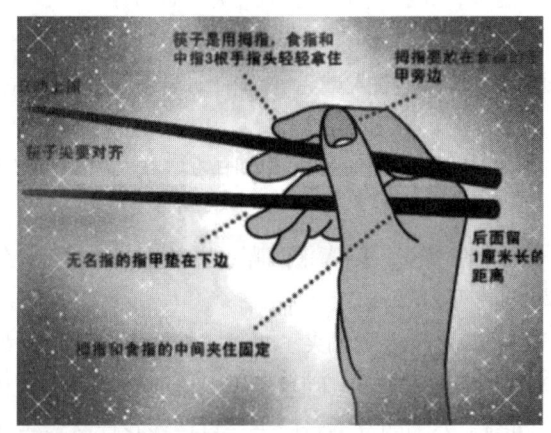

（学生代表上台示范正确的握筷方法）

2. 师：正确拿筷子手势和使用方法并不唯一，但是都大同小异。上面的筷子用大拇指、食指和中指控制，下面的筷子要固定，通常用虎口和无名指压住，只动上面的筷子。两根筷子头部合起来要对齐，这样就能很容易地夹起食物。

（学生实践握筷方法，并对照示范纠正握姿）

3. 师：那再请同学们回想一下，又是谁教会你使用筷子的呢？

生1：我自己向爸爸妈妈学的。

生2：我爷爷教我的。

生3：幼儿园老师教我的。

4. 师：是呀，父母、老师、长辈教会了我们使用筷子，那他们在教你使用筷子的同时，有没有教你使用筷子的礼仪呢？

生：没有。

三、用筷——筷子礼仪

（一）学礼仪

1. 师：这里有一段Jose在做客时吃饭的视频。现在请大家认真观看，仔细查找，Jose在使用筷子时有哪些不当之处？谁先发现，就赶紧举手抢答，老师会随时暂停视频。

播放视频《Jose在中国朋友家就餐》。

小主人：那我们就开动吧！想吃什么就吃什么，别客气！

Jose还未等主人动筷就迫不及待地拿起筷子夹菜吃；一遇到到自己喜欢吃的食物，还将蘸了汤汁的筷子放在嘴巴里嘬，发出响声。

小主人：多吃点。

当看到一桌子的菜，举着筷子的Jose又顿时觉得无从下手了，于是拿着筷子一圈一圈地绕；好不容易夹了一个大螃蟹，结果发现自己不会吃又立马把它放回了盘子。

小主人：我们吃点米饭吧！

Jose：嗯，OK！

Jose热情地给小主人盛饭，并把筷子插在了米饭里递过来。

生：我发现了。这个外国人怎么还不等小主人，就只管自己先吃了呢？

2. 师：是的。赴宴时，不应在主人或者长者前动筷子，这是对主人或者长辈的尊重。请继续观看视频！

生：我也发现了。这个外国人太馋了，还用筷子蘸着汤汁放在嘴巴里吸，还发出很响的声音。

3. 师：把筷子的一端含在嘴里，用嘴来回嘬，并不时地发出咝咝声响，这种行为会被视为缺少家教。请继续观看视频！

生：我也看出了问题。这个外国人夹了螃蟹，结果不吃又放回盘子里去了。

4. 师：对，夹起食物之后，不应该放回盘子里。请继续观看视频！

生：我也发现了问题。外国朋友举着筷子一直在找吃什么，主人都没法夹菜了。

5. 师：手里拿着筷子来回在桌子上的菜盘里寻找，不知从哪里下筷为好。这种行为是典型缺乏修养的表现。请继续观看视频！

生：这个外国人太好笑了，把筷子插在饭里。

6. 师：把筷子插在饭里像什么？

生：像祭拜死人时上香。

7. 师：出于好心帮别人盛饭时，为了省事把一副筷子插在饭碗中递给对方，会被人视为大不敬。所以，要注意千万不要做出人们忌讳的举动。

板贴：忌讳

8. 师：所以，我们不要小瞧了一双筷子，一个小小的动作和细节，就可以看出拿筷人的修养。

板贴：修养

9. 师：有礼貌、尊重别人的同时也是为自己赢得尊重。

板贴：尊重

（二）唱礼仪

1. 师：你们看，我们古人多注重礼仪啊！优秀的文化需要传承，2017年，《筷子习俗》入选我们上海市松江区第六批非物质文化遗产名录，老师也编了一首用筷儿歌，有请我的小助手们。

播放视频《用筷礼仪　浦东方言儿歌》。

家长：小朋友们，吃饭啦！

学生：大人喊我来吃饭，我请爷娘先动筷。拿好筷子慢慢来，小菜勿去兜底翻，看好小菜再去搛，吃相难看勿来三。勿要敲碗勿要喊，否则大了做瘪三。

设计意图： 选取生活中的真实场景，通过教师自编用筷礼仪方言儿歌和两位学生的生动演绎，进一步激发学生的学习动力。既贴近学生生活，又直观形象便于记忆，还让学生亲身体验了一回上海浦东方言文化的魅力，一举多得！

2. 师：先请同学们跟着我的小助手学着逐句念一念吧。

播放分解视频：大人喊我来吃饭，我请爷娘先动筷。
　　　　　　　拿好筷子慢慢来，小菜勿去兜底翻。
　　　　　　　看好小菜再去搛，吃相难看勿来三。
　　　　　　　勿要敲碗勿要喊，否则大了做瘪三。

（生逐句跟读）

3. 师：再请同学们和我的小助手一起试着唱一唱吧！

（生边做动作边齐唱儿歌）

设计意图： 通过观看Jose做客时使用筷子进餐的视频，让学生发现并指出外国友人在使用筷子时不恰当的做法，从而进一步明确用筷礼仪。最后，再通过朗读儿歌的形式，将筷子礼仪文化深深印刻在学生的脑海中，植入于学生的心田。

四、送筷——筷子文化

（一）团结的力量

1. 师：感谢大家的帮助，我们的朋友Jose知道了使用筷子时的一些基本礼仪。看看她有什么要对大家说的？

播放视频《Jose的答谢礼》。

Jose：感谢大家教会我筷子使用的礼仪，我这里也有一个礼物送给大家，请听。

播放歌曲《众人划桨开大船》片段：一根筷子轻轻被折断，十根筷子牢牢抱成团。一根筷子轻轻被折断，十根筷子牢牢抱成团。一根筷子轻轻被折断，十根筷子牢牢抱成团。

生：Jose想要告诉我们一根筷子轻轻被折断，一把筷子抱成团折不断，可见团结的力量是无穷的。

（二）送礼的学问

1. 师：我们的主人也有一个难题想请大家帮忙。

播放视频《小主人的求助》。

小主人：时间飞逝，转眼间，Jose就要回家了。作为主人，我想送个礼物给她，既能表达心意，又要有意义。同学们，请帮我出出主意，送什么好呢？

生：送一双中国筷最合适不过啦！

2. 师：你看，筷子的身上蕴藏着我们中华民族这么多优秀传统文化，在世界各国的餐具中那是"独树一帜"，被西方人称为"东方的文明"。我们把它当作馈赠的礼物非常合适。如果有机会，你想把筷子送给谁？为什么？

生1：我想把筷子送给爸爸的同事，他也是一个外国人，我想让他把我们的优秀传统文化传到他的国家，让更多的人了解我们的文化。

3. 师：老师这里也有一些筷子的寓意，给大家参考，看看还可以把筷子送给谁？和你的同桌先试着说一说。

出示PPT：筷子的寓意。

筷子的寓意

我想把筷子送给（　　　），祝（希望）他（　　　）。

- 筷子筷子，快生贵子，成双成对，永不分离
- 平等友爱，和睦相处
- 耿直不弯曲，奉献不求回报
- 快乐永久，福寿无疆
- 长长快快，快快长长
- 中华文化，源远流长

4. 师：刚才同学们都和同桌进行了交流，现在谁愿意和大家分享一下？

生1：我想把筷子送给我的小叔叔，他快要结婚了，我祝愿他和他的新娘成双成对，永不分离。

5. 师：筷子成双成对使用的特点寓意着"新人成双成对、永不分离"。

生2：我想把筷子送给我的老师，称赞他"耿直不弯曲，奉献不求回报"。

6. 师：你从筷子的形态和用处谈了它的寓意。

生3：我想把筷子送给我的太爷爷，祝愿他"快乐永久，福寿无疆"。

7. 师：你不仅抓住了筷子的读音，还找到了它"长"这个特点。

生4：我想把筷子送给我的朋友，希望我们"平等友爱、和睦相处"。

8. 师：是啊，两根长短相同的筷子合作才能更好地发挥作用。

播放视频《Jose准备回国》。

Jose：亲爱的伙伴们，今天谢谢大家的帮助。筷子的寓意还真不少，我回去一定把这些文化也告诉我的家人、朋友们。谢谢大家，再见！

9. 师：含蓄的中国人，巧妙地借用筷子来表达自己的情感与爱，也表达我们的美好祝福。

板贴：送美好祝福

（三）爱的传递

1. 师：老师这里有一段有关筷子的春晚宣传片，一起来看看。

播放视频《筷子》片断1。广州　西关

奶奶：等一下煮菜菜给你吃，好不好？

爷爷：好啊好啊。

爷爷：来，试一下这种。

爷爷：好吃吧？好味道哦！

——启迪

2. 师：婴儿时，长辈用筷子蘸各种味道来教你辨别酸甜苦辣，是一种启迪。

播放视频《筷子》片断2。上海　长宁

妈妈：哦，吃年夜饭咯！今天妈妈教你用筷子吃饭，好吗？

妈妈：不能用汤勺。今天说过了，我们开始要用筷子吃饭。

女儿：我夹也夹不起来饭。

妈妈：这样拿筷子，夹好。

女儿：不好。

妈妈：做做看不要紧的。

女儿：我就夹不起来嘛！

妈妈：夹夹看呀！

女儿：怎么办？

妈妈：我们再试试看，没关系的。我们是中国人，中国人都会用筷子的，知道吗？夹住了吧？

女儿：啊，好！

妈妈：好棒！不是夹起来了嘛！开心吗？

妈妈：好，你吃吧！是不是用筷子，实际上还是蛮简单呀？吃到了吧！

——传承

3. 师：幼儿时，妈妈鼓励你尝试用筷子夹起生活的喜乐年华，是一种传承。

播放视频《筷子》片断3。福建　永定

爸爸：等一下，要让爷爷先吃。

爷爷：祝大家万事如意。

所有人：过年喽！

——明礼

4. 师：孩提时，爸爸敲打你先下手夹菜的筷子，是一种明礼。

播放视频《筷子》片断4。北京　东城区

奶奶：往这里挪，我看下。哎，好！

妈妈：烫。

奶奶：展翅高飞。

男孩：年年有余。

奶奶：五谷丰登。

男孩：长命百岁。

家人：好，好！

——感恩

5. 师：长大后，你用筷子往长辈的碗里夹上一块她爱吃的菜，是一种感恩。

板贴：怀感恩之心

播放视频《筷子》片断5。四川　宣汉
女儿：王叔，新年好！
爸爸：哎，老王。走，走，到我家去吃饭。
老王：我家里做着饭呢！
爸爸：啊呀，过年过节的，走走。
老王：真的，我正烧着饭呢！
爸爸：我知道，做就做了，多个人多双筷子，走走。不要客气！
妈妈：老王，客气什么呀，多双筷子撒！
妈妈：今天过年，我们高兴！
众人：高兴，高兴！

——睦邻

6. 师：除夕夜，为孤独的邻居添上一双筷子，是传递人间情。

板贴：传人间真情

7. 师：一双筷子伴随我们的一生，从婴儿到年老。一双筷子，承载中国数千年的情感，一双"筷子"的爱，需要我们用心体味。

> **设计意图：** 通过设计"外国友人送礼物"和"小主人送礼物"两个情节，帮助学生更感性地去体会、感知筷子背后蕴藏的丰富寓意；通过观看春晚宣传片，启迪学生更深入地感悟筷子文化所折射的中华优秀传统文化的精髓和智慧。

五、总结

1. 师：作为一名中国人，当我们拿起筷子时，手中握着的不仅仅是一双筷子，更是传统文化的礼仪。让我们一起知礼仪、明礼仪，更要传承礼仪。让我们——懂礼仪，遇见更好的自己，享受快意人生！

出示PPT：懂礼仪，遇见更好的自己，享受快意人生！

【板书设计】

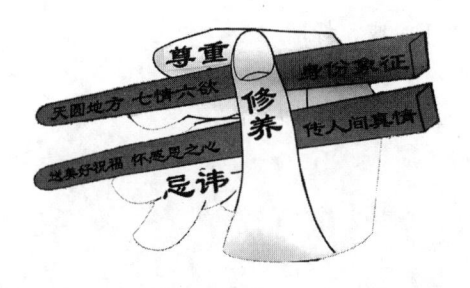

【点评】

冲突和融合的完美统一

一双小小的、普通的筷子，蕴含着多少中国元素，承载着多少中华文明？杨老师智慧地巧设了外国友人Jose到中国朋友家做客这一主线，串联起整堂课的情景式教学，带领学生在"冲突"和"融合"中认识、了解筷子所蕴含的知识与智慧、魅力与文化；体会筷子的"执起与放下"更是现代文明对优秀传统文化的融合与传承。

一、在"冲突"中识筷

前三个环节，杨老师通过"制造"冲突，引出关于筷子的各个学习要点。

1. 饮食习惯冲突

外国友人习惯使用刀叉，而在中国朋友家做客，得入乡随俗学习用筷子，学生借助于中国元素辨认出中国筷，同时明确筷子本身蕴含的传统文化。

2. 筷子特点冲突

形状"方""圆"有意义，长短"七""六"有说法，材质不同有讲究，这一系列的特点引发了孩子们对筷子的探究，从而对筷子有了更深入的了解。

3. 用筷礼仪冲突

外国游牧民族的分餐制和我们中华民族一贯的聚餐制，因为制度的不同，引发不同的饮食习惯和餐桌礼仪，进而生发出不同的餐具使用习惯。在给外国友人纠错的同时，明确筷子不仅仅是餐桌上的用具，还是数千年文化的记载与传承。

教师制造冲突的过程，也是孩子们学习的过程。这种冲突激发了学生的学习兴趣，触发了学生的内心记忆，也整合出适合学生年龄特点理应掌握的有关筷子的学习内容。

二、于"融合"中品文

后半节课，杨老师以各种形式将筷子的相关内容和背后蕴藏的中国传统文化一一融合。

1. 传统文化与本土方言的融合

教师自编的用筷儿歌通过两位同学声情并茂的浦东话演绎出来，别有一番韵味，孩子们在琅琅读书声中将用筷礼仪深深烙刻在脑海中，也将中华优秀传统文化印刻在心中。

2. 人文精神与筷子特点的融合

在将筷子作为礼物送给友人的过程中，杨老师提供了一些祝福语，细看之下发现大有乾坤：结合筷子的读音，可以祝福"'筷'生贵子"；结合筷子的形状，可"成双成对""快乐长久""耿直不弯曲"的美好祝愿。孩子们选用祝福语的同时，既对之前学习的内容进行巩固，也对筷子的含义进行了提炼和深化。

3. 中华美德与筷子寓意的融合

从筷子由少到多的数量变化引发出"团结就是力量"，通过歌曲《众人划桨开大船》将"团结"和筷子建立了联系；选用五个富有内涵的小短片：爷爷用筷子给孙女"尝百味"，妈妈教女儿用筷子"传文化"，父亲以身作则用餐待长辈先动筷"明礼仪"，小辈给长辈边夹菜边祝福"懂感恩"，邻里关爱"传真情"。视频虽短，但意味深长，杨老师通过一双筷子，将博大精深的中华优秀传统文化细化并联系起来，深入平凡生活，渗入内心深处。

一双筷子，小巧玲珑，但却举轻若重。在执起与放下间，执起的是礼仪教养，举起的是大爱美德，托起的是博大精深的中华智慧与优秀文化！

上海市浦东新区三林镇中心小学副校长　徐巍炜

第32课　走近浦东老宅

设计教师：上海市浦东新区康桥小学　　朱翠萍
指导教师：上海市浦东教育发展研究院　　姚瑜洁

【活动对象】
小学四年级学生

【活动时长】
2+35分钟（2分钟预备时间）

【活动背景】
　　乡土教育是一种"根"的教育，能够激发孩子热爱家乡的情感，进而愿意作为家乡的一份子，服务于乡土建设。20世纪90年代初，浦东开始大拆迁，许多有历史价值的农村古老建筑瞬间变成了残砖断瓦。为了保护这些有历史价值的遗产，70多岁的王炎根花了整整14年的心血，不辞辛苦地奔波于浦东各个拆迁场地，采集收购老建筑材料，还原翻造了一座以清末民初为背景的建筑群落——浦东老宅。同济大学国家历史文化名城研究中心的阮仪三表示，他曾多次去过浦东老宅，并将其作为遗产保护的实例之一，向有关方面介绍。如今，这座用拆迁老建筑原型建造的最大建筑群已经被列为"大世界吉尼斯之最"。
　　几年前，学校确立了市级少先队课题《依托"浦东老宅"，开发和实施校本少先队活动课的实践研究》，这一课题的确立为本校的少先队活动指明了方向。近年来，学校开展了许多与浦东老宅相关的少先队活动，如"老宅寻宝""我为老宅拍张照""巧手拼老宅""妙手画老宅"等，多次对学生进行传统文化教育，故设计本次活动水到渠成。现在的小学生大多数从出生起就住在高楼大厦里，没见过这些老式民居，有必要走近浦东老宅，接受生动的传统文化教育。

【活动目标】
知识与技能：
1. 知道门槛、对联等相关知识。
2. 了解"浦东老宅"的四处特色之地——"象门间""照壁""账房厅""长过弄"。
过程与方法：
1. 尝试完成"浦东老宅"的4个地方的拼图。
2. 学唱童谣、学习浦东话、表演课本剧，了解建造老宅的不易，摆放对联和图案，了解照壁。

情感态度与价值观：
1. 体验浦东老宅建造的不易，尊重王炎根爷爷的辛苦付出。
2. 传承中华民族传统美德，培养学生热爱家乡的情感。

【活动重点】
了解上述"浦东老宅"的4处特色之地。

【活动准备】
1. 录制浦东老宅的介绍视频。
2. 准备有关王爷爷的录音。
3. 制作"浦东老宅""象门间""照壁""账房厅""长过弄"的拼图。
4. 软笔书写"照壁"上的对联，打印照壁图案。

【活动过程】

一、引入——观看视频

1. 师：同学们，你们看，这是什么？
   生：微信。
2. 师：你会用微信干什么呢？
   生1：我用微信聊天。
   生2：我用微信发信息。
   生3：我用微信发朋友圈。
3. 师：在我们的日常生活中，刷朋友圈早已成为一种常见的交流方式。今天早上，老师在刷朋友圈时，看到一位朋友发的一个视频，我们一起去看看。
   播放视频《老宅概况》：走近浦东新区康桥镇沿北村901号的浦东老宅，只见这里是石桥流水，碧波荡漾；杨柳依依，小船荷塘；长廊蜿蜒，驳岸长长；庭院深深，画栋雕梁；临水轩榭，黛瓦粉墙。让我们一起来看看老宅！
4. 师：这个地方石桥流水，碧波荡漾，杨柳依依，庭院深深，你们知道是哪里吗？
   生：浦东老宅。

板贴：走近浦东老宅

5. 师：你去过浦东老宅吗？什么时候去的？
   生1：我去过，二年级的入队仪式就是在浦东老宅举行的。
   生2：我也去过，上学期举行"老宅寻宝"活动时，我和几个同学到过这里。
   生3：我也去过，有一回，王老师带我们兴趣班的同学来这里拍照。
   生4：我也去过，在"巧手画老宅"比赛中，我在这里画的老宅还得过一等奖呢！
6. 师：浦东老宅给你留下的最深的印象是什么？

生1：那里有许多老房子，在别的地方很少看见。

生2：给我印象最深的是小河和石桥，小河弯弯，石桥很有特色。

7.师：浦东老宅是我们浦东最具历史价值的老式民居，它是王炎根老爷爷用拆迁的老建筑建造的。

> **设计意图：** 通过互动交谈，拉近师生关系，引出微信朋友圈，激发学生兴趣，为后面的环节做铺垫。由浦东老宅的视频介绍，引发学生回忆，由此引出本课要讨论的话题。

二、探寻——参观浦东老宅

1.师：瞧，王爷爷来了！

播放音频《浦东老宅由来》：小朋友们，你们好！我叫王炎根，今年75岁，你们可以叫我王爷爷。几十年前，我们浦东的土地被大面积征用，一幢幢老房子被拆掉了，许多有历史价值的农村古老建筑群眨眼间变成残砖断瓦，我看着挺可惜的，那是我们的传统文化遗产啊！我就到浦东各个拆迁场地搜集砖木构件，以旧拼旧，还原翻造，用了整整14年的时间，用拆迁的废旧材料复原了记忆中的这座浦东老式民居，最后建造了这座以清末民初为时代背景的建筑群落——浦东老宅。

2.师：小朋友们，你们想去参观一下吗？

生：想。

（一）第一站：象门间

播放视频《象门间》。

这座大宅院的南大门叫作象门间。浦东老宅南门是宅院大门，高门槛。门口底部有四只大象，意思是大人家大门口，进出能牵大象走。门前有一对汉白玉雕刻的门当作门白。

有一次，王炎根老爷爷问上海退休记者协会的老记者"什么叫'降低门槛'""什么叫'门槛精'"，老记者们都无言以对。王爷爷就当场演示：拔出上层门槛，留下下层门口。王爷爷说："这就叫降低门槛"。再合上门槛，只见上下合一、无缝对接，王爷爷说："这就叫'天衣无缝门槛精'"。老记者们看了都恍然大悟，大笑不止。王爷爷最后讲了一句："这是木匠水平高，我们做人可不能门槛太精呀！"

我们平时常说：门槛精、门槛精，原来这是有道道的。不过，我们可要记住王爷爷的话，做人可不能门槛太精。

1.师：小朋友们，你们看懂了吗？王爷爷要来考考大家。

播放音频《比赛规则》：我们来进行一次必答题比赛，比赛规则是：（1）每组选一名代表回答四道必答题。（2）每答对一题就可以由另一名代表在黑板前完成一部分拼图。（3）代表答题时如不确定，可有一次机会寻求组内成员的帮助。（4）把拼图拼完整的小组即为获胜小组。

第一组：完成第一张拼图——浦东老宅

播放音频《第一组题目》：1.象门间的门槛很低。2.古代门槛有挡风防尘的作用。3.一般大户人家的门槛是可以拆卸的。4.门槛越高，表明这户人家的社会地位越高。

（第一组学生完成答题并完成第一张拼图）

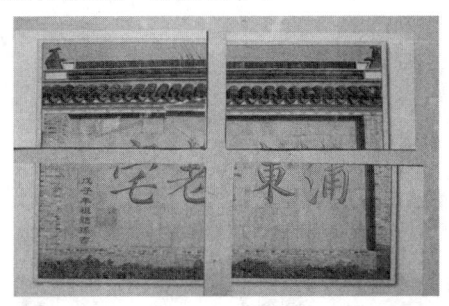

第二组：完成第二张拼图——象门间

播放音频《第二组题目》：（1）门槛代表主人的身份，门槛越高，表明主人的身份越高。（2）门槛是固定的，不能拆卸。（3）象门间的门槛指门框下的横木。（4）在古代，人们进出大门时要跨过门槛，起到缓冲步伐的作用。

（第二组学生完成答题并完成第二张拼图）

第三组：完成第三张拼图——照壁

播放音频《第三组题目》：（1）象门间的门槛是门框。（2）门槛能把爬虫之类的挡在门外。（3）门槛可以拆卸，为的是方便车马出入。（4）门槛精原指门槛上下合一，天衣无缝。

（第三组学生完成答题并完成第三张拼图）

第四组：完成第四张拼图——账房厅

播放音频《第四组题目》：（1）象门间的门槛是高门槛。（2）古代宰相家的门槛很高。（3）门槛一定要跨过去，不能用脚踩踏。（4）做人门槛越精越受人欢迎。

（第四组学生完成答题并完成第四张拼图）

第五组：完成第五张拼图——长过弄

播放音频《第五组题目》：（1）象门间的门口底部有四只大象，意思是大人家大门口，进出能牵大象走。（2）门槛太高了，人们可以踩在门槛上进门。（3）象门间门口有一对汉白玉门当作为门白。（4）做人门槛不能太精。

（第五组学生完成答题并完成第五张拼图）

2.师：你们都完成了拼图，恭喜你们都获胜了！

> **设计意图：** 通过必答题环节，让学生了解象门间的相关知识，激发学生兴趣。与此同时，五个小组合作完成"浦东老宅""象门间""照壁""账房厅""长过弄"五个拼图。本环节学生积极性很高，既有趣，又增长了知识。

（二）第二站：照壁

1.师：同学们，降低门槛很有意思吧，接下来王爷爷还要带我们去参观照壁。照壁两侧一般都有一副对联，照壁的正反面也都有图案。我这里就有一副对联，请一位同学按照你的理解上来贴对联。

  生：我觉得是这样贴的：心田留半亩子种孙耕，世事让三分天宽地阔。

 2.师：这位同学贴得对不对呢？我们一起来听王爷爷为大家讲一个故事。

  播放音频《照壁的故事》：照壁是遮挡大门的墙壁，它是中国传统建筑所特有的。当初我安装照壁时还闹了个笑话呢！照壁两侧的对联为：世事让三分天宽地阔，心田留半亩子种孙耕。这是家训，教人宽容为怀，勤于耕读。南边的墙壁是"有凤来仪"的图案，北边的墙壁为"凤穿牡丹"的图案。可是，王爷爷不懂啊，把两边的对联放反了，两面的图案也对调了。你们看，王爷爷小时候读书读得少，所以才闹了这个笑话，你们可要好好学习，不要像我一样哦！

 3.师：刚才的对联贴对了吗？

  生：不对！

 4.师：谁能来重新摆一摆？

  生：应该是：世事让三分天宽地阔　心田留半亩子种孙耕。

 5.师：对！王爷爷说他把两边的对联放反了，现在这样放就对了！

> **设计意图**：通过"自己摆一摆放一放""王爷爷介绍""自己纠正"等环节，学生可以了解对联和照壁的相关知识，在活动中增长见识。

（三）第三站：账房厅

 1.师：很早的时候，有钱人的家里都有几个账房先生管钱，接下来王爷爷带我们去看看账房先生们工作的地方——账房厅。你们看，王爷爷正在账房厅里和账房先生交谈呢！请大家读读他们交谈的内容并填空。

  播放音频《王爷爷和账房先生的交谈》。

  王爷爷：账房先生，麻烦你给我算一下，我造这幢房子的费用。

  账房先生：好的，马上就算。门的钱+窗的钱+砖头……一共11000元。

  王爷爷：我还要买4只灯笼，你算算要多少钱？

  账房先生：好！4只灯笼嘛……一共15000元。

  王爷爷：什么？房子只要11000元，灯笼倒要15000元，房子要比灯笼（　　　　）！

 2.师：谁能完成填空？

  生：房子要比灯笼便宜！

 3.师：谁来读读王爷爷和账房先生的话？

  生1：我来读王爷爷说的话。

  生2：我来读账房先生说的话。

 4.师：分角色读得真棒！谁能按照剧本表演一下？

  生1：我来！我来扮演王爷爷！

  生2：我来做账房先生！

 5.师：王爷爷演得惟妙惟肖，账房先生也活灵活现，掌声响起来！

6. 师：现在的房价都很贵，可这里为什么说"房子要比灯笼便宜"呢？

　　生1：房子是王爷爷自己造的，不用花钱请人。

　　生2：造房子的材料是二手的，是王爷爷捡的或是用便宜的价钱买来的。

7. 师：确实如此，我们来看看浦东老宅的建筑材料。

出示PPT：采集收购别人眼里的废品垃圾。

老门386扇

旧梁柱1739根

老窗632扇

旧瓦片160万张

旧青砖140万块

……

建有房屋204间

> **设计意图：** 本环节主要是通过聆听王爷爷和账房先生的谈话，知道房子便宜的原因，让学生自己感悟到王爷爷建造浦东老宅的不易。

（四）第四站：长过弄

1. 师：同学们，王爷爷在建造老宅的过程中，自编自唱了很多童谣，我们一起来听听王爷爷唱的"长过弄"吧！

播放音频《长过弄》：两头大门长过弄，对面成双十四间。落地四季有青苔，抬头看天一根线。入内静听落雨声，大红灯笼挂两边。人来客往度时光，此处本是休闲地。

2. 师：这首童谣真有趣，是王爷爷自编的童谣，而且他是用浦东话说的，我们也来学一学吧！

　　生：好！

> **设计意图：** 班中有许多孩子无论校内外都用普通话与人交流，不会讲浦东话。本环节学一学浦东话，既是传承本土文化，又能激发学生兴趣。

三、期望——长大建设家乡

1. 师：你们学得真像，听，王爷爷有话要对大家说。

播放音频《王爷爷的期望》：同学们能用浦东话来讲真是难能可贵，说得真棒！现在，浦东老宅已经被认定为"大世界吉尼斯之最"，希望小朋友不忘过去，热爱家乡，继承传递，将来把我们的家乡建设得更加美丽。浦东老宅还有很多地方，如八九厅、转弯连廊、承启桥、客堂、小花园等，有机会欢迎你们来参观。

> **设计意图：** 通过聆听王爷爷的话，激发学生进一步了解浦东老宅的欲望，让学习从课堂延续到课外。

四、展望——回顾朗读评论

1. 师：听了王爷爷的介绍，我们了解了浦东老宅的一些特色，朱老师给朋友圈里发视频的朋友点赞，并写了评论，一起来读读吧！

出示PPT：

走近浦东老宅
这里石桥流水、碧波荡漾，
这里杨柳依依、庭院深深，
这里有象门间和照壁，
这里有长过弄和账房厅。
……
康桥土地上的浦东老宅啊，
你是先辈们居住过的老式民居，
你使我们了解了浦东的历史文化，
你将永远永远地留在我们的心中。

（学生朗读《走近浦东老宅》）

2. 师：同学们，浦东老宅见证了康桥地区历史的发展，凝聚了康桥人的辛勤与智慧，承载着我们创造美好生活的梦想。今天，我们跟着王爷爷走近了浦东老宅，收获真大呀，让我们期待下一次继续参观。

> **设计意图**：由微信朋友圈始，再到朋友圈结束，有始有终，有铺垫有呼应。

【板书设计】

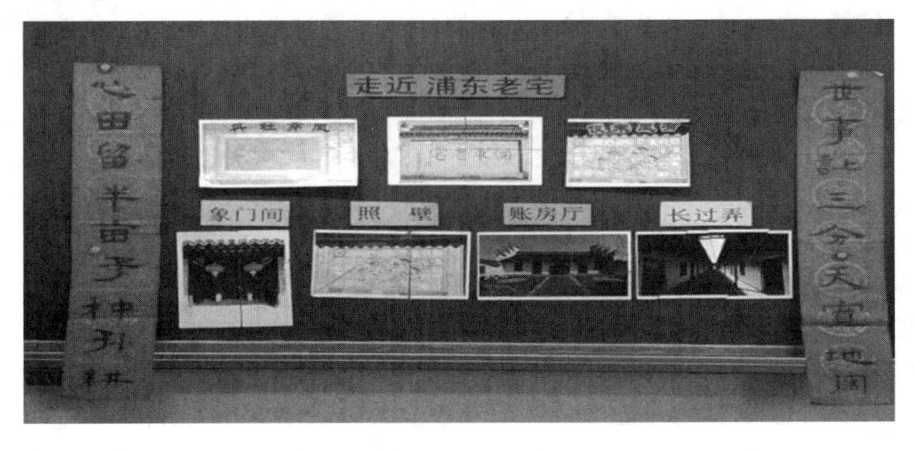

【点评】

活用各类校本资源，服务主题教育课

资源是指工作中可用来对学生在思想道德、法制、纪律、心理、人格等方面展开教育的相关素材。学校有围墙，资源无围墙，网络资源、活动资源、家长资源、文字资源、影像资源、图片资源……教育的资源是多样的、开放的、无处不在的，它既是知识、信息的载体，也是主题活动的媒介。朱老师执教的《走近浦东老宅》一课充分调动了学生的兴趣，使学生在更大的空间里受到了很好的教育，充分展示了乡土教育的特色，真正做到了用活、用好资源这一特点。

一、用好文本资源——《浦东老宅》

文本资源，通俗地说就是指文字资料。校本教材——《浦东老宅》是很有价值的文本资源，一本会说话的乡土教材。

《浦东老宅》向我们展示了30多处具有特色的建筑，朱老师精心挑选了其中的4个地方——象门间、照壁、账房厅和长过弄，让没有见过本地老房子的孩子们大开眼界。通过参观浦东老宅，孩子们接受了一次生动的传统文化教育，使他们了解家乡历史，见识了曾经辉煌的古建筑。

《浦东老宅》一书中还展示了28首诙谐俏皮、生动活泼的浦东民谣，这些民谣充满了浦东人的幽默和智慧。如果用浦东本地话来说，那就更加朗朗上口，形象生动了。朱老师班中的孩子有好多来自祖国各地，于是她巧用民谣资源，选取书中的一首童谣，组织学生一起来学习，极大地吸引了学生的兴趣，课堂气氛轻松活跃。

二、用好人力资源——王爷爷

人力资源是指一定时期内与教育相关的、能够被教育所用的人。朱老师这堂课中的王爷爷就是我们所说的人力资源。王炎根老人一手建造起来了独一无二的"浦东老宅"。朱老师设计的这堂课中，把这位精神可嘉的王爷爷用音频的形式请进来，让王爷爷带领学生参观浦东老宅，使学生们倍感亲切。整堂课，王爷爷的讲述贯穿始终，非常新颖，学生们听得津津有味。

三、用好活动资源——已有的相关少先队活动

活动资源是由共同目的联合起来并完成一定教育职能的动作的总和，具有完整的结构系统，如各种亲子活动、社会实践活动等。近年来，康桥小学确立了市级课题《依托"浦东老宅"，开发和实施校本少先队活动课的实践研究》，多次开展了与浦东老宅相关的少先队活动，如"老宅寻宝""我为老宅拍张照""巧手拼老宅""妙手画老宅"等，对孩子们进行传统文化教育。朱老师巧妙地利用学校曾开展的各种活动资源引导学生，孩子们由于有了先前的体验而有话可说，自然而然地产生了共鸣。

四、用好媒体资源——各类相关的音频视频

媒体资源广义上指的是电视台、新闻媒体、网络媒体、广播媒体、户外媒体等多种资源的集合，狭义地说就是各种图片、声音等。朱老师在这堂主题教育课中，采用了大量的视频和音频，有效地调动了学生的视觉、听觉等感官，激发了学生的探究欲。

"走近浦东老宅"是一节融文本资源、人力资源、活动资源和媒体资源为一体的主题教育课，本节课用好用活了这些素材，使主题教育既生动又有意义。

上海市浦东教育发展研究院德研员　姚瑜洁

第 33 课　针尖上的"芭蕾"

设计教师：上海市浦东新区曹路打一小学　潘志燕
指导教师：上海市浦东新区晨阳小学　　　谈　冰

【活动对象】
小学五年级学生

【活动时长】
2+35分钟（2分钟预备时间）

【活动背景】
《中小学德育工作指南》指出："对于小学中高年级的学生，教师要教育和引导学生了解中华优秀传统文化，指导他们学习传统文化的历史渊源、发展脉络、精神内涵，增强文化自觉和文化自信。"刺绣是传统文化的重要组成部分。苏绣是四大名绣之一，在2006年5月20日被列入国务院公布的第一批国家级非物质文化遗产名录。

然而，日常生活中苏绣作品并不常见。经了解，我班17%的学生看到过苏绣作品，但对于苏绣文化的历史、制作工艺、创新发展等方面一无所知。因此，无法体会苏绣艺术所具备的工匠精神，对于如何传承这一传统文化缺乏认识。

【活动目标】
知识与技能：
1. 知道刺绣是中华民族传统文化，苏绣是四大名绣之一。
2. 了解苏绣的历史、基本功。

过程与方法：
1. 尝试苏绣基本功之一的"劈丝"。
2. 角色扮演、辩论等形式探究苏绣的内涵。

情感态度价值观：
1. 体会苏绣过程中所需具备的心灵手巧、勤学苦练、坚持不懈、传承创新的精神。
2. 感受苏绣给人们带来的美感。

【活动重点】
1. 了解苏绣的历史、基本功。

2. 体会苏绣过程中所需具备的心灵手巧、勤学苦练、坚持不懈、传承创新的精神。

【活动难点】

体会苏绣过程中所需具备的心灵手巧、勤学苦练、坚持不懈、传承创新的精神。

【活动准备】

编辑视频资料；课堂小奖品；苏绣实物作品；丝线；红、蓝两色小旗子各40面。

【活动过程】

一、情境导入，引出主题

（一）伙伴烦恼我来解

1. 师：同学们，有一位神秘的新朋友要和我们一起学习，她是谁呢？

播放音频《绣绣的自我介绍》：大家好，我叫绣绣，从古代穿越而来。我的家乡在"丝绸之府、鱼米之乡"的人间天堂——苏州。

2. 师：咦，来自古代的绣绣，怎么会来到我们的课堂呢？原来，她遇到了一件麻烦事儿！

播放音频《绣绣的烦恼》：我穿了一身新衣服准备过年，但是一不小心衣服被划破了。这该怎么办呢？你们能帮我出出主意吗？

生1：我觉得可以用一块差不多颜色的布贴上去。

生2：我认为可以用针线缝补。

生3：我认为可以绣一朵花，把破了的地方遮住。

3. 师：你想的办法真好，用刺绣来帮助她解决这个问题。刺绣是我国的传统文化，已经有2000多年的历史啦！

（二）四大名绣我来学

1. 师：我国有四大名绣，考考大家，知道是哪些吗？

生1：我知道一个蜀绣。

2. 师：我国的四大名绣包括：湘绣、苏绣、粤绣、蜀绣。面对这么多有名的刺绣，绣绣的疑惑又来了！

播放音频《绣绣的疑惑》：原来我们中国有四大名绣呢，那我到底该选择哪一种呢？

生：我觉得该选择苏绣。

3. 师：的确如此，绣绣是苏州人，学习苏绣是最合适的。那今天，让我们一起陪绣绣走进她的家乡去了解苏绣吧。

板贴：苏绣

设计意图： 将可爱的卡通人物绣绣引入课堂中，激发了学生的学习兴趣。在帮助绣绣解决疑惑的过程中，自然引出了苏绣这一主题，也提高了他们的课堂参与度，体现了课堂的有效性。

二、心灵手巧之美

（一）知历史，浅了解

1. 师：关于苏绣，你们想了解些什么？

  生1：我想了解苏绣的历史。

  生2：我想知道苏绣的发源地在哪里。

  生3：我想知道苏绣为什么会成为四大名绣之一。

2. 师：看来大家的疑惑还真不少呢，让我们带着这些疑惑一起去了解苏绣吧，相信你们一定会找到答案的。

  出示PPT《苏绣介绍》：苏州刺绣至今已有2000余年的历史。2006年，苏绣被列入第一批国家级非物质文化遗产名录。苏绣的发源地在苏州吴县一带，那里土地肥沃、气候温和、蚕桑发达、盛产丝绸，自古以来就是锦绣之乡。此外，优越的地理环境、绚丽丰富的自然风光、五光十色的丝线，为苏绣发展创造了有利条件。

（二）赏作品，增感受

1. 师：同学们，苏绣被列入我国第一批国家级非物质文化遗产，真是非常了不起的传统文化。你们想不想看一看苏绣作品？让我们一起来欣赏一下吧。

  出示PPT《著名苏绣作品》：《猫》《白孔雀》《松龄鹤寿》《春回大地》《鱼》。

2. 师：看到大家都目不转睛地盯着这些作品，一定觉得它们很美吧！老师对苏绣也非常感兴趣，收藏了好多苏绣作品，今天还带来了一些。现在邀请同学们摸一摸这些实物作品，感觉怎么样？

  出示实物：苏绣作品。

  生1：我觉得这些作品摸上去很柔软。

  生2：我觉得摸上去很平整，手感很细腻。

  生3：我觉得绣在上面的针线很细很密。

3. 师：如此精美的苏绣作品可都是技术活，它们是绣娘们一针一线绣出来的。你们有什么想说的吗？

  生1：绣娘们很厉害。

  生2：绣娘们的艺术感很强。

  生3：她们的手很巧。

4. 师：说得真好！苏绣是我国的传统手工艺，都是绣娘们精心制作的，她们用心、用灵巧的双手展现了苏绣的魅力，真是心灵手巧。

板贴：心灵手巧

> **设计意图：**对于小学生来说，视觉和触觉能带给他们最直观的感知，一幅幅苏绣作品先带给他们视觉上的享受，紧接着又请他们来触摸苏绣实物作品，从触觉上来感受苏绣。这样近距离的认知会让学生印象更深刻，感受苏绣作品的美。

三、勤学苦练之美

（一）基本功，知一知

播放音频《绣绣的愿望》：原来苏绣这么美啊，历史这么悠久呀，我也想学苏绣，在我的新衣服上绣上漂亮的小花。

1. 师：要学苏绣，首先要学它的基本功。让我们一起来看一段视频，了解苏绣究竟有哪些基本功呢？

播放视频《苏绣的基本功》。

劈丝是创作苏绣作品避不开的一道精细工艺。苏绣作品重视细节的表现，普通的丝线往往不能胜任这项工作。劈丝就是将纺好的丝线再劈分成更细的线。"这是一个绣娘必须要会的一个基本的技能。妈妈现在60多了，闭着眼睛都能把线给劈开。"劈出最细时，丝线直径只有5到8微米，相当于一根头发丝的十分之一。这样的丝线，已经轻巧到能够漂浮在空中了。

比如这绑绷架的工序：苏绣的针法细腻，针与针之间排列非常密集。如果绣布有褶皱，绣好的针会错位，所以必须将绣布非常平整地绷在架子上。这个工序一直延续到现在，绑不好绣出来的只能是废品。

惠淑珍先将绣布固定在支架的缝隙里，通过旋转支架将绣布拉平。再用两个插栓将其固定。最后，用绑线把绣布另外两个边固定在绣架上。上绷架是古往今来每个绣娘的基本功。

制作苏绣都是从勾稿开始。惠淑珍从未学过绘画，更没有经过系统的美术培训。虽然是照着图样在绣布上勾勒线条，但她的笔法流畅自然，这有赖于50年来的笔法锻炼。勾稿是刺绣的基础，只有勾稿细致才可能绣出好的作品。

生1：我知道了，苏绣的基本功有劈丝。

生2：苏绣基本功有上绷架。

生3：还有勾稿。

（二）劈一劈，赛一赛

1. 师：光说不练假把式，那就让我们比一比、赛一赛，在规定时间内劈丝，你能把一根丝线劈成多少份？

出示PPT《劈丝规则》：

形式：6人一组。

时间：1分钟。

要求：劈完后的丝线放置整齐，不缠绕。

2. 师：准备好了吗？预备——开始。

（生尝试劈丝）

3. 师：刚刚的1分钟，看到大家注意力非常集中，都在争分夺秒地劈丝。现在，让我来采访一下，你们究竟把丝线劈成了多少份？

生1：我劈成了6份。

生2：我劈成了7份。

生3：我劈成了8份。

4. 师：大家都很棒，在短短1分钟内，劈得最多的是8份。你们还记不记得，绣娘们能把丝线劈成多少份？

生1：头发丝的十分之一。

生2：丝线直径只有5~8微米。

5. 师：真了不起！她们为什么能把这些丝线劈得这么细呢？

生1：因为她们动作很熟练。

生2：因为她们劈丝的时候很细心。

生3：因为她们在劈丝的时候的专注度很高。

6. 师：大家都说得很好。其实，劈丝这个基本功是每个绣娘从小就开始练习的，看似一个简单的动作，不经过长时间的训练是做不好的，勤学苦练才能做到极致。

板贴：勤学苦练

设计意图： 首先让学生通过视频了解苏绣的基本功，感受绣娘们的基本功非常扎实；其次，通过比赛的形式尝试基本功之一的劈丝，学用结合，更能体会到绣娘长年累月地重复一个动作，勤学苦练做到极致的不易。

四、坚持不懈之美

1. 师：刚刚你们在劈丝的时候，绣绣也在学习呢！不知道她学会了吗？我们来听一听。

播放音频《绣绣的心声》：虽然学会了基本功，但我的动作还是不熟练，一朵小花都绣了3天，不但没绣成，手上还被扎了好多次，我不想干了！

2. 师：看来学习苏绣真不是一件容易的事情啊。你们看，这双手布满皱纹，这双手饱经风霜，可是这双手却能绣出美丽的苏绣作品，我们一起来看看它的故事。

播放视频《绣娘奶奶的坚持》。

采访者：您多大年纪了，还在绣呢？

绣娘马奶奶：七十四。

采访者：七十四啦，那您是从多大开始绣的？

绣娘马奶奶：十几岁。

马奶奶的女儿：因为我妈妈她这种生活，刺绣就是她的生活，哪天不绣，她会觉得身体没处放。

采访者：是不是我们这边的绣娘都是这样的，就是每天都要绣？

奶奶的女儿：每天都绣，我妈妈是从老早，就是早晨七点开始。

马奶奶的女儿梁阿姨说，她的母亲从事刺绣已经六十多年了，老人家特别喜欢刺绣，别看现在岁数大了，但是每天依然坚持，而且耳不聋、眼不花。

采访者：您看您看，七十多岁的老奶奶了，穿针引线一点都没问题。

3. 师：假如绣绣遇到了这位绣娘奶奶，她们之间又会发生些什么呢？请同学们两人合作，一人演绣娘奶奶，一人演绣绣，把她们的故事搬上舞台。

生1：绣绣，你看我70多岁啦，我还在坚持刺绣，看我绣了这么多漂亮的作品，只要你坚持下去，你也一定可以的，加油！

生2：谢谢奶奶，我要向您学习，坚持下去，做一个好的绣娘，绣出好的作品。

4. 师：通过你们的表演，让我们看到了大家对绣绣的鼓励。的确，坚持不懈，一辈子做绣娘，才能绣出完美的苏绣作品。

板贴：坚持不懈

设计意图： 将视频中70多岁老奶奶和绣绣进行对比，通过学生自己的表演，让他们深刻体会到：完成一件苏绣作品需要坚持不懈的精神。

五、传承创新之美

播放音频《绣绣的新烦恼》：谢谢你们的帮助！我明白了，要完成一幅苏绣作品，一定要有恒心，我会坚持绣完小花的。可是，最近我又有了一个烦恼，听说苏绣又有了新式绣法，我到底该学传统绣法，还是学习新式绣法呢？

1. 师：绣绣刚刚提到的传统绣法和新式绣法究竟是怎么样的呢？让我们先去了解一下，再来帮绣绣解决烦恼吧！

播播放视频《传统绣法和新式绣法》。

对于一个从事刺绣50多年的绣娘来说，邹英姿的妈妈惠淑珍觉得，苏绣就应该坚持传统的审美和风格。邹妈妈的苏绣作品也曾经赢得过行业里众多的奖项和荣誉，甚至作为国礼赠予外宾。她始终相信苏绣这门技艺，之所以能够延续至今就是因为对传统的尊重和延续。

而邹英姿恰恰觉得，当下的苏绣要用现代的审美来创作。这些年来她一直通过各种尝试来寻求突破，想另辟蹊径，融合更多的艺术表达方式。

惠淑珍要制作的就是最为传统的题材——螳螂小猫。压瓣是制作传统苏绣最基本的针法。

（新式绣法滴滴绣）使绣线在绣料上呈点状或短线状针脚。这些针脚之间，以相隔、相叠、相接和相交的四种形式构成绣迹。绣迹在绣料平面上以疏密变化的方式排列布局。

2. 师：同学们，你们支持妈妈的传统绣法还是女儿的新式绣法呢？瞧！在你们每个小组的桌上都有一个篮子，里面有两种颜色的旗子。让我们举起手中的小旗表表态吧：支持妈妈的请举蓝色小旗，支持女儿的请举红色小旗。

非遗篇——衣食住行

（生举小旗表态）

3. 师：从颜色分布来看，真是旗鼓相当啊。接下来，我想来采访一下大家，说说你们的想法。

生1：我支持妈妈，因为我认为苏绣就是传统文化的延续。

生2：我支持女儿，传统也要与时俱进。

生3：我支持妈妈，我觉得传统文化不能把传统的组成部分弄丢了，不然就不叫传统文化了。

生4：我支持女儿，我刚刚看到她创新的刺绣手法绣出来的作品也很漂亮。

4. 师：刚才进行的小小辩论，大家都说得有理有据，那让我们来看看妈妈和女儿的苏绣作品，在比赛中的结果怎么样呢？

播放视频《中国刺绣艺术节上的比赛》。

而邹英姿母女俩人的作品都备受关注。母亲惠淑珍的作品《螳螂小猫》，有着鲜明的传统色彩。"到现在为止，这个螳螂猫是最好的，小猫好像是要扑出来的样子。"丝线密致有序的演绎，完美地营造了小猫毛发细致柔软的质感，同时发挥了绣线的明亮光泽，把小猫的眼睛绣得水汪汪、亮晶晶，活灵活现，呼之欲出。

邹英姿的作品《家》，有着与众不同的特点，"这个作品是很有创意的，它无论从里面的内容还是外面的装裱，它都是比较新颖的。""像这幅作品就是采用实物的叶子的色彩来绣的，它背景上那些全是采用水墨的那种针法把它做出来的。所以那幅作品看上去比较高雅，它很有一种艺术的味道在里面。"

5. 师：其实不管是传统绣法还是新式绣法，都各具特色。对于苏绣这一传统文化，传统的绣法不能忘，但也应具备创新的精神，赋予苏绣时代性，让世界上更多的人了解。

板贴：传承创新

6. 师：通过和大家的共同学习，相信绣绣也对传统绣法和新式绣法有了认识，让我们来听一听。

播放音频《绣绣的决心》：听了大家的建议，我已经用传统绣法绣了一朵小花，绣在我的衣服上真是锦上添花。以后，我想做一个绣娘，不断创新，让我们的传统苏绣发扬光大。你们说好吗？

生：好！

7. 师：如今，苏绣这种传统文化不断发展，被许多博物馆收藏，更是作为国礼走出国门，走向了世界。瞧！这些作品都作为国礼赠送给了外国领导人。

出示PPT《国礼苏绣》：《岁月如歌》《英国女王》《仕女蹴鞠图》《木槿花开》。

设计意图： 从视频中让学生了解传统绣法和新式绣法的不同，再用一个小小辩论的环节，鼓励学生参与和表达，展开头脑风暴，去思考传统绣法和新式绣法各自的优势，培养思辨能力，也对传承和创新有更直观的了解。

六、总结提炼，情感升华

1. 师：一枚小小的绣花针，就如同一位灵动的芭蕾舞者，在绣布上翩翩起舞。刺绣就像是针尖上的"芭蕾"，舞出了中国特有的文化和神韵。让我们将这些精神运用到我们平时的学习生活中，如绣娘一般，认认真真绣好每一针，踏踏实实做好每件事，在传承中创新，在创新中不断收获！

板贴：针尖上的"芭蕾"

【板书设计】

针尖上的"芭蕾"
苏绣
心灵手巧　勤学苦练
坚持不懈　传承创新

【点评】

巧用教学用具，提升活动有效性

教学用具的使用，能有效提高课堂教学质量。潘老师为课堂设计了小辩论环节，巧妙运用红、蓝两色小旗开展互动，这是本节课的一大亮点。

1. **活跃课堂气氛。**苏绣是学生比较陌生的内容。课堂中，学生大多是在观看、聆听、思考和感受，相对比较安静。但当几十面小旗子挥舞的瞬间，整个课堂充满了动感，课堂气氛一下子活跃起来。两种色彩鲜艳的小旗子增添了课堂的风味。

2. **实现全员参与。**学习的过程中，我们提倡学生能全员参与。当老师鼓励所有学生举起手中的旗子表态时，每位学生都参与了这个环节，每个人的积极性都被充分调动起来，真正成为课堂中的主人。

3. **提升思辨能力。**课堂教学中，小旗子成了学生手中的道具，同时也成了他们思维的象征。他们举起小旗子的瞬间，明确的认知已经在脑海中形成。当然，这是他们观看视频和老师讲解的收获，继而主动捕捉相关信息，帮助自己迅速组织语言，阐述自己的观点。在小小的课堂辩论中，学生逻辑清晰、言简意赅地表达观点，让我们感受"唇枪舌剑"带来的魅力，也感受了不同个体带来的思维碰撞，对苏绣这一传统文化的理解也更为深刻了。

上海市浦东新区曹路打一小学德育主任　叶　楠

第34课　竹笋鲜肉满口汤　下沙烧卖名远扬

设计教师：上海市航头学校　　　　　刘晏燕
指导教师：上海市浦东教育发展研究院　姚瑜洁

【活动对象】
　　初中六年级学生

【活动时长】
　　2+40分钟（2分钟预备时间）

【活动背景】
　　下沙烧卖是一道美味可口的名点，属于上海菜。下沙烧卖起源于明代，是浦东南汇地区特色点心。烧卖皮用特殊擀面杖手工擀制，咸味烧卖以当季新鲜的春笋、鲜肉和秘制熬成的猪皮冻为馅料，甜味烧卖用豆沙、核桃肉、瓜子肉和陈皮橘制馅。其中，笋肉烧卖最受欢迎。2011年和2015年，下沙烧卖制作技艺分别被列入浦东新区和上海市非物质文化遗产保护名录。
　　随着网络热捧，下沙烧卖被越来越多的人所熟知。很多学生喜欢下沙烧卖，但并不知道它的特色、风味、制作工艺和历史。

【活动目标】
　　知识与技能：
　　1. 了解下沙烧卖的特色、风味和制作工艺。
　　2. 追溯下沙烧卖的悠久历史。
　　过程与方法：
　　1. 通过活动体验，促使学生形成合作学习的习惯和能力。
　　2. 通过交流汇报，培养学生交流表达的能力。
　　情感态度与价值观：
　　1. 感悟并发扬下沙烧卖传承人艰苦创业、开拓创新的精神。
　　2. 激发同学们热爱民俗、热爱家乡的朴素情感。

【活动准备】
　　1. 搜集相关的媒体资料等。

2. 制订方案，制作课件。

【活动过程】

一、动画人物——设情景

1. 师：刘老师是个童心未泯的人，上个月去游玩了迪士尼，看到了我非常喜爱的动画人物唐老鸭。同学们想不想一起来看一下？

生：想。

播放视频《唐老鸭想当个飞行员》。

"长官！你好！我想要当个飞行员，你知道的，就是那种在街上飞的那种啊！嘟……嘟……我出生在一个飞行员世家，而且我确定我会是个非常优秀的飞行员。"

"好啦，在这张纸上签个名。"

"噢，好……唐老鸭，好啦！现在可以飞了吗？"

"飞？你得先要通过体检才行啊！"

"何必多此一举呢！我觉得没有问题哒！"

"好啦，兄弟。你到那间房间去。"

"一，一，一二一。部队停止前进——"

2. 师：唐老鸭真是太逗了，特别是他说话的语气。同学们有没有兴趣来模仿一下？

出示PPT：长官！你好！我想要当个飞行员，你知道的，就是那种在街上飞的那种啊！嘟……嘟……

生：长官！你好！我想要当个飞行员，你知道的，就是那种在街上飞的那种啊！嘟……嘟……

3. 师：你模仿的语气太逼真了，好像唐老鸭来到了我们身边。话说日子过得真快，转眼到了四月。古诗云："人间四月芳菲尽，山寺桃花始盛开。"四月是桃花盛开的季节，南汇的桃花节正在举行，唐老鸭和他的好朋友米老鼠向迪士尼请了一天假去看桃花。看，他们出发了。这节课，我们将以小剧场表演的形式来进行，有谁愿意来朗读一下米老鼠和唐老鸭的台词？我们一起来朗读旁白。

设计意图：以同学们熟悉的动画人物"米老鼠、唐老鸭"导入，让学生喜欢上朗读表演这种形式，调动课堂的气氛，为本课后面小剧场的表演做铺垫，为学生搭建舞台，引导学生全员参与到活动之中，凸显学生的主体地位。

二、仔细观察——小剧场表演第一幕·话外形

出示PPT：

旁　白：米老鼠和唐老鸭被美丽的桃花所吸引，不知不觉逛了很久，肚子咕咕叫了，他们想找吃饭的地方，突然闻到远处飘来的阵阵香味。

非遗篇——衣食住行

米老鼠：什么东西这么香啊？
唐老鸭：看那么多人排队，一定是什么好吃的，我们也一起去排队吧！
旁　白：他们想排队，可是人太多挤不进去，于是就拉住一个游客问。
米老鼠：你买的是什么好吃的呀？
游　客：是烧卖呀。
唐老鸭：不就是烧卖嘛，很常见啊！
游　客：这可不是普通的烧卖，是"下沙烧卖"。
米老鼠问唐老鸭：下沙烧卖？唐老鸭，你知道它有什么不一样吗？
唐老鸭：啊哦！……我不知道啊！
米老鼠：听说周浦实验学校六（4）班的同学们都很聪明，要不我们来问问他们吧。
唐老鸭：好主意！同学们，你们了解下沙烧卖吗？

1.师：下沙烧卖和普通烧卖在外形上有什么不同？
出示PPT：下沙烧卖和普通烧卖图片。
　生：普通烧卖矮墩墩，下沙烧卖修长挺拔……
2.师：同学们都说得很好，接下来，让我们有请下沙烧卖本尊来自我介绍一下。

　　　　　　　　　　　　　　　　　　板　书：下沙烧卖，贴上下沙烧卖图片

播放音频《下沙烧卖的自我介绍》：同学们好，我是下沙烧卖，我皮薄馅多，特制的皮子中间厚边缘薄，面皮边上还不十分光滑，略有些波浪和凹凸之感。面皮包上馅料，在握空心拳的手掌里稍微捏上一捏，再打圈一转，我就被包好了。与常见的烧卖矮墩墩的样子不同，我外形修长，再加上不长不短正好9分钟的上笼蒸制时间，面皮既不会软绵绵地塌下来，还会因为吸满水分而显得晶莹剔透。从上往下看，口外圈波浪形的面皮随着热气展开，犹如花瓣堆叠，内中馅心微露，不正是一朵朵刚刚绽放的桃花吗！

米老鼠：下沙烧卖店门口有个招牌，说要征集广告语，请周浦实验的同学们一起来试试吧！
出示PPT：广告牌。
　生1：外形修长。
　生2：美似桃花。
3.师：请同学把广告语贴到黑板上。

　　　　　　　　　　　　　　　　　　　　　板贴：外形修长　美似桃花

设计意图：先让学生从视觉上对下沙烧卖有一个直观的认识。

三、观看制作——小剧场表演第二幕·聊手艺

1.师：了解到下沙烧卖有这么多不同，米老鼠和唐老鸭决定继续排队。
出示PPT：
旁白：排了很久，他们终于买到了下沙烧卖。
米老鼠：等到花儿都谢了，我先来尝一个，看看值不值得这辛苦的等待。

唐老鸭：小心烫，味道怎么样？

米老鼠：好好吃啊，很鲜，皮薄馅多，汤汁浓稠。

唐老鸭：里面是什么馅料的呀？

米老鼠：呀？糟了……吞下去了，没留意啊！

唐老鸭：啊哦，你真是个馋鬼，都没看清楚什么料。

米老鼠：看！旁边正好有介绍制作的视频，我们一起去看一下吧。

播放视频《制皮》：下沙烧卖的制作工艺都有一套严格的要求。一，制皮。皮子采用精度足、粘稠度足的精致、特级面粉制作，加适量的标准面粉制作，以增加它的嚼劲度。因烧卖皮不能放在水里煮，要靠水蒸气蒸熟，故对面粉的精度、色度、干湿度等都需量身定做。面粉加水搅和，再用机器多次碾压成平面状，然后，用圆形工具切成烧卖皮的坯子，洒上淀粉，七八张为一叠，用擀面杖按一定的角度和力度，擀成中间厚、周边薄，呈桃花瓣形的烧卖皮。

唐老鸭：这下，我知道皮是用什么工具制作的了。同学们，你们知道了吗？

生：把面粉用机器碾压成平面状，用圆形工具切成烧卖皮的坯子，再用擀面杖手工擀成中间厚、四周薄、呈桃花状的面皮。

2. 师：而且这个擀面杖是不是和普通的擀面杖有点儿不一样？

生：对的，中间是圆的。

3. 师：也就是特制工具。

米老鼠：还没看完呢！接下来是馅料的制作。

播放视频《制馅》：制馅，（一）咸烧卖，猪肉，选择整块新鲜，品牌夹心肉，然后将肥瘦肉分离、剁碎，再按"二八"比例拌和；笋料，选三四月出土的春笋，出肉率高，口感嫩脆、鲜美。（二）甜烧卖，须选用大红袍赤豆炒豆沙，拌以核桃肉、瓜子肉、陈皮橘等磨成粉状，掺和白糖、精制油按比例加工成甜馅。

米老鼠：看着馅料的制作，我都想流口水了。我得考考同学们了。请你们说说下沙烧卖的馅料分为哪两种口味，分别由什么做成？哪种口味最出名？

生：咸味的是以当季新鲜的春笋、鲜肉和秘制熬成的猪皮冻为馅料，甜味的以赤豆、核桃肉、瓜子肉、陈皮橘为馅料。以咸味的笋肉烧卖最为出名。

4. 师：也就是说人们最爱笋肉馅的，请这位同学把这四个字贴在黑板上。

板贴：笋肉为馅

出示PPT：

唐老鸭：原来下沙烧卖的馅料那么丰富，那么讲究，难怪那么鲜美可口。

米老鼠：不仅馅料味道鲜美，据说包得也很有艺术感啊？

唐老鸭：真的啊，我们接着看。

播放视频《包馅》：包馅时以"刮捏揉丢"的连贯动作。老师傅有艺诀"皮子摊左手，送馅用右手，左手握皮，好像舞动花绢头，似捏似揉又似丢"，将烧卖捏成"底胖颈细开口笑，俯视好像牡丹花"的造型。

米老鼠：还真是啊，包烧卖都有口诀啊！同学们，你们还记得是什么口诀吗？

生：刮、捏、揉、丢。

5. 师：下沙烧卖制作工艺这么讲究，馅料这么特别。同学们，以后我们约一下，一起去吃下沙烧卖吧！

设计意图： 让学生从制作工艺上了解下沙烧卖，引导学生积极参与课堂，使他们对下沙烧卖有更深刻的印象。

四、追溯历史——小剧场表演第三幕·为传承

出示PPT：

旁白：品尝完下沙烧卖，观看完制作工艺，米老鼠和唐老鸭很想了解下沙烧卖的历史和传承。他们俩又开始了探究。

唐老鸭：下沙烧卖味道这么好，我们回去一定要向迪士尼的小伙伴们好好介绍一下。

米老鼠：那可得好好做做功课了，万一回答不出他们的问题就尴尬了。我考考你，人们是从什么时候开始制作下沙烧卖的，又为什么要制作它呢？

唐老鸭：啊哦……这可把我难住了。

米老鼠：别担心，我们不是有周浦实验的孩子们给我们当参谋吗？让我们接着请教他们吧！

1. 师：原来，米老鼠和唐老鸭很想了解下沙烧卖的历史和传承，这一环节我们将采用小组积分竞赛的形式，把全班分为六个小组，规则请看PPT。最后获胜的小组将得到神秘礼物。

第一组学习资料：明代嘉靖三十一年、三十二年，倭寇屡屡骚扰下沙，朝廷派兵抗倭，为了犒赏朝廷军队，老百姓和粉捏皮，当时恰逢春笋出土，就用竹笋和肉做馅，包成点心，上笼蒸熟。新出笼的美味点心深得将士们喜爱，有人问这是什么点心，乡人颇为风趣地回答："边烧边卖。""下沙烧卖"由此得名。自此以后，每逢春季，下沙烧卖作为时令点心应市。

（第一组学生板贴朝廷派兵抗倭图片，介绍学习资料内容）

1. 第一组学生：我们组的问题是，人们为什么会制作下沙烧卖？请第二组回答。

第二组学生：明代嘉靖三十一年、三十二年，倭寇屡屡骚扰下沙，当朝派兵抗倭，为了犒赏朝廷军队，老百姓制作了下沙烧卖。

2. 师：接下来我要追加一个问题，回答出问题的小组，有双倍积分哦。每逢春季，下沙烧卖才应市，说明它有一个什么样的限制？是什么导致了这个限制？

生：时间的限制，因为它以春笋为料。

第二组学习资料：20世纪50年代以后，制作下沙烧卖的饭店、点心店仅下沙镇就有12家。公私合营以后，下沙烧卖成了下沙饭店的经营特色。改革开放以后，浦东南汇举办了上海桃花节，下沙烧卖传人设立了十多处下沙烧卖特色产品供应点，下沙烧卖成了上海桃花节特色旅游产品之一。吃过"下沙烧卖"的游客，无不为之赞叹。

（第二组学生板贴上海桃花节开幕式图片，介绍学习资料内容）

1. 第二组学生：在上海桃花节上，下沙烧卖的传人设立了多少处烧卖特色供应点？

　　第三组学生：十多处。

2. 师：下沙烧卖的传人，在桃花节设立下沙烧卖的供应点，对下沙烧卖的传播起到了什么样的作用？

　　生：让更多人知道了下沙烧卖。

第三组学习资料：第三代下沙烧卖传人周丽娟今年已是78岁高龄，是下沙国有饭店三十多年的经理，她从做学徒开始，就跟着师傅学做下沙烧卖。1994年，第四代下沙烧卖传人郑玉霞在惠南镇开了只卖下沙烧卖的小吃店，一年只做两个月。1996年，郑玉霞在夜大课堂上听到《中华人民共和国商标法》里的"注册在先"而不是"使用在先"的原则，第二天，她就来到管理部门登记注册下沙烧卖商标。从此，他们一家与下沙烧卖更是结下了牢不可破的缘分。

（第三组学生板贴传承人郑玉霞的图片，介绍学习资料内容）

1. 第三组学生：郑玉霞怎么会想到登记注册下沙烧卖商标的？

　　第四组学生：1996年，郑玉霞在夜大课堂上听到《中华人民共和国商标法》里的"注册在先"而不是"使用在先"的原则，第二天，她就来到管理部门登记注册下沙烧卖商标。

2. 师：郑玉霞注册商标的这一举动，说明她是一个什么样的人？

　　生：很有生意头脑。

第四组学习资料：2011年和2015年，在各级政府的关心支持下，下沙烧卖制作技艺分别被列入浦东新区和上海市非物质文化遗产保护名录。《新民晚报》、电视台等媒体的宣传报道，浦西市民也知道了，甚至专程赶去品尝。后来，郑玉霞在浦东浦西陆续开出多家分店，其中，浦西两家店还是全年营业。通过采用冬笋，她将上市时间提前到初冬，满足了饕餮们的念想。

（第四组学生板贴上海市非物质文化遗产证书的图片，介绍学习资料内容）

1. 第四组学生：下沙烧卖分别在哪年被列入浦东新区和上海市非物质文化遗产保护名录？

　　第五组学生：2011年和2015年。

2. 师：申请非遗成功，对下沙烧卖这一传统美食有什么样的意义？

　　生：能被长久流传下去。

3. 师：新闻媒体的报道对下沙烧卖的传播有什么促进作用？

　　生：新闻媒体让更多的人知道了下沙烧卖，生意越来越好，开了更多分店。

4. 师：采用冬笋又解决了什么问题？

　　生：从一年只能卖一季，到可以卖两季，带来了更多商机。

第五组学习资料：郑玉霞的儿子，上海美院雕塑系研究生出身的顾郑一，也在此时加入传承这门"非遗"手艺的行列中。从选料、管理，到用具、工艺的改进，从商标Logo到包装盒的设计，从店招的设计到店堂布局，顾郑一全都亲力亲为，而艺术的修养也恰到好处地发挥了作用，令古老的手艺融入艺术的气息。

（第五组学生板贴下沙烧卖商标和包装盒的图片，介绍学习资料内容）

1. 第五组学生：谁加入了传承下沙烧卖的行列中？

   第六组学生：顾郑一。

2. 师：顾郑一的加入，给下沙烧卖的传承注入了什么新的活力？为什么这么注重logo、包装盒设计？

   生：艺术气息，以logo和包装提高档次。

   第六组学习资料：郑玉霞母子俩也在下沙店中的"下沙烧卖制作技艺传承基地"和航头镇文化中心等处，一起把下沙烧卖制作技艺传授给社区居民、学校师生、外国留学生、少数民族大学生等，让更多的人了解和喜爱上了下沙烧卖。

（第六组学生板贴郑玉霞亲自传授下沙烧卖制作技艺的图片，介绍学习资料内容）

1. 第六组学生：郑玉霞母子在哪里传授下沙烧卖的制作技艺？

   第一组学生：下沙店中的"下沙烧卖制作技艺传承基地"和航头镇文化中心等处。

2. 师：郑玉霞母子为什么要免费传授这些制作技艺？

   生：和大家共享技艺，不让下沙烧卖失传。

3. 师：从下沙烧卖传承人的身上，你们学到了什么精神？

   生：不畏艰难、艰苦创业、开拓创新、奉献……

   师：请同学把这几个词贴到黑板上。

   板贴：艰苦创业　开拓创新

4. 师：作为我们普通人可以为下沙烧卖的传承出哪些金点子？

   生：微博宣传、微信朋友圈宣传、淘宝店、微商……

5. 师：最后请米老鼠和唐老鸭告诉我们各组得分情况，并为我们公布获胜的小组。

   米老鼠、唐老鸭：激动人心的时刻到了，我们公布获胜的小组是……

6. 师：让我们为他们鼓掌祝贺，并送上神秘礼物——下沙烧卖的精美画作。

设计意图： 感悟下沙烧卖的悠久历史，以及传承人艰苦创业、精益求精和开拓创新的敬业精神。

五、热爱传统——小剧场表演第四幕·共传播

1. 师：米老鼠和唐老鸭被下沙烧卖的悠久历史以及传承人的敬业精神深深触动。可时间不早了，他们是不是该回去了？

   出示PPT：

   旁白：听完同学们的介绍，米老鼠和唐老鸭感受到，传播优秀传统文化真的不是一件容易的事情，需要大家共同的努力。

   米老鼠：下沙烧卖的历史太悠久了，传承人也真的太伟大了。

   唐老鸭：他们做了那么多努力，想了那么多办法，就是为了把优秀的传统文化保存下来，与后人分享。

   米老鼠：我们回去以后，一定要把下沙烧卖这道美食告诉迪士尼的小伙伴们，让他们

一起来品尝。

唐老鸭：我们能不能在迪士尼设立一个下沙烧卖的售卖点啊？这样来迪士尼游玩的人们，都能品尝到这道美食了。

米老鼠：你真是太聪明了。

唐老鸭：同学们，我们一起努力，让"下沙烧卖名远扬"！

米老鼠：今天，我们过了非常有意义的一天。我们欣赏到了美丽的桃花，品尝了下沙烧卖，了解了下沙烧卖的制作工艺、历史和传承。

唐老鸭：是的，我都有点儿流连忘返了。但是，时间不早了，我们该回去了。

米老鼠：今天认识大家很高兴，期待下次再见。

生：再见！

2. 师：同学们，这节课我们通过小剧场表演的形式，在米老鼠和唐老鸭的陪伴下学习了下沙烧卖的制作工艺，了解了它的历史和传承，我们也感受到下沙烧卖传承人艰苦创业、开拓创新的精神，值得我们传承和发扬！最后，让我们齐读一首诗歌，再次感受下沙烧卖的魅力。

出示PPT：

竹笋鲜肉满口汤，

下沙烧卖远名扬。

饱了眼福饱口福，

桃红人面烧卖香。

（学生齐读诗歌）

【板书设计】

【点评】

情景化"小剧场表演",为主题教育课增色

本堂主题教育课,刘老师采用情景化"小剧场表演"的形式逐步推进,以米老鼠和唐老鸭游览南汇桃花节为主线,通过熟悉的迪士尼卡通人物向学生的提问和求助,激发学生参与活动的热情,丰富了教学内容和课堂形式。

特别是四幕"小剧场表演",紧紧抓住下沙烧麦的外形特征、历史、制作工艺、馅料、传承人的敬业精神等方面,"话外形""聊手艺""为传承""共传播",在"小"上做文章,为主题教育课增色不少。

一、小空间大效应

小剧场表演,不同于一般的情景表演,更突出"小"的特点,小空间能为表演者的观察提供非常合适的距离和角度,小剧场的空间量度特性能强化教学效果的实现。本堂课,师生活动都在一个小空间内进行,双方的观察更细致、更到位,既有利于学生模仿体会领悟,也有利于教师发现问题及时解决。

二、小包袱大智慧

小剧场的独特环境会使活动中的主客体更方便地进行交流,而且这种种环境使学生在表演实践时能更深切地把握角色,并力求达到最佳效果。

小剧场演绎之后,同学们发现了不少问题,各组都提出了自己的疑惑,在仔细观察、深入思考之后,同学们不仅增加了模仿体验,也自主学习了下沙烧卖的历史和传承,极大地调动了他们的积极性,促进了他们的智慧生成。

三、小角色大体验

小剧场表演的时候,几乎每个学生都有一个角色,唐老鸭、米老鼠、游客、旁白等,人人参与,他们有非常强烈的参与意识,这种热情决定了他们对表演者的表演行为会有更细致的观察。

在小剧场的练习、表演和感受的过程中,学生们进一步了解了家乡浦东,了解浦东的饮食文化,感受到了下沙烧卖传承人艰苦创业、精益求精和开拓创新的精神。

课堂是了解、传承优秀传统文化的载体,通过这堂课,学生不仅了解了下沙烧卖,更激发了热爱浦东,热爱民俗文化的感情,也培养了他们合作学习、交流表达的能力。

上海市航头学校副校长　秦月芹

非遗篇——文房四宝

非攻篇——又名四十

第35课　一笔一毫书千年

设计教师：上海市浦东新区福山证大外国语小学　叶蕙瑄
指导教师：上海市浦东新区福山证大外国语小学　杨燕青

【活动对象】
小学五年级学生

【活动时长】
2+35分钟（2分钟预备铃时间）

【活动背景】
　　《关于实施中华优秀传统文化传承发展工程的意见》中指出："中华优秀传统文化积淀着多样、珍贵的精神财富，是中国人民思想观念、风俗习惯、生活方式、情感样式的集中表达，滋养了独特丰富的文学艺术、科学技术、人文学术。"毛笔书法是中国独有的文化产品，是中国传统文化的精髓。2006年5月20日，湖笔制作技艺经国务院批准列入第一批国家级非物质文化遗产名录。因此，保护和传承"湖笔文化"是坚定中华民族文化自信的道路之一。
　　如今，湖笔制作技艺濒临失传，而湖笔制作又无法用机械工业化代替，湖笔行业的发展令人堪忧。五年级的学生会用毛笔，但对湖笔不甚了解，湖笔的历史、特点和制作工艺更是鲜有人知。

【活动目标】
1. 初步了解湖笔的悠久历史、种类及制作工艺。
2. 创设情境，通过探究，体会湖笔"尖、圆、齐、健"的特点。
3. 感悟湖笔制作技艺背后精益求精、不畏艰难的匠人精神及湖笔传承文化的意义。

【活动重点】
初步了解湖笔的历史、特点、种类以及制作工艺。

【活动难点】
感悟湖笔制作技艺背后精益求精、不畏艰难的匠人精神，以及湖笔传承文化的意义。

【活动准备】

多媒体课件、"湖笔小子"画像、资料卡、毛笔、笔架等。

【活动过程】

一、引入：节日问答小游戏

1. 师：上课之前，我们先来玩一个小游戏，请你根据农历日期猜一猜这一天是什么节日。准备好了吗？

生：准备好了！

2. 师：农历九月初九？

生：重阳节。

3. 师：农历正月初一？

生：春节。

4. 师：农历正月十五？

生：元宵节。

5. 师：农历八月十五？

生：中秋节。

6. 师：那农历三月初三呢？

生：我猜是毛笔节。

7. 师：接近答案了，但还不够准确。在被誉为毛笔之乡的河北衡水侯店和浙江湖州善琏每逢农历三月初三，如同过年，家家包饺子，饮酒庆贺，原来是为了纪念蒙恬。我们一起通过视频来了解一下人们为什么要纪念他。

播放视频《蒙恬造笔》。

蒙恬是秦始皇的大将军。有一次，蒙恬带兵和楚国作战，为了让秦始皇随时了解战争的情况，蒙恬定期会向秦始皇报告。小朋友，那个时候可没有电话哟。人们都是用竹签笔蘸墨，再在绢布上写信来传达信息的。每次写信，蒙恬都觉得竹签笔硬硬的，写起字来很不方便。蒙恬想：能不能把笔改造得更好用一些呢？

一天，蒙恬去打猎，他一连射到了好几只肥肥的野兔。蒙恬命人拿上兔子回营，路上有一只兔子的尾巴拖到了地上，留下了一道长长的痕迹。嘿，兔子尾巴毛茸茸的，画出来的痕迹真流畅呀！蒙恬顿时来了灵感，拎起兔子，快马加鞭地赶回了营地。回到营房，蒙恬找来小刀小心翼翼地从兔子尾巴上取下一些毛，然后把它们插在一根竹管里。哈哈，一只兔毛笔做成啦！蒙恬兴奋地试着用它蘸取墨水写字，可是兔毛油光光的，一点都不吸墨水。蒙恬又试了几次，可都没有成功，气得他将兔毛笔一甩，扔进了营房前由碎石围成的小水坑里。

几天过去了，他还是没有找到合适的方法。这天，蒙恬走出营房，当他走过那个小水坑时，看到了被自己扔掉的兔毛笔。咦？兔毛变得好柔软啊！蒙恬马上跑回营房，将兔毛笔往墨水里一蘸，兔毛笔竟然变得十分"听话"，写起字来也非常流畅。蒙恬一口气写了满满一块绢布,每个字都圆润饱满,真好看呀!

原来,小水坑里的水含有石灰质,是一种碱性水。经过这种水的浸泡,兔毛会变得十分柔顺,吸墨性很好,写起字来也就流畅多啦!后来人们把这种用动物毛发制成的笔统称为毛笔。

8. 师:研究表明,毛笔产生于中国新石器时代,中国人使用毛笔写字作画的历史已有数千年之久。一笔而下,观之若脱缰骏马腾空而来绝尘而去,又如蛟龙飞天流转腾挪,来自空无,又归于虚旷。今天我们就来了解"文房四宝"之首——毛笔。

板贴:一笔一毫书千年

9. 师:你们知道哪个地区出产的毛笔最有名吗?

生:湖州。

10. 师:是的,在元朝以前,人们喜欢用宣城的宣笔,到了元朝湖州出产的湖笔逐渐替代了宣笔的地位,成为了文人们最喜欢用的毛笔。数百年来,湖笔一直有着"笔中之冠"的美誉,让我们一起走近湖笔,探索其中的魅力吧!

设计意图: 通过中国传统文化节日的问答活跃课堂气氛,用提问的方式激发学生的好奇心,并顺利引出本节课的主题"一笔一毫书千年"。

二、创设情境:初识湖笔小子

1. 师:"湖笔小子"是老师的好朋友,我把它也请到了我们的课堂中。

板贴:湖笔小子画像

播放音频《湖笔小子自我介绍》:大家好,我就是被誉为"笔中之冠"的湖笔,你们可以称呼我为"湖笔小子"。

2. 师:来,我们也和湖笔小子打个招呼。

生:湖笔小子,你好!

播放音频《湖笔小子提出问题》:想必大家还不认识我吧,别看我小小的个子,早在2000年前,我就开始写下华夏世代春秋,描绘神州锦绣江山,你们想知道我的前世今生吗?

生:想!

三、历史:湖笔的前世今生

1. 师:同学们,先给大家1分钟的时间默读屏幕上的题目,然后听听湖笔小子的自我介绍。听完后,请组员们根据听到的内容进行讨论并完成桌上的学习任务单,由组长负责填写。

出示PPT:

(1)湖笔的发源地和主要产地在_____。

(2)湖笔从_____朝开始兴盛,闻名四海。

(3)湖笔_____年在巴拿马世博会上进行展览,2010年在上海世博会上作为____

____，赠送给世界各地的国际友人。

（4）2006年，湖笔制作技艺被列入第一批_____。

播放音频《湖笔小子的前世今生》：我是毛笔中的佼佼者，出生于浙江湖州市的善琏镇，闻名于几百年以前的元朝，我还在1915年巴拿马世博会上进行展览；2006年，湖笔制作技艺被列入第一批国家级非物质文化遗产名录；2010年，我又被选为上海世博会国礼，赠送给来自世界各地的国际友人。

生1：湖笔的发源地和主要产地在浙江湖州市的善琏镇。

生2：湖笔从元朝开始兴盛，闻名四海。

生3：湖笔1915年在巴拿马世博会上进行展览，2010年在上海世博会上作为国礼，赠送给世界各地的国际友人。

生4：2006年，湖笔制作技艺被列入第一批国家级非物质文化遗产名录。

2.师：湖笔小子，我们都答对了吗？

播放音频《湖笔小子回答并提出问题》：答对了！作为文物之邦，湖州为书于竹帛时代的人们贡献了辉煌灿烂的湖笔文化。湖笔不仅是中华文明历史长河中的一朵奇葩，更是湖州文化的骄傲与投影。那么，你们知道为什么多年以来我能一直名扬四海吗？

3.师：说到这，叶老师要给大家介绍一位元朝大书法家赵孟頫，他对湖笔的制作技艺十分关心和重视，曾经要人制作湖笔，只要一点儿不满意，就要拆裂重制，要做到握笔终日、日书万字而不败。你知道这句话是什么意思吗？

生：即使整天拿着笔，每天写万把个字也不会有损坏。

4.师：是的，所以湖笔的名声不胫而走，深入人心。这种严格的质量要求，一直流传至今。

设计意图：在介绍湖笔历史的内容中，将枯燥的湖笔历史用音频的形式播放，同时让学生带着任务去听，激发学生的积极性，大大提高了听课的效果。此外，课堂中采用小组合作讨论完成任务单的形式，让学生在合作中成长，培养其合作意识、团队精神。

四、鉴赏：湖笔的特点与种类

（一）特点

1.师：叶老师给每个小组都准备了大名鼎鼎的湖笔，请同学们做做湖笔鉴赏师，观察一下湖笔的四个特点，分别用一个字来表示。先请每一小组的组长戴上桌面上的白手套，拿起其中最大的一支湖笔，由组长负责展示，组员们一起观察。音乐停，人坐正，开始。

2.师：你们找到了哪些特点？

生：湖笔笔尖部分尖尖的，可以用一个字"尖"来表示。

3.师：真棒，请你把"尖"写到黑板上。

板书：尖

出示PPT：标明湖笔的笔尖和笔腹。

4.师：在笔尖的上方，笔头中间的三分之一处被称为笔腹，请你观察一下笔腹有什么特点？

　　生：笔腹的形状圆润饱满，可以用一个字"圆"来表示。

　5. 师：观察得真仔细，请你把"圆"写到黑板上。

板书：圆

　6. 师：其他特点看出来了吗？看来我们的小小鉴赏师专业水平还有待提高，请大家跟着我再来鉴别一次。老师把毛笔蘸湿压平后，请同学们观察一下，我手中的湖笔笔尖的毛有什么特点？

　　生：笔尖的毛很整齐。

　7. 师：是的，笔尖的毛都是齐平的，所以我们可以用一个字"齐"来表示。

板书：齐

　8. 师：最后，当我们用湖笔写字的时候将笔毫重压后提起，很快能恢复原状，称之为"健"，形容书写时回弹有力。

板书：健

> **设计意图：** 通过做湖笔鉴赏师的活动，让学生分组观察湖笔的笔尖和笔腹，总结出笔尖聚拢尖细、笔腹圆润饱满的特点。同时，教师运用实物演示得出笔尖齐平、笔毫回弹有力的特点。学生在观察活动中发现、在实践中探究湖笔的四大特点"尖、圆、齐、健"，充分发挥了学生学习的主体性。

（二）种类

　1. 师：湖笔小子，湖笔的四大特点我们都找对了吗？

　播放音频《湖笔小子小结》：小朋友们可真厉害，只有做到尖如锥、齐如刷、圆如枣、健如簧的毛笔才能称之为湖笔！那你们知道我有哪些种类吗？

　2. 师：在你们桌上一共有3支湖笔，如果让你们分类，你会怎么分？

　　生：按大小分。

　3. 师：请同学们将桌上的3支湖笔从大到小进行排列，再由组长按顺序挂至笔架上。

　4. 师：3支湖笔中最大的一支用来写大楷，其次是用来写中楷，最小的一支是用来写小楷。根据书写的纸张大小，我们可以选用不同大小的湖笔进行书写。

板贴：大楷　中楷　小楷

　5. 师：老师带来了一片菩提叶，如果让你在上面写毛笔，你觉得能写几个字？

　　生1：我觉得能写20个字。

　　生2：我觉得能写50个字。

　6. 师：我校的美术教师赵老师就曾在这样一片菩提叶上抄下了一篇经文。叶老师数了一数，竟然有240个字，他用了一支比小楷更小的毛笔来进行书写，每个字看上去就如同苍蝇头那么小，因此这支笔被称为蝇头小楷。你们看老师手中的两支毛笔，一支是小楷，还有一支笔头更小的就是蝇头小楷。

板书：……

7. 师：除了按照大小来区分湖笔，我们还可以按选材分，常用的有羊毫、狼毫、兼毫。

板贴：羊毫 狼毫 兼毫

8. 师：羊毫就是指用山羊毛做成的毛笔，狼毫则是用黄鼠狼的尾毛做成的毛笔，请同学们猜猜看什么是兼毫？

生：两种或两种以上动物的毛结合起来制作成的毛笔。

9. 师：是的，目前我们手中的湖笔都是羊狼兼毫，比较适合初学者。当然还有用其他小动物例如野兔毛制成的毛笔，因为毛色呈紫黑色，所以称之为紫毫。

板书：……

设计意图： 在认识蝇头小楷的过程中，通过"举例子"的形式，将身边美术老师在一片菩提叶上写的毛笔字进行展示，理论结合实际，更加直观地让学生感知蝇头小楷写出的字号有多小，给学生以视觉冲击。

五、制作：手工制笔的过程

1. 师：湖笔小子，制作毛笔只需要一根竹管和一撮毛，很容易吧？

播放音频《湖笔小子介绍制作工序》：你可别小瞧我这小小的身体，制作起来需要经过12道大工序，120多道小工序才能制成呢。不信，一起来看一看湖笔的制作过程。

播放视频《湖笔制作工序》。

湖笔，被誉为"笔中之冠"，与徽墨、宣纸、端砚并称"文房四宝"。湖笔由手工制作，工艺复杂，要经过十二道大工序，一百二十多道子工序。

"我们这个厂是建立与1956年，到现在已经将近62年了。下面我们一起去参观一下我们工厂的生产流程。"

水盆工序：将浸在水盆中的笔毛理顺、带湿剔除不适合做笔的杂毛、绒毛、无锋之毛等。"水盆"是湖笔制作工艺中，最复杂、最关键的工序之一。

结头工序：水盆做好的半成品笔头，送到这一道工序进行结扎。然后用溶化的松香滴于笔头根部，使笔毛不易脱落。

蒲墩工序：逐根地挑选，把干裂、粗细不匀的笔管剔除，分类选出色泽、粗细、杆长一致的笔管。

套装工序：将经精选的笔管进行挖孔，把结扎好的笔头安装其中。

择笔工序：把笔头正式安装粘结在笔杆上，进行毛毫整理，完成笔头"尖、齐、圆、健"的定型。

刻字工序：在笔管上刻上各种字体，比如笔的品名和生产厂家的名号等等。

2. 师：这就是匠人们制笔的过程，湖笔的传承人至今保留着这种手工制笔的技艺。接下来请组长把湖笔制作程序资料卡发给组员，大家结合刚才看的视频，再次学习资料卡上的内容。读完之后，小组合作完成湖笔制作流程的排序，由组长执笔填写。音乐停后每组派一个代表交流。

非遗篇——文房四宝

湖笔制作程序资料卡

选料	将原料毛按不同特点分成几十个品种，供制作毛笔选用
水盆	将浸在水盆中的笔毛理顺，剔除不适合做笔的杂毛、绒毛、无锋之毛等
结头	将半成品笔头进行结扎，用溶化的松香滴于笔头根部，使笔毛不易脱落
蒲墩	逐根地挑选，分类选出色泽、粗细、杆长一致的毛管
装套	将精选的笔管进行挖孔，把结扎好的笔头安装其中
镶嵌	对某个种类的毛笔笔管进行装饰，分镶头和镶尾两种
择笔	将笔头粘结在笔杆上，完成笔头"尖、齐、圆、健"的定型
刻字	在笔管上刻上各种字体，比如笔的品名和生产厂家的名号等

湖笔制作程序：

选料	择笔	蒲墩	结对
（　）	（　）	（　）	（　）
水盆	装套	镶嵌	刻字
（　）	（　）	（　）	（　）

参考答案：

选料	择笔	蒲墩	结头
（1）	（7）	（4）	（3）
水盆	装套	镶嵌	刻字
（2）	（5）	（6）	（8）

生1：第一步是选料，将原料毛按不同特点分成几十个品种，供制作毛笔选用。

生2：第二步是水盆，将浸在水盆中的笔毛理顺，剔除不适合做笔的杂毛、绒毛、无锋之毛等。

生3：第三步是结头，将半成品笔头进行结扎，用溶化的松香滴于笔头根部，使笔毛不易脱落。

生4：第四步是蒲墩，逐根地挑选，分类选出色泽、粗细、杆长一致的笔管。

生5：第五步是装套，将精选的笔管进行挖孔，把结扎好的笔头安装其中。

生6：第六步是镶嵌，对某个种类的毛笔笔管进行装饰，分镶头和镶尾两种。

生7：第七步是择笔，将笔头粘结在笔杆上，完成笔头"尖、齐、圆、健"的定型。

生8：第八步是刻字，在笔管上刻上各种字体，比如笔的品名和生产厂家的名号等。

3. 师：湖笔小子刚才说制作湖笔要经过12道大工序，120多道小工序，为什么这里只有8道？其实在每一道大工序里，还隐藏了许许多多的小工序。接下来我们着重来了解一下其中最复杂、最关键的工序之一"水盆"。

播放视频《湖笔制笔工艺（水盆）》。

朱雅琴："先拿一片毛，这个就是从羊身上，手里要整齐，不能乱。"

水盆工序就是将杂乱无章的羊毛做成一个半成品笔头的过程。

朱雅琴："现在是很乱很乱的，等一下我把长短分出来。"

主持人："分羊毛的长短？"

朱雅琴："长度，对。"

主持人："大家看现在老师用这个大拇指和这个骨梳，几乎是几根几根拔出来。"

朱雅琴："对啊，不能多。"

随着时间的流逝，原先参差不齐的羊毛，在朱雅琴手中按照笔锋的长短有序排列，经过一段时间，羊毛就被重新归整好了。

朱雅琴："你看，这长度分出来了。这边长，这边短。长的分这个，短的分这个，但是这个差不多的锋颖可以放在一起。你如果锋颖不一样，长短一样也不可以放在一起。"

主持人："朱老师，这太难了，我能稍微暂停一下吗，老师？"

朱雅琴："不行，这一片要做完。"

支持人："肉又上来了。"

做毛笔看着容易，上手却很难，要想独立出师做笔，则需要好几年的努力。朱雅琴是湖州著名的制笔大师，她从十九岁学做毛笔，一做就是四十年。

主持人："可以了，这个还有呢？"

朱雅琴："这个等一下有短的再拼在一起。"

主持人："哦，太小了就不要了是吧？这边这个看上去还行吗？"

朱雅琴："呵呵。"

主持人："老师一笑，就是太差了是吗？"

朱雅琴："慢慢来。"

主持人："您看看我的手，挺明显的，就是很深的红印。像您一天要工作多长时间在水盆？"

朱雅琴："我现在要八小时。"

主持人："八小时手一直在这里？"

朱雅琴："嗯，现在好了，有条件了，以前没有空调的话，都是要烂的，这个水里面是红的。"

主持人："水里面是红的？"

朱雅琴："嗯，都出血的，这样不小心扎到，这个肉都翻出来。"

主持人："这么苦您没想过说我不做了吗？"

朱雅琴："学了这一行，也没想，就这么做。"

主持人："那是什么能让您坚持做了四十多年？"

朱雅琴："我喜欢。"

主持人："喜欢啊！"

朱雅琴："你完成一支毛笔，你很有成就感的。"

朱雅琴仅凭借眼力，将不具备锋颖的杂毛挑出去，制成批毫。笔头分为两层，外层是锋颖较长的批毫，将其包裹住内层笔芯，一支湖笔的笔头才算有了雏形。

非遗篇——文房四宝

主持人:"好了,大家看,这就是一个毛笔的笔头,几十道工序才成了现在这个样子。水盆里的水都曾经变成血的红色,手上也会留下很多印记,只为了做出一支好的毛笔。"

播放音频《湖笔小子感叹制作的不易》:这下你们相信了吧,我的诞生可真不容易呢!

4. 师:是的,同学们,手工制笔过程如此复杂与艰辛,你们从这位制笔大师朱雅琴身上看到了什么精神?

生1:我看到了她身上坚持不懈的精神。

生2:我看到了她身上坚韧不拔、不畏艰难的精神。

板书:坚持不懈(根据学生回答随机板书)

5. 师:当主持人问是什么让她坚持做了40多年,她只答了"喜欢",你觉得她是为什么要坚持进行制作?

生1:她是为了将湖笔制作的技艺传承下来。

生2:她的坚持使得我国湖笔的文化得以传承。

板书:文化传承

6. 师:是的,正是有了这样一群制笔工匠们,我们的传统文化才得以传承下来,湖笔制作的每一道工序都贯穿着精益求精的匠人精神,希望我们每一个同学都能成为传统文化的发扬者和传承人。

【板书设计】

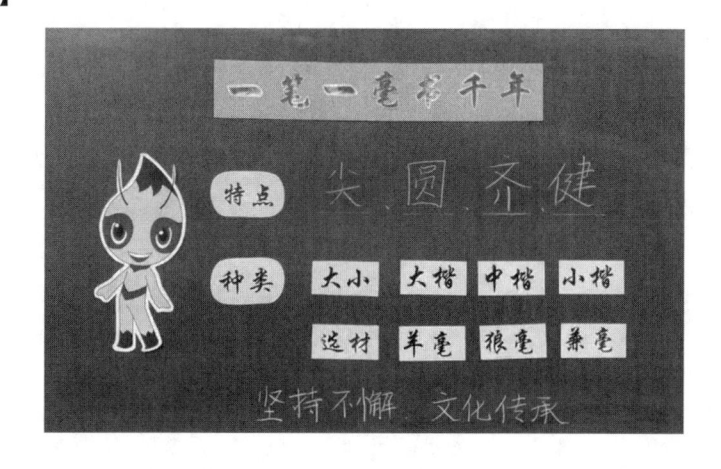

【点评】

以评激趣,以评促学

课堂评价是教师教学的重要组成部分,教学与评价彼此融会于教学过程之中,科学的评价能促使学生的知识生成,激发学生学习的自信心和责任感。叶老师在这节课中采用了独特的小组评价激励形式,对于学生的学习和教师的教学都有着至关重要的作用。

1. 课前:趣味奖品巧心思

叶老师在课前准备了"湖笔小子"这一形象的彩色图案,经剪裁、塑封、打孔、穿线、制作了几十个以"湖笔小子"为原型的书签,作为课堂活动的奖品,有吸引力。

2. 课堂：正向激励巧评价

上课过程中，回答问题正确的同学，能为他们小组在笔架上挂上一个书签，这样就有效地提升了学生参与的积极性。整节课中，学生们始终踊跃地回答问题，为小组争先；老师还给遵守课堂纪律的小组奖励了书签。虽然课堂上活动内容较多，但经过正向评价，所有的学生都能严格遵守主题要求。当活动结束音乐响起，同学们的讨论立刻停止，全员肃静坐正，课堂张弛有度。课后，根据每一组的书签数量给予获胜小组奖励。可见，这一独特、系统的评价激励方式深受同学们的喜爱，不仅课堂效率和学生的积极性大大提高，更让学生从中学到了许多，培养了他们的合作意识和团队精神。

上海市浦东教育发展研究院德育教研员　姚瑜洁

第36课　落纸如漆，万载存真

设计教师： 上海市浦东新区福山证大外国语小学　　杨燕青
指导教师： 上海市浦东教育发展研究院　　　　　　姚瑜洁

【活动对象】
小学五年级学生

【活动时长】
2+35分钟（2分钟预备时间）

【活动背景】
习近平同志指出："深入挖掘中华优秀传统文化蕴含的思想观念、人文精神、道德规范，结合时代要求继承创新，让中华文化展现出永久魅力和时代风采。"中华文化之所以能一脉贯之，从未断绝，正是因为有了纸墨笔砚。而徽墨，不仅仅是一锭墨，更是中华文化的一枚邮戳，有着深层次的历史文化积淀。2006年5月20日，徽墨制作技艺经国务院批准被列入第一批国家级非物质文化遗产名录。

如今，随着时代的发展，使用笔墨这一传统书写工具的人越来越少了，且潜心学习制墨工艺的匠人亦越来越少，传统文化正在逐渐流失。我班学生对徽墨知之甚少，对徽墨的历史、用途以及制作工艺也是一无所知。

【活动目标】
1. 初步了解徽墨的悠久历史、制作工艺及用途。
2. 创设情境，通过探究，了解徽墨形成过程及流派，体会徽墨一点如漆、万载存真的特点。
3. 感悟徽墨制作技艺背后的刻苦钻研、不忘初心的工匠精神。

【活动重点】
初步了解徽墨的悠久历史、制作工艺及用途。

【活动难点】
1. 体会徽墨一点如漆、万载存真的特点。
2. 感悟徽墨制作技艺背后的刻苦钻研、不忘初心的工匠精神。

【活动准备】

多媒体课件、"小墨宝"画像、资料卡、墨、砚台等。

【活动过程】

一、师生聊天，互相熟悉

1. 师：同学们，今年12月底，你们就要参加写字等级考试了，爸爸妈妈有没有逼着你们临时抱佛脚？他们是怎样让你们苦练各种书法的呢？今天让大家吐槽一下。

生1：暑假，妈妈让我每天练5页毛笔字。

生2：不仅是爸爸妈妈逼着我，暑假里，连老师都让我练字，每天都要写500个字，不能空格，不能写标点符号。

生3：我每天都要写5张117格的文稿纸钢笔字，而且也没有标点符号。

2. 师：我的儿子小福比你们大一岁，去年这个时候也被我逼着练书法呢！他呀，总是一百个不情愿。可是，突然有一天，他开始自觉、认真地练字了，最后通过刻苦练习，顺利通过了写字等级考试，你们看这个"福"字写得好不好？

生：好——

3. 师：那小福到底是为什么突然会自己刻苦练字了呢？你们想不想知道原因？

生：想——

> **设计意图：** 老师看似随意的聊天，却是精心安排的，聊天的主题是五年级学生都知道的写字等级考试，这样既可以与学生相互熟悉、活跃气氛，又可以引出本堂课的串联人物"小墨宝"和"小福"。

二、引子：初识小墨宝

1. 师：那就让时光机把我们带到去年的这个时候，看看小福练字时遇见了谁？

播放视频《小福练字》：妈妈让小福练字，小福百般无奈，开始练字，练着练着就睡着了，笔尖的墨在纸上化开了，化成了一个"小墨宝"。

小墨宝：醒醒——醒醒——

小　福：咦？你是谁呀？

小墨宝：我是谁？先给你猜个谜语，猜出谜底，你就知道我是谁啦！请听好了："一袭乌衣，文章满腹，静伫于文士案前；与石为伍，为管所驱，驰骋于银霜纸上。"

小　福：唔……我猜不出来。

2. 师：你们能帮小福猜猜看吗？

生：是墨。

播放音频《小墨宝自我介绍》：答对了！我学名是墨，也叫黑土或者乌金，小名叫"小墨宝"，我喜欢你们叫我小名。

3. 师：来，和小墨宝打个招呼。

生：小墨宝，你好！

播放音频《小墨宝批评小福，并要带小福参观徐汇艺术馆》：

小　福：小墨宝，你好啊！我睡得正香呢，你干吗叫醒我啊？

小墨宝：你呀，不好好练字，浪费时间，要不，我带你去徐汇艺术馆看展览吧，那儿正在展出我的前世今生呢！

小　福：好啊，好啊，妈妈不让我出门玩，正好你带我出去玩，耶！

三、历史：一轴一图看徽墨流转

（一）一轴：了解墨的千年历史

1. 师：小墨宝和小福来到徐汇艺术馆，那儿正在举办"乌金千秋照——徽墨专题展"，让我们跟随他俩一起走近徽墨。

播放音频《小墨宝想知道自己的年龄》：

小墨宝：小福，你知道我有几岁了吗？

小福：你？看个头顶多2个月，开个玩笑，你是古代人用的写字工具，应该很早就有你了吧？

小墨宝：嗯……我也想知道自己多大了，可是时间轴上少了几个重要时间。

2. 师：小墨宝，别着急，我请同学们来帮忙。同学们，请大家听完我的介绍，学完资料，把时间轴补全，小墨宝就能知道自己的年龄了。

板贴：时间轴

3. 师：墨的雏形最早出现在距今4000年前的新石器时代，到了先秦，出现了这样的墨，大家猜猜老师手里的3块石头，哪块是墨？

生：我觉得是最小的那块石头——是墨。

4. 师：猜对了，那时候磨墨是把墨放在两块岩石之间磨的，到了汉代就出现了用墨模压制而成的墨，样子就和现在我们看见的差不多了。接下去，请同学们分组学习"知识宝库"。学习完，我请同学来补全黑板上的时间轴，并借助知识宝库的语言来说说这个时期墨的特点。学习的时候，老师会放音乐，音乐停止，大家就停下来。

出示PPT：

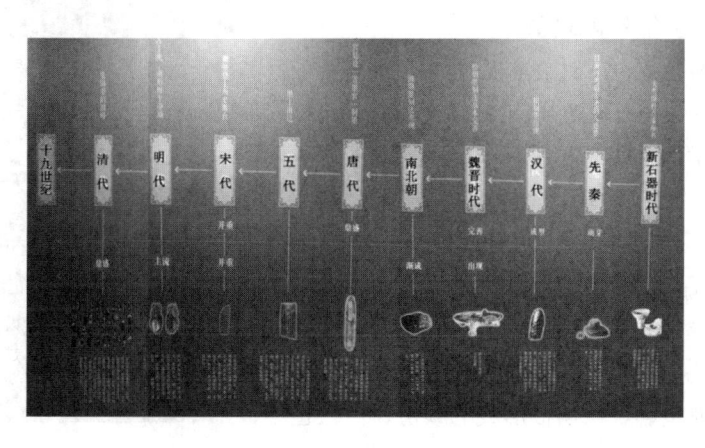

【知识宝库】

墨的雏形最早出现在距今4000年前的新石器时代；

先秦已有目前可考最古老的人造墨；

到了汉代，出现了用墨模压制而成的墨；

随着时光流逝，松烟墨、油烟墨制法日趋完善，到了唐代达到鼎盛时期；

宋代，徽墨登上历史舞台；

明代，人们在墨上刻画、刻字，大大增强了墨的观赏性；

古人已经做得很好了，到了清代怎么办呢？人们就开始做套装，你做一锭墨，我做一套墨，由40锭墨组成的御园图集锦墨，成为中国传统手工制墨史上集锦墨的集大成者。

5. 师：学完了，请四位同学来补全时间轴。

生1：先秦已有目前可考最古老的人造墨。

板贴：人造墨

生2：松烟墨、油烟墨制法日趋完善，到了唐代达到鼎盛时期。

板贴：松烟墨　油烟墨

生3：宋代，徽墨登上历史舞台。

板贴：徽墨

生4：清代，由40锭墨组成的御园图集锦墨，成为中国传统手工制墨史上集锦墨的集大成者。

板贴：御园图集锦墨

（二）一图：了解徽墨成因及流派

1. 师：小墨宝，时间轴补全了！

播放音频《小墨宝考小福自己的年龄和出生地》：

小墨宝：小福，看了时间轴，你现在知道我多大了吗？注意！我是徽墨，是第一批国家级非物质文化遗产！

小福：你最了不起了，你是徽墨，在宋代就有了！

小墨宝：答对了！这回你没有打瞌睡，再考你一个问题：我出生在什么地方呢？

小福：我哪知道，不过我看见同学们的资料卡反面有张图，会不会是彩蛋呢？

2. 师：同学们，快看看资料卡反面的地图吧。你们知道小墨宝出生在哪里吗？

生1：小墨宝出生在古徽州。

生2：就是现在的安徽省。

3. 师：这幅是古徽州一府六县的地图。最初，人工制墨主要产地都在松林丰富的北方地区，因为墨里面黑色的成分就是燃烧松树根形成的碳粉。古人也不

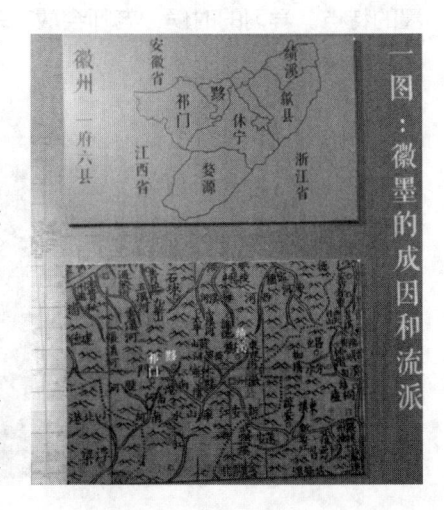

讲究环保，到后来，齐、鲁等地的松林已经被砍伐光了，所以从唐末五代至宋，制墨业重心逐渐转移到了群山环绕的徽州，那里松木堪称上品，水质又好，为制墨提供了上等的原料。到了明代中晚期，徽墨工艺就形成三大流派——歙墨、休宁墨、婺源墨。小福，你现在肯定知道小墨宝的出生地了吧？

播放音频《小墨宝夸徽墨》：

小福：我知道了，你出生在古徽州，所以叫徽墨。

小墨宝：同学们早知道啦！古人云：得徽墨者，如名将之得良马。我可一直是名人墨客、书画名家争相收藏的珍品。

4. 师：小墨宝说得没错，老师在网上看见过一篇报道，在2007年一个拍卖会上，有一锭直径才8.8厘米的清朝乾隆"御制咏墨诗"圆墨，成交价高达人民币128.8万元。

播放音频《小墨宝带大家去陈列室参观徽墨的其他功能》：

小福：哇塞，这也太厉害了吧！

小墨宝：那当然，因为墨不仅仅是古人书写的工具，还有很多用处呢！不信，咱们到前面的陈列室瞧瞧。

设计意图： 这个环节用一轴——时间轴，让大家了解墨的发展历史；一图——古徽州一府六县地图，让大家了解手工制墨的主要产地的变迁及原因。直观、清楚、重点突出地讲清了墨的历史及产地，让对墨了解甚少的同学们能最快地认识墨。

四、墨品：方寸之间造乾坤

1. 师：请大家仔细欣赏，并用心记住墨还有哪三种用途，欣赏完请同学们来做"徽墨鉴定师"。

播放视频《墨的多种用途》。

这些墨小巧玲珑，烟料、做工都属上乘，艺术性极高：

不为使用、只为欣赏珍玩制作的墨被称为珍玩墨；

这锭墨上刻了100个童子，可以作为婚礼墨；

这锭魁星墨，魁星右手握一管大毛笔，称朱笔，传说他那支笔专门用来点取科举士子的名字，一旦点中，文运、官运就会与之俱来，他左手持一只墨斗，右脚金鸡独立，脚下踩着海中的一条大鳌鱼的头部，意为"独占鳌头"；

这些墨用料稍差，注重外表，是作为礼物馈赠的礼品墨；

这些墨做的时候和进了一些中药，可以内服也可以外敷，内服可治吐血，外敷可以止血治疮。这就是药墨。

2. 师：参观完陈列室，谁愿意来做徽墨鉴定师？老师请他戴上白手套，拿出锦盒里的图片鉴定一下墨的种类和用途？

生1：这是珍玩墨，用来收藏、欣赏的。

生2：这是药墨，可以治病。

生3：这是魁星墨，可以送给要高考的人。

生4：这锭百子墨可以送给结婚的人。

3. 师：这三种墨的用处大家都很清楚了，那么大家看这套御园图集锦墨，它有什么用处呢？

　　生1：用来收藏。
　　生2：用来珍玩。
　　生3：用来欣赏。

4. 师：我们来听听小墨宝的回答吧。

播放音频《小墨宝介绍"御园图集锦墨"》：这套御园图集锦墨是乾隆年间首创的，墨上雕刻的是圆明园、故宫、西苑三处景观。同学们，圆明园你们现在还看得到吗？

　　生：看不到——

5. 师：圆明园在1860年被英法联军付之一炬，现在国家想要复原当时的园林建筑，怎么办？关于圆明园，有一套《乾隆圆明园四十景图》，是乾隆皇帝请画师画的，还有他的题诗，但是这套图册现在在法国巴黎国家图书馆。而这套集锦墨仍保留在中国，这40锭墨刻的是圆明园、故宫、西苑这三处的40个景，一墨一景，正面刻着亭台景观的名称，背面刻着亭台全景，给已毁的圆明园留下了极为难得的历史原貌参照，弥足珍贵。原来墨还担负着传承历史的作用呢！

五、制墨：辛勤破千夜，收此一寸玉

播放音频《小福想了解墨的制作过程》：

小福：真了不起！那么小墨宝，1000多年前，你是怎么被制墨工匠创造出来的呢？

小墨宝：这个问题问得好，同学们，先读读这首诗。

出示PPT："烟房点烟实难熬，赤身喘气入阴曹。熬尽灯油沥尽胆，留取乌金千秋照。"

1. 师：请你们班级朗读最好的同学来读读这首诗。

　　生：烟房点烟实难熬，赤身喘气入阴曹。熬尽灯油沥尽胆，留取乌金千秋照。

2. 师：同学们，从字里行间，我们不难发现，小小二两一块墨，是制墨工匠们历经千辛万苦打造出来的。

播放音频《小墨宝感叹》：是的，别看我身材小，一锭徽墨的诞生要经过千锤百炼，历时一冬一夏。不信，听听这次徽墨展的策划人唐老师的介绍。

播放视频《古人制墨过程》。

按照原文的记载来安排他每个人做什么事情，一步一步地怎么进行。那个人就在点烟，屋子里面桌上扣的碗就是收集油烟的。集好烟灰了拿过来，用一个鹅翎把那个烟灰扫到缸里头，聚在一起。

这样收集的烟灰肯定是有杂质的，怎么过滤杂质呢？那么细的烟灰。古人超聪明的，把这东西扔到水缸里去，放一个晚上，重的杂质就会下沉，轻的烟灰还浮在上面，捞出来晾干就可以用了。

刚才在做悬霜，现在要做熬胶了。站着的那个人就是在熬胶，动物的胶在常温下是固态的，要高温把它熬化了，熬成液体才能用。所以他一个手把固态的胶倒进去，另外一个手在那儿不停地搅动，要控制它的厚薄和色泽。

两个东西都做完了，要加在一起，那边三个人就在做这件事情啊！下面那个盆子里头放的是烟灰，然后上面一勺一勺过滤了舀进去的是熬好的胶，还冒着热气，有没有看到？就像和面一样，把这个东西和成一个大黑面团。

这边在做一些中药材的添加。

只是把这两个东西加在一起离做墨还早着呢！先要经过长时间的蒸剂，就是隔水把它蒸得很软很熟了，然后再拿去做后面的工序。

你们是不是常听到人家说我们中国人就是盐少许、糖少许，中国人最不严谨了呢，人家德国人才严谨，谁说的？我们这本书里面啊，把这个里面垫的瓦甄多少厚多少宽，然后每一个的间距是多少都表达得非常清楚，我们一样是很严谨的好吗！

那个蒸好的大黑面团，现在拿过来经过这个杵捣，要杵捣很长时间。古人说杵捣的越多，这个墨就会越坚硬。他的道理是，杵捣越多碳颗粒就会越小，被胶包裹得越均匀，这个墨的质地才会够细腻，保存的时间才会够久。所以，古人说捣不厌多，杵捣得越多，墨的质地就会越好。

好了，杵捣完以后，大块的墨要分成小块儿，分多大合适呢？古人发现说，这时候的墨里有水分，还很重。这个时候称一两四钱，晾干以后正好就会是一两。所以如果要做一两的墨，就全部称成一两四钱的。而且，古人做一两二两的墨比较多，因为大的墨容易开裂，所以小墨是比较容易用的。

好了，又开始捶了是吧？一两四钱的小墨团，还要经过几百次的捶打才可以拿去做造型。要反复地进行捶打，所以这一步很重要……总算捶打好了，现在要开始做造型了，造型是靠墨模来实现的，这就是一组墨模。可是呢，这个手压是压不紧的嘛，所以那个人就把整组墨模拿过去，放在杠子底下，通过杠杆原理，人坐上去压。看上去效率很低，产量不会很高的哈！

这个墨做完造型要等它干，如果墨放在那里自己干呢，就会逐渐地翘起来。所以，在不同季节的时候，在它干到不同程度的时候，要用不同的频率去翻动它，让它保持一个平的状态。这就像是你们在呵护一个婴儿一样，要不停地去照顾它的，所以我们都叫这个东西叫墨宝宝。

这个盒子里头，这个方盒里面放的是那个稻草灰，用来把墨身上的湿气给吸掉。所以墨拿出来的时候，上面肯定有杂质，脏的东西嘛，就要进行一个刷洗。那个刷子像不像鞋底儿啊？真的是鞋底哦！原文就是这么记载的，说用旧的细草鞋底代替软刷子来使用，这就是古人的物尽其用，一点儿都不浪费，用现成的东西就可以了。

所有的墨做完以后，好坏不是你说了算的，得专门拿到一个书画家那里去磨一下，听声音，然后写一下看手感、质地，才能知道这个配方的墨是不是好。所以每一款墨研发出来以后，都要拿到一个书画家那里去试，这步叫做研试。

3. 师：这就是古人制墨的过程，徽墨的传承人们至今保留着这种手工制墨的技艺，请同学们小组合作，根据徽墨制作程序资料卡完成徽墨制作程序填空，音乐停后每组派一个

代表交流。

徽墨制作程序

请根据反面的提示，将徽墨制作程序的名称填写在括号里。

（　）　（　）
（　）　（　）
（　）　（　）
（　）

正面

参考答案：（点烟）（入模）（和料）（阴干）（烘蒸）（捶墨）（描金）

徽墨制作程序资料卡

（点烟）桐油点烟，以灯芯草加桐油置于碗中，上覆一碗，上下碗之间留有空隙。

（和料）烟灰易散，需要加胶凝固，胶为动物骨皮熬制，上等好墨首要烟细胶清。此外，墨中还入中药，如麝香、犀角、珍珠、冰片等，用以提色增香，防虫耐久，所耗不菲。

（烘蒸）和料后的墨饼遇冷易干，将之置于锅中蓖上，以水汽加热使其变软。

（捶墨）蒸后的墨饼放于木案上，以铁锤反复捶打。千锤百炼，材质更细腻温润。

（入模）将墨饼取预设质量，置于木板上揉搓，按、捺、推、收，快而有力，待光素无痕，放于墨模中，压制成型。

（阴干）新墨柔韧，须置于阴凉干燥处数月，使之阴干，每日翻转数次。

（描金）墨干后描金添彩，以为装饰。

反面

生1：第一步是点烟，两个碗中间以桐油点燃灯芯草，油灯燃烧，轻烟上升，遇碗凝附，待烟灰累积多时，以刷子刷下。

生2：第二步是和料，烟灰易散，需要加胶凝固，胶为动物骨皮熬制。

生3：第三步是烘蒸，和料后的墨饼遇冷易干，将之置于锅中蓖上，以水汽加热使其变软。

生4：第四步是捶墨，蒸后的墨饼放于木案上，以铁锤反复捶打。

生5：第五步是入模，将墨饼取预设质量，放于墨模中，压制成型。

生6：第六步是阴干，新墨须置于阴凉干燥处数月，使之阴干，每日翻转数次，像照顾婴儿一样。

生7：第七步是描金，墨干后描金添彩，以为装饰。

播放音频《小墨宝感叹自己制作过程不易》：这下你们相信了吧，我的诞生可真不容易呢!

4. 师:是的,同学们,手工制墨过程如此复杂,但是你们知道为什么制墨工匠们1000年来,仍然要坚持如此辛苦的手工制作?下面我们来看个小实验,一探究竟。

播放视频《不同墨汁的比较》:你看这个很黑,这个淡一点。一个月之后,这个就淡了,这个就慢慢深了。然后现在放水里。哇!这个化掉了。这个后写的,这个先写的,你看!这个墨一点都不会动,这个就糊了。鼓掌,鼓掌!

> **设计意图:** 通过观看视频、填写资料卡,让学生了解制墨工匠的辛苦,进而提出问题:如此辛苦,为什么还要坚持手工制墨?老师又通过一个小实验来说明徽墨落纸如漆、万载存真的特点,真可谓环环紧扣,步步为营,深入主旨。

六、结语:落纸如漆、万载存真

1. 师:同学们,看完这个实验,谁来说说为什么制墨工匠们1000年来,仍然要坚持如此辛苦的手工制作?

生1:因为质量好。

生2:因为能把千年的书画作品保留下来。

生3:因为能传承历史。

2. 师:是呀,徽墨,不仅仅是一锭墨,更是中华文化的一枚邮戳,具有深厚的历史文化积淀。小福,你怎么看?

播放音频《小福总结徽墨传承文化的意义》:小墨宝,你真是太厉害了!你为我们留存了1000年以来优秀的书法和绘画作品,我们古老的文化才能够持续被欣赏和传承。

3. 师:是的,所以说徽墨落纸如漆、万载存真,真是说得没错!

板贴:落纸如漆　万载存真

播放音频《小墨宝发出倡议》:是啊,练习毛笔字和传承制墨技艺一样,必须具有刻苦钻研、不忘初心的匠人精神。小福、同学们,现在你们愿意好好练字吗?

生:愿意——

【板书设计】

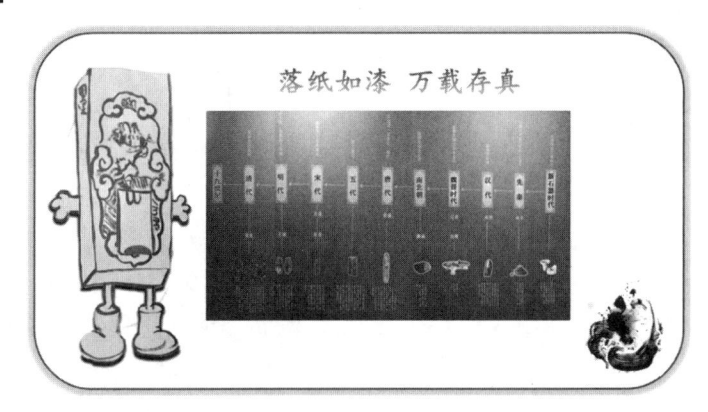

【点评】

整合资源见功底

杨燕青老师执教的这堂课，能把徽墨的悠久历史、多种用途、特点、成因、流派及制作工艺这些知识，高度浓缩在短短的35分钟里，且让学生趣味盎然地完成学习，老师整合、提炼各种教学资源的功底可见一斑。

特别是课堂第三个环节"历史：一轴一图看徽墨流转"，这一板块虽非教学难点，不必多花时间。但是，要让学生在有限的时间里快速、清楚地了解墨的千年历史及徽墨的成因、流派并不容易。杨老师巧妙地以"一轴一图"为载体，让学生看徽墨千年流转。

1. 一轴：了解徽墨千年历史

杨老师把墨发展的重要时间节点及时代特征，高度浓缩在一根不完整的"时间轴"上，学生在补全时间轴的同时，也了解了墨的千年历史，简明扼要，"一轴"了然。

2. 一图：了解徽墨成因及流派

这个环节，杨老师先摆了一个噱头，把小墨宝出生地的地图称为"彩蛋"，学生饶有兴趣地仔细查看地图。接着，杨老师就把这张地图作为载体，介绍徽墨形成的原因及流派，"一图"成竹于胸。

"一轴一图"概括徽墨千年发展历史，杨老师合理选择、巧妙整合了各种教学素材，依托载体，让课堂饱满、高效。

上海市浦东新区福山证大外国语小学党支部书记　蒋志华

第37课　小宣纸　寿千年

设计教师：上海外高桥保税区实验小学　　　王遥珏
指导教师：上海立信会计金融学院附属学校　韩　英

【活动对象】
小学四年级学生

【活动时长】
2+35分钟（2分钟预备时间）

【活动背景】
　　宣纸是中国独特的手工艺品，享有"千年寿纸"的美称，被视为"国宝"。它的制作工艺充分体现了中国古代劳动人民刻苦钻研、团结协作、精益求精、继承创新的工匠精神。2006年，宣纸制作技艺被列入首批国家级非物质文化遗产名录；2009年，宣纸制作技艺获联合国教科文组织肯定，列入人类非物质文化遗产名录。

　　四年级小学生因为学习书法的缘故，见过宣纸、用过宣纸的人不少，但是由于年龄原因，又因教学中没有相关内容的学习，所以对宣纸的关注度不高，甚至可以说是没有。小学生一般不会刻意去了解和认识宣纸，更不懂它世代传承背后的意义。

【活动目标】
　　1. 知道宣纸良好润墨性和制作的原材料与高山泉水、沙田稻草、青檀皮有关。
　　2. 了解宣纸制作工艺的复杂性，知晓其工艺流程的正确步骤：剥、蒸、杵、捞、晒。
　　3. 领悟要传承宣纸制作技艺中蕴藏着的刻苦钻研、团结协作、精益求精、继承创新的工匠精神。

【活动准备】
　　收集相关媒体视频资料、制订方案、制作动画、准备教具、教学板贴

【活动过程】
一、不速之客到来
（一）课前游戏：《摸一摸，比一比》
1. 师：同学们，大家面前的小盒里有着各种生活用纸。请大家摸一摸，从中找出最

轻、最软、最薄的纸。

  2. 师：通过刚刚的触摸体验，你们有什么发现吗？

   生：我们发现最轻、最软、最薄的都是同一张纸。

  3. 师："三个最"找到的都是一种纸，那就是纸中之王——宣纸。它是中国的文房四宝之一，其制作工艺更被列入了人类非物质文化遗产名录。

板贴：小宣纸

> **设计意图**：通过触摸，让学生感知宣纸轻、薄、软的特点，对宣纸有初步的认识。

  （二）引入课堂的不速之客：穿越而来的宋朝客人——小宣宣

  播放动画：小宣宣哭泣着出现在屏幕上。

  1. 师：咦，谁在哭呀？

  播放动画："是我！"

  2. 师：你是？

  播放动画："我是小宣宣。刚刚我不小心触动了爹爹书桌上的时光魔盒，一下子穿越到了这里。你们能帮帮我，带我回家吗？"

  3. 师：同学们，你们愿意帮忙，送小宣宣回家吗？

   生：愿意！

  4. 师：小宣宣，瞧，大家都愿意帮忙，你说说看我们可以怎么帮你呀？

  播放动画："我来自宋朝的安徽泾县小岭，我们家世代制作宣纸。我听爹爹说过，如果触动了时光魔盒，就要收集三把钥匙才能重新启动魔盒回家！"

> **设计意图**：创设情境，激发学生了解宣纸的兴趣，通过小宣宣这一卡通形象，对宣纸的出处和制作工艺的传承有初步的认识。

二、寻钥匙齐行动

  （一）刻苦钻研之钥

  1. 师：听清楚了吗？要收集几把钥匙呀？三把呢！难度可不小哦！大家有没有信心呀？那就让我们赶紧行动起来吧！

   生：有！

  2. 师：要帮助小宣宣，首先就要了解宣纸。请同学们和老师一起做个小实验。老师这里有五种生活用纸，分别是打印用的A4纸、作业纸、手工纸、铅画纸和宣纸，请一位同学用毛笔蘸上墨汁，分别在五种纸上画点，瞪大眼睛看你发现了什么？

  出示展板：上贴A4纸、作业纸、手工纸、铅画纸、宣纸。

   生：宣纸的吸水性是最好的。

  3. 师：你们都是善于观察的孩子！宣纸的吸水性为啥这么好呢？我们问问宣宣吧！

  播放动画："这和宣纸的制作原料有着重要的关系。大家跟我到我的家乡去看看吧，了解了宣纸的原材料，就能帮我收集到第一把钥匙了呢！"

4. 师：噢，这里还藏着第一把钥匙的线索呢！那等什么，让我们赶快出发！

播放视频《宣纸制作原材料》。

泾县小岭宣纸的发祥地，宋末战乱之际，小岭曹氏始——祖曹大三和青檀相遇，从此奠定宣纸基业。

霜降之后，安徽泾县迎来独有的青檀砍条季。青檀，榆科，落叶乔木，它表皮中的韧皮纤维层叫檀皮，是宣纸制作的主要原料。宣纸不仅需要本土的檀皮，周边的沙田稻草还离不开当地的山泉水，三者缺一不可。它们的特性与作用是了解并使用宣纸的必修课，而笔墨的效果是对宣纸的最后检验。

檀皮、沙田稻草两种作用不同的纤维结合成墨分五彩的神秘结构。电子显微镜里檀皮的纤维细胞上布有较多的纤维长轴，平行皱纹致密，分布均匀，浑然天成的结构易于留住墨痕，淡墨与水向外逐步扩散，重墨自分水线，互不混溶，加上皮和草长短纤维交织，有机结合使水墨扩散均匀，墨润十足。

5. 师：宣纸制作的主要原材料有？

生1：宣纸制作的主要原材料有高山泉水、沙田稻草。

生2：我补充，还有优质青檀皮。

6. 师：答案正确。看！第一把钥匙出现了！有谁知道我们的先辈们是如何从浩若星辰的物种中选择出青檀皮、沙田稻草作为宣纸制作原材料的呢？

板贴：第一把钥匙图片

生1：祖先们可能尝试了好多次。

生2：不断调整材料，发现泾县的青檀皮和沙田稻草制作出来的宣纸韧劲最足。

7. 师：你们真厉害，不仅帮小宣宣找到了第一把钥匙，而且发现了钥匙上的关键字。能寻找到如此优质的原材料是工匠们刻苦钻研的结果。

板贴：刻苦钻研

（二）团结协作之钥

1. 师：第一把钥匙顺利收集到了，可第二把钥匙在哪里呢？让我们试着从宣纸的制作工艺中找找线索吧！

播放动画："这个工艺流程可复杂了，以前爹爹在给我讲解的时候我贪玩，就记住了几个字，但顺序我忘了！"

2. 师：我们来帮帮小宣宣吧！在每个小组桌子上的材料盒里有一份阅读资料，请大家拿出后仔细阅读。然后小组合作，根据资料中的线索，排列出宣纸制作工艺的正确顺序！

出示资料《宣纸制作工艺流程介绍》：宣纸是中国传统的古典书画用纸，是中国传统造纸工艺之一。宣纸"始于唐代、产于泾县"，因唐代泾县隶属宣州管辖，故因地得名宣纸，迄今已有1500余年历史。2002年，安徽宣城泾县被国家确定为宣纸原产地域。首先，将青檀树的枝条剥皮，晒干后，加入石灰与纯碱（或草碱）再蒸煮，去其杂质，洗涤后，将其撕成细条，晾在朝阳之地，经过日晒雨淋会变白。然后将细条打浆入胶：把加工后的皮料与草料分别进行打浆，并加入植物胶（如杨桃藤汁）充分搅匀，不停捣杵。随后，用竹帘捞纸，再刷到炕上烤晒干、剪裁后整理成张。宣纸的每个制作过程所用的工具皆十分讲究。如捞纸用的竹帘，就需要用到纹理直，骨节长，质地疏松的苦竹。宣纸的选料同样非常讲究。青檀树皮以两年以上生的枝条为佳，稻草一般采用沙田里长的稻草（其木素和灰分含量比普通泥田生长的稻草低）。宣纸按加工方法分为原纸和加工纸。按纸张洇墨程度分为生宣、半熟宣和熟宣。按原料配比分为棉料、净皮、特种净皮三大类。宣纸制品有素白册页、印谱、信笺和仿古对联等。2006年，宣纸制作技艺被列入首批国家级非物质文化遗产名录。2009年9月30日，宣纸传统制作技艺获联合国教科文组织肯定，列入人类非物质文化遗产名录。

3. 师：同学们的行动力惊人，7个小组都完成了宣纸制作工艺的顺序排列。请第三组组长上台交流。

出示PPT：制作工艺的正确顺序——剥、蒸、杵、捞、晒。

4. 师：答案正确。呀！第二把钥匙果然藏在了这里！钥匙找到了，好像还缺了点什么？

板贴：第二把钥匙图片

生：关键字！

5. 师：同学们，宣纸制作的每道工序都相当复杂。下面我们看一看捞纸这道工序，你就能发现第二把钥匙上的关键字了。

播放视频《捞纸制作工艺》。

纸，是捞出来的，手工纸抄捞的工艺，宣纸最为严格。

抄捞幅面巨大的二丈宣需要18人共同操作。掌帘的重任落在了叶师傅的肩上。叶师傅："捞大纸必须要选一个喊号子的，成品好不好就取决在于他。喊早了，水就把这张纸冲坏了；喊慢了，你时间太长了就影响这个纸的速度。头帘水下水要靠身，二帘水下水要破胸嘛，就那个简简单单的一个动作，你不一定能掌握住，要通过几千次，上万次的磨合才能掌握住这个窍门。抬帘跟掌帘、稍上和额上，用的劲都不一样，都是要用巧劲。十八人，做到完美配合一张纸相当难。"

一年的准备集中在这一时刻，等待着二丈宣的出水真容。拍浪，纸浆翻动的瞬间，迎浪下帘；荡帘，轻荡则薄，重荡则厚，厚薄之间完全在于手法。眼到、心到、手到，18个人，一张纸，统一在起伏、张弛、收放之间。

生1：力气大。

生2：合作完成。

生3：团结合作。

6. 师：就和刚刚小组合作完成制作顺序拼图一样，只有大家团结协作才能成功，宣纸制作的每道工序都是如此。

板贴：团结协作

（三）精益求精之钥

1. 师：现在就差一把钥匙啦！让我们加紧脚步继续找！老师有线索了，第三把钥匙藏在了一幅古画里，同学们瞪大眼睛一起去探寻其中的秘密吧！

播放视频《丝路山水地图》。

这幅画全长30.12米，所以今天我们只能看到其中的一部分。这是一幅绘制于明代中晚期的《路上丝绸之路》古地图，为青绿山水手卷。它东起中国甘肃省嘉峪关，西至天方城，就是今天我们熟知的沙特阿拉伯的麦加。

"没错，它非常珍贵！"

2. 师：这幅《丝路山水地图》距今已有400多年了，但它的墨迹依旧层次分明，色彩鲜亮，这和承载画作的宣纸有着千丝万缕的联系呀！由此，我们可以发现宣纸还有什么特点？

生：宣纸可以保存很多年。

3. 师：回答正确！宣纸被称为"千年寿纸"。瞧，第三把钥匙也出现了！

板贴：寿千年、第三把钥匙图片

4. 师：让我们来推测一下，中国的匠人们是如何做到让这薄薄的纸具有不蛀不腐、墨韵万变的呢？

生1：为了让它能保存很久，匠人们一定实验了很多次。

生2：反复尝试，不断改良。

生3：不达到最佳效果，不停止研究。

5. 师：大家说的都很有道理。精工细作、不断改良、追求卓越，这就是"精益求精"，正是因为匠人们的这种精神才让宣纸得以具备保存千年的特性。

板贴：精益求精

> **设计意图：** 通过寻找钥匙的行动，在各种形式的体验下知道宣纸润墨性强、工艺制作复杂以及耐保存的三大主要特点。在观察与思考中体会出宣纸制作的工匠们刻苦钻研、团结协作、精益求精的匠心所在。

三、小小辩论会

1. 师：通过大家的努力，已经帮小宣宣收齐了三把开启时光魔盒的钥匙。还等什么，让我们赶紧送小宣宣回家吧！

播放动画《宣宣的犹豫》："等等、等等，嘿……在现代溜了一圈，我发现现代人的书写方式方便了，我有点儿想留下来和大家一起学习了呢！"

2. 师：咦，小宣宣犹豫了？大家说小宣宣要不要回去呢？接下来，让我们进入"小小辩论会"环节。如果你支持送小宣宣回家，那么请站到老师的左边，如果你支持让小宣宣留下的话，那就请站到老师的右边！注意哦，在辩论过程中你可以随时改变自己的主意，更换列队！开始选择吧！

生1：我希望小宣宣能回去，如果他不回去的话可能会篡改时空，我们现在就见不到宣纸了。

  生2：我希望他留下来。因为他想留下来，我们应该尊重他的决定。

  生3：既然宣宣希望留下来，就留呗。这样他就能教我们宣纸制作的工艺了。

  （突然间，全体学生都站到了一起，认为宣宣可以不回家）

  3. 师：中国宣纸能享誉全球，经历上千年岁月，依然长盛不衰是靠一代又一代的传承人继承和发扬的。老师认为小宣宣应该回家。

  生1：是的，是的。他之前都没学好，怎么教我们呀！

  生2：那他应该回去，把宣纸制作工艺学好，这样宣纸就能一代一代传下来了。

  生3：现在我也同意送宣宣回家。请他回去后认真学习，做好传承。

  4. 师：看，一代又一代的工匠们不断改良着宣纸制作技艺，现如今的宣纸更细腻、润墨性更强，更加美观了呢！

  出示PPT：颜色各异的宣纸、大小不同的宣纸、造型各异的宣纸。

  5. 师：正是因为继承创新的工匠精神才让宣纸——寿千年！现在让我们来听听小宣宣的最终决定吧！

板贴：继承创新（爱心图片）

  播放动画《宣宣的决定》："哥哥姐姐们，我明白了！你们送我回去吧，回去以后我再也不调皮偷懒了，一定好好向爸爸学习宣纸的制作工艺！哥哥姐姐们，我们做个约定吧，我一定把宣纸制作这项传统工艺和制作精神传承到你们手中，你们也要答应我，替我坚守下去，好吗？"

  6. 师：同学们，你们愿意吗？

  生：愿意！

> **设计意图**：通过辩论，达成共识——送小宣宣回家。从中体会到宣纸制作工艺的传承，是一代又一代的努力。当代学生也应该积极保护、传承宣纸制作技艺，让宣纸技艺在我们的手中得以延续。

四、宣纸作画表决心

  1. 师：那就请大家举起你的左手，和老师一起，告诉小宣宣我们坚守的决心！跟着老师，用手作画，将这份决心印刻到宣纸上让小宣宣带给我们的祖先！让我们一起举起右手大拇指，按一下印泥，把我们的红色拇指在宣纸上按压！

  （学生完成动作后，组长把按压了手印的宣纸贴到爱心墙上）

  2. 师：同学们，这一个个拇指印，可是大家传承宣纸文化的承诺哦！好了，小宣宣在等我们开启魔盒呢，打开回家之门！请三位同学拿起钥匙对准魔盒，我们一起倒数"三、二、一，开！"

  3. 师：时光隧道已打开，让我们一起同小宣宣说"再见"。

  播放动画："哥哥姐姐们，再见！我回家后一定会认真践行承诺的。"

4. 师：同学们，那你们呢？
   生：我们也会！

> **设计意图：** 将小宣宣送回家这个情景与开头相呼应，故事情节完整，更能调动学生的学习热情。结尾处作画印心，帮助学生加深学习印象，形成传承宣纸技艺的决心。

五、总结

1. 师：同学们，小宣纸能穿越千年与我们相遇，不仅因为它耐保存能寿千年，更是因为一代又一代的工匠们用刻苦钻研、团结协作、精益求精、继承创新的精神守护着它。愿大家不忘与小宣宣的约定，能守护好宣纸，并能延续先辈们传承给我们的工匠精神！

【板书设计】

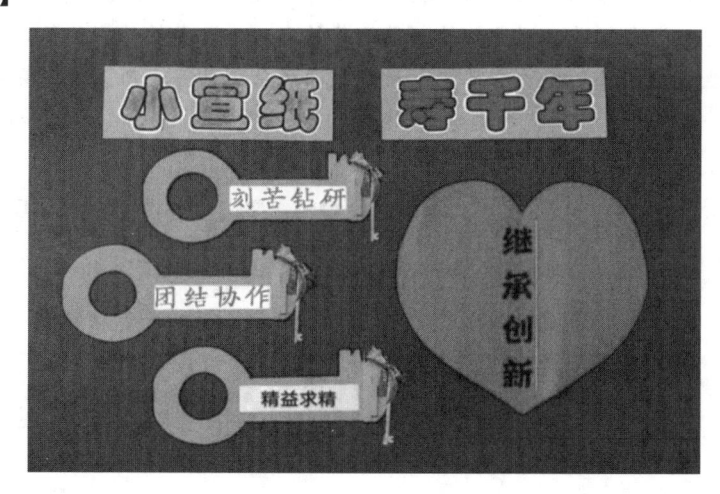

【点评】

充分预设　精彩生成

课堂教学是一个动态的过程，教学中的不确定蕴含了丰富的生成性。王老师的这堂以宣纸为依托的主题教育课充分预设，关注生成，捕捉住了学生学习活动中瞬间的生成，把学生的主体性发挥到了极致。

1. 预设助力生成

预设是课前对教学目标、教学内容、教学过程、教学方法的预先设计。生成则指在具体教学中，因学情的变化，对目标、内容、过程、方法的适当调整。我们在听课过程中发现，王老师的课堂推进层次分明、环环相扣，无论是对于宣纸制作工艺中的师生交流互动，还是教学推进时的人机互动、实践操作中的生生互动……都如行云流水般顺畅。仔细推敲，这其实是因为老师在课前做足了功夫。老师对学生可能有的种种问题都做了充足准备，用预设应对课堂生成之万变。充分的预设是课堂教学成功的保障，只有课前精心预设,才能使教师在课堂上自如应对所有的动态生成。

2. 生成依托预设

然而,一堂课若全在教师的掌控之中,似乎也不能称之为精彩。因为教学之对象为具有丰富思维的学生,再好的预设也不可能预见课堂上出现的所有情况。王老师的整堂课三分之二的部分可以说都在预设之中,但在最后辩论"小宣宣该不该回家"的问题时,状况突发。课堂上学生们竟一边倒地认为小宣宣留下更好,辩论无法推进,这明显与老师的预设发生了最为严重的错位。正在听课的老师们暗暗担心之际,只见王老师从容地走到同学们的对面选择了学生们的反方,不紧不慢地说出了自己觉得应该让小宣宣回到过去的观点,接着请学生们和自己进行互动辩论。随着师生间的你来我往,老师不断推动学生的思考深度,使学生不仅仅把探讨停留在送宣宣回家的答案上,更是启发学生体会送宣宣回家背后传承宣纸制作工艺之意。老师临场之淡定,来自心中对于辩论观点先前的深入思考,从而笃定地驾驭了课堂上发生的意外。

教学是预设与生成的统一体,课堂教学既要有预设又要有生成。没有生成,课堂就是封闭僵死的操练;没有预设,课堂就是胡乱无序的盲动。课堂的精彩往往来自精心预设基础上的绝妙"生成"。王老师的本节主题教育课的成功,就是老师课前充分的预设和对生成巧妙的把控!教师之预设,让生成灵动了课堂,使跨越千年之宣纸文化活了起来!

上海立信会计金融学院附属学校校长助理　韩　英

第38课　砚伯伯的朋友圈

设计教师：上海市浦东新区福山证大外国语小学　　杨　艳
指导教师：上海市浦东新区福山证大外国语小学　　杨燕青

【活动对象】
小学五年级学生

【活动时长】
2+35分钟（2分钟预备时间）

【活动背景】
　　党的十九大报告提出，中国特色社会主义文化，源于中华民族五千年文明历史所孕育的中华优秀传统文化。道路自信、理论自信、制度自信、文化自信是习近平新时代中国特色社会主义思想的重要组成部分，其中文化自信是最基础、最广泛的自信，是最基本、最深沉、最持久的力量，文化是理论之源、制度之母、道路之基。文房四宝历史悠久、独具一格，它表现了中华民族优秀的传统风尚，为世界文化的进步和发展做出了贡献。
　　"四宝砚为首，砚以端为上"，砚在文房四宝中最为名贵，而中国名砚中又以端砚为最优。2006年5月20日，端砚制作技艺经国务院批准列入第一批国家级非物质文化遗产名录。端砚以其浑厚的文化底蕴和独有的特质，成为华夏民族的骄傲。而如今，随着时代的发展，砚台已渐渐退出了人们的文化舞台。今天的小学生更是对砚台知之甚少，甚至没听说过端砚。如今，中国正处在向现代化迈进的新时期，了解中国过去的优秀文化，正是为了创造未来的新文化。这对于提高民族自尊心，增强民族凝聚力，有着极为重要的意义。

【活动目标】
1. 初步了解端砚的基本构造和优点。
2. 在活动中感受砚台的魅力，学会使用砚台。
3. 提高品位，扎根本土，积极继承和弘扬中华优秀传统文化。

【活动重点】
初步了解端砚的基本构造、优点及用法。

【活动难点】

感悟端砚传承文化的意义。

【活动准备】

多媒体课件、"砚伯伯"画像、资料卡、手机、卡纸、平板电脑、一次成像照相机、文房四宝。

【活动过程】

一、朋友圈，初识"砚伯伯"

1.师：同学们，你们有没有朋友圈？

生：有——

播放音频：连续几声朋友圈信息提示音。

2.师：咦？这是谁的朋友圈在叮叮当当响个不停呀？

播放音频《砚伯伯看手机》：今天我的朋友圈怎么这么热闹？看看都是谁发的？

播放视频《砚伯伯的朋友圈》：

湖笔小子：别看我个头小，我的来头可不小！我就是闻名天下的湖笔！复杂、精细的制作技艺使我成为笔界宠儿！

小墨宝：大家夸我"落纸如漆，色泽黑润，经久不褪"，你们说这些称赞是不是实至名归呢？嘿嘿！

小宣宣：经历了上千年岁月，独占天时地利、绝活秘籍的我，依然花信尚存，青春不衰！中国的书法和绘画离开了我就无从表达艺术的妙味。

3.师：同学们，看了砚伯伯的朋友圈，你了解到哪些信息？

生1：砚伯伯的朋友有湖笔小子、小宣宣，还有小墨宝。

生2：小墨宝有落纸如漆、经久不褪的特点。

生3：湖笔小子、小墨宝、小宣宣和砚伯伯其实就是笔、墨、纸、砚。

4.师：是的，他们四个就是我国传统的文房四宝，是古代文人书房必备的书写工具。不过，湖笔小子、小墨宝、小宣宣和砚伯伯可不是普通的笔、墨、纸、砚，他们是文房四宝中的佼佼者——湖笔、徽墨、宣纸、端砚。这节课我们就来走进群砚之首——端砚。

板贴：砚伯伯画像

板贴：砚伯伯的朋友圈

设计意图： 通过三条朋友圈的引入，让学生对传统文化有所了解，同时自然引出本节课的学习任务。另外，湖笔、徽墨和宣纸的朋友圈内容分别是从它们的制作工艺、特点和悠久历史来讲的，这也给后面为砚伯伯发朋友圈起到了一个示范作用。

二、小组学，了解"砚伯伯"

1. 师：最近，砚伯伯遇到个难题，想请同学们帮个忙。

播放音频《砚伯伯不会发朋友圈》：小伙伴们都在用微信朋友圈互动，我也很想发条朋友圈，同学们能不能帮帮我？

2. 师：帮砚伯伯发朋友圈，你们愿意吗？那发什么内容？用什么形式发呢？大家快来动动脑筋。

生1：可以发一篇文章，介绍砚伯伯的悠久历史。

生2：可以发几张砚台的精美图片给大家欣赏。

生3：还可以给砚伯伯拍抖音，让砚伯伯讲讲自己的独特之处。

3. 师：同学们的点子太棒了！不过无论是拍抖音，还是传图片，我们先要对砚伯伯有所了解。内容呢，砚伯伯已经准备好了，就放在你们的桌上。请大家学习、讨论你们拿到的资料，再想想怎么帮砚伯伯在朋友圈里展示这些内容，最后每组选出一个代表进行汇报。音乐起，讨论开始，音乐停，讨论结束。

出示PPT：

组别	学习内容	学习形式	朋友圈展示
第一组、第二组	砚台的基本构造	文本、图片、实物	？
第三组、第四组	端砚的优点	文本、视频	？
第五组、第六组	端砚的用法	视频	？

第一组、第二组：砚台的基本构造

学习资料：

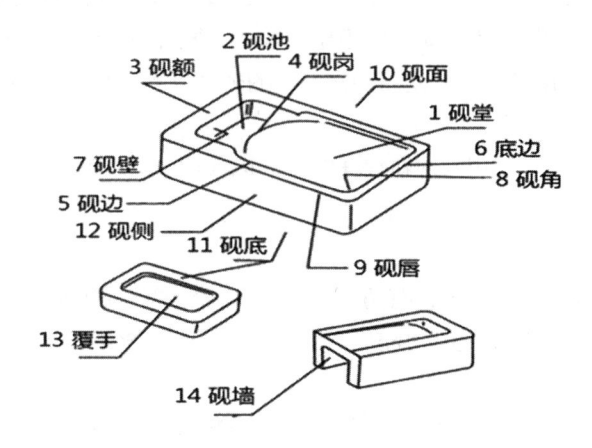

(1) 砚堂：又称墨堂、墨心，是砚台中心的研墨处。

(2) 砚池：砚的低洼处，用来储存清水或墨汁。

(3) 砚额：砚台上比其他三边更宽的地方。砚的主要雕刻工艺一般都安排在这里，用来提高砚的观赏价值。

1. 师：好，时间到，有请第一组和第二组的同学来介绍。

2. 生：我们组的学习内容是砚台的构造。我们为砚伯伯的朋友圈配了一幅简笔画，先画砚台，再在上面标注砚台各部分的名称。

3. 师：第二组的同学，你们也是用图片展示砚台构造吗？

4. 生：不是。我们用砚台实物拍一段讲解视频。

5. 师：那就开始吧！请说的同学戴上砚伯伯的面具，老师来给你们拍视频。

6. 生：大家好，我是砚伯伯，今天给大家介绍一下我的构造。这是砚堂，是砚堂中心的研墨处。这是砚池，用来储存清水或研磨出来的墨汁。这是砚额，是砚台比较宽的一边，砚台的雕刻工艺一般安排在这里，用来提高砚的观赏价值。

第三组、第四组：端砚的优点

学习资料：

（1）下墨如风：下墨比较快。同样的水量、同一条墨条、同一只手磨墨，与其他砚相比，用端溪老坑砚石制作而成的砚磨墨的次数要少30%～40%。

（2）储墨不干："不干"与"耗水"相对，耗水就是墨水放在砚池内很快就会干涸，而墨水留端砚池内许久都不易干涸。

（3）研墨不朽：不朽，有两种含义。其一是说，端砚磨出的墨汁不臭，并能防蛀；其二是说，用端砚记载的文字可流传百世、万古千秋，永不会腐烂。

（4）利于护毫：所谓"护毫"，一是说砚堂面不粗糙，有保护毛笔的作用；二是指墨汁无腐蚀性，亦即端砚石没有腐蚀性物质渗入墨汁内，有保护毛笔不受损的功能。

（5）呵气成墨：端砚石具有一定的保温功能。具体是否是这样，未曾考究，但端砚特别是老坑，长年浸水，所以湿度比较大倒是真的。

1. 师：第一、二组的同学用不同的方法展示了砚台的构造，特别有智慧。端砚品质高，被誉为"群砚之首"，它的优点特别多！第三组的同学快来给我们介绍一下。

生1：端砚下墨如风。就是说，它下墨比较快。同样的水量、同一条墨条、同一只手磨墨，与其他砚相比，用端溪老坑砚石制作而成的砚磨墨的次数要少30%～40%。

板贴：下墨如风

生2：端砚储墨不干。墨水放在普通的砚池内很快就会干涸，而墨水留端砚池内许久都不易干涸。

板贴：储墨不干

生3：端砚研墨不朽。不朽，有两种含义。其一是说，端砚磨出的墨汁不臭，并能防蛀；其二是说，用端砚记载的文字可流传百世、万古千秋，永不会腐烂。

板贴：研墨不朽

生4：端砚利于护毫。所谓"护毫"，一是说砚堂面不粗糙，有保护毛笔的作用；二是指墨汁无腐蚀性，也就是说端砚石没有腐蚀性物质渗入墨汁内，有保护毛笔不受损的功能。

板贴：利于护毫

生5：最神奇的是端砚有保温功能，冬天对着结冰的墨汁呵气，墨汁会化开。

板贴：呵气成墨

2. 师：这个特点叫"呵气成墨"。关于它，民间还流传着一个神奇的故事呢！

播放视频《呵气成墨的故事》：公元8世纪，当时在中国唐代的京城正在进行一场科举考试。适逢京城大雪，考生们磨出来的墨汁很快就结成了冰。此时，有一位来自端州的梁举人情急之下对着家乡的端砚不断呵气，结冰的墨汁竟然化开了。神奇的端砚帮助他顺利地完成了一场决定人生命运的考试。不久，"呵气成墨"的端砚便成为文人墨客的至爱。

生：我们组打算合作表演这个故事，再把表演视频上传到优酷。砚伯伯只需要在他朋友圈里转发视频链接，他的朋友们就能看到啦！

3. 师：听起来真不错。

（第四组表演，教师拍摄视频）

4. 师：视频链接一发，砚伯伯的朋友圈果然热闹起来。

播放音频《朋友们的点赞》：

小墨宝：砚伯伯真不愧是砚台中的精品！

小宣宣：给砚伯伯手动点赞！

第五组、第六组：端砚的用法

学习资料：

播放视频《研磨动作要领》：把水拉上来一点，水不要多，多了以后反而磨墨不方便，你一点点来。那么磨墨的要求他就是重按轻推——按得重，推的时候轻。磨墨应该是比较慢的，不要快。快了以后呢，会产生那个泡沫，我们叫热墨。热墨有了泡沫以后就没法用。所以呢，磨墨要慢慢地来，古人说"磨墨如病夫"，好像就是生了病的人一样。

1. 师：砚台是用来研磨墨汁的，砚伯伯还想让大家学会正确地用它。谁知道研磨的要领是什么？

生1：少倒水，慢慢磨。

生2：要重按轻推。

板贴：研磨要点 慢慢磨 重按轻推

2. 师：两位同学概括得很准确。那你们会怎么帮砚伯伯发朋友圈呢？

生3：我们想请大家来研磨，我们拍照片，再给照片配上文字。

3. 师：这个主意不错！请每组派一名代表在音乐声中缓缓研磨。音乐停，人坐正，开始。

（小组合作，在音乐声中磨墨）

4. 师：墨研好了，研得好不好呢？请大家在宣纸上展示磨出的墨汁。如果颜色太深，可以加少量清水；如果颜色淡，就说明还需要继续研磨。

（学生用毛笔蘸墨汁在宣纸上点、划，并调整浓淡）

5. 师：古时候没有现在这样方便购买的墨汁，文人们都是自己研磨墨汁。磨墨可以让人放松身心，很多文人就是在磨墨的过程中产生了创作的灵感。如今，砚伯伯依然有许多忠实粉丝，他们喜爱砚台，喜欢用这古老的工具来写字、作画。同学们闲暇时间不妨也试试用这样的方式来放松自己吧！

设计意图： 对砚台基本构造的了解是为了方便学生今后使用砚台，也为帮助砚伯伯写朋友圈铺垫。笔、墨、纸、砚的价值在于使用。此环节旨在让学生亲近工具，在研墨的过程中对砚台产生兴趣。端砚作为群砚之首，了解了它的出色之处、学习它的用法能够加深学生对端砚的喜爱。本环节的小组学习内容每两组相同，提高了学习效率。

三、同制作，发朋友圈

1. 师：我们了解了端砚的构造、优点和用法，你们能否用今天学到的知识帮"砚伯伯"编辑一段朋友圈文字，让更多人喜欢端砚？请同学们先小组讨论，由组长执笔，写在卡纸上。

2. 师：大家集思广益，从不同角度为砚伯伯发了朋友圈，砚伯伯一定非常感激。如果你们是砚伯伯的朋友，看到了他今天的朋友圈内容，你们会怎么评论呢？

生1：砚伯伯，看了您发的内容，我知道了很多与砚台有关的知识，谢谢您！

生2：端砚原来有这么多优点，太神奇了！

生3：砚伯伯，看了您的介绍，我越来越喜欢砚台了，我以后会经常用砚台的。

3. 师：同学们，"砚伯伯"和"湖笔小子""小墨宝""小宣宣"一起，让我们得以亲近那个已经消逝的古典的世界，那个世界里有竹窗疏影，有雪夜梅花，有点滴的梧桐细雨，有梦里的流水人家……让我们一起在磨墨提笔间，感悟那份美好！

> **设计意图：**此环节中，朋友圈文字的编辑让学生对本节课的内容进行回顾。另外，发朋友圈对学生来说亦是一种新颖的表达形式，学生能够融入自己的个性特点进行表达，因此他们的学习兴致比较浓厚。同时，朋友圈的表达还能让砚台这个冷冰冰的工具更具人情味。

【板书设计】

砚伯伯的朋友圈

端砚的优点：
呵气成墨　下墨如风
储墨不干　研墨不巧
利于护毫

研磨要点：
少倒水
慢慢磨
重按轻推

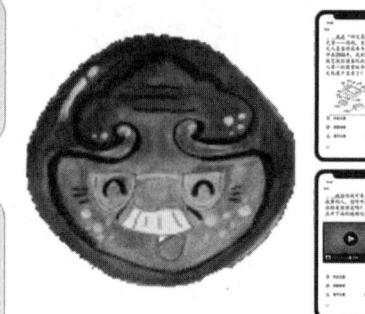

【点评】

穿越时空的朋友圈

《砚伯伯的朋友圈》这节主题教育课内容丰富、形式多样。杨老师将端砚的构造、特点、使用方法等知识和技能，融入帮助"砚伯伯"发朋友圈这个情境中，构思新颖，整堂课孩子们的参与度很高。

1. 看朋友圈：激发兴趣

微信朋友圈是小学生非常熟悉的网络交流平台，杨老师用它作为切入点创设情境，令人耳目一新！湖笔、徽墨和宣纸在砚伯伯的朋友圈里分别化身为湖笔小子、小墨宝和小宣宣，他们一个个活泼可爱、个性十足。看到这些卡通人物在朋友圈里畅所欲言，孩子们的学习兴趣瞬间被点燃。

2. 发朋友圈：贯穿始终

整堂课从观看砚伯伯的朋友圈开始，到最后大家齐心协力为砚伯伯发朋友圈收尾，情境创设贯穿始终。其中第二板块的小组活动设计让学生们对砚伯伯所代表的端砚，有了更加深入、全面的认识，起到了铺垫、过渡的巧妙作用。因此，在课堂最后环节，帮助砚伯伯写朋友圈时，学生们才有话可说，且说得精彩！朋友圈这个情境创设得果然巧妙。

　　穿越时空的朋友圈给传统文化披上了现代的外衣，让距离遥远的文房四宝走进了现代小学生的生活。

上海市福山证大外国语小学党支部书记　蒋志华

韵味篇——海派雅致

增刊第二期成都科技

第39课　三毛和我学沪语

设计教师：上海市浦东新区福山证大外国语小学　　杨燕青
指导教师：上海市浦东新区高桥镇小学　　　　　　马佩华

【活动对象】
小学四年级学生

【活动时长】
2+35分钟（2分钟预备时间）

【活动背景】
习近平总书记指出，"中华优秀传统文化是我们最深厚的文化软实力，也是中国特色社会主义植根的文化沃土"。我们今天的一项重要任务，就是大力传承发展中华优秀文化，坚定文化自信，担当起实现中华民族伟大复兴的历史重任。

当今社会，上海话日渐弱化已是不争的事实，越来越多的小孩不会讲自己的家乡话，那亲切的吴侬软语几乎从校园中消失，许多学生习惯了讲普通话，连在家里都不说上海话，本土文化正在逐渐流失。

【活动目标】
1. 初步了解上海方言的发展历史。
2. 创设情境，使学生能说一些简单的沪语词语和句子。
3. 激发学生学习沪语的兴趣，愿意并喜爱使用上海方言。

【活动重点】
创设情境，使学生能说一些简单的沪语词语和句子。

【活动难点】
激发学生学习沪语的兴趣，愿意并喜爱使用上海方言。

【活动准备】
多媒体课件、三毛画像、小奖品等。

【活动过程】

一、沪语童谣引入

1. 师：现在是两分钟预备铃时间，请同学们听一首童谣，会唱的同学可以跟着一起唱。

播放音频《沪语童谣》：侬姓啥？我姓黄。啥个黄？草头黄。啥个草？青草。啥个青？碧绿青。啥个笔？毛笔。啥个毛？三毛。啥个山？高山。啥个高？年糕。啥个年？新年。大家拜个年。笃笃笃，卖糖粥，三斤蒲桃四斤壳，吃侬肉，还侬壳，张家老伯伯问侬讨只小花狗。汪、汪、汪！

设计意图： 教师借此环节观察学生对沪语的认知程度。

二、了解沪语发展历史

（一）卡通三毛大家见

1. 师：同学们，上课前，老师想做个小调查：刚才的沪语童谣能听懂的，竖起大拇指，给自己一个赞；能唱的，给自己两个赞。

2. 师：唉，真遗憾，看来很多同学都不会说上海话啊！今天老师请来了一位老上海——三毛！和大家一起学说上海话。

板贴：三毛卡通像

板贴：三毛和我学沪语

播放音频《三毛用沪语打招呼》：大家好！大家好！

3. 师：来，我们也用上海话和他打个招呼：三毛，侬好！

生：三毛，侬好！

（二）沪语历史三毛说

1. 师：小三毛，我要问问侬，侬会得讲上海闲话吠？

播放音频《三毛的自述》：个么当然会略，不过，我是80多年前从苏北到上海的，到了上海以后，我就很认真、积极地学说上海话。

2. 师：哦，你80多年前就到上海啦，真是个老上海了。那你能不能给我们介绍一下上海话的发展历史呢？

播放音频：可以啊！我也是听我爷爷的爷爷的爷爷说的。

播放视频《100年前的南京路》。

3. 师：语言是随着社会的发展而不断变化的，三毛，你从旧上海到新上海，你是最好的见证人啊！

播放音频《三毛是上海话发展的见证人》：是的，就是在这样的历史变迁中，上海话不断发展变化，就像这座城市的时代回音，记录一代代上海人的记忆。

4. 师：每一代上海人都有属于他们的上海闲话，而你们这代上海人，或者是生活在上海的新上海人，不会说自己的家乡话，实在是让人很担忧哦！希望通过今天的课，从了解开始，让同学们爱上上海闲话。

韵味篇——海派雅致

设计意图：三毛，是孩子们深入人心的形象，把他作为这堂课的灵魂人物。他的出现，一下子拉近了陌生的师生关系。学生在和三毛初识的过程中，知道三毛其实是"苏北人"，这也给在座的外地学生吃了颗定心丸——不是只有上海人才会说上海话，只要认真积极地学习，外地人一样可以学会说上海话。

三、学说上海话

1. 师：三毛，侬喜欢讲上海话吗？

播放音频：欢喜额，欢喜额，我老欢喜讲上海闲话额！

2. 师：好，个么阿拉就来忒侬比一比，一道来学说上海话！这个环节，你们要和三毛比三个回合。谁赢了，谁就可以获得老师手里的这张《上海话等级考试初级证书》。

板贴：学说

（一）第一回合：谁的耳朵灵？

1. 师：听听这组普通话和上海话的区别？

播放音频《沪语读下列词语》：马路、自来水、粉笔、操场、花露水

　生：这组普通话和上海话区别不大。

2. 师：再听听这组词和哪种语言很接近？

播放音频《沪语读下列词语》：色拉、巧克力、麦克风、可乐、沙发

　生：这组词和英语很接近。

（二）第二回合：谁的脑筋快？

1. 师：因为有了全国各地方言的加入，所以上海人表达一个意思，可以用很多个词语，猜猜下列词语是什么意思？

出示PPT：（1）一眼眼、一屑屑、一滴滴、一多多。

　生：这些词语的意思就是一点点，很少。

出示PPT：（2）一道辣海、一塌刮子、亨八冷打、搁落三姆、一盘道索。

　生：这些词就是所有、总共的意思。

2. 师：一个意思用这么多词语来表达，充分体现了上海方言不单调，语言丰富。

（三）第三回合：谁的嘴巴巧？

1. 师：我们先来学学最简单6个词，一起跟我读。

出示PPT：我——偶　　你——侬　　他——伊

　　　　　我们——阿拉　你们——那　他们——伊拉

2. 师：同学们，跟着老师学做手势，我们再读一次。

3. 师：大家学得很快，下面我们来玩个游戏。老师做手势，你们根据我的手势说出是哪个词语，看谁说得又快又准。

4. 师小结：恭喜大家，这三个回合，我们胜利啦！请每组获得大拇指数量最多的同学

上台领取《上海话等级考试初级证书》。

四、会说上海话

播放音频：哼，有撒了伐起啦，那欺负我不会做手势，《上海话等级考试初级证书》又不稀奇的，看，我有"上海话等级考试中级勋章"。

1. 师：哟，金灿灿的勋章啊，三毛，阿拉小朋友也想要呀，你能给我们吗？

播放音频《三毛请同学们做导游》：没问题！不过不能白给你们，上海的变化太大了，我还没有白相过呢！你们做我的小导游，并且完成我的考题，我就把金灿灿的勋章送给你们！

2. 师：大家同意吧？

生：同意。

播放音频：太棒了，瞧，我衣服都换好了！陆家嘴的变化最大，我听说陆家嘴有厨房三件套，这是什么呀？

生：这是上海的地标建筑——金茂大厦、环球金融中心和上海中心。

播放音频：太好了，太好了，爬高楼我最喜欢了，先带我去哪幢楼？

3. 师：我们先去最矮的金茂大厦吧，虽然说它矮，它也有420.5米高，地上有88层哦！

（一）金茂大厦

播放音频《三毛要求同学们用沪语读24字核心价值观》：哇，88层，想当年的老上海第一高楼——国际饭店才24层楼。诶，我在新上海看到，到处都贴着核心价值观，金茂大厦门口也贴着，同学们你们能用上海话读给我听吗？

出示PPT：富强　民主　文明　和谐
　　　　　自由　平等　公正　法治
　　　　　爱国　敬业　诚信　友善

1. 师：同学们，你能读哪个词就请读给大家听。

生1：自由。

生2：文明。

生3：和谐。

2. 师：请大家一起跟着老师读。

3. 师：好，现在谁能一个人把所有词语读给三毛听？

生：富强、民主、文明……

4. 师：三毛，侬会读了吗？

播放音频：会！富强、民主……

5. 师：你们把三毛教会了，真了不起，下面我们去目前中国第一高、世界第二高的上海中心走走，上海中心有118层！

（二）上海中心

播放音频《三毛请大家读他自编的沪语童谣》：118层啊，改革开放40多年来，上海日新月异的变化让我真激动。我呀，一边爬楼一边编了一首上海话童谣，先听我读一遍，然后小组合作读童谣，看看哪个小组最会读。

出示PPT：　　　　　　　数高楼

　　　　一层楼，两层楼，阿拉上海真正好；
　　　　三层楼，四层楼，上海中心顶顶高；
　　　　五层楼，六层楼，交通线路处处到；
　　　　七层楼，八层楼，进博会里嘎闹猛；
　　　　九层楼，十层楼，上海欢迎侬来到！

（三）上海国家会展中心

1. 师：三毛，阿拉同学们读得好呋？

播放音频：呱呱叫！我知道上海刚刚开好进博会，进博会在哪里开的呀？我好想去看看呀！

2. 师：没问题啊，同学们，你们知道进博会在哪里开的吗？

生：上海国家会展中心，这幢建筑被称为四叶草。

播放视频《第一届进博会宣传片》：为世界打造一座舞台，向朋友敞开胸怀，汇聚全球精彩，共创新的未来。中国国际进口博览会，让我们相遇在上海。

播放音频：上海太美了，发展太快了。同学们，我突发奇想，如果用上海话给宣传片配音，一定更有上海味道。

3. 师：请同学们小组合作，用上海话给宣传片配音。

4. 师：三毛，今朝侬白相得满意呋？我们同学的表现你还满意吗？不要忘记你刚刚答应我们的哦！

播放音频：满意满意，我白相得老满意额！对同学们的表现也老满意额！下面进行授勋章典礼！请这一轮每组获得大拇指数量最多的同学，上台领取"上海话等级考试中级勋章"。

播放音频：《颁奖音乐》。

播放音频：没有获得勋章的同学不要气馁，让我们在平时的生活中学说上海话，多说上海话，真正会说上海话，把海派文化传承下去！

板贴：会说

> **设计意图：** 语言是随着社会的发展，不断变化的。三毛从旧上海来到新上海，他要来向我们的小朋友学学新时代的新名词。所以，这一板块"用沪语读核心价值观""读原创沪语童谣""用沪语给进博会宣传片配音"这三个环节既让同学们挑战上海话新高度，又让大家感受到了上海日新月异的变化。

五、总结

1. 师：同学们，今天时间有限，上海话还有很多有趣之处来不及向大家介绍，比如说很多唐诗宋词，如骆宾王的《鹅》，岳飞的《满江红》等，只有用上海话读，才能找准诗句的韵脚。课后，自己可以去试试哦！

【板书设计】

三毛和我学沪语

爱说　学说　会说

【点评】

课件中的细节把控

多媒体课件是教师把部分教学内容通过视频、音频、动画、文字等来表述并构成的课堂要件。它可以生动、形象地描述各种教学问题，增加课堂教学气氛，提高学生的学习兴趣，拓宽学生的知识视野。现代信息技术发展至今，课件已被教师广泛使用，要进一步发展就需精益求精、注重细节。杨燕青老师制作的课件，在细节把控上精细入微，为上好这堂课起到了关键的作用。

1. 视频：黑白彩色打擂台

在"沪语历史三毛说"这个环节，杨老师大胆地选用了一个黑白无声视频，配以三毛对上海话历史的介绍，怀旧风扑面而来，使大家直观地感受到上海话悠久的历史。随着课堂的推进，三毛来到新上海。此时，杨老师运用《世博会宣传片》——现代感实足的彩色视频又让大家领略了时代的发展、语言的变迁。

2. 图文：细节之处见真章

三毛和大家初见时，穿的是一套普通的学生装。当三毛跟随同学们游陆家嘴时，课件上出现的小三毛换上了一套帅气的休闲服，非常具有现代感，可见杨老师在课件制作中非常注重细节。利用主人公服装的变化，营造出现代科技氛围，最大限度地激发了学生学好沪语的兴趣。

3. 音频：三方对话超时空

课堂上的对话大部分是由师生完成的，而杨老师的课堂上则多了一个人物——三毛。杨老师采用真人录音，利用PPT自动播放，创造了老师—学生—三毛的三方对话。三毛有时向同学提问，有时向同学作介绍，亦师亦生。这超越时空的对话，使课堂灵动、气氛活泼、学生投入、趣味盎然。

上海市浦东新区高桥镇小学副校长　马佩华

第 40 课　弄堂里的叫卖声

设计教师：上海市浦东新区辅读学校　　王　剑
指导教师：上海市浦东教育发展研究院　姚瑜洁

【活动对象】
小学四年级学生

【活动时长】
2+35分钟（2分钟预备时间）

【活动背景】
　　上海弄堂叫卖声曾经是上海市井弄堂里不可或缺的风景线。作为老上海弄堂里的一种声音，叫卖声反映了民俗风情，是在传统商业时代最为贴心、温润的声音。随着时代的变迁，这些独特的声音已逐渐消失了，但这些当年传统文化的特殊记忆不应被遗忘。

【活动目标】
　　1. 知道老上海弄堂里经常能够听到走街串巷的生意人的叫卖声。
　　2. 知道老上海弄堂里做生意的人是通过叫卖来给自己做宣传、打广告的。
　　3. 创设情境，在模仿中了解老上海的民俗风情，了解上海的多元文化，传承发扬海派文化。
　　4. 分析叫卖声变化及日渐消失的原因，感受时代的变迁。

【活动重点】
　　在模仿中了解老上海的民俗风情，了解上海的多元文化，传承发扬海派文化。

【活动难点】
　　分析叫卖声变化及日渐消失的原因，感受时代的变迁。

【活动准备】
　　1. 搜集整理老上海弄堂叫卖的文字资料、音频资料。
　　2. 视频资料（相关视频来自纪录片《弄堂里的叫卖声》）
　　3. 制作课件、板贴。

4. 平板电脑内预装叫卖音频。

5. 准备白兰花、小篮子、报纸、伞等情境表演道具。

【活动过程】

一、儿歌引入

1. 师：现在是2分钟预备铃时间，我们一起来听一首儿歌。

播放音频《卖报歌》：啦啦啦，啦啦啦，我是卖报的小行家，不等天明去等派报，一面走，一面叫，今天的新闻真正好，七个铜板就买两份报。啦啦啦，啦啦啦……

二、创设情境，导入主题

1. 师：课前我们听了一首歌，歌名是——

生：《卖报歌》。

2. 师：这节课，老师请来了一位老上海的小报童，你们看，谁来了？

板贴：三毛卖报图

生：三毛。

3. 师：你们知道他在卖什么报纸吗？我们一起来仔细听一听他的叫卖声。

播放音频《三毛沪语卖报》：卖报纸来，《申报》《新闻报》《申报》《新闻报》，今朝报纸来啦！

生1：《新民报》。

生2：《新闻报》。

出示PPT：《申报》《新闻报》。

4. 师：以前上海弄堂里，从早上到晚上，时常会听到一些叫卖声，听到这些叫卖声，我们即使坐在家里，也能知道有哪些做小生意的人经过。我们听听三毛怎么说——

播放音频《三毛介绍弄堂里的叫卖》：以前上海弄堂里做小生意都要叫卖的。不会叫卖，不会给自己打广告，生意做不好的。走走走，今天我就带你们一起来个怀旧之旅。

5. 师：走，今天我们就跟着三毛一起来听听"弄堂里的叫卖声"。

板贴：弄堂里的叫卖声

三、听弄堂叫卖

1. 师：说到弄堂里的叫卖声，鲁迅先生写过一篇《弄堂生意古今谈》，我们一起来读一读。红色的文字老师来读，黑色的文字请你们读。

出示PPT：弄堂生意古今谈（鲁迅）

"玫瑰白糖伦教糕！"

"虾肉馄饨面！"

"五香茶叶蛋！"

这是四五年前，闸北一带弄堂内外叫卖零食的声音，假使当时记录了下来，从早到

韵味篇——海派雅致

夜，恐怕总可以有二三十样。

播放音频《三毛考考你》：来来来，我来考考你！弄堂里从早到晚能听到多少种零食小吃的叫卖声？你听到了哪些零食小吃的叫卖声？

出示PPT：弄堂里从早到晚能听到_____种零食小吃的叫卖声。我听到了_____的叫卖声。

生1：弄堂里从早到晚能听到二三十种零食小吃的叫卖声。我听到了虾肉馄饨面的叫卖声。

生2：我听到了玫瑰白糖伦教糕的叫卖声。

生3：我听到了五香茶叶蛋的叫卖声。

2. 师：跟着老师用上海话来说——五香茶叶蛋。

生：五香茶叶蛋。

3. 师：前面文章中，鲁迅先生介绍了弄堂里有各种各样零食的叫卖声。下面我们跟着三毛一起去听一听弄堂里的叫卖声。

板书：听

4. 师：请将你们听到的叫卖声与对应的叫卖词连起来。想一想，他们是做什么生意的？是如何在叫卖声中给自己的商品做广告的？每段叫卖声，老师会放两遍。

出示PPT：听叫卖，连一连。

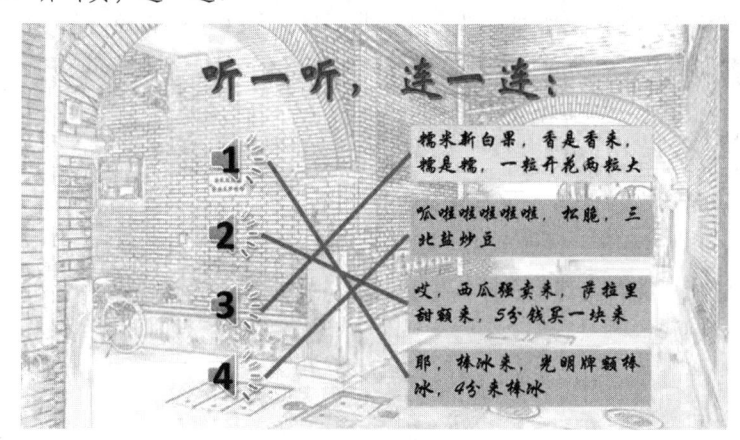

听一听，连一连：

1　　糯米新白果，香是香来，糯是糯，一粒开花两粒大

2　　瓜㗑㗑㗑㗑㗑，松脆，三北盐炒豆

3　　哎，西瓜强卖来，萨拉里甜额来，5分钱买一块来

4　　耶，棒冰来，光明牌额棒冰，4分来棒冰

播放音频《棒冰叫卖》：耶，棒冰来，光明牌额棒冰，4分来棒冰。

5. 师：这是做什么生意的人在叫卖？

生：光明牌棒冰。

6. 师：光明牌，大品牌，有保障。

播放音频《西瓜叫卖》：哎，西瓜强卖来，萨拉里甜额来，5分钱买一块来。

7. 师：这是谁在叫卖？

生：卖西瓜的。

8. 师：他是怎么给商品做广告的？

生：5分钱一块。

9. 师：哇，5分钱一块，真便宜。这里还有一句"强卖来"，也是便宜的意思。我们一起来学一学。

331

生（齐）：强卖来，西瓜强卖来。

播放音频《炒白果叫卖》：糯米新白果，香是香来，糯是糯，一粒开花两粒大。

10. 师：这是？

　　生：卖炒白果的。

播放音频《盐炒豆叫卖》：呱啦啦啦啦，松脆，三北盐炒豆。

11. 师："呱啦啦啦"是什么声音？

　　生：炒盐炒豆的声音。

12. 师："呱啦啦啦"也是指盐炒豆在嘴里嚼起来嘎啦嘎啦的声音，表示盐炒豆很松脆。我们也来学一学。

　　生：呱啦啦啦，松脆——

播放音频《三毛夸小吃叫卖色香味俱全》：怪不得鲁迅先生说弄堂里的居民真会花钱、吃零食，这些小吃的叫卖声中"色香味俱全"，实在太诱人了。

13. 师：是啊，好吃的零食小吃，把弄堂里的孩子们都吸引过来了。

板贴：卖零食小吃图

设计意图：通过鲁迅先生的文章，感受那个年代弄堂里热闹的叫卖声。同时，教师用上海话读叫卖声，给学生听叫卖做一个铺垫，激起学生学叫卖的兴趣。听各种有趣的零食小吃叫卖，让学生在叫卖声中感受语言的魅力，体会叫卖者推销商品时的智慧。

四、学弄堂叫卖

1. 师：今天老师也想来学一学走街串巷的生意人。

板书：学

2. 师：你们能不能看出我是做什么生意的？

　　生：卖花姑娘。

播放视频《弄堂里的卖花姑娘》。

"栀子花、白兰花……"

吃过早点，卖花姑娘的叫卖声远远地传过来。在以前上海的弄堂里，经常会看到从苏州来的走街串巷的卖花姑娘。在老上海独有的记忆中，卖白兰花的姑娘始终都留存着那一缕醇香淡雅。

白兰花的香味被称为老上海味道，直到今天，上海闹市的马路边、地铁旁，仍然能看到摆个小摊、低头串花手链的老奶奶。这些老奶奶带个小凳子，一个竹篮、一块蓝布，上面整整齐齐摆着花朵：两朵白兰花用白线扎好，用铅丝两头各穿一朵，中间一拧，留下个小拇指大的线圈，刚好可以别在扣子上。

3. 师：白兰花的香味被称为什么味道？

　　生：老上海的味道。

4. 师：这白兰花的香味被称为"老上海味道"，所以这叫卖声的尾音拖得很长，就好像白兰花的香气久久不散。谁能学一学卖花姑娘，上来叫卖一下呢？

韵味篇——海派雅致

生1：栀子花，白兰花。
生2：栀子花，白兰花。

板贴：卖花姑娘图

播放音频《三毛介绍弄堂里的叫卖声与人们日常生活相关》：栀子花，白兰花。哦哟，香味道嗲得来。大家学得真有老上海的味道，但是弄堂里的叫卖声可不只有卖零食和鲜花的。走街串巷的生意人了解人们日常生活的需求，叫卖声时不时地在弄堂里响起。你们听！

播放视频《弄堂里的修补生意》。

"削刀——磨剪刀……"

吃过早饭，上午九、十点钟，弄堂里的年轻人都去上班了，只有年长的留在家里，这时，各种修理物品的叫卖声开始响起，错落有致地在弄堂蔓延开来。

"那个年代呀，普遍都比较穷，所以叫卖声里面的好多都是修修补补的，所谓的，新三年，旧三年，缝缝补补又三年。修补行业不是上海本地人，外地的人比较多一些，全国各地特别是江浙一带的人，集聚得比较多一些，包括宁波人、浙江人啊，江苏人比较多一些。"

5. 师：在刚在的视频中，你看到哪些走街串巷做修补生意的人？他们在修补什么呢？
   生：磨刀，磨剪刀。

6. 师：这些做修补生意的都是上海本地人吗？
   生：不是，有江苏人、浙江人。

7. 师：正因为这些做修补生意的人来自各地，所以他们的叫卖声会夹杂各地的方言。他们是怎么叫卖的呢？王老师给大家准备了叫卖音频。请你们来听一听，学一学。因为这叫卖声特别有难度，我在PPT上给你们准备了提示。有困难的话，可以看一看。等一下每组派一位代表来展示，和其他小组PK一下，看看哪一组学得最像。请你们打开平板，找到平板里的叫卖音频，听一听，学一学。

第一、三、五组：学习音频文件1。

播放音频《磨刀叫卖声》：削刀磨剪刀，削刀磨剪刀。

第二、四、六组：学习音频文件2。

播放音频《修伞叫卖声》：修阳伞，坏额橡皮套鞋修哎，阿有啥坏额阳伞修哎。

8. 师：我们先请学习音频1的小组派一位代表来进行PK赛。其他小组仔细听，听听谁的叫卖声学得最像，等一下就送一朵白兰花给他。
   生1：削刀磨剪刀。
   生2：削刀磨剪刀。
   生3：削刀磨剪刀。

9. 师：现在我们请其他小组的代表来送花。

10. 师：请你帮助老师把这张图贴在弄堂的合适位置好吗？得花最多的学生完成贴图。

板贴：磨刀手艺人图

11. 师：接着请学习音频2的小组派一位代表来进行PK赛。音频1小组仔细听，你们的白兰花要送给谁呢？

    生1：修阳伞，坏额橡皮套鞋修吠，阿有啥坏额阳伞修吠。

    生2：修阳伞，坏额橡皮套鞋修吠，阿有啥坏额阳伞修吠。

    生3：修阳伞，坏额橡皮套鞋修吠，阿有啥坏额阳伞修吠。

12. 师：现在请刚才音频1的小组代表来送花。

13. 师：请你帮助老师把这张图贴在弄堂的合适位置好吗？得花最多的学生完成贴图。

板贴：修伞手艺人图

14. 师：这样的叫卖声，你们在生活中听到过吗？

    生：没有。

15. 师：现在你们家的伞坏了怎么办呢？

    生：买新的。

16. 师：刀钝了还磨刀吗？

    生：家里有磨刀器。

播放音频《三毛夸勤俭的上海人》：以前的上海人，好东西用久了、坏了，是不舍得扔掉的。新三年、旧三年，缝缝补补又三年。那时候的上海人是非常勤俭的。

17. 师：那时候弄堂里的叫卖声不仅告诉我们做生意的人如何招揽生意，也反映出当时上海人的生活方式，有鲜明的时代特征。

> **设计意图：**说到老上海，不得不提到"白兰花"。至今，在地铁口、浦东八佰伴门口还有买栀子花和白兰花的老奶奶。这个场景学生或多或少有些印象，且"栀子花、白兰花"虽然是苏州口音的叫卖，但与上海话的发音基本相似，学生比较容易模仿。通过这一容易上口的叫卖声，使学生对弄堂叫卖产生亲切感。但是有些叫卖声是浙江话、苏北话，这样的叫卖声现在很少听到。因为时代发展，这些生意或者是没有市场或者是技艺失传。让学生学这些现在很少听到的叫卖声，不仅是让学生知道那时上海人的生活状态，也是让学生了解这些来自各地的人。在上海，走街串巷做生意，是他们在上海融合发展的一个过程。

五、演绎弄堂市井风情

1. 师：请大家看黑板上的图，看着这些在老上海的弄堂里穿梭着的各种做小生意的人，你们还能回忆起他们的叫卖声吗？

    生1：《申报》《新闻报》，今朝报纸来了。

    生2：五香茶叶蛋。

    生3：栀子花，白兰花。

    生4：削刀磨剪刀。

    生5：修阳伞，坏额橡皮套鞋修吠，阿有啥坏额阳伞修吠。

2. 师：哇，同学们给这张弄堂市井风情图配上了声音，我感觉像是回到了从前。如果能让这幅图动起来，那就更好啦！

播放音频《三毛请大家一起演一演》：这个简单，我们一起来演一演就行啦！同学们，你们行不行？

板书：演

（学生根据拿到的道具表演弄堂叫卖）

设计意图： 通过表演，再现老上海弄堂的热闹场景，感受老上海弄堂的市井风情。

六、弄堂叫卖的演变

播放音频《三毛问大家喜欢弄堂叫卖吗？》：现在我们已经很少听到叫卖声了，看到你们演绎的弄堂市井风情，我真是太激动啦！这样的弄堂叫卖，你们喜欢吗？

1. 师：既然大家都喜欢这样的叫卖声，我们回到从前好不好呢？我们来个小小辩论赛。

播放音频《三毛主持辩论赛》：好啊，好啊！支持"让弄堂叫卖回归小区"的小组，请把"正方"的牌子挂起来，反对"让弄堂叫卖回归小区"的小组，请把"反方"的牌子挂起来。

生1：我支持！有了叫卖声，小区就更热闹了。

生2：我反对！有人喜欢清静，叫卖声会打扰人休息。

生3：我支持！一下楼就能买到想买的东西，很方便。

生4：我反对！这样小区就乱哄哄了。

播放音频《三毛点评》：同学们的辩论真精彩。老上海弄堂里的"叫卖声"，特别有韵味。但你们知道吗？那时候我冒着大风大雨，走老远的路也卖不出几张报纸。想睡觉的时候，可能会被叫卖声吵醒。现在多好呀！你们点点手机就能买到自己想买的东西。我真羡慕你们呀！

2. 师：在上海日新月异的发展中，我们迎来了更好的时代。虽然叫卖声已经渐行渐远了，但在人们的记忆中却有着别样的情感。感谢小三毛带我们一起领略了老上海的风情，下次我们一起带小三毛看看我们新上海的变化好不好？

播放音频《三毛和大家道别》：好啊！同学们，我期待你们的邀请哦！再见！

3. 师：用现代化的方式推销产品，可以让更多人接收到广告的信息，同时大家也可以自主选择来获取这些信息。这是科技发展给我们带来的便利。但是，传统的弄堂叫卖不仅是我们推销商品的一种方式，还是上海传统文化中非常重要的一部分。这么多来自各地的人，在上海，用他们夹杂着各地方言的叫卖声，走街串巷，就是他们在上海融合发展的一个缩影，形成了上海海纳百川的文化特色。今天我们学习《弄堂里的叫卖声》，其实就是希望大家发扬海纳百川、大气谦和的上海精神。

设计意图： 通过辩论赛，引发学生思考一下，这些叫卖声为什么会渐行渐远？回首过去、展望未来，体会虽然招揽生意的形式变了，但海纳百川的上海精神是不变的。

【板书设计】

【点评】

巧制妙用白兰花

王老师扎实的教学功底与纯正的沪语方言叫卖声，激发了学生的学习兴趣，激起他们表现自己的勇气。通过熟悉的人物"三毛"的引领和介绍，学生们知晓了许多已逐渐远离我们的上海传统元素。

特别值得一提的是，在这堂课中使用的最受学生欢迎的评价工具——白兰花，从试教到正式上课，这富有上海韵味的白兰花的形态和功能也在不断变化。最终在课堂教学呈现时，白兰花既是教具又是评价工具，更好地烘托了课堂氛围。

1. 买来的教具

初次登场的是购买的新鲜白兰花。第一次试教时，还未上课，前排学生就隐隐地闻到了花香。在学卖花姑娘叫卖的环节，揭开毛巾的瞬间，学生看到篮子里的白兰花都兴奋不已，女生、男生都跃跃欲试，想要拿着道具模仿一番。

2. 巧思制教具

由于季节关系，第二次试教时已经无法购买到新鲜的白兰花。但是第一次试教时孩子们"栀子花……白兰花……"的叫卖声最动听，这个环节要如何保留下来呢？即使万能的某宝也搜不到合适的仿真花，于是王老师用黏土做出了白兰花，并找来了白兰花精油撒在花上，无论外形还是香气都足以乱真。

3. 慧心用教具

既然学生都那么喜欢白兰花，而它仅在模仿时出现两三分钟，实在可惜。于是正式教学时，白兰花也成了课堂教学的即时评价工具。模仿卖花姑娘时，对白兰花已经不太熟悉的"00后"们惊讶地发现：原来这桌面上的奖励就是白兰花呀！

整节课学生们都沉浸其中，他们在了解、喜爱本土民俗风情的同时，也懂得要传承和发扬我们的海派文化。

上海市浦东新区辅读学校教科研主任　金秀红

第 41 课　食老八样　传祖辈情

设计教师： 上海市浦东新区御桥小学　肖华英
指导教师： 上海市实验学校　　　　　范　莉

【活动对象】
　　小学五年级学生

【活动时长】
　　2+35分钟（2分钟预备时间）

【活动背景】
　　习近平总书记在党的十九大报告中提出，我们要坚定文化自信，建设社会主义文化强国。中华文明五千年，饮食文化也随着中华文明源远流长，呈现出极大特点。精、美、情、礼，分别从不同的角度概括了中华饮食文化的基本内涵。我们要结合新时代的要求，传承和弘扬中华优秀传统文化。
　　上海菜是中国的主要地方风味菜之一。然而，现在上海的本土饮食文化受到了外来饮食文化的冲击。经抽样调查，本校五年级学生大多喜爱吃洋快餐或外地风味小吃，对上海本帮菜却知之甚少，对浦东"老八样"几乎一无所知。

【活动目标】
　　知识与技能：
　　1. 了解"老八样"的构成、历史、作用和文化。
　　2. 知道"老八样"是浦东本帮菜的杰出代表。
　　过程与方法：
　　1. 探究"老八样"各菜品的内涵。
　　2. 尝试"扣"的技能。
　　情感态度价值观：
　　1. 增强保护和传承"老八样"这一上海优秀饮食文化的意识。
　　2. 感受大厨精湛的技艺和工匠精神。

【活动重点】
　　1. 了解"老八样"的构成、历史、作用和文化。

2. 增强保护和传承"老八样"这一上海优秀饮食文化的意识。

【活动难点】
1. 了解"老八样"的构成、历史、作用和文化。
2. 尝试"扣"的技能。

【活动准备】
1. 搜集整理"老八样"的文字资料和视频。
2. 实地考察，采访老八样大厨。
3. 对五年级部分学生进行抽样调查。
4. 准备菜肴图片，制作课件、板贴等。
5. 课桌排成"八仙桌"的形状。

【活动过程】

一、暖场活动：《美食乐翻天》

播放视频《食老八样传祖辈情+美食乐翻天》：烤鱼、海鲜、烤鸭、扇贝、炸鸡翅、小笼包、寿司、牛排、水煮鱼、小龙虾、热干面、汉堡包、冰糖葫芦、蛋糕、奶茶、泡芙、甜甜圈、冰淇淋、马卡龙。

1. 师：美食当前，相信大家已经垂涎三尺了吧！赶紧说一说你最喜欢哪种美食？

　　生1：我喜欢吃烤鱼。
　　生2：我最喜欢炸鸡翅。
　　生3：我很喜欢吃烤鸭和蛋糕。
　　生4：我爱吃冰淇淋和冰糖葫芦。

2. 师：这些美食的确太诱人了，我也很爱吃，你们和我一样都是小"吃货"啊！

二、认一认"老八样"

（一）选择餐厅

1. 师：中英混血儿乐乐在上海读书。但是，他马上要回国探亲了，我们想为乐乐送行，这里有两家餐厅供我们选择，你会选西餐厅还是老八样饭店呢？

　　生1：我选择西餐厅，因为乐乐是中英混血儿，西餐符合他的饮食习惯。
　　生2：我选择老八样饭店，这是上海的特色菜，他马上要回国了，国外不一定能吃到这些菜。

2. 师：这两家饭店各有特色。"老八样饭店"有我们浦东的传统菜肴，相信乐乐品尝后会留下珍贵的回忆。现在就让我们和乐乐一起去"老八样饭店"，开启一次小小美食家的成长之旅吧！

板贴："食老八样"

（二）我会点菜

1. 师：老八样，老八样，大家想想从名字上来看有几道菜组成呢？

   生：八道菜。

2. 师："老八样"中的八道菜可不是随便点的，是由规定的八道菜构成。今天的菜单有12道菜，你们要带着任务点菜，点准了才能吃到美食。现在，以小组为单位，赶快把不属于老八样的4道菜挑出来吧！

3. 师：好，点菜完成！看看这八道菜你们都点对了吗？正确的小组请举手。

   板贴："老八样"的构成

4. 师：很遗憾，没有小组完全点对这八道菜，看来你们对浦东"老八样"还不是很了解。"老八样"的菜道道有特色：扣三丝、扣鸡、扣咸肉、扣蛋卷、扣蹄肉、蒸三鲜、红烧鲫鱼、肉皮汤。这么经典的八道菜，大家一定要牢牢记住！

> **设计意图：** 创设情境开展活动，让学生初步知道"老八样"是浦东的传统佳肴。以12张美味的菜单作为学具，让学生在完成点菜活动的过程中，更直观地了解浦东"老八样"。

三、探一探"老八样"

1. 师：要想成为真正的美食家，光知道它们叫"老八样"还不行哦，还要知道这些菜品所包含的文化！那就让我们边吃边动脑筋，请大家根据资料，探秘"老八样"。

   出示PPT及学习单："老八样"的称呼是在我国元代以关汉卿为元曲代表的八仙人物创作完成后流行起来的。"八"在那个时代被视为吉利、祥和、美满的数字。吃"老八样"一般坐在方桌子上，这种桌子被统称为八仙桌，因为能同时坐八人。浦东"老八样"形成于明清时代，是在浦东周康地区流传下来的极具传统的成套的民俗菜肴。在20世纪80年代以前，老八样是本地农村婚丧宴请餐桌上的必备菜肴。上海地区及周边都有老八样，但每个地区都略有差异。总体来说，"老八样"的八样菜无素菜，可以说筷筷接荤气。每道菜多少都带有吉祥喜庆的含义，如"红烧鲫鱼"寓意年年有余，"扣蛋卷"寓意金玉满堂等。"老八样"的烹饪手法以"扣"为主，其中对厨师的刀工和菜肴的色、香、味、形要求很高。据不完全统计，在浦东以"老八样"命名的菜馆就多达几十家。

探秘"老八样"学习单

"老八样"的形成时间	
"老八样"的发祥地	
"老八样"的主要用途	
"老八样"的主要烹饪手法	

2.师：大家讨论得异常激烈，一定有不少发现。哪个小组先来交流？

第一组：交流重点是——"老八样"的形成时间

1.生：我们小组找到了"老八样"形成于元代。

2.师：确定是元代吗？再看看学习单，究竟是什么时期形成的？

3.生：哦，不对了。我们调整了一下，浦东"老八样"形成于明清时代。

4.师：非常棒，答对了！你们揭开了"老八样"形成时间的秘密。

板贴：明清时代

第二组：交流重点是——"老八样"的发祥地

1.师："老八样"的发祥地是哪里？哪一组知道答案？

2.生：我们小组找到了"老八样"的发祥地在上海浦东。

3.师：能再具体一点儿吗，到底在浦东哪里呢？

4.生：浦东周康地区。

5.师：答对了！"老八样"是在咱们浦东的周浦康桥地区发扬光大的。

板贴：浦东周康地区

第三组：交流重点是——"老八样"的主要用途

1.师：下一个问题，"老八样"的主要用途是什么？哪个小组来分享？

2.生：我们组找到了，"老八样"是本地农村婚丧宴请餐桌上的必备菜肴。

3.师：是的，非常正确！当时浦东本地农村婚丧宴请都会吃"老八样"，是一套必备菜肴。

板贴：婚丧宴请必备菜

第四组：交流重点是——"老八样"的主要烹饪手法

1.生："老八样"主要的烹饪手法是"扣"。

2.师：很好，老八样中有很多菜都是以"扣"的形式制作的。

板贴：扣

3.师：听了大家精彩的分享，乐乐也按捺不住了，我们来听听他有什么收获吧！

播放音频《乐乐的收获》：原来这小小的老八样中还包含着这么多知识和文化呀！真让我大开眼界，我太喜欢中国了！

设计意图： 通过小组合作完成探秘"老八样"学习单，促进学生思维的碰撞，在激烈的讨论中提取相关信息，对"老八样"的形成时间、发祥地、主要用途、主要烹饪手法都有具体的感知和了解，从而感受"老八样"菜品所包含的文化，感悟上海本土饮食文化的内涵。

四、学一学"老八样"

1. 师：我呀，是"老八样"的忠实"粉丝"，这八道菜中我最喜欢吃的就是"扣三丝"。《舌尖上的中国Ⅱ》还专门为"扣三丝"拍摄了纪录片呢！这道菜被称为"功夫菜"，为什么这么说呢？我们先来看一段视频。

播放视频《食老八样传祖辈情+舌尖上的中国Ⅱ心传片段》：本帮菜中的刀工菜——扣三丝，李巍的绝活儿。火腿、鸡脯、冬笋，三种极鲜的食材，先批薄片，再切成直径不到0.5毫米的细丝。食材事先煮熟，切丝，为了扩大食材与汤汁的接触面，蒸制过程中，三种味型同时释放，融为一体。细致的刀工，更能让食材呈现出独特的美感，美味与形色兼顾，正是中国人的饮食哲学。

2. 师：大家看得目不转睛，相信一定有话要说。

生1：这位大厨真是了不起，他的刀工真厉害！

生2：大厨切的三丝直径不到0.5毫米，太神了！

3. 师：这道功夫菜考验的是厨师的刀工和心思，真是不简单呀！乐乐也有话想说。

播放音频《乐乐的感谢》：谢谢大厨制作出色、香、味俱全的扣三丝，扣蛋卷也很好吃，我想学一学怎么做扣蛋卷。

4. 师：想不到乐乐还想"偷师"呢！你们想学吗？

生：想！

5. 师：没问题，做"扣蛋卷"其实不难，我来教教大家吧！

出示步骤：第一步，在平底锅上做一块大大的蛋皮；第二步，把肉糜平铺在蛋皮中间；第三步，将蛋皮慢慢地卷成条；第四步，在锅中隔水蒸熟；第五步，将蛋卷切成大小均匀的小块；第六步，将它们铺在小碗内，中间放一些煮熟的菌菇；第七步，将小碗倒扣在一个大盘子中。

出示PPT分解图：

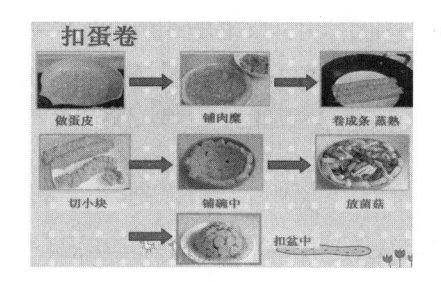

6. 师："老八样"中，有哪几道菜是用"扣"的方法做的呢？

  生：扣三丝、扣蛋卷、扣鸡、扣咸肉、扣蹄肉。

7. 师：我这里有一个小碗和一个盘子，谁想来尝试一下"扣"的动作？

  生：老师，我来试试！

（学生一手拿大盆子，一手拿小碗，直接将小碗倒放在盆子上）

8. 师：这个"扣"的动作还不是很标准，谁再来试试？

  生：老师，我会做"扣"的动作。

（学生一手拿大盆子，一手拿小碗，将大盆子盖在小碗上，再将两者一起反转，小碗倒放在盆子上）

9. 师：真不错，你做的"扣"的动作十分准确，你有一双灵巧的手。可是乐乐有问题要问大家，你们听！

播放音频《乐乐提问》：小朋友们，你们知道大厨为什么很喜欢用"扣"的形式制作这些菜呢？

  生1：因为扣的菜圆圆的，很好看。

  生2：扣的菜，圆圆的不仅好看，而且象征着团团圆圆。

  生3：有一个小碗盖住这些菜，可以起到保温的效果。

板书：美观　团圆　保温

10. 师：你们太聪明了！最初用"扣"的方式烹饪这些菜，主要目的是保温、美观，同时又蕴含着团团圆圆的意思。

> 设计意图：通过观看视频、分解图了解的形式，引导学生学习"老八样"中的名菜"扣三丝"和"扣蛋卷"的制作方法，具有直观性。此外，通过学生动手操作"扣"的方法，真切感受"扣"这一烹饪方式的特点，感悟饮食文化的精妙。

五、扬一扬"老八样"

1. 师：小食客们，今天我请你们吃的"老八样"味道如何？

  生1：太好吃了！

  生2：太美味了！

2. 师：乐乐也是相当满意，听听他的心声吧！

播放音频《乐乐赞老八样》：老八样真是太美味了，我回到英国后一定要向亲戚朋友们推荐这一上海传统美食。

3. 师：把"老八样"推广到国外去，这和我国提出的"一带一路"倡议不谋而合。

出示PPT："一带一路"是"丝绸之路经济带"和"21世纪海上丝绸之路"的简称。

4. 师：美食无国界，美食文化是相通的，让我们将"老八样"这一优秀的饮食文化传承下去，传播到世界各地。

板贴：传祖辈情

5. 师：让我们念念《"老八样"儿歌》，将传统牢牢记心间。

韵味篇——海派雅致

出示PPT《"老八样"儿歌》：浦东"老八样"，花样真是多。扣三丝，最著名。扣蹄肉、扣咸肉、扣蛋卷，加扣鸡。蒸三鲜、肉皮汤，红烧鲫鱼，年年有余。八道菜，皆荤气。团团圆圆，传祖辈情。

6. 师：今天，我们品尝了"老八样"的美味，感受到中国传统文化的源远流长。希望大家能做文化传播的小使者，将中国的优秀传统美食传播到世界各地。等乐乐探亲回来，我们再带他一起去品尝其他的传统美食。

> **设计意图**：将主人公"乐乐"贯穿始终，让学生感到亲切，符合学生学习的特点。引出"一带一路"倡议，让五年级学生初步了解其内容，懂得传承传统文化，做传播中华传统文化的小使者。

【板书设计】

【点评】

"八仙桌"上品美食

座位设计即座位安排，在课堂教学环境中扮演着重要的角色。一堂高效成功的课离不开"天时地利人和"，而好的座位设计相当于"地利"，可见其重要性。主题教育活动常见的座位设计有马蹄形（U字形）、圆形、同心圆形、秧田形等。本节课肖老师将座位设计成"八仙桌"形，一张张方方正正的"八仙桌"摆放在教室里，令人眼前一亮。为什么这样设计呢？

1. 契合上课主题

这节课紧紧围绕浦东"老八样"这一主题开展系列活动，老浦东人就是围坐在八仙桌上品尝老八样的美味，学生学习"老八样"这一主题怎能不坐上"八仙桌"呢？在探秘"老八样"活动中，老师给学生的探究资料中也特意提到了八仙桌的寓意，这"八仙桌"的作用可见一斑。

2. 营造活动氛围

坐在"八仙桌"上，学生仿佛身处老八样饭店，当一回小顾客亲自点菜、品尝佳肴，还现场体验"扣"的技能。在这样身临其境的活动氛围中获得的认知，远远超过死板的说教，学生的感受和体悟更有实效。

上海市浦东新区御桥小学德育主任　龚秀萍

第42课 诗画八景，"志"锦绣

设计教师：上海市傅雷中学　　　　　　周　燕
指导教师：上海市浦东教育发展研究院　姚瑜洁

【活动对象】
　　初中八年级学生

【活动时长】
　　2+40分钟（2分钟预备时间）

【活动背景】
　　《中小学德育工作指南》指出，要努力通过形式多样的教育活动，以鲜明正确的价值导向引导学生，开展对传统文化的了解和探寻。文化是根之所在，文化是精神来源。文化的力量是温润的，更是强大的。以文化之力引领学生，激发学生，为学生们继承并发扬传统文化埋下种子，有着积极而深远的意义。
　　班级中学生虽居住在周浦，但对周浦镇有深入了解的不多，只是略知一二；即便是土生土长于周浦的学生，他们所认识的周浦镇与曾经被誉为"浦东十八镇，周浦第一镇"的江南水乡也是大相径庭。其实，周浦的悠久文化历史和周浦精神是非常值得我们后人传承和弘扬的。

【活动目标】
　　知识与技能：
　　1. 了解周浦镇的渊源历史及其独有的小镇特色。
　　2. 知晓周浦八景的名字及每个景致背后的历史和人文故事。
　　3. 知道传承周浦精神是每一位周浦学子的责任。
　　过程与方法：
　　1. 通过数字故事，初步了解周浦镇历史文化风貌的概况。
　　2. 通过分组合作，组织学生运用多种形式完成《古韵周浦八景志》（简称《八景志》）。
　　3. 通过活动分享，小组提问及点评，感受周浦古韵文化及人文精神。
　　情感态度价值观：
　　1. 引领学生深刻感受周浦悠久厚重的历史文化，激发学生传承周浦精神的责任意识。

韵味篇——海派雅致

【活动准备】

1. 搜集关于周浦镇照片素材,翻阅周浦镇志等文献资料,寻找准确信息。
2. 录音并制作数字故事短片。
3. 准备知识小问答。
4. 《古韵周浦八景志》任务单设计和周浦镇地图制作。

【活动过程】

一、暖身环节

1. 师：在上课之前，我想先做一个现场小调查：我们都住在周浦镇，但土生土长在周浦的有多少人呢？请起立！

（学生起立，当堂统计人数）

2. 师：起立的同学能简单地说一说你眼中的周浦镇吗？

生1：繁荣，人口众多。

生2：夜市热闹，发展迅速。

生3：有古韵气息。

3. 师：同学们的想法众多，请坐下。那另外一部分同学能说一说，我们来到周浦定居的原因是什么？

生1：我是随祖辈搬家到了周浦。

生2：因为父母在这里工作。

生3：因为读书的缘故，我来到了美丽的周浦。

设计意图： 通过现场小调查，了解学生，走近他们，拉近彼此的距离。与此同时，自然地引出本课核心内容——周浦。

二、你写我言八景志

1. 师1：周浦即是周围水浦，曾经的周浦镇会是怎么样的呢？到底是什么神奇的魔力将我们吸引至此居住生活呢？大家有兴趣知道吗？

生1：有。

2. 师：现在就请在座的每一位同学，先一起赏一赏《古韵周浦》。

播放数字故事《古韵周浦》：周浦东到了，出站的乘客请手持车票依次通过闸机验票后出站。周浦好像一切都变了，又好像一切都没有变。周浦因四周河道如网而得名，别名"濠溪"和"杜浦"。至今1300多年的渊源文化历史中，这是块丰硕宝地。古镇河多桥多，十多条河道，有咸塘港、六灶港、七灶港、八灶港等；72座石桥，积庆桥、积善桥、瑞安桥、会龙桥、牛桥等。享有"浦东十八镇，周浦第一镇"美誉的江南鱼米之乡，在周浦先人后代的努力开拓进取之下，现已发展成为户籍人口在2014年达7.1万的宜居城镇。那么多人热爱周浦这块热土，到底是为什么呢？让我们今日一起走近风景秀美、经济繁荣、文化发达的周浦镇，一探究竟吧！

3. 师：在观赏完短片之后，我们一定对周浦有了些许的认识，那我们马上进入快问快答环节。老师需要一个学生大声地朗读这几道题目，其他学生举手抢答。

（邀请一位同学读题）

出示PPT：

（1）据记录，周浦的先民从何时就在此生活？（1300年之前）

（2）"小上海"周浦被称为"浦东_____，周浦_____"。（十八镇，第一镇）

（3）周浦有无别名，是什么？（澧溪，杜浦）

（4）曾经周浦古镇以_____多而闻名？（河多桥）

4. 师：测试只是了解周浦镇的第一步，今日我们将协作完成一份《古韵周浦八景志》，八景志是源于一首小诗，我们一起来看一看。

出示PPT：

《题周浦八景》

小生尤期周浦游，储里望月姚桥头。

听潮相邀文阁上，永定晨钟韵悠悠。

木鱼古冢骚墨劲，生池鳞泳难下舟。

杨桥海眼通江海，梅岭火烧释阐幽。

罗汉青松闲永定，志在紫穹共千秋。

杜浦风物皆得意，澧溪八景誉神州。

5. 师：杜浦和澧溪是指周浦，这首小诗中一共有八景，现在将分成7个小组，每个小组桌上都放着《八景志》中的一页内容，我会给大家一些时间，按照任务单上的提示进行准备。之后，每个小组依次展示，记得展示的时候，每位同学都要上台参与哦！老师在这里先以"杨桥海眼"做一个示范。

出示PPT：

杨桥海眼

巽龙庵南见奇嘉，一立杨桥万人夸。

朝看海眼水犹煮，暮见海眼水如花。

东海起落通储里，未必海眼无鲸鲨。

瑰奇惟我华谷里，美人头上一笄珈。

（请在下面的地图上标出杨桥的位置，并指出杨桥下的河流名称及通向哪里？）

韵味篇——海派雅致

6. 师：根据小诗的提示，我们在地图上先找到巽龙庵，南侧就是杨桥，从地图上可以看到延绵贯穿周浦镇的河流——咸塘港，而咸塘港通向哪里呢？从诗中"东海起落通储里"便知一二，咸塘港直通东海。

板贴：杨桥海眼　巽龙庵　东海

7. 师：同学们，有没有关于"杨桥海眼"的问题要问我呢？

生1：老师，海眼是什么？

生2：巽龙庵现在尚存吗？

8. 师：关于海眼的解释很多。有的说是海的眼睛，有的说是在挖河的过程中涌起了大浪，真的是众说纷纭。巽龙庵现在尚存，位于周浦镇的南八灶。那接下来就是同学们的分组讨论时间了。不如让我们伴着悠扬的周浦镇镇歌"跨越"，开启《古韵周浦八景志》之旅吧！

9. 师：大家讨论得热火朝天，一定把《八景志》完成得很出色吧，现在我们依次来交流。请在每一组交流展示后，下一组同学要对上一组同学的展示内容提问或者是评论哦，大家准备好了吗？

生：准备好了。

板贴：古韵周浦八景志

第一组：姚桥望月

出示PPT：

姚桥望月

游人望月长思家，春水渺渺犹无涯。

相期庭前拜寒魄，朝夕相守过韶华。

指姚家老石桥，由明代成化年间任太常寺卿姚埙（1457—1503）建造。当时周浦还是一片荒僻的村落，姚埙节衣缩食，广筑房舍，并集资兴建永兴桥和积庆桥两座石桥（积庆桥也就是姚家老石桥），跨咸塘港，系周浦第一座环洞石桥。在修建石桥后，又浚义井，解决居民的饮水问题，逐渐形成了后来繁荣一时的周浦古镇。当时民间流传着"先有姚家厅，后有周浦镇"的谚语。姚氏家族对孩子的教育特别严格，经常会亲手给子女写家书寄托殷殷期待。今日我们在赏月之日，也来写封家信回复我们的祖辈吧。

生1：今天我们介绍的是周浦古景"姚桥望月"，姚桥指姚家老石桥，是由明代太常寺卿姚埙建造，当时周浦荒僻落后，姚埙节衣缩食，修建了两座石桥，民间还流传着"先有姚家厅，后有周浦镇"的谚语。今日我们小组写了一封家信，现在我们齐读一下：

板贴：姚桥望月　姚家老石桥　姚埙

亲爱的祖辈：

您好！如今周浦的繁荣发展，是您节衣缩食、辛勤劳作和开拓进取下的成就。我们生活在如此美丽的小镇上，依然能感受到前辈的精神，所以我们应该传承祖辈们的这些精神，学好文化知识，努力拼搏，将周浦镇建设得更美更繁荣。

此致

敬礼！

您的晚辈们
2019年10月29日

1. 师：这组同学已经分享了一封给姚氏祖辈的书信，铿锵有力，道不尽思念和感恩。第二组同学有没有什么想问的？

生2：我想问姚埙是如何节衣缩食的？

生3：我想就是节约每一文铜钱为了建设当时的周浦镇吧！因为当时的周浦太落后了，而姚埙除了修建了石桥，还解决了当时居民的饮水问题。

师：嗯，先人的勤俭开拓的精神造就了周浦镇的今日繁荣。现在有请第二组同学。

板贴：第一组学生任务单

第二组：文阁听潮

出示PPT：

文阁听潮

咸塘河中橹不懈，倚栏侧耳听潮声。

杜浦水光尤争灺，江南山色尽入画。

文阁即指周浦古镇巽龙庵中的文昌阁，庵外就是咸塘港，在此处可以听到潮声，并欣赏到潮起潮落的景象。结合上面的小诗，演读下面的情境。

（旁白：今日农历八月十八，可以一观咸塘港外的潮涌，相约文朗兄到周浦古镇的巽龙庵内的文昌阁一起吟诗赏潮。）

文朗兄：元台兄，你看，现咸塘港横卧在前，江面平静毫无波澜。今日晨雨后，阳光下，笼罩着一层蒙蒙薄雾，不远处的积庆桥和永定寺在云中若隐若现，古韵十足。今日很多人已聚在桥上一起观潮听声，而我们得巽龙庵文昌阁一雅地赏潮。

元台兄：是啊！听，潮声渐进，潮涌的白线向我们涌来（不远处桥上人头攒动，在喊"潮来了！潮来了！"），白线拉长变粗，横贯咸塘港，只是一眨眼便成波涛汹涌，似是

韵味篇——海派雅致

要撼动这文昌阁一般。

文朗兄：相信一会儿，这巽龙庵禅院钟声响起之时，风声、浪声、钟声、人声，互相交杂，缠绕不觉时，可真称得上是一阵鼎沸时光啊！

生1：今天和大家一起聊一聊文阁听潮景色，文阁指周浦镇上巽龙庵内的文昌阁，庵外就是咸塘港，在此处可以听到潮声，并欣赏到潮起潮落的景象，现在我们将演一演此场景。

板贴：文阁听潮　巽龙庵

（生现场表演）

1. 师：看完这组精彩的表演，我只想说：约三五知己，观潮起潮落，将周浦美景尽收眼底，实乃此生之大幸啊！那么第三组同学有什么想问的吗？

生2：我没有什么想问的，但是我想评论一下这组的表演。随着他们的演绎，我仿佛置身于巽龙庵内，听到了潮声，感受到了周浦古景的韵味和那时的鼎沸时光。

2. 师：你说得太好了。周浦古镇由于河流众多，有着江南水乡之古韵，让众人流连忘返。接下来，我们将开始第三组的分享活动。

板贴：第二组学生任务单

第三组：永定晨钟

出示PPT：

永定晨钟

幽幽永定寺，沙弥课晨钟。
生纵江南色，墙遮小殿松。
径窄尤沓沓，院深故雍雍。
红尘有四季，高僧无行踪。

永定晨钟即指周浦镇＿＿＿＿＿＿寺内古钟。（永定）
请根据给的小诗拼图，展示时边拼图边敲钟吟诗。

生1：我们小组展示的是永定晨钟，指周浦镇永定寺内的古钟。我们带上了道具——小晨钟，当我们读小诗的时候，会伴有晨钟的敲击声，同时有一位同学将拼出永定晨钟的景致。

349

板贴：永定晨钟　永定寺

（朗诵后，学生展示已拼好的图片）

1.师：伴着钟声，悠扬有古韵，大家体会到了吗？请问第四组同学需要提问吗？

生2：我们组没有问题。我看了他们的表演，深切地体会到那种寺内安谧宁静的生活。

2.师：很好。请坐下。太阳初升，听悠悠钟声，心静悠远，得一片安谧。你们没有问题，但是我有一个问题，永定寺非常古老，建于什么朝代，你们知道吗？

生3：不知道。

3.师：建于南宋淳熙年间，距今已有800多年了，历史悠久吗？

生4：哇，好久远啊！

4.师：第三组富有感情的朗读让我们意犹未尽，所以相信第四组的交流将带给我们更大的惊喜，有请第四组。

板贴：第三组学生任务单

第四组：木鱼古冢

出示PPT：

木鱼古冢

古冢木鱼态，俗子念无边。

储里思贤哲，青史觅遗篇。

储泳（1101—1165）字文卿，号华谷。赵宋南迁后，他隐居于周浦。当时周浦还没有形成市镇，只是一个村落而已。后代有些文人为了纪念储泳，称周浦为"储里"或"华谷里"。储泳名诗有《思归》《春日郊行》《登涟漪阁》，他写的诗句"秋深杨柳薄，永阔鹭鹚飞。风景正萧索，何堪闻捣衣"等意境高雅，为后人所推崇。明清时代，苏松地区的骚人墨客前来凭吊，瞻仰储泳的文人风范。

木鱼古冢指_____（人名）的墓地，因像木鱼而得名。（储泳）

请根据所给的内容，写一篇短小的墓志铭凭吊储泳，追思缅怀他的风范。

生1：周浦八景木鱼古冢指储泳的墓地，因像木鱼而得名。周浦镇曾有一名文人叫储泳，我们在此写了一段文字凭吊他。

储泳生于1101年，卒于1165年，号华谷，南迁后隐居于周浦，文人储泳名诗有《思归》《春日郊行》等，他的诗句"秋深杨柳薄，永阔鹭鹚飞。风景正萧索，何堪闻捣衣"意境高雅，别有韵味，为后人推崇。明清时代，许多墨客骚人前来周浦镇凭吊他，瞻仰他的文人风范。他在周浦居住的经历给周浦镇平添了更多的文人气息。

板贴：木鱼古冢　储泳

1.师：提问时间到了，有请第五组同学。

生2：周浦也被称为"储里"或"华谷里"，是为什么呢？

生3：从储泳介绍中，我们知道，储泳号华谷，所以周浦因他而被称为华谷里和储里。

板贴：储里　华谷里

韵味篇——海派雅致

2. 师：这组同学给大家科普了一个很重要的知识。而在这组的分享中，我们思贤哲、品文化，独特的古韵和人文精神是我们周浦的又一财富。大家太棒了，我们对周浦古镇的了解更深入了，现在有请第五组同学们。

板贴：第四组学生任务单

第五组：生池鳞泳

出示PPT：

生池鳞泳

放生池里三拱桥，桥上行人胜相邀。
善男竞位抛赤米，信女争前献红苕。
群鱼仰口接空食，排鳞劲泳涌如潮。
别言此生七秒念，恬然想得乐淘淘。

结合小诗，写一写说一说"生池鳞泳"的故事。

生1：今天我们小组想给大家说一说关于周浦古景"生池鳞泳"的故事。话说在永定寺内的放生池上有三座桥，分别是积庆桥、积善桥和永定桥，善男信女相约去永定寺内桥上进行放生仪式，他们将红米和红薯投入水池中，池内的鱼和龟争先恐后，如潮涌般地来吃这些抛食。人们放生并发愿，慈悲为怀，体念众生，心地善良。

板贴：生池鳞泳 永定寺

1. 师：故事说得太生动了，我想同学们脑海中已经出现这样一幅场景了吧。后一组的同学有没有想问的呢？

生2：我们觉得这组说得很详细，没有什么想问的。

2. 师：既然你们没有提问，那么我想问一个问题：何为放生？

生3：我知道，这是一个宗教的仪式，购买水族，畜养于池内，禁止捕杀。根据佛教礼仪进行放生水族，最后放生发愿，告诉我们不以善小而不为。

3. 师：这位同学知道得真多，说得一点儿都没错。永定寺内放生池上善男信女争先恐后地投食，我想周浦人民善良质朴的美德一直传承至今，大家同意吗？

生4：同意。

板贴：第五组学生任务单

第六组：火烧梅岭

出示PPT：

火烧梅岭

梅花红似火，园外游人惊。
百年天地覆，胜景憾不存。

背景资料：

火烧梅岭胜景惊现于周浦古镇的陶家弄文人蔡湘之宅，花开季节，数珠梅花竞相绽放，红似火烧，煞是艳丽，但古宅后被火毁，现已无存。

蔡湘：字竹涛，周浦人。天资聪颖，曾负籍游学京师，在一次吟诗作赋的过程中，诗题一出，一挥而就，得众人赏识。

同学们，今天我们不妨用一首小曲，唱一唱上面这首小诗"火烧梅岭"吧。

生1：我们介绍的是周浦火烧梅岭胜景。此景位于周浦古镇陶家弄文人蔡湘之宅，花开季节，数珠红梅竞相绽放，红似火烧，艳丽绝美。但古宅后被火烧，现已无存。大家既然了解了一些，那么我们现在就一起来哼唱这个小调。

板贴：火烧梅岭　陶家弄　蔡湘

（组内学生一起哼唱）

1. 师：同学们，你们很机灵，把《水调歌头》的曲用在这里恰如其分。那么第七组有没有提问的呢？

生2：我有，想问问蔡湘是谁，我很想知道被火烧的蔡湘之宅，原来在周浦哪里？

生3：我介绍一下蔡湘，据说他天资聪颖，去北京求学，在一次吟诗作赋的过程中，诗题一出，他一蹴而就，得到在场人的赏识，因此而出名。但是我无法解答蔡湘古宅的旧址啊！

2. 师：老师可以补充一下，蔡湘古宅在周浦的陶家弄，陶家弄就是现在小上海休闲广场处。大家知道了吗？

生4：知道了。

3. 师：梅花红似火，浮在空中如红云，美不胜收。蔡湘之宅梅岭胜景却在火烧之后，付诸一炬，不复存在，令人遗憾不已。所以，火烧有了双重含义。时间过得特别快，已经来到了最后一组，有请第七组同学们上台。

板贴：第六组学生任务单

第七组：罗汉青松

出示PPT：

罗汉青松

一棵罗汉松，历年渐时丰。

人心咫尺弄，物念千里同。

只祈阳光顾，着力枝叶荣。

根深固厚土，矢志献丹衷。

诗歌中的罗汉青松是周浦古镇中永定寺内的罗汉松，苍劲挺拔蟠曲，相传很久以前，有人发现一棵松树，树上长满了一颗颗像披着袈裟样子的小黄果，因为果子的外观很像光头和尚穿着红色僧袍，和尚又称"罗汉"，所以名叫罗汉松。罗汉松终年常绿，树皮呈灰色或灰褐色，树开展或斜展，较密，果实呈现红色质肥大，通常修剪保持低矮。罗汉松寓意为富贵、吉祥、长寿、安康。"龟鹤命长松寿远，阳春一曲情千万。"另外，罗汉松也可给自己带来灵动坚毅的气息和不倦的斗志。

同学们，我们现在就创作一首小诗来赞一赞罗汉青松吧。

生1：罗汉青松是周浦古镇中永定寺内的罗汉松。罗汉松的寓意是富贵、吉祥、长寿和安康。罗汉松苍劲挺拔蟠曲，可以给我们带来灵动坚毅的气息和不倦的斗志。我们创作了一首词《清平乐·罗汉青松》。

清平乐·罗汉青松

永定青松，红袍沁黄果。富贵吉祥保安康，苍劲挺拔蟠曲。褐干绿叶露珠，枝叶繁荣胜东。占弄小道遮阴，祈福南山高寿。

板贴：罗汉青松　永定寺

1. 师：你们朗读得掷地有声，我深深地感受到了罗汉松那种挺拔坚毅的气质。同时，这首词写得好棒。第一组同学有没有想说的？

生2：在那么短的时间里写出那么好的一首词，不容易。从这词中，我感觉到了不仅是永定寺罗汉松的苍劲挺拔，更感觉到周浦人民如罗汉松般，有着坚定不移的斗志。

2. 师：你说得真好，这棵罗汉松不仅是永定寺的象征，更代表着周浦镇人民坚毅灵动不倦的气息。

板贴：第七组学生任务单

3. 师：同学们，通过7组同学的展示，我们对古韵周浦八景是不是有了更深入的了解？那现在我们一起把《题周浦八景》诗朗读一下。每个小组齐声读自己所描述的一景，其余我们一起读，如何？

生：好。

出示PPT：

题周浦八景

小生尤期周浦游，（齐读）	储里望月姚桥头。（组1）
听潮相邀文阁上，（组2）	永定晨钟韵悠悠。（组3）
木鱼古冢骚墨劲，（组4）	生池鳞泳难下舟。（组5）
杨桥海眼通江海，（老师）	梅岭火烧释闸幽。（组6）
罗汉青松闲永定，（组7）	志在紫穹共千秋。（齐读）
杜浦风物皆得意，（齐读）	澧溪八景誉神州。（齐读）

4. 师：同学们，老师在课前做了一张《古韵周浦八景志》的封面，后一页添上了这首小诗，再加上我们共同完成的8页内容，我现在就用订书机将它们装订成册，形成《八景志》。今日我们用此"志"，一起了解回忆了周浦古景。

设计意图： 旨在班中的每位学生都能参与活动。在参与和聆听、提问、评价的过程中，每位学生了解了八景的相关文化知识、历史背景和文化名人，引领学生体会周浦厚重悠久的文化历史。

三、你问我答志八景

1. 师：同学们，你们是不是很有成就感，对周浦的了解又更深一步了？现在我们再次来个小问答，看看我们是不是真的记住了这些？我们一起来看题，大家踊跃回答哦。

出示PPT：

(1) 姚家老石桥是由谁建造的？（姚坝）

(2) 请说出永定寺何时建造？（南宋年间）

(3) 请说出周浦古景中现尚存有哪些？（永定寺）

(4) 木鱼古冢为了纪念谁？（储泳）

(5) 请说出周浦镇的两条河流名字。（咸塘港、八灶港等）

2. 师：在回答最后一题之前，老师要展示一张周浦现在的地图。当你们回答的时候，我会将图片贴在其相应的位置上。

板贴：周浦地图

出示PPT：

(6) 请说出周浦八景的五景。（姚桥望月，文阁听潮，永定晨钟，木鱼古冢，火烧梅岭，罗汉青松，生池鳞泳，杨桥海眼等。）

3. 师：在你们说周浦八景时，我已经快速地贴上了图片。大家有没有发现古韵周浦八景的位置，是不是比较集中在现在周浦万达和周浦小上海步行街附近呢？周浦的发展不能只停留在过去的回忆中，历史赋予我们重任，需要我们学会传承。但在新时代脚步的感召下，周浦镇旧貌换新颜，又发生了什么翻天覆地的变化呢？让我们再次出发，来领略一番周浦镇新景，如何？

生：好的。

四、你追我赶表心志

1. 师：今日，不妨坐着16号线在周浦东站下，寻觅翻天覆地的变化中，有哪些值得一去的美景吗？

生1：周浦花海。

生2：万达广场。

生3：小上海步行街。

生4：周浦公园。

生5：周浦美术馆。

生6：傅雷图书馆。

生7：永定寺。

生8：傅雷旧居。

板贴：上述景点图片贴在周浦镇地图上

2. 师：同学们，在你们说周浦美景之时，老师已经将图标贴在了相应位置。大家还记得刚刚讨论时的背景音乐——周浦镇镇歌《跨越》吗？周浦镇从江南水乡跨越变成了宜居小镇，周浦镇从古八景发展到现在的十八景，相信未来会有八十景的大跨越。了解了周浦的"前世今生"，现在给大家30秒，闭上眼睛，回想古镇昔景，对比今日美景，再来说一说周浦吧！

3. 师：同学们，请睁开眼睛吧，我们一起来说一说。

生1：周浦古韵尚存至今。比如，永定寺虽然迁址，但还是保留至今。

生2：周浦没有了往日的江南水乡味道，现在高楼林立，却更适宜我们居住了。

生3：周浦镇的文化气息依然浓郁，比如傅雷先生等名人旧居。

生4：我听说周浦之前是棉粮集散地，但是现在的经济发展迅猛，夜市繁荣，很多新上海人都选择在这里定居。

生5：周浦镇之前出行都是靠船只，现在我们这里交通便捷，有轨交16号线，马上就有18号线了，四通发达，可以畅游更多的地方。

4. 师：周浦镇的变化日新月异，同学们是不是更热爱周浦镇了呢？现在，我们可以做什么？大家有没有想对自己说的话？

生1：今天，我学了那么多周浦曾经的历史和文化，我会将所学的和朋友们一起分享，让同伴们了解更多。

生2：我有责任保护历史遗迹，传承周浦镇悠久的文化历史。

生3：我应该努力学习，有了扎实的知识，才能将周浦镇发展得更美丽繁荣，把这个宜居小镇发展成为创新小城，更有特色。

生4：我要更多地去了解周浦精神，成为一个名副其实的"周浦人"。

5. 师：周浦镇迎着新时代发展的春风，发生了天翻地覆的变化，从古八景到现在的十八景，我们可以憧憬未来的八十景，从江南水乡到经济发达、文化发达的宜居城镇是一种跨越。在浦东这一片锦绣河山上，周浦人用"周道致广，浦汇澧溪"的周浦精神，迎来无限发展的机遇，相信在我们新一代周浦人的开拓奋进之下，未来的周浦将会更美，让我们为祖国河山再添锦绣。

设计意图： 通过引导学生对周浦"今"和"昔"的对比，激发在场的每一位身为周浦人由衷的自豪感和使命感，学生们励志传承周浦精神，肩负弘扬文化之使命，开拓未来之责任。

【板书设计】

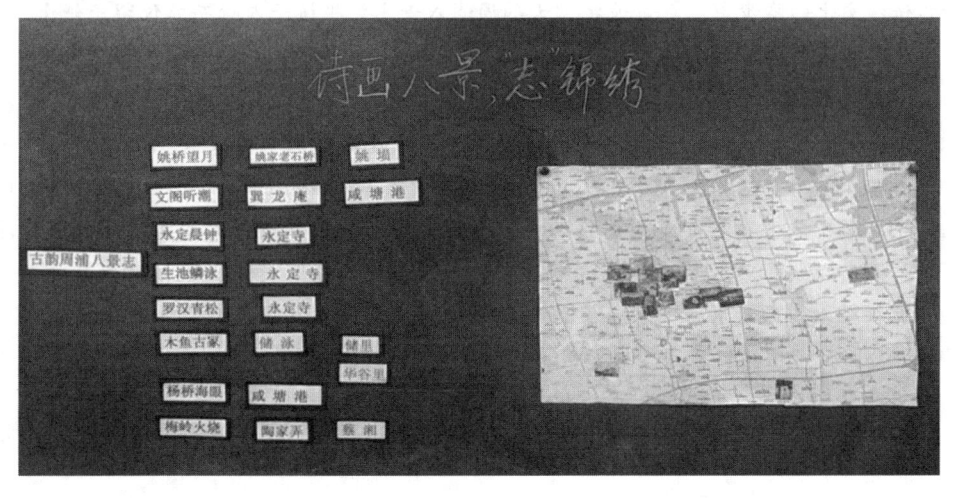

【点评】

八景志，致传统

"志"在古代的意义与现今的含义尚有不同，在古汉语词典中"志"表记述，记事的书或文章；亦表记住，记；而在现代汉语中，志主表意向、志向和志愿。

周老师的这堂《诗画八景，"志"锦绣》主题教育课，以"周浦八景"为突破口，巧妙地以"志"的不同含义为核心，环环相扣进行课堂设计。

一、以动"志"静

1. 静为本

周老师紧抓素有江南水乡"小上海之根"美誉的周浦八景为主线与核心内容，设计了8份形式迥异的小组活动任务单，并提供了大量而丰富的文字素材，以诗歌、书画等静态形式呈现，同时配上封面及《题周浦八景》小诗一首，形成了一本《古韵周浦八景志》初绘。本节主题教育课，即以此"志"为本，在极大地调动学生浓厚的学习兴趣和求知欲的同时，成功地引导学生步步深入，展开学习和探究。

2. 动为轴

然唯有静态的《古韵周浦八景志》让学生追寻历史感悟文化略显单薄。再美的文字如若只停留于纸上，又何能以丰厚的古韵文化之力引领学生呢？如何让学生对"周浦八景"从一无所知到了然于心？唯有在"动"字上做文章。课堂上，学生们通过写家书致祖辈、演读文阁听潮之景、拼永定晨钟图配乐诗朗诵、说一说生池鳞泳小故事、写文字记先贤储泳、编小曲哼唱火烧梅岭和自由创造小诗歌颂罗汉青松等丰富的实践和创造活动，真正让组内的每一位成员在"齐讨论共展示解疑惑"的过程中动起来了。无疑，这个"动"字，恰恰也印证了采用当代青少年更易接受的形式来演绎传统文化是成功的。

3. 固于心

周浦八景，现存于今的寥寥无几，学生们已无法实地探寻曾经的古迹。但通过本节主题教育课的学习，在学生们的通力协作下，成功将他们的课堂所获巧妙地融入于"周浦八景"，制作成了《周浦古韵八景志》。它使每一位学生在走进承载了一段段历史、一个个佳话的传统文化的脚步中，更好地将《古韵周浦八景志》根植于内心而非仅留于纸上。

二、以未来"致"传统

1. "致"传统

课堂上，学生们在活动中细品和感悟《周浦八景志》的悠久历史文化之韵，那种感同身受犹如太阳初升，悠悠钟声下，心静而悠远，得一片安谧而令人流连忘返。与此同时，品文化思贤哲，人文精神亦是周浦镇的另一大宝贵财富。传统文化的力量之根，究竟深藏在哪里？事实证明，对于学生，课堂是致敬优秀传统文化最肥美的土壤；对于教师，将传统文化有机融入主题教育课是对其最好的致敬。周浦厚重的历史底蕴和传统文化，不由得让现场的每一位学生主动思考：谁，才是下一个优秀传统文化的传承者和深耕者？

2. "志"未来

"随风潜入夜，润物细无声"，文化的力量是温润的，更是无声的。课的最后，周老

韵味篇——海派雅致

师借机让学生对周浦"今"和"昔"进行理性而温情的对比,成功激起了每一位身为周浦人由衷的自豪感和使命感。学生们的情感和本节课的价值立意在此得到较好的升华。学生们期许未来,勤勉奋斗的自己,畅想未来繁荣发展的周浦;学子们更立志要努力学习扎实本领,把周浦建设得更美更繁荣。这种朴实的情感发于中而行于外,这种用弘扬文化之使命、开拓未来之责任致敬传统文化的力量顷刻间毫无保留地展露出来。这,无疑是我们最希望看到的。

上海市傅雷中学学生发展处副主任　陆丽红

韵味篇——国粹雅韵

第43课　百变金箍棒　传世美猴王

设计教师：上海市浦东新区曹路打一小学　金辰艳
指导教师：上海市浦东教育发展研究院　　姚瑜洁

【活动对象】
小学二年级学生

【活动时长】
2+35分钟（2分钟预备时间）

【活动背景】
　　中共中央办公厅、国务院办公厅印发《关于实施中华优秀传统文化传承发展工程的意见》指出，"贯穿国民教育始终，丰富拓展校园文化，推进戏曲、书法、高雅艺术、传统体育等进校园；滋养文艺创作，实施戏曲振兴工程，挖掘整理优秀传统剧目"。戏曲文化在我国传承已久，其中以昆剧武旦为发源、以小说《西游记》中的孙悟空为原型的"猴戏"，成为戏曲文化中富有特色的分支，章氏第四代传人六小龄童主演的电视剧《西游记》已是家喻户晓。
　　通过调查，我校二年级学生对中国传统戏曲文化并不十分了解，他们所知晓的孙悟空，更多的是动漫形象，"猴戏"对他们而言较为陌生。青少年阶段是人生的"拔节孕穗期"，需要精心栽培，"猴戏"所表现的不怕苦、不怕难的精神对青少年的成长十分必要。

【活动目标】
知识与技能：
1. 了解"猴戏"随着表演场地与呈现形式的变化而不断发展的历程。
2. 知晓猴戏表演艺术家为扮演"猴王"所付出的艰辛和努力。
3. 学习"猴王"的标志性动作：双手挥舞大声笑、单腿半蹲手持棍棒和持续视物练金睛。
过程与方法：
通过学习"猴王"的标志性动作，探索"猴戏"扮演者习得本领的过程，体会猴戏表演艺术家们的艰辛。
情感态度与价值观：
1. 理解并认同"猴戏"所体现的不惧困苦、勇敢奋进的精神，是戏曲文化的精神支柱，亦是中华优秀传统文化的重要组成部分。

2. 养成不怕苦不怕难的态度，树立遇事不逃避、勇于用智慧和坚韧解决实际问题的价值观。

3. 感悟表演艺术家所传承的优秀传统美德和品质，激发学生对中华传统文化的喜爱与敬仰之情，在心中播撒下传统戏曲文化的种子。

【活动准备】

1. 多媒体课件。
2. 金箍棒造型的笔及底座。
3. 音频《金箍棒传说》。
4. 视频《一家猴戏千家乐　四代猴戏百年传》《六小龄童教你演孙悟空》《父亲书信》《六小龄童自述》。
5. 板贴"百变""金箍棒""传世""美猴王""知晓猴戏""学习架势""感悟精神""孙悟空吹祥云图""金箍棒积分图"等。

【活动过程】

一、一点一滴知猴戏

（一）金箍棒的传说

1. 师：各位同学，大家好，最近老师获得了一个宝贝——如意金箍棒，却不知该如何使用，因此无法将它变大变小，更不能千变万化。不过，据说只要摸一摸，它就会告诉我们开启的秘诀。有没有小朋友想要试一试？

板贴：金箍棒

生：我想试一试。

2. 师：好，请你来。

（生触摸金箍棒，师播放录音）

播放音频《金箍棒传说之一》：龙王："很久很久以前，有一只猴子名叫孙悟空，他斩妖除魔无所不能，保护唐僧西天取经，经历九九八十一难，化身为佛，登上天庭，他把神兵利器如意金箍棒变幻后藏在人间，并立下誓言：只有了解猴王的人，才能启动金箍棒，成为猴王传人，在人间续写大圣传奇。"

> **设计意图：** 当学生触摸金箍棒时，教师通过媒体设备悄无声息地播放录音，营造神话传说情境，引导学生在解密神话传说中探索与学习，激发学生的好奇心与学习的兴趣。

（二）知晓猴戏

1. 师：你听到了什么？

生：只有了解猴王的人，才能启动金箍棒。

板贴：美猴王

2. 师：可是，我们怎样才能了解猴王呢？快看，"孙悟空"吹来了祥云，他带着锦囊

来帮助我们了。

板贴：孙悟空吹祥云图

出示PPT：要了解猴王，先要知晓猴戏。

板贴：知晓猴戏

3. 师：同学们，你们知道什么是猴戏吗？

生：是猴子演的戏。

4. 师：让我们来看看孙悟空是如何介绍猴戏的吧！

出示PPT《两种猴戏的区分》：猴戏在中国拥有2000年的悠久历史，经过训练的猴子会模仿人类的动作，翻筋斗、爬高竿、戴面具、穿戏服等。到清朝末年，猴戏被搬到了戏曲舞台上。演员给自己画上猴子脸谱，在舞台上演绎猴戏，特别是将孙悟空的形象演绎得淋漓尽致。

5. 师：同学们，你们知道谁扮演了《西游记》中的孙悟空？

生：是六小龄童扮演了孙悟空。

6. 师：六小龄童他们家四代人都扮演过猴王呢！让"孙悟空"来告诉大家这个故事吧！

播放视频《一家猴戏千家乐 四代猴戏百年传》。

"俺老孙来也！"

我父亲曾说过，有的人一上台就下不来了。我们章家四代都是演美猴王的，我曾祖父最早在农田里演美猴王，人称"活猴章"。可到了我祖父那儿，他把绍剧猴戏发扬光大，成了"赛活猴"。我的父亲六岁学艺，得名"六龄童"，后来呢又自成一派，被封为"南猴王"。

7. 师：现在，"孙悟空"要考考同学们对猴戏的了解有多少。第一题：曾祖父"活猴章"最早在哪里扮演美猴王呢？

出示PPT：曾祖父"活猴章"最早在_____演美猴王。

A. 农田里　　　　　　　　B. 舞台上

生：选A，农田里。

板贴：金箍棒积分图

8. 师：回答正确。下一题：祖父"赛活猴"把什么发扬光大了呢？

出示PPT：祖父"赛活猴"把_____发扬光大？

A. 京剧猴戏　　　　　　　B. 绍剧猴戏

生：选B，绍剧猴戏。

板贴：金箍棒积分图

9. 师：回答正确。最后一题：父亲"南猴王"六龄童所扮演的美猴王在哪里上映了呢？

出示PPT：父亲"南猴王"六龄童的_____上映。

A. 电影　　　　　　　　　B. 电视

生：选A，电影。

板贴：金箍棒积分图

10. 师：同学们回答得很棒，从农田到舞台，从舞台到电影，要演好猴戏需要几代人不懈的努力。猴戏是中国戏曲的一项传统门类，有着很长的历史。大家所熟知的孙悟空，是猴戏艺术家们扮演的角色。为了体现孙悟空的神通广大，猴戏艺术家们需要通过艰苦的训练，才能将一招一式练得有模有样。

设计意图： 学生通过观看视频、搜集信息、答题反馈三个步骤，了解猴戏的发展历程，知晓猴戏的两种分类。

二、一招一式学架势

1. 师：现在，我们已知晓了猴戏，是不是可以开启金箍棒了呢？再请一位小朋友来试一试吧！

（生触摸金箍棒，师播放录音）

播放音频《金箍棒传说之二》：龙王："你们已经知道了什么是猴戏，悟性不错。接下来，看看你们能不能学会'猴王'的特有姿势。"

2. 师："猴王"的特有姿势是什么呢？请同学们起立，尝试摆一个"猴王"的特有姿势。

（生起立，摆姿势）

3. 师：请坐。看来同学们对"猴王"的特有姿势有一定了解。让我们看看"孙悟空"这次又带来了什么锦囊？

出示PPT：要学会特有姿势，先要学会"高兴"。

4. 师：学"高兴"，这还不简单！大家一起来展现"高兴"的样子吧！

（生展示各种"笑"）

5. 师：同学们的笑容真灿烂！不知猴戏表演中的"高兴"，是怎样演绎的呢？让我们来看一看。

播放视频《六小龄童教你演孙悟空之一》：咱们人正常乐了是吧，你是笑……但是孙悟空喜悦怎么喜？他是……他是个喜悦的动作，你说狂喜了呢？……哈哈哈哈哈！

6. 师：原来猴戏中的"高兴"不仅仅是哈哈大笑那么简单，让我们一起来试一试，学着表演"高兴"吧！

出示PPT《动作要领》：

（1）脸部保持笑容
（2）双手如花拖住笑脸
（3）身体慢慢左右摇摆
（4）双手来回交叉挥舞
（5）发出笑声

（生参照动作要领，模仿学习）

7. 师：同学们掌握得都不错，每个小组都可以积1分。

板贴：金箍棒积分图

8. 师：大家学得不错。不过，猴王的特有动作应不只是"高兴"，让我们看看还需要学什么呢？

出示PPT：学会了笑，还要学会如何持棍。

9. 师：果然还有，要学如何持棍，这才是"猴王"的标志性动作。孙大圣，传授我们几招秘诀吧！

播放视频《六小龄童教你演孙悟空之二》。

六小龄童："比如说我拿着棍，我也可以平着扛是吧？"

主持人："对！"

六小龄童："但是我个人觉得三七这个位置，你看是这种感觉……"

主持人："黄金比例。"

出示PPT《动作要领》：

第一步：保持微笑　右手遮眉　左手持棍

第二步：左脚落地　右脚上提　保持半蹲

（生按照动作要领，学习持棍）

10. 师：接下来，老师想请两位小助手选出男女生各一名，帮助他们摆出"猴王"的姿势，看谁动作准、保持时间长。其余同学一起计时，数到20比赛结束。

（小助手选出两名选手，协助摆出"猴王"姿势）

（两位选手保持"猴王"姿势，全班同学一起计时）

生：1，2，3，4，5，6，7，8，9，10……20。

11. 师：两位选手都很不错，为坚持时间更久的选手所在小组积2分；另一位选手，虽然保持时间较短，但姿势也很标准，为他所在的小组积1分。

板贴：金箍棒积分图

12. 师：老师想问一下参赛选手。模仿"猴王"的特有姿势，什么感受？

生：腿很酸，脚会抖。

13. 师：看来，要学会猴戏，演好"孙悟空"，没那么简单啊！仅仅一个姿势，就需要长年累月的训练，真是台上三分钟，台下十年功！要成为"猴王"传人，我们必须有吃苦耐劳的精神，不轻易放弃，每天都要坚持刻苦训练。

板贴：学习架势

设计意图： 观看系列视频《六小龄童教你演孙悟空》，尝试学习"猴王"的特有动作，体会学习和练习猴戏的辛苦，在心中播撒下传统戏曲文化的种子。

三、火眼金睛悟精神

1. 师：我们学会了"猴王"的特有姿势，现在是否可以开启"金箍棒"了呢？再请一位同学来试一试。

（生触摸金箍棒，师播放录音）

播放音频《金箍棒传说之三》：龙王："同学们表现得不错，知道了什么是猴戏，学

韵味篇——国粹雅韵

会了猴王的姿势，但是这还不够，还需要练就火眼金睛。"

2. 师：火眼金睛怎么练呀？让我们来看看猴戏表演艺术家是怎么训练的吧！

播放视频《父亲书信》："儿子，家里人都挺牵挂你的，我看了导演寄来的样片，觉得你的动作都做得不错，就是眼神，还差了一点美猴王的神韵，你真的需要找个方法苦练一下，让眼睛更加有神。"可六小龄童是近视眼，这可就有点难办了。

3. 师：原来，猴戏艺术家也会遇到困难。六小龄童是近视眼，双眼无神无法表现出火眼金睛，这可怎么办呀？我们一起来帮帮他。

生1：可以贴透明胶，不让眼睛闭起来。

生2：可以用特效，让眼睛射出光。

生3：可以在眼睛周围涂上金粉，看起来金光闪闪。

4. 师：大家回答得真棒，老师给每一个想到金点子的小组都加上一分。

板贴：金箍棒积分图

5. 师：同学们说了许多金点子，还有各种特效。但当时的拍摄条件有限，没有办法做出这些特效。让我们来看看猴戏表演艺术家用了什么样的方法来克服困难的吧！

播放视频《六小龄童教你演孙悟空之三》。

六小龄童冥思苦想，终于想出了方法——

"我站在这个网的中间，头不动，眼睛跟着他球走，快速的运转。还有一种就是，晚上很黑的那种光线下，去找点的那个香那个烟的那个头。那么其实你就是在找一个视点。完了第三个办法，就是早上看日出，不拍戏，我20分钟可以看强光不眨眼。"

通过这些方法，一个火眼金睛的孙大圣诞生了！

6. 师：原来是这样练习的，我们也来试试看吧，一起来感受一下火眼金睛的感觉。

出示PPT《动作要领》：瞪大眼睛盯一点，一动不动不眨眼。

（生小组合作，模仿练习）

7. 师：老师采访几位同学。你们练习火眼金睛有什么感受呢？

生1：我感觉眼睛很酸。

生2：忍不住要眨眼睛。

8. 师：我们只学了一小会儿，就感觉眼睛又酸又累。可他们需要长年累月、日复一日地进行练习，所以他们身上体现了什么样的精神呢？

生1：坚持不懈。

生2：百折不挠。

生3：刻苦努力。

9. 师：要成为"猴王"，不仅要勤学苦练，还需要拥有克服困难的智慧。为了练就火眼金睛，猴戏表演艺术家们寻找适合自己的独特方法。我们要学习猴戏表演艺术家们不惧艰难、持之以恒、善用智慧、勇于探索的精神。

板贴：感悟精神

设计意图： 在思考中训练学生解决问题的思维能力，在模仿艺术家训练火眼金睛的过程中，感悟"猴戏"所体现的不惧困苦、勇敢奋进的精神。

四、发挥创意寻神器

1. 师：练就"猴戏"需要毅力，更需要用智慧克服困难，要有百折不挠的精神。那么，现在可以开启金箍棒了吗？再请一位同学来试一试。

（生触摸金箍棒，师播放录音）

播放音频《金箍棒传说之四》：龙王："大家已知晓了猴戏，学会了架势，感悟了精神，挑战成功！这就告诉你们启用金箍棒的秘诀：插入底座笔直立，稳如泰山架手机。批作业前轻轻转，火眼金睛找问题。"

2. 师：原来老师的这个"金箍棒"是手机架，可以安放手机。同时，它也是一支红笔，在我需要批改作业的时候，它能帮助我批改出作业本中的错误。不仅老师手中有"金箍棒"，你们也有！大家在学习和生活中有没有遇到过困难，你是怎样克服的？你们的金箍棒是什么？

出示PPT：说一说。

每当我……（遇到什么困难时/做什么事情时），……就是我的金箍棒，它能帮我……

生1：每当我做作业写错的时候，橡皮就是我的"金箍棒"，它能帮我修改错误。

生2：下雨的时候，雨鞋就是我的"金箍棒"，可以让我的鞋子不被雨淋湿。

生3：当我走路不小心摔跤了，我没有哭而是勇敢地爬起来，勇气是我克服困难的"金箍棒"。

4. 师：同学们说得真好，能够找到属于自己的"金箍棒"克服困难、解决问题，真是"百变金箍棒"呢！为你们的小组积分吧！

板贴：百变

板贴：金箍棒积分图

5. 师：通过模仿猴王的体验，我们发现猴戏表演虽然很辛苦，但是表演艺术家们找到了他们的"金箍棒"——不怕艰难、坚持不懈的品质，艺术家们不仅战胜了各种困难，还将快乐带去了千家万户。

播放视频《六小龄童自述》。

"这西天取经路，我一走就走了17年，但又何止呢？有的人一上台就下不来了，我们家就是这样。有人称我们是猴王世家，但是猴戏不姓章，猴戏属于全中国，金箍棒交接了一代又一代，把快乐带去每一户人家。"

4. 师：虽然我们不可能每个人都成为猴戏表演艺术家来传承猴戏，但是我们可以学习并弘扬猴王精神。今天，大家通过小组合作的方式，用智慧找到了属于你们集体的金箍棒。今后，希望同学们都有勇气去面对、用智慧去克服将来生活中遇到的困难，寻身边的"金箍棒"，做人生的"美猴王"！

板贴：传世

韵味篇——国粹雅韵

设计意图： 通过造句练习，将神话情境回归现实生活，通过寻找身边的金箍棒，激发不畏艰难，克服生活各种困难的"猴王"精神。

【板书设计】

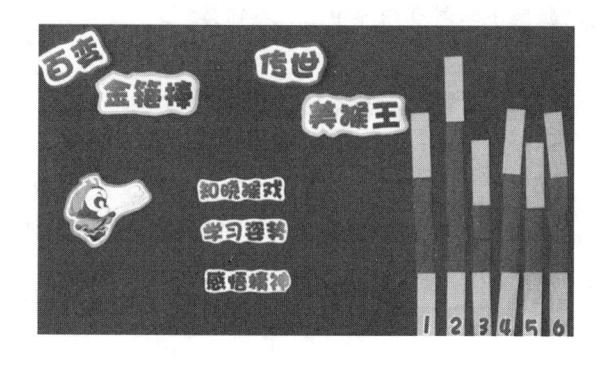

【点评】

探秘金箍棒

1."金箍棒"创设神话情境

授课教师具有较强的营造情景开展教学实践的能力，通过创设神话情境，以开启金箍棒为线索，引导学生探索"猴戏"。金箍棒是串联和支撑起整堂课的关键所在，二年级的学生对于金箍棒这一既有神话色彩，又可以变成玩具的物品比较感兴趣。把金箍棒作为关键的教学元素，既符合"猴戏"这一主题，也符合二年级学生的年龄特点。

2."金箍棒"引导实践体验

在不断探索、解密、开启"金箍棒"的奥秘过程中，教师通过看一看、选一选、学一学、试一试、比一比等多种形式开展教学活动，让学生通过实践，体会金箍棒象征的传统戏剧——"猴戏"的独有魅力，感受金箍棒持棍人——猴戏表演艺术家们代代相传的优秀品质。

3."金箍棒"化身评价指标

"金箍棒"元素贯穿全课，在评价中用"金箍棒"作为积分模型，学习积极表现优秀的小组可以不断加长自己小组的"金箍棒"，凸显出了金箍棒的"变"，使教学情境更富于神话氛围。学生沉浸在"金箍棒"的传说中，它的持续"变长"，也提升了课堂实效。

4."金箍棒"百变美化生活

在学生和教师共同努力解开"金箍棒"奥秘之后，教师又引导学生将"金箍棒"幻化为解决学习生活中各种困难的关键物品，起到了导行的作用。教师给予学生充分的实践体验机会，让学生在体验中感悟猴王精神。同时，学生在解密"金箍棒"的实践与探索中，深刻体会猴戏艺术家不畏艰难、执着向前的精神品质，也提升了用智慧和坚韧解决实际问题的能力。希望教师可以在今后的课堂教学实践中，继续设计多元化、情境化的学生课堂实践活动，进一步展现自己的情境教学的优势。

上海市浦东新区曹路打一小学德育主任　叶　楠

第44课　悠悠茶香　浓浓茶情

设计教师：上海市浦东新区晨阳小学　　　　　丁佳慧
指导教师：上海市浦东新区小学教育指导中心　孙丽萍

【活动对象】

小学四年级学生

【活动时长】

35分钟

【活动背景】

俗话说开门七件事"柴米油盐酱醋茶"。茶作为开门第七件事，在我国有着悠久的历史。茶文化作为中华传统优秀文化的组成部分，它源远流长，博大精深，不但包含物质文化层面，还包含深厚的精神层面，继承和发扬我国的茶文化是十分有必要的。

对于四年级学生来说，孩子们对茶文化还知之甚少。据调查，我班学生95%以上都喜欢喝饮料。他们常常被各式各样包装新颖、口味多样的饮料所吸引，却不知茶为何物，茶为何味，对茶道更是缺乏认识和体验。

【活动目标】

知识与技能：

1. 了解中国十大名茶之一祁门红茶的特点。
2. 知道我国的茶文化有着悠久的历史，是中华民族的传统文化。

过程与方法：

学会简单的茶道礼仪，如泡茶、倒茶、奉茶、接茶、喝茶。

情感态度价值观：

1. 体会茶礼中所蕴含的中华传统美德。
2. 感悟茶文化蕴含的"先苦后甜"的人生哲理。

【活动重点】

1. 学会简单的茶道礼仪，如泡茶、倒茶、奉茶、接茶、喝茶。
2. 知道我国的茶文化有着悠久的历史，是中华民族的传统文化。

【活动难点】

体会茶礼中所蕴含的中华传统美德，感悟茶文化蕴含的"先苦后甜"的人生哲理。

【活动准备】

多媒体课件、7套茶具、泡好6壶茶、"茶博士"奖章若干、6面小旗帜、6个托盘、U形队形、教师穿茶艺服装。

【活动过程】

一、激趣引入

1. 师：同学们，有个小朋友叫小悠。他呀，是个饮料迷，什么饮料都喝过。只要一出新品，他准知道！

出示PPT：小悠图片。

2. 师：你们喜欢喝什么饮料？

生1：我最喜欢喝可乐，因为可乐是甜的，每次喝了可乐，我的心情就特别好。

生2：我最喜欢喝奶茶，特别是芒果味的，甜甜的，好喝极了。

生3：我最喜欢喝蜂蜜柚子茶，有点儿酸，有点儿甜，这样的味道我最喜欢了。

3. 师：一说起饮料，大家就找到共同语言啦！你们呀，都是小小饮料迷。最近，小悠要和同学去印度参加"一带一路"研学活动。他想给印度小朋友准备一份具有中国特色的饮料，可是送什么好呢？

设计意图：市场上的饮料众多，从学生喜欢的饮料导入，拉近师生距离，并创设小悠要给印度小朋友准备一份具有中国特色的饮料的情境，激发学生学习的兴趣，促使学生主动参与课堂活动中来。

二、探究识茶

1. 师：他想啊想啊，渐渐进入了梦乡……

播放音频《开启"茶博士"成长之旅》：

小悠：咦？这不是出使西域的张骞叔叔吗？张骞叔叔，你好！我叫小悠。

张骞：小悠，你好！

小悠：张骞叔叔，过几天我要和同学一起去印度访问了。我想给印度小朋友送一份具有中国特色的饮料，可是，什么饮料既方便保存，又具有中国特色呢？张骞叔叔，你有好的建议吗？

张骞：那当然送茶了。茶在我们国家有着悠久的历史，是最能代表中国传统文化的礼物了。

小悠：茶？我对茶真是不太了解。

张骞：那不要紧，要不，我带你来场"茶博士"成长之旅吧！

小悠：好啊，好啊！

张骞：我国的茶叶可多了，我带你先去了解一下我国十大名茶之一的祁门红茶吧。祁门红茶是红茶中最具代表性的茶叶，它外形茶条紧细，颜色乌黑，茶叶香气清香持久，似果香又似兰花香。冲泡后，汤色红艳透明，滋味醇厚，回味隽永。

2. 师：看，图片上的茶叶就是张骞叔叔介绍的祁门红茶，让我们和小悠一起根据张骞叔叔的介绍完成探究任务单吧！

出示PPT：

探究任务单

茶名	外形	茶色	茶种

3. 师：让我们来分享一下探究结果。

生1：茶名是祁门红茶。

生2：外形茶条紧细。

生3：茶色乌黑。

生4：茶种是红茶。

4. 师：在大家的帮助下，小悠对祁门红茶有所了解了，可他心中还有疑惑。

播放音频《小悠的疑惑》：谢谢同学们，让我了解了祁门红茶的特点。可是，其他九大名茶又是哪些呢？

5. 师：这还真把我们给难住了，让我们继续聆听张骞叔叔的介绍，找找答案吧。

播放音频《张骞解惑》：我国的十大名茶除了祁门红茶以外，还有黄山毛峰、洞庭碧螺春、西湖龙井、君山银针、都匀毛尖、信阳毛尖、六安瓜片、安溪铁观音和武夷岩茶。这十大名茶特色鲜明，誉满全国。

生：我国的十大名茶是黄山毛峰、洞庭碧螺春、西湖龙井、君山银针、都匀毛尖、信阳毛尖、六安瓜片、安溪铁观音、武夷岩茶和祁门红茶。

板贴：中国十大名茶

黄山毛峰　洞庭碧螺春　西湖龙井　君山银针　都匀毛尖

信阳毛尖　六安瓜片　安溪铁观音　武夷岩茶　祁门红茶

6. 师：自古以来，中国人喜欢喝茶，茶文化历史悠久。十大名茶各具特色，真是悠悠茶香。

板贴：悠悠茶香

> **设计意图：** 我国的十大名茶各具特色，借助于小悠的"茶博士"成长之旅，和小悠一起探究学习，了解祁门红茶的特点，又通过图片和张骞叔叔的介绍，初步了解其他九大名茶，增进对茶叶的了解和进一步探究我国其他茶叶的兴趣。

三、实践茶礼

（一）倒茶礼仪

1. 师：我们中国人习惯以茶待客，这茶道可大有讲究。我对茶道略知一二，在一曲《高山流水》的伴奏下，让我先来给大家露一手，泡壶茶吧！可要仔细观察哦！

教师介绍步骤	教师具体操作
第一步：倒入茶叶	左手拿起茶荷，右手拿茶针，将茶叶倒入茶壶内
第二步：冲入开水	拿起水壶，将开水倒满茶壶
第三步：刮沫	右手拿起茶盖，用茶盖轻轻刮去浮在上面的茶叶泡沫
第四步：倒入公道杯	盖上茶盖，右手拿起茶壶，将茶水全部倒入公道杯
第五步：倒入品茗杯	右手端起公道杯，分别倒入品茗杯中
第六步：烫壶	右手端起品茗杯，将茶水全部倒在茶盖上
第七步：再次倒入开水	打开茶盖，右手拿起水壶，将开水再次倒满茶壶
第八步：焖茶	盖上茶盖
第九步：再次倒入公道杯	右手端起茶壶，将茶水倒入公道杯中
第十步：分茶	右手端起公道杯，将茶水分别倒入品茗杯中

2. 师：看到大家专注的神情，相信一定有不少收获。那我可得考考大家，你对泡茶有什么了解呢？

　　生：泡茶前，要先把茶具烫一烫。

3. 师：是的，我们把它叫作温杯烫壶，为什么要温杯烫壶呢？

　　生1：我觉得这样做是为了清洁茶具。

　　生2：我觉得除了能清洁茶具以外，还有助于泡出好茶。

4. 师：的确如此，温杯烫壶一来可以清洁茶具，二来可以提升茶具的温度，更好地散发茶香。

　　生：茶水不能倒太满。

5. 师：是的，请个小朋友来看一看我倒了多少茶。

　　生：老师倒了一半多一点儿。

6. 师：我倒了七分茶。那么，为什么没把茶倒满呢？

　　生：倒满茶就是赶客人走的意思。

7. 师：你了解得真多！把茶倒满就是给客人下逐客令，所以，我们倒七分茶更适宜。

板贴：茶倒七分

（二）奉茶礼仪

1. 师：小悠也学会了泡茶礼仪。正巧，阿姨带着妹妹小西来做客，让我们看看小悠是怎么奉茶的。

播放视频《小悠奉茶》。

小悠：阿姨、小西，很久不见，见到你们，真是太好了。

小悠（一只手端茶）：小西，请喝茶。

小西（双手接茶）：谢谢哥哥，我正好口渴了。

小悠（一只手端茶）：阿姨，请喝茶。

阿姨（双手接茶）：谢谢，嗯，真香，一定很好喝。

2. 师：小悠这样奉茶正确吗？谁来说说你的观点。

　　生：我觉得小悠这样奉茶不好，因为他是用一只手给阿姨奉茶的。

3. 师：单手奉茶确实不妥当。那么，我们应该怎样奉茶呢？

　　生：应该双手给别人奉茶。

4. 师：双手奉茶是对别人的一种礼貌，还要注意手指尽量不要碰到杯口。

板贴：双手奉茶

　　生：小悠把茶先端给了小西，再端给阿姨，这样的奉茶顺序是不对的。

5. 师：是的，给别人奉茶也是有讲究的，你们知道一般按照什么顺序吗？

　　生1：先给老人奉茶，然后再给年纪轻一点儿的客人。

　　生2：我知道女士优先，所以我认为要先给女士奉茶，再给男士。

6. 师：大家说得都很有道理，给不同身份的客人奉茶时，我们可以根据他们的年龄、性别来奉茶，要做到长幼有序、先女后男。

7. 师：那小悠奉茶时有没有做得好的地方呢？

　　生：他对阿姨和小西都很有礼貌，在奉茶时都说了"请喝茶"。

（三）接茶礼仪

1. 师：听了大家的建议，我们相信小悠一定学会了奉茶礼仪。那作为客人，又该怎样接茶呢？让我们进行情景小模拟，我来做小悠，请3位同学当客人。大家都是小裁判，看看哪位客人最正确。

　　生1：我最喜欢×××，因为他是双手接茶的，而另外两个同学是一只手接茶的。

　　生2：我也喜欢×××，因为他接了茶之后，还说了声"谢谢"。

2. 师：看来，不管是奉茶，还是接茶，都是非常有讲究的，茶道礼仪都不能忘。

板贴：双手接茶

（四）品茶礼仪

1. 师：现在该到品茶时间了，谁想来品一品？注意观察他们的动作哦！

　　生1：我觉得×××和×××做得不太好，因为他们一下子就把茶喝完了，而×××是一小口一小口喝的。

　　生2：我觉得×××做得最好，因为他是喝一小口，再喝一小口的，这才是品茶。

2. 师：品茶究竟该怎么做呢？让我们来听听张骞叔叔是怎么说的。

播放音频《品茶礼仪》：同学们，品茶时，我们应该先闻一闻茶香，然后看一看茶色，最后再喝茶，还要注意小口慢慢地喝，这才是正确的品茶礼仪。

韵味篇——国粹雅韵

3. 师：原来品茶也是有学问的！正确的品茶礼仪是先闻茶香，再观茶色，最后再喝茶。

板书：闻香喝茶

设计意图： 我国的茶道历史悠久，通过看一看老师泡茶、倒茶的礼仪，议一议学生奉茶、接茶、品茶的礼仪，不仅帮助学生了解中国茶道，学会简单的茶道礼仪，更让学生深切感受到茶道体现着一个人的内涵，体现着一个人的修养。

四、品茗悟茶

1. 师：我国的茶文化源远流长。如今，越来越多的人喜欢上了喝茶，更有人说"饮茶胜饮酒"。那么，这茶味到底是怎么样的呢？今天也请大家来品品茶味，说说茶的味道。

生1：有点儿苦。

生2：刚开始，我觉得有点儿苦，不过后来，我觉得有点儿淡淡的甘甜了。

2. 师：这先苦后甜的茶味，就像我们的人生一样。在你们的学习生活中，经历过先苦后甜的事情吗？

生1：记得我刚开始练书法的时候，总是写不好，非常气馁。这时候，妈妈跟我说，只有付出，才会有收获。于是，我发奋图强，每天坚持练习半小时。现在我已经取得书法六级证书了。

生2：记得一年级的时候，爸爸教我骑自行车。那时的我非常胆小，总是摔得鼻青脸肿，站都站不起来。但是爸爸一再鼓励我，坚持就是胜利。就这样，经过一段时间的努力后，我终于学会了骑自行车。

生3：二年级时，我的英语一直不太好。为了提高英语成绩，妈妈每天一大早就叫我起床，读课文、背单词。在妈妈的帮助下，后来，我在一次英语考试中竟然得了班级第三名，我兴奋极了。

3. 师：听了大家的真情故事，张骞叔叔也想和大家分享一下他出使西域的故事，我们一起来听一听。

播放视频《张骞出使》。

公元前140年，张骞奉命率领一百多人，第一次出使西域。可是当他们在穿过河西走廊时，不幸碰上匈奴的骑兵队，他们都成了俘虏。匈奴王想尽办法折磨他们，张骞一行人始终坚贞不屈。

在长达十多年囚禁的日子里，张骞经常手握象征祖国的旌节，远望故土，誓不投降，直到匈奴内乱，张骞等人才趁机逃回祖国。

张骞在出使西域的过程中，经历了很多磨难，一路上日晒雨淋，风吹雨打，环境险恶，困难重重，但他始终信心坚定，不顾艰辛，打通了中国通往西域之路，往来的商人也越来越多，对沟通中西经济和文化起了很重要的作用，也为今天的"一带一路"伟大构想奠定了历史性的基础。

4. 师：相信张骞叔叔先苦后甜的故事一定给了你们启迪。好茶总是先苦后甜，当苦味散尽，甜味出现时，你会觉得特别甘甜。同样的道理，先苦后甜的人生一定是有滋有味的人生。

板贴：先苦后甜

> **设计意图**：通过品茶，学生可以感受茶叶"先苦后甜"的滋味，再引申到人生中"先苦后甜"的故事，鼓励学生遇到困难时要勇敢地去面对，懂得只有付出，才会有收获的道理。这样由浅入深、潜移默化的教育，使本课主题得到了升华。

五、总结延伸

1. 师：悠悠茶香让人陶醉，浓浓茶情滋润心田。小悠的"茶博士"成长之旅即将结束了，我们来听听，他有什么收获？

板贴：浓浓茶情

播放音频《小悠的收获》：这次的"茶博士"成长之旅让我收获了不少，我知道了我国的茶叶很多很多，其中的十大名茶更是名扬四海，我还学会了不少茶道礼仪，我想在以后的生活中我一定会学以致用，使自己成为真正的茶博士。最后与大家一起分享一下我写的一首小诗。

出示PPT：小诗《茶》。

茶，
香叶，嫩芽。
一壶茶，心开怀，
十大名茶，名扬四海，
品茶有讲究，礼仪不能忘，
人生先苦后甜，不气馁不低头，
悠悠茶香人已醉，浓浓茶情润我心。

2. 师：茶如人生，人生如茶。茶文化是我们中华民族的文化结晶，希望你们和小悠一样将我国的茶文化传承下去，并让它发扬光大。

> **设计意图**：课堂末尾，通过让学生诵读小诗，回顾课堂内容，加深他们对我国茶文化的认识，并内化为传承和发扬茶文化。

【板书设计】

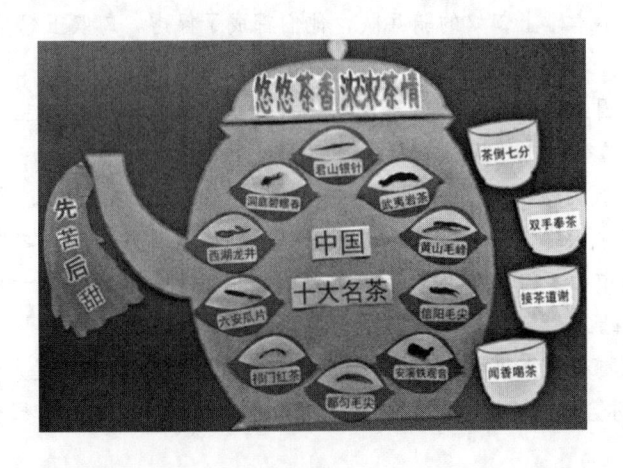

【点评】

隐性教育资源的显性力量

教育资源是为教学的有效开展提供的素材等各种可被利用的条件，通常包括教材、影视、图片、课件、学校的各种设备等，这些显性的教育资源为我们的课堂注入了活力，增强了实效性。但在这堂课中，丁老师所穿着的茶服，这一隐性教育资源同样起到了显性的作用。

1. 激兴趣入境

苏霍姆林斯基说过，兴趣是最好的老师。课堂上丁老师入情入境，穿上古朴、典雅的茶服，当起了茶艺师，亲自给学生示范泡茶。身穿茶服的丁老师一下子吸引了学生的注意，使学生对泡茶有了初步的认识，知道了茶服也是我国茶文化的一部分，同时也激发了学生学习茶道礼仪的兴趣。

2. 添茶艺美感

茶艺表演，作为茶文化的一种外在表现形式，充分展现了我国茶文化所蕴含的美。丁老师在一首古筝《高山流水》的伴奏下，虔诚、认真地倒茶、分茶，将一个个看似简单的动作，如行云流水一样操作着，让人赏心悦目。再加上一身独具特色的茶服，这一视觉美感将茶道、茶境有机结合成统一的整体，更增添了茶艺之美。

3. 显教师才华

茶服作为茶文化的重要表现形式，将茶文化所具备的精神文化完全融入其中。一款极具视觉形态美、传承文化内涵的茶服对传播茶文化的作用也是毋庸置疑的。丁老师聪明地抓住这一点，将看似普通的茶服——这一隐性教育资源引入课堂中，使学生在潜移默化中学习茶道，接受茶文化的教育。

上海市浦东新区晨阳小学德育主任　饶　艺

第45课　品读粉墨春秋　传承国粹韵味

设计教师：上海市浦东新区进才实验小学　　孙其芬
指导教师：上海市实验学校东校　　　　　　凌洁敏

【活动对象】
小学五年级学生

【活动时长】
2+35分钟（2分钟预备时间）

【活动背景】
　　党的十九大报告指出，中国特色社会主义文化源自中华民族五千多年文明历史所孕育的中华优秀传统文化，传统文化在浦东这片改革开放的热土上繁荣、传承与发展，迎来了一个又一个的春天。脸谱文化是中华传统文化特有的精神瑰宝，不仅有着独特的审美特征，更有着丰富的文化内涵，是中国标志性的文化符号之一。在传承文化、涵养道德、增强文化自信等方面独具作用，对各个领域都有深远的影响。但是随着文化多元化的发展，中国脸谱正在流失传承的土壤。
　　对五年级的学生来说，平时在学习和生活中接触过一些脸谱知识，但还停留在浅层次的萌芽阶段，对其文化底蕴以及象征意义也知之甚少。

【活动目标】
知识与技能：
1. 认识脸谱，了解脸谱所蕴含的符号意义及艺术效果。
2. 懂得不同颜色的脸谱代表不同的性格特征。
过程与方法：
1. 完成探究小报，学会辨别脸谱谱式。
2. 知道不同颜色的脸谱代表不同的性格特征。
情感态度价值观：
懂得欣赏脸谱，热爱脸谱艺术，进而热爱中华民族优秀传统文化。

【活动准备】
1. 脸谱探究小报。

2. 脸谱视频、图片和录音资料，脸谱小奖品等。

3. 脸谱大礼包：（1）一份脸谱资料介绍。（2）一张画好的脸谱及若干张待涂色的脸谱。（3）一张脸谱探究小报。

【活动过程】

一、呈现脸谱的亮相

1. 师：同学们，今天，老师带大家上的这堂课跟平时的课堂不一样。我们先来聊聊我国优秀的传统文化。传统文化的概念很大，我们从中国的四大名著着手，有谁知道是哪四本书吗？

生：《三国演义》《水浒传》《西游记》和《红楼梦》。

2. 师：你答得非常流畅！这说明这四本书已被你铭记于心，值得表扬！谁来说说你最喜欢哪本书里的哪个人物？为什么？

生1：我喜欢《水浒传》里的武松，觉得他智勇双全，敢一个人打老虎，对梁山很有贡献。

3. 师：老师也喜欢他！武松的确是条能打能抗的硬汉子，爱憎分明，知恩图报。

生2：我喜欢《三国演义》里的曹操，我觉得他很厉害，会写诗，会指挥军队，很多人愿意投奔他。

4. 师：老师也很欣赏曹操，文治武功了得，做人有格局。当然，金无足赤，人无完人，曹操也有缺点。四大名著中人物众多、性格鲜明，他们的姓氏也是各不相同。我们先来玩个关于姓氏的"你说我猜"的小游戏。完成这个小游戏，就会进入一个奇妙的世界，想不想试一试？

出示PPT："猜猜你姓啥"小游戏。

生齐：想！

5. 师：老师先来讲一下游戏的玩法。例如，你姓王，可以说"我的姓是三横一竖"，可以说"我的姓在老虎头上"，还可以说"我的姓和《凉州词》的作者一样"。听懂了吗？谁先来试试？

生1：我的姓是四季中最热的一个季节。

6. 师：你姓夏。

生2：我的姓是百家姓中最靠前的那一个。

7. 师：你姓赵。

生3：我的姓跟《静夜思》的作者一样。

8. 师：你姓李。看来这个游戏没有难倒老师。现在，轮到老师来考考你们了，猜猜老师姓什么？

（师戴上象征孙悟空形象的脸谱）

生：姓孙。

9. 师：真是太棒了！你们怎么猜出来的？

生：老师戴的是孙悟空的脸谱，所以应该姓孙。

10. 师：分析得真好！你们根据脸谱所蕴含的意义，成功猜出老师的姓氏。今天，孙老师就带领大家到脸谱主题乐园游览一番。

板书：脸谱

设计意图：脸谱是一种看似热闹、实则冷清的传统文化，最有中国传统文化的韵味。学生对脸谱的认识较有陌生感和距离感，通过猜姓氏的暖场游戏，引出脸谱，激发学生学习脸谱的兴趣。

二、揭开脸谱的面纱——脸谱初次体验区

出示PPT：沙僧和龙王的脸谱图片。

1. 师：首先欢迎大家来到脸谱初次体验区，看看这两张图片，猜猜它们分别代表什么形象？

生：沙僧、青龙。

2. 师：好极了！通过刚才的游戏，你们已经知道了脸谱蕴含特定的符号意义，也顺利猜出了这些脸谱所代表的人物形象。请大家思考一下，生活中，你在哪里可以见到脸谱呢？

板书：符号意义

生1：饰品店。

生2：博物馆。

生3：舞台上。

出示PPT：脸谱图片。

3. 师：是啊，生活中有很多地方可以见到脸谱，孙老师也找了一些常见的脸谱图片，一起来看看吧！

（生欣赏脸谱图片）

4. 师：大家发现了吗？其实，脸谱和我们的学习、生活息息相关。一起去欣赏一下《说唱脸谱》吧！看了同龄孩子的精彩演出之后，同学们已经迫不及待地想知道什么是脸谱了吧？一起听听脸谱的自我介绍。谁来说说什么是脸谱？

播放视频（学生版）《说唱脸谱》。

外国人把那京戏叫做Beijing Opera，

没见过那五色的油彩，楞往脸上画。

四击头一亮相，美极了妙极了，简直OK顶呱呱。

蓝脸的窦尔敦，盗御马。

红脸的关公，战长沙，

黄脸的典韦，白脸的曹操，

黑脸的张飞，叫喳喳……

播放视频《脸谱的自我介绍》：小朋友们，知道脸谱吗？这是中国戏曲演员脸上的绘

韵味篇——国粹雅韵

画,用于舞台演出时的化妆造型艺术。每种人物都有一种大概的谱式,就像唱歌、奏乐都要按照乐谱一样,所以就有了脸谱这一名称。

生1:脸谱是涂在演员脸上的画,也是一种舞台艺术。

生2:脸谱是有谱式的,像唱歌、奏乐一样。

5.师:是啊,你们听得可真仔细!我们知道了脸谱是一种舞台造型艺术,也知道了脸谱其实就在我们身边,是我们生活中随处可见的艺术形式。

> **设计意图:** 学生猜脸谱所代表的形象,思考在哪里可以见到脸谱,有一个自主探索求知的过程。观看同龄人的演出视频,听脸谱的自我介绍,把一张张脸谱,化作一个个文字符号,拉近学生与脸谱的心理距离,引起共鸣。

三、探究脸谱的奥秘——脸谱深度探秘区和脸谱益智游戏区

1.师:知道了什么是脸谱,就跟着孙老师到脸谱深度探秘区去探秘吧!我们先来聆听《脸谱的起源》,思考:脸谱在这里起到了什么作用?

播放视频《脸谱的起源》。

脸谱最早起源于原始图腾,后来逐渐演变为艺术化的脸谱形式。

关于舞台脸谱的起源,最为大众公认的一种说法,来源于我国南北朝北齐的兰陵王。他容貌清秀,但性格勇武。因为长相俊美,打仗时,敌人遇到他,都不怎么害怕。聪明的兰陵王用木头制成了一个容貌狰狞的面具,打仗时就戴上面具,勇猛冲杀,常令敌人闻风丧胆。因此,打了很多胜仗,立下了许多战功。

有人根据此事,编排出了《兰陵王入阵曲》。表演时,演员头戴面具,扮作兰陵王指挥、进军、刺杀之状,很是雄壮。这种头戴面具、载歌载舞的形式,就此逐渐传遍了全国。

生1:脸谱上的眼睛很吓人,让人产生恐怖心理。

生2:脸谱的头上有角,牙齿也很尖利,样子不好看。

生3:脸谱的颜色是白色,像鬼一样,让人害怕。

2.师:是啊,智勇双全的兰陵王就是利用了脸谱图案、颜色造成的艺术效果,加上他的英勇无敌,一次次杀退敌人,立下赫赫战功。

板书:艺术效果

3.师:接下来,是探秘区的重头戏。让我们一起来探究脸谱的不同谱式。先请组长打开桌面上的脸谱大礼包,拿出探究小报、脸谱资料介绍和脸谱。小组合作,先阅读脸谱资料,再参考脸谱,由组长执笔,完成脸谱探究小报。探究结束,请各小组组长上台交流。准备好了的话,就开始吧!

脸谱探究小报

我们探究的脸谱谱式：

这种谱式的图案特点：

探究的颜色是：白色

象征意义是：

脸谱探究小报

我们探究的脸谱谱式：

这种谱式的图案特点：

探究的颜色是：黄色

象征意义是：

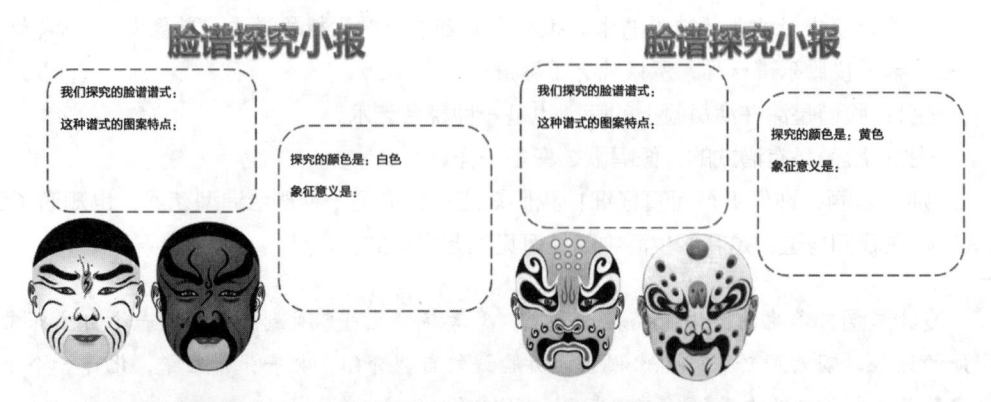

（生合作完成探究小报，师播放《说唱脸谱》作为背景音乐）

4. 师：探究活动结束，请按小组顺序到讲台前汇报各小组的探究成果。

第一组组长：我们探究的脸谱谱式是整脸。特点是一色为主，勾出五官和面部的细致纹样。颜色是白色。象征意义是阴险狡诈。

第二组组长：我们探究的脸谱谱式是十字门脸，特点是自脑门到鼻子画一立柱，又在黑眼窝中间画一横线，好像十字。颜色是黑色。象征意义是正直无私。

第三组组长：我们探究的脸谱谱式是三块瓦脸，特点是用黑色表现两眼窝、鼻窝，使前额、左右面颊形似三块瓦片。颜色是绿色。象征意义是刚勇强横。

第四组组长：我们探究的脸谱谱式是六分脸。特点是夸大眉形，白眉形占五分之二，主色占五分之三。颜色是红色。象征意义是忠勇侠义。

第五组组长：我们探究的脸谱谱式是僧脸，特点是脑门上勾一个红色舍利珠圆光或九个点，以表示入了佛门。颜色是黄色。象征意义是凶猛暴躁。

第六组组长：我们探究的脸谱谱式是象形脸，特点是构图和色彩从每个精灵神怪的形象特征出发，贵在传神。颜色是蓝色。象征意义是桀骜不驯。

5. 师：每个小组的探究小报完成得非常出色！你们都已经成为脸谱小达人了呢！走吧，奖励你们去脸谱益智游戏区玩个痛快！准备好玩游戏了吗？

生齐：准备好了。

出示PPT《脸谱对对碰要求》：

（1）十张纸牌，上面五张是关于脸谱的内容解说，下面五张是脸谱图案。

（2）上下各选择一张纸牌点击，若内容解说和脸谱图案相匹配，即配对成功。

（3）若点击翻动的纸牌上下内容不符，纸牌自动复原，可以继续点击，直到全部纸牌都翻转成功。

韵味篇——国粹雅韵

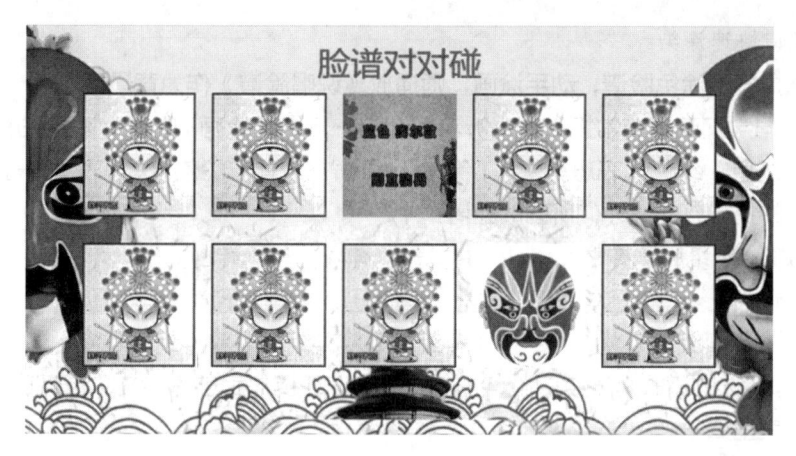

6. 师：同学们不仅探究学习能力强，游戏的水平也是非常高。在这里啊，我们通过听故事、做游戏，不仅知道了脸谱的六种基本谱式，还知道了不同颜色的脸谱代表不同的性格特征。这些脸谱的作用可真大呢！正如一首小诗所说：红绿紫青蓝，勾抹涂五官。人分三六九，一眼辨忠奸。

板书：辨善恶　识性格

设计意图： 鉴于学生对脸谱的认识比较浅显，通过看视频，合作完成探究小报，让学生对脸谱谱式分类有了基本的了解，也初步知道了不同颜色的脸谱有不同的象征意义。再通过脸谱对对碰的挑战游戏，让学生把外化的知识加以吸收消化，从深层次上理解脸谱本身所蕴含的中华优秀传统文化内蕴，进而为下一步画脸谱做好铺垫。

四、体验脸谱的画法——脸谱手工制作区

1. 师：小小的一张脸谱有着大大的学问。脸谱是怎么画出来的呢？去看看视频，了解一下。

播放视频《郭师傅画脸谱》：我叫郭石刚，是从事京剧脸谱绘画的手工艺人。很多人认为脸谱对称是比较重要的，其实呢，它只是其中的一部分。脸谱最重要的，其实是把整个人物的神韵要画出来。因为舞台脸谱，它是通过舞台人物的表情，它的脸部图案会有一定的变化。但是，我们画在这种静物上呢，就需要通过毛笔的画工，去体现这个人物的精髓的部分。加入一些工笔的技法，包括主要的是线条相对比较流畅，然后，整体的布局。

生1：脸谱的画法很难，需要很长时间的学习。

生2：脸谱的工艺复杂，需要很多材料才能画好。

2. 师：郭师傅画脸谱的视频，大家看得真仔细！来到了脸谱手工制作区，我们怎能不亲自体验一把呢？请根据要求，亲自动手画脸谱。

出示PPT《画脸谱要求》：

1. 选择你喜欢的脸谱谱式。
2. 选择一种主色调。

3. 着色时快速涂染。

（生选择好待涂色脸谱，动手涂画，师播放《说唱脸谱》作为背景音乐）

3. 师：同学们画得非常投入！先听老师介绍一下老师涂画的脸谱：我选的谱式是象形脸，主色是红色，红色代表忠勇侠义，希望我像悟空一样忠勇侠义、表里如一。谁可以根据脸谱背面的提示，介绍你们所画的脸谱？

出示PPT《介绍脸谱要求》：

我选的谱式是_____，主色是_____，_____色代表_____。

我（不）希望像_____一样（表里如一）。

生1：我选的谱式是十字门脸，主色是红色，红色代表忠勇侠义，希望我像关羽一样忠勇侠义、表里如一。

生2：我选的谱式是六分脸，主色是白色，白色代表阴险狡诈，我不希望像曹操一样阴险毒辣。

生3：我选的谱式是三块瓦脸，主色是黑色，黑色代表正直无私，希望我像张飞一样正直无私，表里如一。

板书：表里如一

4. 师：同学们亲手画的脸谱，色彩丰富，涂抹均匀。你们不仅把脸谱的谱式分得更清楚，还更加明确地分清不同颜色的脸谱，代表不同的性格特征，真是成了脸谱的小行家呢！

> **设计意图：** 学生亲手涂画脸谱，并把所画脸谱讲出来，这不仅是手工作品的展示，更是对脸谱文化理解基础上再现脸谱文化的过程。在学习中实践，在实践中体验收获，是对中华优秀传统文化最好的继承和发展。

五、唱响脸谱的律动——脸谱视听律动区

1. 师：脸谱的魅力不仅在于涂抹均匀的丹青朱墨，也不仅在于生旦净丑的各种唱腔，它还是深植于中国人心中生生不息的文化，是流淌在中国人心中的律动。现在我们来到脸谱视听律动区，一起来学唱一首脸谱主题乐园的主打歌曲——《说唱脸谱》。这首歌的旋律已经在这堂课上出现了三次。这次啊，我们先看着视频和歌词，认真听，然后一起来跟唱。

播放视频（杭天琪版）《说唱脸谱》。

外国人把那京戏叫做Beijing Opera,

没见过那五色的油彩，楞往脸上画。

四击头一亮相，美极了妙极了，简直OK顶呱呱。

蓝脸的窦尔敦，盗御马。

红脸的关公，战长沙，

黄脸的典韦，白脸的曹操，

黑脸的张飞，叫喳喳……

韵味篇——国粹雅韵

（生集体跟唱）

2. 师：歌曲学唱得特别有精气神！那么脸谱传承到现在，还有必要继续下去吗？我们先来听听郭师傅怎么说，再请大家说你们对脸谱的看法。

播放视频《郭师傅谈脸谱创新传承》。

"该换了，没有了，使用干净了。"我跟我父亲就是在这个桌子上一起干活的，但是我父亲现在基本上已经很少画了。他的眼神啊，手啊都已经不是很好用了。但是，我有时候在做一些创新的时候呢，他会过来给我有一些指点。我父亲其实一直希望我把这个（京剧脸谱工艺），一直把它传承下去。我们现在把京剧脸谱给它创新了一下，我们会把它做成面具类，而且画成黑白色，半张脸。这样的话，很多的年轻人会特别喜欢。

生1：我觉得这么优秀的传统，是我们国家的象征，我们要传承下去。

生2：我去其他国家交流过，给住家送的就是印有脸谱的筷子，我觉得这是我们的国家象征，要传承，也要发展。

3. 师：你们说得真好！老师仿佛看到我们国家的传统文化正在你们手中发扬光大。是啊，一张张脸谱，一个个鲜活的生命，一段段粉墨里的春秋。同学们，我们在学习脸谱文化的时候，要心怀敬畏，因为这是国粹的韵味。脸谱里的这诸般事啊，是值得我们中国人一代代弘扬下去的精神瑰宝。

板书：粉墨春秋诸般事　国粹韵味世代传

设计意图：《说唱脸谱》的学唱过程，是在潜移默化中对脸谱文化的升华和总结。明白歌词的大意，体味中华文字的优美意境，全体学生把对脸谱的理解化作歌声，唱响脸谱文化，传承国粹精华。

【板书设计】

【点评】

"破冰"的正确打开方式

萨提亚冰山理论中认为，人的沟通技巧主要有以下四个方面：认同感受、分享事件、阐述观点和期待。如果一个人的感受被认同时，他的冰山就很容易化解，就很容易形成有效的对话，从而积极倾听、关注、接纳对方的感受，从感受的层面去架起沟通的桥梁，很多沟通问题就在自然而然中解决。同理，借班上课的老师最怕什么？和学生不熟悉、互动尴尬、课无法顺利推进……孙老师的课告诉了我们借班上课"破冰"的正确打开方式。

1. "闲聊"互动消隔阂

闲聊，聊什么？一不小心可能就变成了尬聊。孙老师非常准确地把握五年级学生的知识储备，将中华民族优秀传统文化从学生喜欢看的"闲书"聊起，围绕着学生喜欢的《三国演义》《水浒传》中的人物展开。学生每说出一个喜爱的人物角色，孙老师都能认真倾听，在学生回答完后，她总能积极正面地评价学生的回答，更能精妙地用一两句话点评该人物，让学生在聊天中有收获，还渴望得到更多的收获。可见老师的文学功底相当深厚。这一环节也为后面"猜猜我姓啥"的游戏做了有效的铺垫。

2. "猜猜"游戏巧心思

闲聊之后并不需要自我介绍，游戏互动是更快更好地拉近彼此距离的方式。游戏如何设计？自然要为本节课"脸谱"这个主题做铺垫。孙老师先以名著中的人物举例如何玩游戏，在互动猜姓氏的游戏过程中，也对这个姓氏发表一番独到的见解。在轻松幽默的氛围中，陌生的隔阂和壁垒轻松地被打破。最后孙老师戴上孙悟空的脸谱面具请大家猜一猜他的姓氏，切入主题"脸谱"，自然有趣亦不生硬，师生间的互动温度刚刚好，课也正式拉开了序幕。

小小的一个破冰环节，足以展现孙老师扎实的基本素养，亦为借班上课的老师提供了一个好的典范。

上海市实验学校东校德育主任　凌洁敏

第46课　国兰雅韵颂"君子"

设计教师：上海市香山中学　　　　管　杰
指导教师：上海市浦东教育发展研究院　姚瑜洁

【活动对象】
初中九年级学生

【活动时长】
2+40分钟（2分钟预备时间）

【活动背景】
　　习近平总书记在省部级主要领导干部学习贯彻十八届三中全会精神、全面深化改革专题研讨班开班式上指出："要加强对中华优秀传统文化的挖掘和阐发，努力实现中华传统美德的创造性转化、创新性发展，把跨越时空、超越国度、富有永恒魅力、具有当代价值的文化精神弘扬起来，把继承优秀传统文化又弘扬时代精神、立足本国又面向世界的当代中国文化创新成果传播出去。"
　　兰花是我国著名的观赏花卉。几千年来，历代文人雅士以兰寄情，以兰颂德，中国兰文化与中华传统文化血脉相连。兰文化丰富的内涵和哲理，正是我们中华民族精神的象征。兰文化体现在语言文字里，体现在诗词文赋中，体现在丹青画笔下，真可谓博大精深，代代相传。香山中学是上海市艺术教育特色学校，在"以美立校，立美育人"的办学理念引领下，从美育融合德育的视角拓宽育人渠道，努力培养具有较高审美素养与人文情怀的现代学子，帮助学生丰富审美体验，弘扬优秀传统文化，引导学生涵养君子品格，争做如兰少年。

【活动目标】
1. 了解兰花的习性，学习观赏兰花的方法。
2. 讲述历史名人与兰花的故事，理解兰文化所寓意的"君子"品德，争做如兰少年。

【活动准备】
1. 兰花的相关视频和多媒体课件。
2. 兰花知识任务单。
3. 可上网的IPAD或手机若干。

4. 兰花若干盆。

5. 将学生分成四个学习小组入座,并用号码牌标注各小组。

【活动过程】

一、听兰曲

1. 师:同学们,我们先来听一首歌曲,边听边欣赏兰花的美照。请同学们猜一猜这首歌的歌名。

播放音频《兰花草》:"我从山中来,带着兰花草,种在小园中,希望花开早。一日看三回,看得花时过。兰花却依然,苞也无一个。转眼秋天到,移兰入暖房。朝朝频顾惜,夜夜不相忘。期待春花开,能将宿愿偿。满庭花簇簇,添得许多香……"

出示PPT:兰花照片。

生1:这首歌我好像很耳熟,但不知道歌名。

生2:这是一首老歌吧,我妈妈有时候会哼几句。

2. 师:这首歌曲,老师必须隆重介绍一下:它曾经在20世纪70年代末风靡大江南北,男女老少纷纷传唱,堪称当时的神曲,歌名叫《兰花草》。这首歌唱的正是我们今天课堂的主角——兰花。

设计意图: 学生通过听歌曲与看照片,可以了解本节课的主要内容,并对其有初步的直观感受。这样可以拉近学生与本课的距离,激发学生的学习兴趣。

二、知兰性

1. 师:兰花作为我国著名的观赏花卉,与"梅、菊、竹"并称为"花中四君子"。兰花被称为"君子之花",肯定有着君子的"属性",我想问问同学们,你认为君子应该是什么样的?

生1:品德高尚。

生2:出淤泥而不染。

生3:讲诚信。

2. 师:同学们讲得非常好,说出了你们心目中的君子形象。老师也和大家分享一下我心目中的君子形象。因为如今是一个看"颜值"的时代,所以我认为君子不但要有内在品德美,外在美也很重要哦!说起"君子",在老师眼前,立刻浮现出一位衣袂飘飘、气宇轩昂、满腹经纶、品德高尚的青年才俊形象。今天老师请来了自己心目中的君子——"麒麟才子"梅长苏。让他带领大家一起走进兰花的世界,聊聊那些关于兰花的事儿。

出示PPT:梅长苏剧照。

播放音频《梅长苏自我介绍》:同学们好!我叫梅长苏,来自1500年前的梁朝,今天穿越到公元2020年,受邀来到我们同学身边,真是万分荣幸!兰花在我国有着悠久的栽培历史,比我的年纪还要大得多,它的发展历程都记录在它的"身份证"上了。让我们观看一段视频，了解一下它的"身份证"上记录了哪些重要信息？视频观看完后，记得要回答我提出的这三个问题哦！

播放视频《国兰雅韵颂"君子"》：百花齐放各争春，唯有兰花香正好。早在春秋时代，孔子就常用兰花比喻"君子之道"，确立了兰花的"君子"地位。春秋末期，越王勾践已在浙江绍兴的渚山种兰。魏晋南北朝时期，"书圣"王羲之将兰叶青翠欲滴、流畅飘逸的姿态运用到书法中，使其书法达到了神韵生动、随心所欲的最高境界。元代稀世名瓷青花四爱图梅瓶，其中就有"王羲之爱兰"图。到唐代，兰花的栽培才发展到一般庭园和花农培植，公认的中国兰花的栽培史始于唐代，如唐代大诗人李白写有"幽兰香风远，蕙草流芳根"。宋代是中国艺兰史的鼎盛时期。《金漳兰谱》是我国乃至世界最早研究兰花的专著，《春兰图》是现存最早的以兰花为题材的名画。明清也涌现了不少涉及兰花艺术的专著和作品。

出示PPT：

（1）（　　）确立了兰花作为"花中君子"地位。

（2）中国兰花栽培，始于（　　）朝代，兴盛于（　　）代。

（3）中国乃至全世界最早研究兰花的专著是（　　）。

参考答案：（1）孔子（2）春秋　宋（3）《金漳兰谱》

3. 师：刚才我们通过一段短视频，查验了兰花的"身份证"。接下来请同学们回答上述问题。

生1：孔子确立了兰花作为"花中君子"地位。

生2：中国兰花栽培，始于春秋朝代，兴盛于宋代。

生3：中国乃至全世界最早研究兰花的专著是《金漳兰谱》。

播放音频《梅长苏邀请大家继续深入了解兰花》：刚才我们查验了兰花的"身份证"，了解兰花的莳养历史。现在我们还要继续查看它的"户口本"，进一步了解兰花相关的植物属性。

4. 师：请同学们用IPAD或手机上网查找资料，自学相关知识，完成下发的任务单1。

第一组：中国兰花的分类

出示PPT：中国兰花主要分为春兰、（　　）、（　　）、（　　）、寒兰、春剑、莲瓣兰等七个大类。

1. 生：中国兰花主要分为春兰、蕙兰、建兰、墨兰、寒兰、春剑、莲瓣兰等七个大类。所以答案是"蕙兰""建兰""墨兰"。

2. 师：目前发现在我国境内的兰花，大致有这七个种类。这位同学回答得非常正确。

第二组：兰花的植物属性

出示PPT：兰花是多年生（　　）（请从"草本"、"木本"中选填）植物，具有（　　）茎，叶子丛生，条形，花有多种颜色，气味芳香，俗称（　　）。

1. 生：我们这道题的答案分别是"草本植物""假鳞茎""兰草"。

2. 师：我们主要是通过这道题了解兰花的植物属性，答得很好。

第三组：兰花的春化概念

出示PPT：兰花的春化，指的是兰花在低温环境下由（　　）生长转变为（　　）生长的过程。

1. 生：我们这道题的答案应该是：由营养生长转变为繁殖生长。

2. 师：春化，是植物生长中非常有趣的现象。通过春化，植物储备能量，为繁衍后代做物质储备。春化现象不只是兰花有，也普遍存在于其他植物。

第四组：兰花的地域分布

出示PPT：中国地域辽阔，生态环境复杂，植被类型多，因而兰花资源非常丰富，全国都有分布，但从数量分布上从南到北依次（　　）（请从"递增""递减"中选填）。

1. 生：我们小组认为，兰花资源从南到北，应该是依次递减。

2. 师：兰花喜欢温暖湿润的环境，我国的地域位置决定了由南向北同时期的温度总体是递减的，因此生长环境决定了兰花的分布由南向北也是依次递减的。

> **设计意图**：基于学生对兰花比较陌生的现状，用影视作品中的网红人物"梅长苏"形象作为情境人物，串联起本课各环节，又用拟人化的"身份证""户口本"等表述，设计观看视频、资料库学习等步骤，以多样的形式，引导学生初步了解兰花的相关基础知识，为下一步的赏兰韵环节做铺垫。

三、赏兰韵

1. 师：刚才，同学们通过完成梅长苏布置的任务，基本了解兰花的植物属性。接下来，我们通过赏兰叶、解花语、闻兰香三个步骤来学习欣赏兰花的方法。首先，从赏兰叶开始。兰叶的基本形态有三种：直立型、弯垂型、斜披型。直立型兰叶显得刚柔相济，弯垂型则是婀娜多姿，斜披型的兰叶给人飘逸洒脱之感。今天老师带来了具备这三种典型兰叶形态的兰花实物，请同学们上台辨识一下。

出示PPT：

兰叶的3种典型形态及配图——刚柔相济的直立型；婀娜多姿的弯垂型；飘逸洒脱的斜披型。

生：左边这盆兰花叶片的弯垂角度很大，我想应该是弯垂型。中间这盆，有些叶片的上端部分有弯垂，应该是斜披型。右边这盆，叶子都是朝上直立的，肯定是直立型。

2. 师：这位同学观察得很仔细，正确地分辨出三种叶型。欣赏完兰叶，我们要着重赏花了。评判一朵兰花开得是否完美，除了直观的审美感受，其实古人早就有一套完整的兰花瓣型理论来评判兰花花品的高低。由于时间问题，不能与同学们详细介绍，那么如何评判一株兰花花品是否完美呢？老师还得请梅长苏来帮忙。

出示PPT：

3. 师：同学们，请看：梅长苏一袭长袍，微微低头垂眉，双手合拢，平肩收腹，身体微微前倾，正对他人行拱手礼，看上去气宇轩昂，彬彬有礼。再看这朵兰花，主瓣微微内扣，像在低头；两个副瓣拱抱像双手合拢，主瓣和副瓣成90°，没有塌肩，显得非常有精神；两个捧瓣严丝合缝，就像一个人衣领挺括整洁。所以说，盛开的兰花像极了正在行拱手礼的谦谦君子。欣赏兰花的方法说起来是不是也很简单？

生1：真的好像呀！

生2：用这个方法欣赏兰花挺简单的。

4. 师：既然我们讲到拱手礼，那让我们也体验一下古人之风，行一行君子之礼吧。行拱手礼时，先要正衣冠，左手在外右手在内叠放，平肩收腹，身体前倾，同辈相见时上身微微前倾，见长辈或老师时俯身角度加大，以示尊敬。大家都来试着做做看。

（教师示范，学生体验，互行拱手礼）

5. 师：现在想请一位同学上来，以拱手礼形式进行师生问候。

（师生体验，互行拱手礼，教师点评）

6. 师："解花语"之后，我们要来"闻花香"。古人用"国香""王者香"代指兰花，其香沁人心脾，韵味高雅，至今无法通过科技合成手段复制兰花的香味。究其原因，就是因为兰花香味构成原因非常复杂，难以百分之百地复制，可见兰花香味的特殊性。

> 设计意图：本环节，教师运用实物展示、实践体验和理解拓展等教学手段，设计赏兰叶、解花语、闻花香三个教学环节。作为非专业人士的学生，如何掌握评判兰花开品优劣的标准，是一个难题。教师通过学生喜闻乐见的影星形象，帮助他们直观地学习欣赏兰花的方法；通过兰花作为"君子"之花的寓意，引导学生体验拱手礼，学习君子之礼，感受古人之风。

四、悟兰品

1. 师：我们通过赏兰叶、解花语、闻花香这三个环节，感受了兰花的美。被称为"君子"之花的兰花，光具有这些外在表现出来的美，显然是不够的。那么，我们还是请出"麒麟才子"梅长苏，让他来带领我们一起去探究兰花的内在美吧！

播放音频《梅长苏赞叹兰花的高尚品格》：兰花历来是文人墨客歌咏的对象。他们通过兰花寄托对远大理想的向往，表达对高尚品格的坚守，抒发对民族兴亡的担忧。现在，我请来四位君子人物：孔子、王羲之、屈原、郑思肖。他们与兰花都有着不解之缘，同学们快去探究一下吧！

出示PPT：

2. 师：老师先给四个学习小组各指定一位研究对象：一是"屈原小组"；二是"郑思肖小组"；三是"孔子小组"；四是"王羲之小组"。请大家根据学习任务单2所提出的问题，用IPAD或手机上网查找相关资料，形成发言提纲，写在美之足迹"争做如兰少年"主题卡片上；各小组选出一名代表作交流。请注意查找资料、形成提纲时间为5分钟，小组代表发言时间为2分钟。

出示PPT：任务单2（完成时间5分钟）。

各小组：请上网查找相关资料，围绕以下三要素梳理一位历史人物与兰花的典故，并形成发言提纲。

要素1：我们小组查找的是哪位历史人物？

（1）他与兰花之间发生了什么故事？

（2）这个故事反映了他的什么君子品质（或情怀）？

3. 师：同学们，时间到！我们来完成"麒麟才子"交给我们的任务。让我们以热烈的掌声欢迎每组的代表上台进行交流发言。

"屈原小组"的交流重点：屈原佩兰，忧国忧民的家国情怀

1. 生：我们小组研究的历史名人是屈原，屈原是战国末年楚国杰出的政治家和爱国诗人。屈原博闻强志，明于治乱，娴于辞令，但是他的政治主张遭到旧官僚贵族的激烈反对，而他依靠的楚怀王又昏庸无能，忠奸不分，听信谗言而迁怒于他。到楚襄王时，屈原被长期流放于沅湘一带。屈原虽遭穷困，但其志不变，其行更廉。他将这种念君爱国之志、匡时济世之情，通过佩戴兰花加以表达，在《离骚》《九歌》《九章》等许多诗篇中，对兰花寄予无限的希望，他以兰为友，将兰作为佩物，以表达自己洁身自好的情操，从而大大扩张了诗歌的表现力。

"郑思肖小组"的交流重点：郑思肖写兰，对国家、民族的认同感

1. 生：我们小组的研究对象是宋代诗人、大画家郑思肖。他画兰非常有名，郑思肖从小就是兰花迷，时常静观默察兰花的丰姿，一遍遍挥毫临摹。久而久之，他画的兰花成了"神品"，不但新鲜得如同刚刚摘下，而且隐隐如闻花香，时人争相购之。但南宋灭亡后，他不仅在政治上从不仕元，而且在日常交往中也拒绝与北人打交道。即使出门会友人，在席间听到口音与之不同的，也即刻起身离开。每逢节日，他都会向南遥遥一拜，寄托自己的忧思。那时他所画之兰均简笔勾勒，花叶萧疏，且兰花无土、无根，俗称"无根兰"，寓国土沦丧之意。郑思肖画兰不画根，完全是借物抒志，以此表达他怀念故国、不卑不亢的坚定操守，郑思肖的品行当可谓君子。

2. 师：屈原和郑思肖分别通过佩戴兰花、绘制兰花，表达了对国家民族衰亡的担忧，反映了对国家民族的认同感。他们都怀着报效国家的伟大志向，他们的这种情怀就叫家国情怀。

"孔子小组"的交流重点：孔子咏兰，洁身自好、内敛自律

1. 生：我们小组研究对象是儒家思想创始人、教育家孔子。孔子爱兰花，说兰有"王者之香"，在兰花身上寄托了深切的感情。他曾作琴曲《幽兰操》，歌颂美丽的兰花。孔子把兰比为君子，认为有德之人应该像兰花一样为人处世，"芝兰生于幽谷，不以无人而不芳；君子修道立德，不以为穷困而改节。"孔子注重交友和环境对人品行的影响，讲道："与善人居，如入芝兰之室，久而不闻其香；与不善人居，如入鲍鱼之肆，久而不闻其臭。"所以，常和品行高尚的人在一起，就像沐浴在种植芝兰散满香气的屋子里一样，时间长了便闻不到香味，但本身已经充满香气了；和品行低劣的人在一起，就像到了卖鲍鱼的地方，时间长了也闻不到臭味，因为融入环境里了。从此，"芝兰之室"就成为良好环境的代名词，成为一个颂兰、美兰的成语。

2. 师："芝兰生于幽谷，不以无人而不芳；君子修道立德，不以穷困而改节。"孔子认为，做人应该像兰花一样，不受外界影响，洁身自好，内敛自律，坚持理想，不忘初心。

"王羲之小组"的交流重点：王羲之摹兰，善于学习、勇于创新

1. 生：我们小组研究的是东晋书法家王羲之，他的书法造诣得益于兰花。王羲之爱兰，他时常凝神欣赏潇洒自如、婀娜多姿的兰花，兰叶青翠欲滴、素静整洁、疏密相宜、流畅飘逸，王羲之将兰叶的各种姿态运用到书法中，使他的书法结构、笔法、章法的技巧达到精熟的高度，开创出飘逸流畅的书法新体，达到神韵生动、随心所欲的至高境界。我国故宫博物院珍藏的元代稀世名瓷"青花四爱图梅瓶"，就有"王羲之爱兰"的图文。

2. 师：王羲之作为书法界的一代宗师，不断学习，突破自我。他将兰花的姿态、神韵融入书法之中，创造出飘逸流畅、妍美遒媚的书法新体，他这种善于学习、勇于创新的精神，值得我们学习。

五、总结

1. 师：四个小组的代表都找到了四位历史人物身上所具备的君子美德。最后我们听听梅长苏又有何高见呢？

播放音频《梅长苏总结》：兰花被誉为"花中君子""王者之香"，兰花的品格就代表着君子的品格。世人以兰寄情，以兰颂德，抒发情感，寄托志向和希望。中国兰文化与中华传统文化血脉相连，密不可分。兰文化丰富的内涵和哲理，正是我们中华民族精神文明的象征。

2. 师：通过分享，我们了解了这四位先贤通过兰花所借喻的君子美德：热爱祖国、坚持理想、不忘初心、善于学习、勇于创新。这些君子美德，是以我们现代人的视角赋予兰花的。其实，我们每个人或多或少都具备了君子品德，我们身边也不乏有君子行为出现。不同时代对君子内涵的理解也各不相同。重要的是，我们要善于发现，勇于学习，将君子美德与时代精神结合起来，积极践行，争做如兰少年！

设计意图：本环节是本课的重点，教师预设与兰花有交集的四位历史人物，引导学生以分工合作和自主学习相结合的方式，通过梳理总结历史人物与兰花相关的诗句、典故或画作等材料，领悟兰花的君子品格，激励学生向兰花学习，争做如兰少年。

六、布置作业

出示PPT：填写"争做如兰少年"主题卡片。

要求：（1）版面设计精美；

（2）有文字有插图有感悟。

【板书设计】

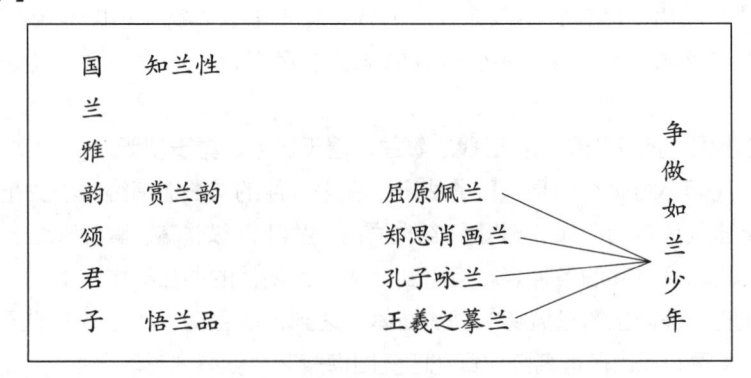

| 国兰雅韵颂君子 | 知兰性
赏兰韵
悟兰品 | 屈原佩兰
郑思肖画兰
孔子咏兰
王羲之摹兰 | 争做如兰少年 |

【点评】

独辟蹊径探传统　兰蕙芬芳育君子

管杰老师执教的这堂主题教育课，亮点有二：一是在执教者个人兴趣爱好和优秀传统文化教育的素材中找到完美的契合点；二是在学生重要的成长阶段抓住教育契机，引领学生形成正确的世界观、人生观和价值观，助力学生成长。

1. 独辟蹊径探传统

管杰老师是一名资深兰花爱好者，对兰花的莳养和鉴赏有着丰富的实践经验，在学校近两届的艺术节上，面向全校师生开设过兰花鉴赏的专题讲座和主题兰展。

中华优秀传统文化主题教育课的选题，近两年已经被广大教师充分发掘，能够找出未涉及的领域实属不易。他能独辟蹊径，发挥个人爱好特长，抓住兰花背后千年积淀的兰文化，作为优秀传统文化教育的载体，选材新颖，视角独特。作为执教者能面向学生分享自身爱好带来的快乐和感悟，我想本身就是幸福的。

2. 兰蕙芬芳育君子

九年级的学生正处于由少年向青年过渡的重要时期，面临人生第一次重要的文化考试，而他们的世界观、人生观和价值观也在形成之中。在这个重要人生阶段，管杰老师抓住教育契机，通过主题教育课，将兰花基础知识的普及与引领学生探索君子内涵进行有效整合，帮助学生理解"君子"内涵，树立成长目标，助力学生打好人生底色。

上海市香山中学校长　顾霁昀

韵味篇——旧物新韵

第47课 诗意扇子 与善同行

设计教师：上海浦东新区福山外国语小学　　叶静燕
指导教师：上海市实验学校东校　　　　　　凌洁敏

【活动对象】
小学三年级学生

【活动时长】
2+35分钟（2分钟预备时间）

【活动背景】
　　扇子，在中国已有近4000年的历史，随着朝代的更替，几经沿革变换，扇子形态各异，种类繁多，古往今来与人们结下了不解之缘。扇子既有生活实用价值，又有艺术观赏价值，发展至今亦蕴含着深厚的文化内涵。
　　随着时代的变迁，空调已逐渐进入千家万户，扇子离人们的日常生活越来越远了，用扇子的人也越来越少了。其实，扇子除了扇风纳凉，还有其他的作用，值得学生去了解，同时扇子所蕴含的"心存善念""独善其身""与人为善"等传统价值观更值得学生去继承和发扬。

【活动目标】
　　知识与技能：
　　了解扇子的结构、扇面画等相关知识。
　　过程与方法：
　　通过小组合作等形式探究扇子的由来、种类和用途。
　　情感态度价值观：
　　懂得并传承中国传统文化之待人处世，强调心存善意；与人交往，讲究与人为善；对己要求，主张独善其身，并能联系学习和生活，知道扇子所蕴含的文化内涵。

【活动准备】
　　多媒体课件、扇子实物、制作扇面画的材料。

【活动过程】

一、游戏破冰——猜猜我是谁

1. 师：同学们，上课前我们一起来玩个"猜猜'我'是谁"的游戏，每个小组桌子上都放着一个盒子，里面藏着一样"宝物"，你可以用手摸、用鼻子闻，但是不能用眼睛看，大家猜一猜里面是什么。小组讨论后，由组长在白纸上写下答案。

（学生摸盒中物品，组长在纸上写下答案，并举起白纸，出示答案：扇子）

2. 师：看来这个游戏没有难倒你们，大家都答对了。今天我们就一起来聊一聊这个"宝物"——扇子。

板贴：诗意扇子

二、奶奶的扇子——家人之爱

1. 师："小扇有风，拿在手中，有人来借，不中不中，势必要借，等到秋冬。"这是一首老师小时候经常听到的童谣。同学们，你们知道吗？扇子是引风用品，更是夏令必备之物。叶老师班上有位叫田田的小朋友就对扇子产生了浓厚的兴趣，她看到了什么扇子呢？我们一起来听听吧！

播放音频《田田和妈妈的对话》：

田田：夏天的晚上，我和妈妈一起出去散步，看到广场上的阿姨在跳扇子舞，哇，她们手中的扇子好漂亮，妈妈告诉我，扇子是阿姨们跳舞的道具，在妈妈的记忆中，也藏着一把扇子，叫"奶奶的扇子"，小朋友，你们想听一听吗？

妈妈：夏天的傍晚，天气渐渐凉爽下来，没有了白天的炎热。奶奶做完家务后，她就会搬两个小凳子到院子里给我讲故事。夏天蚊虫很多，奶奶会一边给我讲故事，一边用蒲扇驱赶蚊子。我常常趴在奶奶的大腿上，在奶奶蒲扇摇出的凉风的陪伴下慢慢睡去，奶奶的蒲扇摇啊摇，不知不觉就摇走了无数个炎炎夏日。

生1：她看到了奶奶们跳广场舞的扇子。

生2：还有妈妈说的奶奶的蒲扇。

2. 师：看，这就是田田所说的奶奶手中的那把蒲扇，我们一起来认识一下它的结构吧。谁能看着PPT向大家介绍下扇子的结构？

出示PPT：扇子的结构。

生：扇子最外面这一圈叫扇骨边，里面这部分叫扇面，手持部分叫扇柄。

3. 师：接下来，我们来玩个"我指你说"的游戏，老师指着扇子的某一部分，你来说，要快速反应哦！这个部分叫——

生：扇面。

4. 师：这个部分叫——

生：扇骨边。

5. 师：最后这部分叫——

生：扇柄。

6. 师：大家反应那么迅速，看来都认识了扇子的结构。刚才音频中妈妈描述的夏夜情景，大家都听得特别认真，现在谁愿意上台来进行角色扮演，演一演这夏夜光景？

（两个学生分别演奶奶和孩子，"奶奶"手执蒲扇，轻轻为"孩子"扇风）

7. 师：好慈祥的奶奶，好幸福的孩子，为你们点赞！现在叶老师来演奶奶，谁愿来演孩子？

（老师演奶奶，一个学生演孩子，"奶奶"手执蒲扇，用力地扇风）

8. 师：同学们，奶奶这样用力地扇，对吗？

生1：不对。

生2：奶奶扇得太用力了。

9. 师：你们观察得真仔细，奶奶要轻轻地扇，才能扇出这夏日的悠悠清风啊！

（老师重新演示轻柔扇风）

10. 师：奶奶的扇子扇走了夏日的烦躁，扇出了阵阵清风，你觉得还扇出了什么呢？

生：奶奶的蒲扇扇出的是一份浓浓的爱。

11. 师：说得真好！奶奶的扇子扇出的是一份家人之爱。

板贴：家人之爱

设计意图： 扇子，对于现在的小朋友来说，既陌生又熟悉。虽然在平时的生活中，我们经常能看到扇子，但使用的频率远远没有祖辈人高，所以通过"奶奶的扇子"这一环节，拉近扇子与学生之间的距离，让学生明白扇子的实用价值。通过合作表演夏日纳凉场景，引导学生体会扇子传递出的一份浓浓亲情。

三、艺术的扇子——国人之智

1. 师：奶奶手中的蒲扇让我们的田田感受到了一份浓浓的家人之爱，也激起了田田对扇子的好奇，让我们来听听田田有何感受吧！

播放音频《田田介绍扇面画》：小朋友们，你们真聪明，妈妈还告诉我古人也是用扇子来扇风的，扇子的这个作用一直延续至今。同时，人们还在扇面上作画，使扇子成为一件件艺术品……听着听着，我就迷迷糊糊地进入了梦乡。哎，谁来到了我的梦中？

生1：原来还可以在扇面上作画。

生2：扇子不光用来扇风，还可以是艺术品。

2. 师：俗话说"日有所思，夜有所梦"，这几天，田田一直在查阅关于扇子的资料，她在梦中又会梦到些什么呢？我们一起去看看吧！

播放音频《小精灵姗姗》：大家好，我是扇子王国的小精灵，我叫姗姗，今天我要带大家去扇子王国看一看。小朋友，你们准备好了吗？我们出发咯！

播放视频《文化中国——扇子》。

生1：田田梦到了扇子王国的小精灵。

生2：小精灵带她去参观扇子王国。

3. 师：中国的扇子文化真是博大精深啊！田田来求助我们了，我们帮她一起攻克难题吧！

每组桌上都有一张任务单,听完音频后请小组讨论,由组长执笔,将扇子与它的作用连起来。

播放音频《扇子的用途》:刚才的视频让我对扇子有了很多的了解,小精灵姗姗带着我继续往前走,这时,房间的墙壁上忽然出现了几幅图,需要我根据图片上人物使用扇子的方式,猜一猜扇子的用途,小朋友们,你们能帮帮我吗?

(学生进行小组合作,讨论扇子的作用)

生1:第一幅图上的扇子的作用是除热纳凉。
生2:第二幅图上的扇子的作用是驱妖逐邪。
生3:第三幅图上的扇子的作用是装饰美化。
生4:第四幅图上的扇子的作用是防卫兵器。
生5:第五幅图上的扇子的作用是演出道具。

4. 师:没想到一把小小的扇子,有那么多的作用,真是让我们大开眼界,增长了不少知识!不过田田对于扇子作为"装饰美化"的作用特别感兴趣,她想好好探究一下。请看大屏幕,上面有三道题,谁愿意上来演一演?其他小朋友猜一猜,他演的是什么?用手势A、B、C告诉我。

出示PPT《扇子的装饰美化作用》:

A. 团扇　　　　扇子摇一摇,顿生一计。
B. 折扇　　　　扇子掩面笑,美不胜收。
C. 羽毛扇　　　扇子舞文墨,显露风雅。

(学生1用扇子遮住鼻子下面的脸,然后害羞地笑)

5. 师:小朋友,他演的是哪种扇子?
生:A团扇。

(学生2轻轻地摇一摇扇子,然后说:"太好了,我想到办法了!")

6. 师:小朋友,你猜出来这是哪种扇子呢?
生:C羽毛扇。

(学生3将扇子拿在手上,像大侠一样,挥动扇子)

7. 师:小朋友,他演的又是哪个呢?
生:B折扇。

8. 师:你们的表演可以用"活灵活现"来形容。田田小朋友也深有感触,我们来听听她的感受吧!

播放音频《田田的感受》:小朋友们,原来扇子有这么多的作用,这就是我们古人智慧的结晶。到了现代,扇子文化被人们继承并发扬光大。2016年9月,G20峰会在中国杭州举行,其中有一个节目不禁让人眼前一亮,你们想不想一起去看看?

生:想!

9. 师:大家都迫不及待了,不过在看之前,老师有个友情提醒,看的时候,要留意视频中出示的背景,想一想,你能不能用一个词来形容这个视频给你的感受?

播放视频《最忆是杭州》。

生1:美丽。

韵味篇——旧物新韵

生2：眼花缭乱。

生3：震撼。

10. 师：田田也观看了这场演出，她还了解了这个由扇子组成的数字化背景是如何制作的，我们来听田田为大家介绍一下，说说你的感受。

播放音频《数字化背景的制作》：这个视频真的是太壮观、太唯美了，据我了解，为了制作这个由扇子组成的数字化背景，导演组的叔叔阿姨们动足了脑筋，他们将1000把扇子的设计精简至40把作为备选，还以西湖山水作为背景，数字化制作扇面的精度要求极高，但是他们没有放弃，坚持做到精准同步。

生1：这个视频非常壮观。

生2：导演组的叔叔、阿姨们真是聪明啊！

生3：体现了他们精益求精的精神。

11. 师：说得真好，无论是古人的扇子还是现代人的扇子都凝结了我们国人的智慧。感谢小精灵珊珊，在她的带领下，我们和田田一起顺利结束了这趟奇妙的"扇子王国"之旅。

板贴：国人之智

播放音频《小精灵珊珊》：田田，你表现得非常棒，"扇子王国"之旅行就到这里了，期待你下次再光临。

设计意图： 扇子，除了生活中的使用价值外，还有许多艺术观赏价值，蕴含着深厚的文化内涵，《文化中国——扇子》这个视频，让学生了解了扇子在日常生活中的作用，随后，让学生通过连线了解扇子的用途，最后，通过视频《最忆是杭州》，让学生感受到扇子的美，感受到小小的扇子，凝结着中国人的大智慧。

四、友人的扇子——朋友之情

1. 师：同学们，刚才我们在视频中看到了许多美丽的扇子，上面的图案造型奇特，色彩艳丽，如果将这些画画在扇面上，就是一幅幅精美的艺术品了。正巧，田田的美术老师就准备了这样一堂特殊的美术课，我们一起来看看赏心悦目的扇面画，并亲自动手做一做吧！

播放音频《田田介绍扇面画》：啊，原来是个梦，我该起床去学校了。咦，今天美术课的内容也是关于扇子的，原来画在扇面上的画叫扇面画，在扇子上作画，能使扇子更具美感和欣赏感。

出示PPT《扇面画制作要求》：

1. 在画面上用彩笔填充好相应的颜色；

2. 尽量使画面看起来丰富多彩；

3. 请在四分钟内完成。

（学生在扇面上勾勒出的图案中画画、涂色）

2. 师：老师看到不少同学的作品都很让人惊艳呢！不如我们来一场扇面画的走秀吧！

请你拿着扇子做各种不同的动作，展示出它的美。

（学生手执扇子，跟着音乐的旋律，用不同的动作向大家展示自己所画的扇面画）

3. 师：同学们的表演真是精彩纷呈！平时我们工匠艺人完成一幅画，需要用心思考、细细着色，秉持着一份执着的匠人精神，才能完成一幅精美的扇面画。田田还有话要对大家说：

播放音频《提议写祝福语》：小朋友们，因为"扇"与"善"同音，所以扇子也寓意"善良""善行"，用来表达亲密的友谊，所以古人常将扇子作为礼品来赠送友人，刚才你们都制作了一把扇子，接下来，请你在扇子的背面写一句祝福语，将扇子送给你的朋友或者在场的老师们。

板贴：朋友之情

（学生在扇子的背面写上祝福语）

4. 师：今天，叶老师也带来一把我亲自制作扇面画的扇子，要送给刚才在走秀中表现特别好的一位同学。叶老师要把这把扇子送给你，祝你学业有成，天天开心！小朋友们，赶紧写上你的祝福语，将你的扇子送给你挚爱的朋友吧！

（学生将写好祝福语的扇子送给他的朋友或老师）

生1：这把扇子送给你，祝你心想事成，快乐每一天。
生2：送给你我亲手画的扇子，祝你学习进步，越来越聪明。
生3：叶老师，这把扇子送给您，祝您工作顺利，家庭美满。

> **设计意图：** 了解了扇子的实用价值和艺术观赏价值之后，让学生动手画一画"扇面画"，在学习实践中，感受"扇面画"的美。随后在扇面上留言，将扇子送给朋友、老师或亲人，通过扇子传递出"朋友之情"，这也是对中华传统文化的传承和创造。

五、诗意扇子，与"善"同行

1. 师：一把小小的扇子，奶奶的扇子，扇出的是一份——
   生：家人之爱；
2. 师：艺术的扇子，彰显的是——
   生：国人之智；
3. 师：友人的扇子，传递的是——
   生：朋友之情。
4. 师：扇子饱含着中华传统文化艺术的智慧，同时也蕴含着中华民族的传统美德，它告诉我们要与人为善，与善同行！希望每位同学爱上这诗意的扇子，更能保持心中的那一份善念，让它陪伴你成长，成为一个心存善念的大爱之人。

板贴：与善同行

韵味篇——旧物新韵

【板书设计】

【点评】

视频资源巧运用

直观形象思维是小学生思维的主要形式，对于身临其境的事物能留下深刻印象，人们对抽象概念的理解也总是借助于对直观事物的了解。因此，在课堂中运用直观的视频资料，对这主题教育课的推进有不可忽视的作用。叶老师在课堂上巧妙运用两个视频资源，对"艺术的扇子——国人之智"这一抽象概念做了很好的诠释。

1. "大海捞针"寻找视频

网络发达的今天，我们想要什么资料都可以随手打开浏览器进行搜索，呈现的内容一定是五花八门、眼花缭乱的，但真正能为我们所用的却为数不多，需要老师有大浪淘沙的智慧。叶老师是一个有心人，平时看到一些有意义的素材会注重积累，同时会尝试用不同的关键词在不同的网络平台进行搜索下载，最后整理的与"扇子"相关的视频接近两位数。很多时候，我们对于主题教育课的设想很好，但往往无法实施，因为没有合适的视频资料直观形象地呈现给学生。因此，一节好的主题教育课是否能真正走进学生心里，取决于课程的设计，而打动人心的课，先要看有多少资料可供进行整合。叶老师积累的这些视频资料为主题教育课的设计和推进都起到了不容忽视的作用。

2. "去就之分"取舍视频

"多"等于"好"吗？不，我们要筛选出真正适合本堂课的视频资料，"化繁就简"取舍视频是叶老师走的第二步。不少老师会觉得自己千辛万苦找到的资料恨不得统统放进课堂中呈现，殊不知这样没有重点的随意堆砌只会起到反作用。叶老师在梳理资料的时候发现第二环节"艺术的扇子——国人之智"对学生来说比较难于理解，课堂上也没有实物可以呈现，因此视频的直观作用在这里就显得尤为重要。最后经过细心删选和后期加工，选择了《文化中国——扇子》和《最忆是杭州》两个视频片段。事实证明，画面优美又大气恢宏的视频呈现使学生更好地理解了"国人之智"的内涵，我们相信强烈的视觉冲击一定让他们课后也记忆深刻。

网络资源千千万，细心辨别善取舍，繁花似锦是假象，大浪淘沙方显真。希望大家能更巧妙地利用视频资源提升课堂教学水平。

上海市实验学校东校德育主任　凌洁敏

第48课　祖辈们的"百宝箱"
——奶奶的针线盒

设计教师：上海市浦东新区新时代小学　朱佳丽
指导教师：上海市实验学校　　　　　　范　莉

【活动对象】
小学三年级学生

【活动时长】
2+35分钟（2分钟预备时间）

【活动背景】
《礼记·内则》载："女子十年不出，姆教婉娩听从，执麻枲，治丝茧，织纴组纫，学女事，以共（供）衣服。"在男耕女织的传统社会生产模式下，缝补、织绣是女性的专属劳动，如果哪家女子不会做针线活儿，会被人讲"拙老婆"。当时流行一句话——"不笑补、不笑破，就笑日子不会过"。

如今，随着人们生活水平的日益提高，几乎没有人穿着打补丁的衣服出门了，不少学生一身名牌，同学之间互相攀比的风气渐长，忘记了中华民族曾经引以为傲的艰苦朴素、勤俭节约的优良传统。

【活动目标】
知识与技能：
1. 了解针线包的物件组成及作用。
2. 初步掌握部分物件的使用方法。
3. 知道艰苦朴素是中华民族的传统美德。

过程与方法：
1. 通过图片、视频等多种形式，感受针线盒给人们的生活带来的便利。
2. 通过小组讨论，树立"共节俭，同环保"的生活理念。
3. 通过观看视频，学习缝补小技巧，发挥创意，彰显个性，赋予针线盒新的内涵。

情感态度价值观：
1. 懂得祖辈生活的不易，弘扬艰苦朴素的精神。
2. 树立环保的生活理念，开拓创新的思维方式。

【活动准备】
1. 学具：针线盒6套、任务单36份、小框子6个、未穿橡皮筋的袖套6只、橡皮筋6根
2. 教具：针线盒1套、PPT、板贴

【活动过程】

一、暖场：古诗大会

1. 师：老师给大家带来了几首古诗，请大家根据上半句，接出下半句，看谁接得多。

出示PPT：此地别燕丹，壮士发冲冠。/春眠不觉晓，处处闻啼鸟。/远看山有色，近听水无声。/返景入深林，复照青苔上。/不敢高声语，恐惊天上人。/慈母手中线，游子身上衣。/谁言寸草心，报得三春晖。

2. 师：老师最喜欢这首《游子吟》，让我们再一起来吟诵一下吧！

出示PPT：

游子吟

［唐］　孟　郊

慈母手中线，游子身上衣。

临行密密缝，意恐迟迟归。

谁言寸草心，报得三春晖。

3. 师：你们的吟诵真是一级棒，把我的好朋友妙妙也吸引过来了。

> **设计意图：**通过古诗吟诵的方式拉近与学生的距离，借《游子吟》激发学生的情感，为导入新课主题做铺垫。

二、情境导入，发现问题

1. 师：咦？妙妙好像有点儿不高兴，让我们一起去看看她遇到了什么事呢？

播放音频《妙妙的新裙子》：同学们，你们好！我是妙妙。今天我来到这里是想请你们帮我出出主意。事情是这样的：早上，我穿着妈妈给我买的新裙子高高兴兴地来到花园跟小伙伴们做游戏。可是，一不小心新裙子却被树枝勾破了……同学们，你们说我该怎么处理这条被勾破了的新裙子呢？

2. 师：原来妙妙把妈妈刚送给她的新裙子弄破了。瞧，新裙子破了一个洞，可真难看！同学们，你们如果遇到这样的事，会怎么做呢？

生1：既然裙子破了，就不要了，再买新的吧！

生2：是啊，穿着破了的裙子出门不太好，再买一条新的吧！

生3：我会跟妈妈坦白，请妈妈原谅我，再请妈妈买条新的给我。

3. 师：可是这条裙子是妈妈新买的，妙妙今天第一次穿，她很喜欢。是不是还有其他更好的办法呢？

生4：这条裙子是新买的，穿一次就扔了多浪费，我觉得可以想想办法。

生5：我也觉得可以想想办法，才穿一次就扔了，有点儿浪费了。

生6：是不是可以找人补一补？

4. 师：大家说得有道理！我小时候会把破的衣裤给奶奶，因为她"百宝箱"里的宝贝们一定能帮助我！

板贴：祖辈们的"百宝箱"——奶奶的针线盒

> **设计意图：** 创设情境，激发学生学习兴趣；组织学生进行小组讨论，引出本堂课的主题：祖辈们的"百宝箱"——奶奶的针线盒。

三、认识针线盒

（一）针线盒里宝贝多

播放音频《奶奶来帮忙》。

妙妙：对呀！心灵手巧的奶奶一定有办法！我现在就去找奶奶。

奶奶：妙妙，你怎么来了？

妙妙：奶奶，我的新裙子不小心被树枝勾破了，你有什么好办法补好它吗？

奶奶：我的百宝箱一定能帮上忙，我现在就去拿。

妙妙：这就是你的百宝箱？快，快打开，让我看看里面有些什么宝贝！奶奶，这些都是什么啊？我……我不认识……同学们，你们认识这些宝贝吗？

1. 师：老师向奶奶借来了针线盒，请大家以小组为单位，在组长的带领下打开这个"百宝箱"，仔细观察并讨论一下，它们有什么用处，为妙妙挑选出能帮助她修补好裙子的小工具，放在桌上的小筐里。

生1：要修补衣服，肯定需要针。

生2：我觉得剪刀也需要用到。

生3：线肯定也需要。

生4：我跟前面几位同学一样，拿了针、线、剪刀，其他工具我没有见过。

2. 师：那么，剩下的一些小工具有什么用途呢？让我们通过一段视频来了解一下吧。

播放视频《奶奶的百宝箱》。

这是"穿针器"！有它帮忙，穿针引线就变得格外轻松！

这是"顶针器"！当纳鞋或需要缝制较厚的布料时，顶针器可就派上大用场啦！

这是"拆线器"！如果缝错线或要拆除商标时，就得请它来帮忙啦！

这是"针插包"！将不用的针插在上面就不会扎到人啦！

这是"皮尺"！柔软的质地使它便于携带！

韵味篇——旧物新韵

这是"穿带器"！如果要给袖套装上橡皮筋，那就少不了它来帮忙啦！

3. 师：针线盒里的这些宝贝你们都认识了吗？那老师就来考考大家，请打开你的任务单，在对应的图片下写上这些宝贝的名称，写完后请保持安静并用端正的坐姿告诉老师，开始。

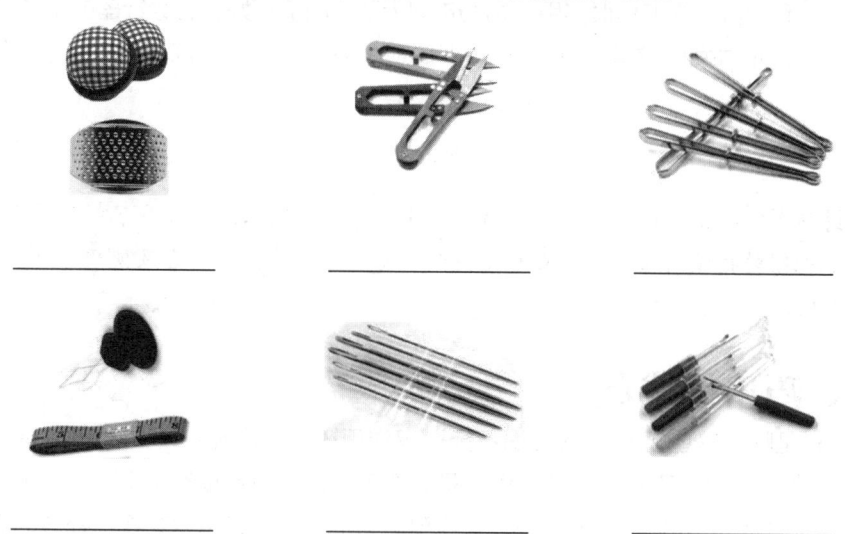

祖辈们的"百宝箱"——奶奶的针线盒

_____   _____   _____

_____   _____   _____

4. 师：大家都填写完了，速度真快！那你们填对了吗？请看看PPT，自己校对一下。

出示PPT：

（二）小工具，大智慧

1. 师：老师这里有一副袖套需要穿橡皮筋，下面我想请两位小朋友来PK一下，一位徒手穿皮筋，一位用穿带器来穿，看看谁速度更快，谁想试试？

（学生比赛穿皮筋，用穿带器的同学获胜）

2. 师：你获得了胜利，实际操作完后，你有什么想说的？

生：我觉得穿带器使用起来非常方便。

3. 师：这位同学，你有什么想法？

生：我觉得如果我也有穿带器，我一定也能很快穿完皮筋的。

4. 师：相信大家都想感受一下这些小工具的妙用，下面请各小组在组长的带领下选择你最感兴趣的一种小工具，亲自实践一下它的使用方法吧！

（学生在组长带领下选择穿带器、穿针器、顶针器进行实践操作）

5. 师：亲手实践后，你有什么感受？

生1：我觉得这些工具用起来很方便。

生2：我觉得这些工具很实用，奶奶年纪大了，眼睛不好，有穿针器就不怕了。

生3：我觉得发明这些小工具的人很聪明，这些小工具给我们的生活带来了不少帮助。

板贴：小工具　大智慧

设计意图：学生通过小讨论、小游戏、小实践，由浅入深地逐步了解针线盒的物件组成。小视频的播放则让学生更直观地看到了每件工具的使用场合及使用方法，将学生与针线盒的距离一下子拉近了不少。

四、巧用针线盒

1. 师：是啊！这些工具虽然其貌不扬，但作用还真不小呢！那这些宝贝是否能让妙妙的裙子焕然一新呢？不过，妙妙心里还是犹豫不决，因为她想到了平时看的电视剧中那些打补丁的衣服都是这样的……似乎不太美观。同学们，你们愿意穿着修补过的衣服来上学吗？

出示PPT：

生1：我不愿意穿修补过的衣服出门，因为我怕被别人笑话。

生2：我觉得要看衣服补得怎么样，毕竟衣服一破就扔了，实在是太浪费了。

生3：我愿意穿修补过的衣服，这样更环保，如果能修补得美观一点，就更好了。

板贴：共节俭　同环保

设计意图：通过小辩论的方式，让学生们畅所欲言，他们在思辨中进一步树立"共节俭，同环保"的生活理念，将祖辈们的艰苦朴素的精神发扬光大！

韵味篇——旧物新韵

2. 师：也许，事情并不是像妙妙想的那样糟糕呢！让我们一起来看看奶奶有什么好办法？

播放音频《奶奶巧修补》：傻孩子，别担心！奶奶保证让你的衣服焕然一新！

3. 师：在奶奶一针一线的修补下，妙妙的衣服焕然一新了！如果是这样修补的裙子，你愿意穿吗？

生1：当然愿意，这条裙子比原来更漂亮了，一点也看不出修补过呢！

生2：我也愿意穿，它比原来更漂亮了！奶奶真厉害！

4. 师：奶奶真厉害！让我们一起把掌声送给心灵手巧的奶奶吧！其实，一针一线，缝缝补补中也体现着祖辈们的聪明才智呢！你瞧！小小一个洞，要想修补得天衣无缝，还有许多小窍门呢！不信，你瞧！

播放视频《修补达人》：裤子太大了，隐形针法巧收腰；牛仔裤的膝盖处破了一个洞，怎么办？一只可爱的小瓢虫化腐朽为神奇；新毛衣不知何时勾破了，小小太阳送温暖；小纱裙的裙摆勾破了，别担心，一朵小花悄悄绽放；防晒衣磨破了，没关系，两个爱心显个性；旧裤子太单调了，两个萝卜来点缀……

5. 师：观看完视频，你们有什么想说的？

生1：奶奶们真是心灵手巧，如果我的衣服破了，也能这样修，我一定舍不得扔。

生2：奶奶们都太厉害了，居然能把破了的衣裤修补得一点儿也看不出破过。

生3：我觉得这些破了的衣裤修补完更漂亮了！

6. 师：其实视频中，这些心思巧妙的设计可不是来自白发苍苍的奶奶们，而是一群衣着时尚的年轻人，他们重拾起祖辈们的"百宝箱"，用灵感和创意为"针线盒"注入了新的活力，彰显着新时代年轻人的个性，实在令人钦佩！

板贴：巧设计　显个性

五、艰苦朴素不可丢

1. 师：同学们，如果以后我们的衣裤破了，大家知道该怎么做了吗？那家里是否有针线盒？让我们回家向爸爸妈妈动员，给家里添置一个针线盒，让我们拾起祖辈们的"百宝箱"，用针针线线、缝缝连连，点缀出我们新一代对美好生活的愿景吧！最后，让我们以一首儿歌来向心灵手巧的祖辈们致敬！

出示PPT：

小小针线盒，工具可不少。
其貌虽不扬，作用可不小。
奶奶用它来缝衣，艰苦朴素传家宝。
我们借它显个性，致敬祖辈心思巧！

409

【板书设计】

祖辈们的"百宝箱"——奶奶的针线盒

小工具　大智慧
共节俭　同环保
巧设计　显个性

【点评】

动起来，更精彩

著名央视主持人鞠萍曾经这样勉励青少年："动起来，更精彩！"其实，这句话同样适用于我们的主题教育课。要使一堂主题教育课充满活力，必须让学生动起来。在教学中，怎么把枯燥的课堂搞活，让学生参与到教学中，让学生在课堂上积极地动起来呢？

朱老师借由小小的"百宝箱"，从情境出发，问题导入，激发学生学习兴趣，带领学生揭开"百宝箱"的秘密，了解小小"百宝箱"的用途，传递了勤俭节约的美德，也使学生在课堂中充满了学习的动力。

一、创设情境，破"式"而动

随着时代的发展，人们生活水平的提高，很少有人还使用"针线盒"。如何让这早已淡出人们生活的小小针线盒与我们的学生来一次完美的"邂逅"？

1. 巧设情境，妙引路

朱老师设计了一个与学生同龄的主人公"妙妙"，通过创设贴近学生生活的情境：妙妙穿着妈妈新买的裙子和伙伴去玩耍，结果新裙子不小心被树枝勾破了，这可怎么办？话题一出，一下子唤起学生的生活体验。作为妙妙的好朋友，学生们联系自己的生活实际，纷纷开动脑筋，为妙妙出谋划策。但答案却大同小异，基本都认为裙子既然坏了，那就扔了，再买新的。显然，这样的答案是基于学生生活条件优渥，衣食无忧的必然结果，是源于他们平日里的生活经验，虽不可取，却十分真实。

2. 揪"新"引导，妙破式

朱老师瞅准时机，抓住妙妙的裙子是妈妈"新买的"，她很喜欢，耐心引导学生大胆开拓思路，寻求其他更好的办法。于是，学生的想法从"换新"转为"修补"。如何"修补"？朱老师顺势引出了本堂课的主角，祖辈们的"百宝箱"——奶奶的针线盒，将淡出学生生活的"百宝箱"重新拉回现代生活中，找到了传统文化与现代生活的契合点，帮助学生打破思维定式，埋下勤俭节约之种。

二、优化结构，三"思"而动

高效课堂的核心是以学生为主体，为确保学生在学习过程的每一环节都处于"动"中，朱老师根据小学三年级学生的认知规律，巧设丰富多样的教学活动，使学生始终在问题引领下思考，在思辨讨论中行动。

1. 箱中探宝思便利

初识"百宝箱"，学生对于箱中宝贝自是充满好奇。朱老师将这宝贝请到了课堂中，组织学生现场"开箱探宝",根据箱中宝贝的造型,小组讨论、思考,找出能够帮助妙妙"补旧"的工具。又借助于视频资源,让学生直观地认识了"百宝箱"中的物件组成及作用。通过学生动手实践,深刻体悟到了箱中这些其貌不扬的宝贝给我们的生活带来的便利。

2. 手中执宝思美德

在初探箱中宝后,朱老师借妙妙的爱美之心,出示一幅妙妙心目中打补丁的裙子的画面,巧设矛盾,再次组织学生进行讨论、思考:妙妙究竟要不要修补裙子,使学生在思辨的过程中进一步提升了环保意识,将节俭的传统美德与环保的生活理念落到了实处。

3. 心中赞宝思创意

最后,朱老师组织学生观看视频《修补达人》,视频中修补达人们用自己的奇思妙想和娴熟的技法让一件件衣物焕然一新,学生们纷纷啧啧赞叹。借多媒体力量,在针针线线、缝缝连连中,学生了解到衣物修补也能有独特创意,可以彰显独特个性,也让尘封的"百宝箱"再次成为学生心中时尚的代名词。

整堂课,朱老师始终把学生的自主性摆在第一位,以学生为本,巧借"百宝箱"这一载体,打破了学生的思维定式,传递了节俭的传统美德,达到了让学生"动起来,更精彩"的目的。

上海市浦东新区新时代小学德育副教导　周丽琼

第49课　冰糖葫芦的那点事儿

设计教师：上海市浦东新区张江镇中心小学　秦蓉子
指导教师：上海市浦东教育发展研究院　　　姚瑜洁

【活动对象】
小学四年级学生

【活动时长】
2+35分钟（2分钟预备时间）

【活动背景】
　　冰糖葫芦是中国传统小吃，酸甜适口，老少皆宜。它不仅好吃，而且还十分好看，红彤彤的山楂果按大小排列穿在竹签上，外面裹着晶莹透明的糖稀，小贩们往往把一串串冰糖葫芦插在特制的木棍上，像一棵结满硕果的小树，煞是诱人，极受人们的青睐。一到冬天，卖冰糖葫芦的小贩沿街叫卖，随处可见。在小贩的吆喝声中，人们不仅感受到了吉祥和喜庆，更激起心中最深处的浓情蜜意。
　　随着时代的变迁，冰糖葫芦这一传统美食渐受冷落，同学们更喜欢吃薯片、可乐等洋零食。他们对冰糖葫芦不太喜欢，也主要因为不了解冰糖葫芦中所包含的老北京的故事与情怀。

【活动目标】
知识目标：
1. 了解吆喝声是中国传统美食文化的流动符号之一。
2. 知道冰糖葫芦的由来、制作食材、制作工艺和功效。
3. 明确冰糖葫芦形味皆具的特点。
4. 了解冰糖葫芦渐受冷落的现状。

情感目标：
1. 听、学冰糖葫芦的吆喝，体验喜庆的气氛。
2. 为中国美食文化源远流长感到自豪。
3. 感受冰糖葫芦的美好寓意，愿意为冰糖葫芦再次走进人们视野而献计献策。

能力目标：
1. 学习冰糖葫芦的吆喝。

2. 尝试创新思维，解决实际问题。

【活动准备】

搜集图片、视频，制作PPT课件，板贴等。

【活动过程】

一、读儿歌，学儿化音

1. 师：同学们，上课前，老师要考考大家会不会读儿化音。

出示PPT：小孩儿、葫芦儿、蜜儿、事儿。

生1：小孩儿、葫芦儿、蜜儿、事儿。

生2：小孩儿、葫芦儿、蜜儿、事儿。

2. 师：读得真不错，我们再来唱一首儿歌《两只老虎》，一边唱一边拍手。

出示PPT：两只老虎，两只老虎，跑得快。一只没有眼睛，一只没有尾巴，真奇怪！

（×　　　×　　×××）（×　　　×　　×××）

3. 师：大家看，老师手里拿的是一颗"幸福果"，能正确回答老师问题的同学，都可以得到一颗"幸福果"，组长负责添加。

二、听吆喝，揭示主题

1. 师：同学们，我们先一起闭上眼睛，用心聆听一段声音，然后来模仿，看看谁学得最地道。

播放视频《老北京叫卖冰糖葫芦的吆喝声》。

蜜儿来——冰糖葫芦儿端——

蜜儿来——冰糖葫芦儿端——

生1：蜜儿来——冰糖葫芦儿端——

生2：蜜儿来——冰糖葫芦儿端——

2. 师：在这热闹的气氛中，我竟然闻到了空气中甜丝丝的糖浆味道。这是为什么呢？

生：这吆喝声是卖冰糖葫芦的。

3. 师：大家都吃过冰糖葫芦吧！老师小时候也和大家一样，一听到这吆喝声，心情就特别愉悦，我们再听一听这吆喝声，在这喜庆的气氛中，一起聊聊关于冰糖葫芦的那点事儿吧！

板贴：冰糖葫芦的那点事儿

设计意图： 在冰糖葫芦的吆喝声中，体验喜庆气氛，调动学习积极性，激发学生进一步了解冰糖葫芦的兴趣。

三、看视频，了解冰糖葫芦

播放音频《小北京的自述》：是谁，是谁在吆喝啊？大家好，我是小北京，要说冰糖葫芦的那点事儿啊，我可是最有发言权了，我爷爷可是专卖冰糖葫芦的老北京了，冰糖葫芦是我最喜欢的美食，你们知道它是用什么做的吗？

1. 师：你们看，这一串串冰糖葫芦红亮晶莹、色泽诱人，一个个红彤彤的大果，按照个头大小规规矩矩地排列着，这是什么水果串成的呢？外面又包裹了一层什么东西？

生1：是用山楂串起来的。

生2：外面是用糖熬制的糖浆。

2. 师：是的，山楂外面是用糖熬制的糖浆，但其实正宗的冰糖葫芦都是用冰糖熬制的，用冰糖熬制的冰糖葫芦口感才是最佳的。

播放音频：开门关门的声音。

播放音频《小北京和爷爷的对话》：

小北京：爷爷，爷爷，您回来了啊！我正准备和上海的小伙伴们分享关于冰糖葫芦的由来和制作工艺呢，爷爷，你再给我们讲讲冰糖葫芦过去的那点事儿吧！

爷　爷：哈哈，好好，孩子们，我们一起看一段视频吧，待会儿我还要考考大家呢，你们可要仔细听哦！

播放视频《冰糖葫芦的由来以及制作工序》。

说到冰糖葫芦，那可是我国的传统美味小吃。各地均有冰糖葫芦，但是以北京地区的最为出名，于是冰糖葫芦一般被认为是北京的特色小吃。在大街小巷，我们经常会听到"老北京冰糖葫芦"的叫卖声。传统的冰糖葫芦，一串穿起来的山楂外面裹上一层薄薄的糖稀，晶莹剔透的样子看着就有食欲。

那么，如此美味的小吃是怎么来的呢？最早又出现在什么时候呢？

相传，冰糖葫芦最初发明不是因为它的好吃，而是因为它能治病，是一味药膳。话说在南宋年间，宋光宗的爱妃得上了一种怪病，整天是茶饭不思，没过几天身体就憔悴的面色如蜡，宫中的太医挨个看了一遍，都没能找到病根所在，也用了大量的名贵药材，但也是无济于事。无奈之下，宋光宗就在民间贴上了皇榜，悬赏能找到医治爱妃怪病的人。一时间皇榜下人山人海，但大多数都是看热闹的，就是没人敢揭。

俗话说"重赏之下必有勇夫"。过了几天皇榜就被一个江湖游医给揭了下来。了解病情之后，游医开出了一副药方以糖煎熬山楂，每顿饭前吃五个，不出半月定会痊愈。太医们看完药方都觉得荒唐，名贵药材都没见效，吃几个山楂就能好，真是瞎胡闹。没办法，只能是"死马当活马医"，反正不是毒药，先吃吃看吧。没想到吃了十天左右，贵妃就面色红润起来，食欲大振。吃到半个月时，贵妃的病就全好了，宋光宗高兴不已，重赏游医。

后来这个药方传到了民间，沾着糖稀的山楂不仅能治病，还特别好吃，受到人们的极大欢迎。为了方便食用，逐渐用一根小木棍把山楂串起来，久而久之，药膳沾糖山楂便成了我们今天吃的美味小吃——冰糖葫芦。

冰糖葫芦的工序不过是选果、串果、熬糖、蘸糖、冷却等几个主要步骤。但是，它既简单又不简单，由于食材的品质、糖的品质以及熬糖的技术有高下之分，冰糖葫芦的品质自然也就有了高下之分。在九门小吃做了十几年冰糖葫芦的郭宏达郭师傅来看，有些手工

韵味篇——旧物新韵

活计说起来简单，也似乎是一看就会，要真做好这冰糖葫芦，却也很见功力。搅制出来的冰糖葫芦吃起来，稀疏嘣脆、清新爽口、酸里透甜、不粘牙，这里面的学问多着呢！

播放音频《小北京出题考同学》：爷爷，您先别急，先让我来考考小伙伴们：冰糖葫芦是什么美味小吃？以什么地区的最为出名？

出示PPT：冰糖葫芦是（　　　　）美食小吃，以（　　　　　　）地区的最为出名。

生：冰糖葫芦是中国传统美味小吃，以北京地区最为出名。

板贴：中国传统美味小吃

播放音频《小北京提问》：冰糖葫芦最早出现在什么时候，它原本是一味（　　　　）？

出示PPT：冰糖葫芦最早出在（　　　　　　），它原本是一味（　　　　　　）。

生：冰糖葫芦最早出现在南宋，它原本是一味药膳。

板贴：药膳

播放音频《小北京提问》：冰糖葫芦的品质取决于哪些？

PPT：冰糖葫芦的品质取决于：_____、_____、_____。

生：冰糖葫芦的品质取决于：食材的品质、糖的品质、熬糖的技术。

播放音频《爷爷考学生冰糖葫芦的制作工序》：孩子们你们知道冰糖葫芦的制作工序吗？我把工序卡片放在了大家的桌子上，你们来排排序吧。

板贴：选果　串果　熬糖　蘸糖　冷却

3. 师：老师在观看视频的时候发现了一个小秘密，冰糖葫芦的顶端有一片晶莹剔透的糖片，亮晶晶的，漂亮极了。你知道这是怎么形成的？为什么要这样做？

生1：在制作冰糖葫芦时，蘸糖之后，往桌板上轻轻一摔，往后一拉，等冷却之后就会形成这样的糖片。

生2：山楂是酸的，有了上面的糖片就使得冰糖葫芦吃起来酸中带甜，甜里透着酸，美味极了。

板贴：美味

设计意图：耳听为虚，眼见为实。学生通过视频捕捉信息，并通过答题予以检验。

四、查现状，尝试突破

播放音频《小北京和爷爷关于冰糖葫芦现状的对话》。

小北京：咦，爷爷、爷爷，你今天怎么那么早回家呢，冰糖葫芦都卖完了？

爷爷：哎，孩子们啊，现在的天气越来越冷，来买冰糖葫芦的孩子越来越少，随着大家生活水平的提高，大家可以选择的美食也越来越多，看着外面的外卖小哥每天跑得乐开花，我也愁白了头，冰糖葫芦快要被大家遗忘了哦！

小北京：爷爷，爷爷，您别急，我有五彩锦囊，让小伙伴们为您出谋划策吧！

1. 师：请每组的代表上台领五彩锦囊。领到后，别着急打开五彩锦囊，先来看看操作指南，请四位同学来读一读。

PPT出示：操作指南。

步骤1：打开锦囊，细读妙计2遍。

步骤2：明确分工。

步骤3：伙伴合作，完成方案设计。

步骤4：音乐停我就停，开始展示。

2. 师：请大家根据锦囊里的要求，小组合作完成方案设计。音乐停，我们就开始各组展示。在展示的过程中，我们也要进行评比，大家都是大众评审团，以小组为单位，为每一个小组的设计方案评分，给出两颗或一颗"幸福果"评分，手势表示，而老师呢是大家的纪律评审，大家准备好了吗？

第一组：口味"新"起来

出示PPT：锦囊妙计之（一）口味"新"起来。

（1）现场采访一位老师，询问喜欢的水果。

（2）打开iPad，进入"中华美食"App，制作DIY冰糖葫芦。

1. 生：我们小组的锦囊妙计是："口味'新'起来"。我们采访了现场的老师，根据老师喜爱的水果，在电脑App上DIY一串冰糖葫芦。

2. 生：老师，我也为你DIY一串冰糖葫芦吧。

3. 师：看下面老师们满意的神情，能够吃到自己心仪的水果串成的冰糖葫芦，那一定是一件幸福的事情。大家为第一小组的妙计打分吧。

第二组：包装"美"起来

出示PPT：锦囊妙计之（二）包装"美"起来。

（1）小组讨论，设计宣传"冰糖葫芦"的广告语。

（2）用记号笔写在包装袋上（两侧）。

（3）小组合作，大声喊出你们的广告语。

1. 生：我们小组的锦囊妙计是："包装'美'起来"。我们在冰糖葫芦的包装纸上写上了自己设计的广告语。

2. 生：我们设计的广告语是：冰糖葫芦，美味可口，老少皆宜，大家快来买啊，走过路过，不要错过。

3. 师：如此朗朗上口的广告语，让大家不记住冰糖葫芦都难哦！大家请给第二小组打分。

第三组：包装"美"起来

出示PPT：锦囊妙计之（三）包装"美"起来。

（1）小组讨论，设计宣传"冰糖葫芦"的广告语。

（2）用记号笔写在包装袋上（两侧）。

（3）小组合作，大声喊出你们的广告语。

1. 生：我们小组的锦囊妙计也是"包装'美'起来"。

2. 生：我们的广告语是：冰糖葫芦，酸甜美味，一口停不下来，Yummy! Yummy! Nice! Nice!

3. 师：Yummy, yummy, good job! 你们这是准备让冰糖葫芦走国际路线哦，大家请

韵味篇——旧物新韵

打分吧。

第四组：设计"活"起来

出示PPT：锦囊妙计之（四）设计"活"起来。

（1）以"冰糖葫芦"元素为主题，设计一种有趣的创意用品。

（2）画一画，例如围巾、铅笔造型、耳环、帽子等。

1. 生：我们小组的锦囊妙计是："设计'活'起来"。根据冰糖葫芦的元素，设计各种文创用品。

2. 生：我设计的是冰糖葫芦项链，我相信我妈妈会喜欢。

3. 生：我设计的是雨伞，伞面上的图案是冰糖葫芦，我相信我的好朋友会喜欢。

4. 生：我的设计是，在我的球鞋上印上了冰糖葫芦的logo，我自己觉得很喜欢。

5. 生：我设计的是围巾，上面的图案是冰糖葫芦的，看上去很喜庆。

6. 师：这么多创新的设计，真是让大家脑洞大开哦，眼前一亮，点赞，请大家打分吧。

> **设计意图：**"小北京"和"爷爷"关于传统美食的对话，让学生感受中华传统美食渐受冷落，同学们的献计献策为学生在实践中的创新起到了积极的作用。此环节也培养学生动手操作、分工合作以及不断创新的能力，同时也展示自己的劳动成果，初步感受成功的快乐。

第五组：广告"秀"起来

出示PPT：锦囊妙计之（五）：广告"秀"起来。

（1）以"分享冰糖葫芦"故事为原型，分角色有感情地表演。戴上头饰，配上动作。

（2）人物：小北京、奶奶、爸爸、妈妈、爷爷（其他同学：旁白）。

1. 生：我们小组的锦囊妙计是："广告'秀'起来"。我们戴上头饰，有感情地分角色扮演剧中角色。

出示PPT《剧本》：小北京放学回到家。奶奶笑着说："小北京，快来吃冰糖葫芦。"小北京说："奶奶，您先吃。"奶奶蹲下身子摸着小北京的头说："乖，奶奶这几天肠胃不舒服，就不吃了，你吃吧！"小北京说："不嘛不嘛，奶奶一定要吃，我们老师说，这个冰糖葫芦还有药用价值呢，能够健胃消食哦，吃了我的冰糖葫芦，奶奶一定会什么烦恼都没有的。"奶奶笑着说："好好好，你先吃，吃到最后给奶奶留一个，奶奶等你爷爷回来一起尝尝。"小北京说："奶奶，这糖葫芦上一共串了5个山楂果，我们家正好有爸爸、妈妈、爷爷、奶奶和我5个人，我想等爸爸妈妈下班回家，全家人一起吃好吗？我们全家都能消气解忧。"晚上，全家人都到齐了，小北京给每人都分了一个又大又甜的山楂果。大家都说："这糖葫芦真是太好吃啦。"奶奶把小北京搂在怀里，她觉得，自己是世界上最幸福的奶奶。

2. 师：我要采访一下，小宝的扮演者，你刚刚提到了冰糖葫芦的药用价值是什么？

3. 生：健胃消食。

4. 生：消气解忧。

板贴：消气解忧

5. 师：采访一下奶奶的扮演者，你觉得小孙子的做法让你感受到了什么？

6. 生：家庭的幸福与和谐。

7. 师：小小一串冰糖葫芦，让我们感受到的是家庭浓浓的温情、和谐，请给第五小组的妙计打分吧。

第六组：歌曲"唱"起来

出示PPT：锦囊妙计之（六）：歌曲"唱"起来。

改编《两只老虎》歌词。（拍手打节奏）歌词：冰糖葫芦，传统美味，真好吃。酸甜可口，消气解忧，乐悠悠。以小组唱的形式表演。

1. 生：我们小组的锦囊妙计是："歌曲'唱'起来"。用拍手歌的形式表现。

2. 师：这么熟悉（两只老虎）的旋律，一下子让同学们都记住了冰糖葫芦的特征，真有创意，请大家打分吧！

3. 师：同学们，在小北京五彩锦囊的提示下，我们为爷爷想了许多金点子，我想大家一定还有其他小妙招要告诉爷爷。

生1：可以放到网上卖，淘宝啊，天猫啊，开一个网店。

生2：手机上也可以啊，微商啊！

4. 师：同学们，现在是信息时代，不出门就能轻松购物，已经成为我们的另一种生活方式。刚刚过去的"双十一"，那购买力度真是惊人哦，我们应该早一点儿告诉爷爷我们的金点子，那样冰糖葫芦也一定能大卖。不过，没有关系，只要我们有决心，任何时候都不晚。

> **设计意图：** 情景剧和歌曲的气氛渲染，不仅唱出了冰糖葫芦的特色，更唱出了人们对生活的诠释，学生自排自演，更有亲身体验和感受，视觉和听觉的双重感悟，更能引起情感的共鸣。

五、激情感，展望未来

播放音频《爷爷的期望》：

爷 爷：孩子们，你们真是太厉害了，冰糖葫芦的发展就靠你们了。

小北京：小伙伴们，你们真是太有才了，我得赶紧和爷爷一起去干起来了。谢谢大家了，再见！

播放音频《老北京卖冰糖葫芦的吆喝声》：蜜儿来——冰糖葫芦儿端——。

1. 师：同学们，又听到吆喝声，大家是不是觉得现在的空气里都是甜丝丝的糖浆味？冰糖葫芦带给我们幸福甜蜜的味道，看看我们用"幸福果"合作串起来的冰糖葫芦，这里又包含了什么呢？

生1：包含了我们的智慧、团结。

生2：我们的合作互助精神。

韵味篇——旧物新韵

2. 师：随着时代的进步，我们的各种中国传统美食所蕴含的更多美好的寓意等待着大家去发现，去传承，冰糖葫芦未来的那点事儿我们下回分解。

设计意图：课的末尾再听冰糖葫芦的吆喝声，使课堂首尾呼应，呈现完整效果，更让学生对于冰糖葫芦未来的那点事儿留下美好的遐想。

【板书设计】

【点评】

课前准备有讲究，套路深深现智慧

一节主题教育课，就把冰糖葫芦的过去、现在、未来的那点事儿一一囊括了，秦老师的精心设计，营造了一堂"有情节、有内容、有温度"的主题教育课，特别是课前准备的环节，看似无心，却独具匠心，为后续的内容设下铺垫，真是"套路深深深几许，课前准备现智慧"。

1. 京味儿化音，声声入耳

冰糖葫芦是老北京的传统小吃，由吸引学生的叫卖声作为开场，生动有趣，又利用课前准备时间让学生练习儿化音，学生模仿叫卖声时更逼真、更投入，学得更地道。从闭眼聆听到自我体验，叫卖声入耳、入心，同时此课又以吆喝声作为结尾，首尾呼应，有始有终。

2. 儿歌拍手唱，巧妙伏笔

《两只老虎》是一首耳熟能详的儿歌。课前，学生跟着老师的节奏欢快地唱了起来，这不仅仅是活跃课堂气氛之举；课中，在小组汇报时，学生自然而然地就运用了这一旋律改编了歌词，将冰糖葫芦的特征和着熟悉的旋律唱了出来。这看似是学生的神来之笔，却让人悟到了老师课前的"有心插柳"。

3. 串起幸福果，满心欢喜

充满趣味的评价方式无疑是主题教育课的点睛之笔。秦老师在课前约定了评价方式，

以山楂果粘贴成串的形式,结合同伴互评、小组互评,学生在课堂上既感受了独立思考获得的满足感,又收获了合作互助的荣誉感。同时,秦老师"纪律评委"的角色担当使得课堂气氛收放有序,学生始终在一个愉悦的氛围中体验、感悟、收获。

充满智慧的课堂一定能引起学生共鸣,是学生喜欢的课堂。"细微之处见真章",整堂课的成功是水到渠成的,看似闲笔,其实是精心设置,让课前准备满满都是"套路",妙哉!

上海市浦东教育发展研究院德研员　姚瑜洁

后记
Afterword

悠悠华夏史，上下五千年。五千年孕育的灿烂文化，是中华民族宝贵的精神财富。十八大以来，有关传承发展中华优秀传统文化教育的一系列权威文件相继发布，明确将中华优秀传统文化教育作为中小学德育的基本内容，作为教育工作者，尤其是德育工作者，我们深知肩上的责任重大。

"江河万里总有源，树高千尺也有根。"无论我们走得多远，都不能忘记来时的路。作为一个人，我们应不忘初心；作为一个民族，同样也要做到寻根溯源，不忘来处。如何引导学生了解中华优秀传统文化的历史渊源、发展脉络，显得尤为重要。当然，对于传统文化也要批判地继承。正如习近平总书记所说的："对历史文化特别是先人传承下来的价值理念和道德规范，要坚持古为今用、推陈出新，有鉴别地加以对待，有扬弃地予以继承，努力用中华民族创造的一切精神财富来以文化人、以文育人。"很多人会有这样的感受：离开家门更想家，走出国门更爱国。那份民族自信心和自豪感油然而生的同时，不禁思考是什么让我们区别于其他民族呢？不难发现，是民族深厚的文化积淀，是流淌在血液里的中华优秀传统文化基因。

为此，上海浦东新区姚瑜洁德行千里团队在落实优秀传统文化教育的实践中开启了一段探索之旅。首先，注重德育团队建设，发挥班主任德育力量。浦东新区以市、区班主任高级研修班学员为主体，依托区德育中心组成员，实践一对一师徒带教模式，吸纳有意愿参与的班主任，逐渐形成以一线班主任为主体的德育团队。团队负责人积极组织成员认真学习文件精神，明确中华优秀传统文化教育的目标。其次，坚守课堂，以主题教育课为抓手开展教育。主题教育课是学校德育的主阵地，是德育工作的重要途径。浦东新区广泛开展中华优秀传统文化教育的系列主题教育展示活动，通过一次次的资料准备、观课议课，使得团队成员在落实优秀传统的教育实践中逐渐成长。最后，结集成册，资源共享，公开出版，对于参与的教师而言无疑是莫大的肯定和鼓励，对于其他教育同行来说，资源共享的同时又是很好的借鉴。

团队将49篇主题教育课方案结集成册，涉及义务教育学段的1~9年级，分为非遗篇和韵味篇两个类别，有节日节气、工艺技术、衣食住行、文房四宝、海派雅致、国粹雅韵、旧物新韵等。这些主题的选择贴合学生的年龄特点和生活实际，让学生在体验中感受中华优秀传统文化的博大精深。每篇主题教育活动方案都倾注了班主任、实践导师心血。不妥之处，希望得到专业人士的指导，以便修正完善。

本书由上海市浦东教育发展研究院姚瑜洁老师策统稿，上海市宣桥学校祝永华、浦东新区顾路中心小学黄燕、上海市实验学校东校凌洁敏、浦东新区观澜小学曹丹红、上海立信会计金融学院附属学校韩英、浦东新区高桥镇小学马佩华、上海市浦东新区华林小学罗丽惠、浦东新区晨阳小学谈冰、浦东新区三林镇中心小学徐巍炜、浦东新区福山证大外国语小学杨燕青、浦东新区辅读学校王剑、浦东新区张江镇中心小学秦蓉子、浦东新区世博家园实验小学王磊和任之菡、尚德实验学校杨路和王晓静、园西小学王英姿、上海市秋萍学校张晓怡、上海市香山中学管杰、浦东新区周浦第三小学张旭红、浦东新区唐镇小学陆燕华、浦东新区泥城小学董英、浦东新区曹路打一小学金辰艳、上海市三灶学校龚华、富士英、南汇第四中学邵如洁、嘉定区古猗小学龚志萍担任编委。全书由姚瑜洁老师逐一审校修订。

本书筹备期间，正值新冠肺炎肆虐祖国大地。自古多难而兴邦，身处其中的我们，真切领略了中华儿女面对灾难时舍身忘我、英勇无畏的民族大义；"岂曰无衣，与子同裳"是中华各族儿女众志成城、共克时艰的决心！我们相信，假以时日，病毒终将战胜；我们相信，灾难过去，留下的不止伤痕，还有感动及人性的光芒。我们相信，浦东新区姚瑜洁德行千里团队会借此德育时机，在优秀传统文化这片沃土继续耕耘，一定会涌现出更多中华优秀传统文化教育的课例。

2020年3月

图书在版编目（CIP）数据

扣好人生第一粒扣子：传统文化主题教育49课． / 姚瑜洁编著 ． — 上海：上海社会科学院出版社，2020
 ISBN 978−7−5520−3253−6

Ⅰ.①扣… Ⅱ.①姚… Ⅲ.①中华文化—中小学—教学参考资料 Ⅳ.① G634.303

中国版本图书馆 CIP 数据核字（2020）第 119866 号

扣好人生第一粒扣子——传统文化主题教育49课

编　　著：姚瑜洁
责任编辑：路　晓
封面设计：高静芳
出版发行：上海社会科学院出版社
　　　　　上海顺昌路 622 号　　　　邮编 200025
　　　　　电话总机 021-63315947　　销售热线 021-53063735
　　　　　http://www.sassp.cn　　　　E-mail:sassp@sassp.cn
照　　排：上海碧悦制版有限公司
印　　刷：上海市崇明县裕安印刷厂
开　　本：787 毫米 ×1092 毫米　1/16
印　　张：27.5
字　　数：550 千字
版　　次：2020 年 10 月第 1 版　2020 年 10 月第 1 次印刷

ISBN 978-7-5520-3253-6/G·963　　　　　　　　　　　定价：88.00 元

版权所有　　侵权必究